扎兰屯年鉴

2022

扎兰屯市档案史志馆　编

方志出版社
Publishing House of Local Records

图书在版编目（CIP）数据

扎兰屯年鉴. 2022 / 扎兰屯市档案史志馆编. —北京 : 方志出版社, 2022.12
ISBN 978-7-5144-5354-6

Ⅰ. ①扎… Ⅱ. ①扎… Ⅲ. ①扎兰屯—2022—年鉴
Ⅳ. ①Z522.63

中国版本图书馆 CIP 数据核字(2022)第 250638 号

责任编辑：丛珺
责任校对：刘玉霞
责任印制：梅中英
出 版 者：方志出版社
地　　址：北京市朝阳区潘家园东里 9 号（国家方志馆 4 层）
邮　　编：100021
网　　址：http://www.zgfzcb.cn
发　　行：方志出版社图书营销中心（010-67110500）
印　　刷：呼伦贝尔市巍利斯印业有限责任公司
开　　本：889 毫米×1194 毫米　1/16
印　　张：24.5
字　　数：530 千字
版　　次：2022 年 12 月第 1 版
印　　次：2022 年 12 月第 1 次印刷
定　　价：280.00 元

《扎兰屯年鉴（2022）》编纂委员会成员

《扎兰屯年鉴（2022）》编纂人员

革命老区

国家生态市

国家园林城市

中国优秀旅游城市

中国天然氧吧城市

国家级风景名胜区

国家粮食生产大县

国家畜牧生产大县

全国粮食生产先进县

国家绿色农业示范区

国家电子商务进农村综合示范市

全国休闲农业与乡村旅游示范县

全国农田水利基本建设先进单位

全国绿色食品原料标准化生产基地

英奇传媒　供图

扎兰屯名片

河西新区

河西新区新貌　韩　冷 摄

月亮天池　张　莉 摄

庙尔山风光　英奇传媒 供图

雅鲁河　英奇传媒 供图

2015 年 12 月，国家林业局批复扎兰屯秀水湿地公园为国家级湿地公园试点。2021 年，扎兰屯秀水国家湿地公园通过国家林草局验收。

扎兰屯秀水国家湿地公园地处大兴安岭东麓嫩江水系，涵盖了扎兰屯市行政管辖范围内的雅鲁河、卧牛河、扬旗山水库和吊桥公园。湿地公园规划总面积 10039 公顷，其中湿地面积 8079 公顷，湿地率达 80.48%。属于我国大兴安岭东麓典型的河流—洪泛平原森林沼泽湿地生态系统，具有重要的保护价值和科研价值。秀水湿地分为生态保育、恢复重建、宣教展示、合理利用和管理服务五个功能区。受地势及植被影响，具有森林和湿地交错分布的特点，多样化生境条件创造了适宜的生物生境。湿地公园有维管植物 67 科 366 种、野生动物 179 种、鱼类 21 种、鸟类 119 种，有国家二级重点保护野生动物 11 种。

扎兰屯秀水国家湿地公园百鸟翩跹　市融媒体中心　供图

6月27日，扎兰屯市举行“光荣在党50年”千人重温入党誓词活动　韩　冷　摄

6月18日，南木鄂伦春民族乡举办“永远跟党走·民族团结一家亲 庆祝中国共产党成立100周年暨南木鄂伦春民族乡第四届鄂伦春篝火节”群众文艺会演活动

市融媒体中心　供图

6月23日，扎兰屯市非遗剪纸传承人为小朋友传授剪纸技艺并讲解党史知识，庆祝中国共产党成立100周年　韩　冷 摄

6月10日，扎兰屯市各界人士汇聚一起，唱响《唱支山歌给党听》，庆祝中国共产党成立100周年

韩　冷 摄

1954年3月，苏联援建工程——扎兰屯电厂开工建设。图为1956年8月24日，工程竣工典礼，布特哈旗（今扎兰屯市）党政军主要领导前来祝贺

李锡山 供图

1957年12月，卧牛河努图克一心乡完成公粮任务庆祝大会

市档案史志馆 供图

1967年，国家投资兴建扎兰屯纸浆厂，纸浆厂成为扎兰屯市工业的又一支柱产业

市档案史志馆 供图

1989年，扎兰屯乳品厂被国务院授予“全国民族团结进步先进集体”称号，被内蒙古自治区授予“经济效益先进企业”称号。图为原扎兰屯乳品厂大豆粉车间

市档案史志馆 供图

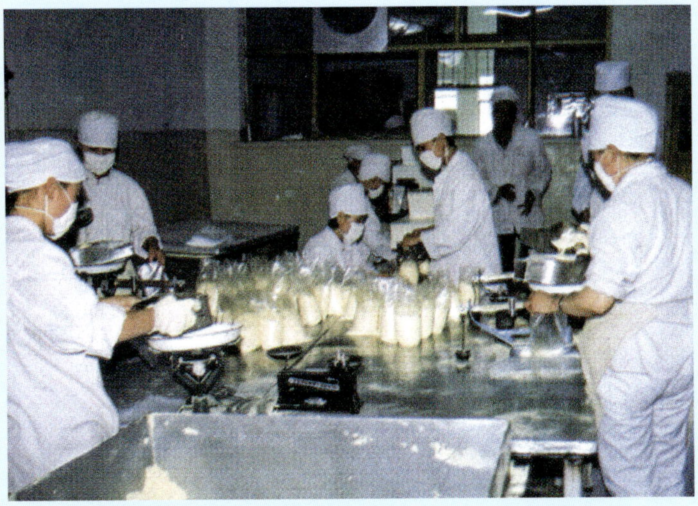

马文贤（1918—1998）女，1978年11月加入中国共产党。1957—1998年，在扎兰屯市正阳办事处任居委会主任、治保主任，1998年7月因病去世。马文贤从事基层治保工作40余年，在打击扒窃犯罪斗争中破获大、小案件2500余起，协助公安机关抓获违法犯罪分子数以千计。1980年，被授予“全国公安战线一级英雄模范”荣誉称号，并获公安部颁发的金质奖章。1989年，获“全国城乡治安保卫、治安联防优秀工作者”等荣誉称号。2004年，为纪念马文贤在治安保卫战线做出的突出贡献，市委、市政府在步行街为她立一座雕像。图为马文贤雕像

市档案史志馆 供图

8月29—30日，中国共产党扎兰屯市第九次代表大会召开　市融媒体中心 供图

3月23—24日，扎兰屯市第九届人民代表大会第五次会议召开　市融媒体中心 供图

5月28日，市政府2021年第七次常务会议暨全市经济形势分析和重点项目调度会召开

市融媒体中心 供图

3月22—23日，中国人民政治协商会议扎兰屯市第九届委员会第五次会议召开　市融媒体中心 供图

11月16日，扎兰屯市举行城企联动颐养安居工程项目签约仪式　马媛媛 摄

11月20日，扎兰屯市各中小学学生接种新冠肺炎病毒疫苗

市融媒体中心 供图

11月8日12时05分，中国民航大学飞行分校内蒙古飞行学院钻石DA40NG型B-126E训练飞机在扎兰屯机场安全落地，标志着中国CCAR-141飞行院校首次PBN程序训练成功

市融媒体中心 供图

3月25日，扎兰屯市繁荣街道小溪社区党员及志愿者在雅鲁河巡河 韩 冷 摄

❶ 9月23日，“庆丰收 感党恩 跟党走”呼伦贝尔市庆祝2021年“中国农民丰收节”活动在扎兰屯市开幕　　市融媒体中心 供图

❷ 1月20日，扎兰屯市首届“助农扶贫 带扎兰屯好货”直播活动开播，现场销售6.7万元　　市融媒体中心 供图

❸ 2015年，扎兰屯职业学院经内蒙古自治区人民政府批准，教育部备案，由原扎兰屯林业学校、扎兰屯农牧学校、扎兰屯幼儿师范学校和呼伦贝尔卫生学校整合而成。2021年9月，扎兰屯职业学院新校区投入使用，占地76.73万平方米，建筑面积29.95万平方米　　韩 冷 摄

助农扶贫
带扎兰屯好货
电商扶贫
2

2021年秋季，呼伦贝尔农垦扎兰屯农牧场有限公司水稻丰收　韩　冷 摄

农牧业

2021年春季，呼伦贝尔农垦扎兰屯农牧场有限公司稻田进行机械化插秧　韩　冷　摄

达斡尔民族乡巴图村碧草如茵，牛羊肥壮　韩　冷 摄

1

2

❶ 成吉思汗镇天原中草药种植农民合作社利用无人机为苍术田间喷洒叶面肥　　韩　冷　摄

❷ 呼伦贝尔市人和农牧科技有限公司利拉伐60位转盘挤奶机，是呼伦贝尔市最先进的挤奶设备　　人和农牧科技有限公司　供图

❸ 扎兰屯市达斡尔民族乡大型宽幅喷杆打药机实施化学除草　　韩　冷、王　雁　摄

3

❶ 成吉思汗镇天原中草药种植农民专业合作社赤芍基地　　韩　冷　摄

❷ 2021年3月，《中华人民共和国政府与欧洲联盟地理标志保护与合作协定》正式生效，这标志着纳入协定保护范围的扎兰屯黑木耳有了出国"护照"。近年来，扎兰屯市积极发展黑木耳产业，菌农由124户发展到216户；菌厂由39个发展到74个；建成1家食用菌研究所，7个较大的种植基地，把"小木耳"做成"大产业"，为助力乡村振兴添活力。图为呼伦贝尔森宝农业科技发展有限公司黑木耳基地　　韩　冷　摄

❸ 呼伦贝尔农垦大河湾农牧场有限公司通过科学调整种植结构，种植葵花、燕麦、中草药等特色农作物，推动农业、旅游业融合发展。图为呼伦贝尔农垦大河湾农牧场有限公司葵花观光基地　　英奇传媒　供图

❶ 扎兰屯市积极推进风电、生物质发电等新能源项目建设。图为成吉思汗镇风电项目　韩　冷　摄

❷ 呼伦贝尔东北阜丰生物科技有限公司成立于2010年5月，坐落于内蒙古呼伦贝尔岭东工业开发区，是阜丰集团投资建设的大型氨基酸及其衍生制品生产和研发基地。图为呼伦贝尔东北阜丰生物科技有限公司厂区　英奇传媒　供图

❸ 扎兰屯市国森矿业有限责任公司成立于2010年，位于内蒙古自治区呼伦贝尔市扎兰屯市柴河镇，是大型有色金属矿山企业。2018年被评为呼伦贝尔市安全生产先进单位，2019年被内蒙古自治区自然资源厅列为“绿色矿山”，2020年8月被内蒙古自治区工业与信息化厅列为“绿色制造示范”企业，2021年被评为内蒙古民营企业100强第81位。2021年，全年实现工业总产值23.47亿元。图为扎兰屯市国森矿业有限责任公司厂区　扎兰屯市国森矿业有限责任公司　供图

滑雪旅游

金龙山滑雪场坐落于扎兰屯市区西北 8 公里处，距扎兰屯成吉思汗民航机场 25 公里，山体海拔 582 米，冬季平均气温零下 12℃，存雪期长达 5 个月以上，有效滑雪期可达 130 天，最适宜人们冬季户外运动。

雪场内设有 2 万平方米的大型停车场和北欧特色风情的 5700 平方米的游客接待中心；相继建成国际标准的 U 型场地、自由式滑雪空中技巧场地、雪上技巧场地及大跳台场地，拥有滑雪道 18 条，总长度 16 公里，雪道占地面积 100 公顷，连续 9 年成功举办全国自由式与单板滑雪 U 型场地冠军赛和全国自由式滑雪雪上技巧冠军赛等国家级滑雪赛事。图为金龙山滑雪场 韩 冷 摄

编辑说明

一、《扎兰屯年鉴(2022)》以马克思列宁主义、毛泽东思想、邓小平理论、“三个代表”重要思想、科学发展观、习近平新时代中国特色社会主义思想为指导,坚持辩证唯物主义和历史唯物主义的立场、观点和方法。

二、《扎兰屯年鉴(2022)》是系统记述本行政区域自然、政治、经济、文化、社会等方面情况的年度资料性文献。为各级党政机关、研究部门和社会各界人士及中外投资者认识、了解和研究扎兰屯市提供基本资料。

三、《扎兰屯年鉴(2022)》记述时间为2021年1月1日至12月31日。彩页以时限之内重大事项为主。

四、《扎兰屯年鉴(2022)》采用分类编排法,共分三个层级,即类目、分目、条目,条目为基本载体。本年鉴共设类目31个,分目171个,条目878个,全书约53万字。

五、《扎兰屯年鉴(2022)》中的文字、正文插图由各乡镇、街道办事处,市直各部、办、委、局和各人民团体,驻扎兰屯各大单位提供,各单位所供稿件均经主要领导审阅、签字、加盖单位公章后上报,撰稿人署名于本单位稿件文末。《扎兰屯年鉴(2022)》编辑部撰写部分稿件并统编全书,以“年编”署名。因统计时间、口径不同等原因,个别数据在不同稿件中可能不尽一致,使用时请注意出处。个别地方设“链接”,收录相关资料,以扩展条目内容的信息含量。反映全市国民经济和社会发展情况的数据,以扎兰屯市统计局统计资料为准。

六、为行文方便,年鉴文字叙述适当采用简称。年鉴中数字,除词汇用语和习惯单数用大写外,其他数字均用阿拉伯数字表述;年份时间均用阿拉伯数字表述。度量衡单位均采用公制并用汉字表述。标点、数字使用遵照中华人民共和国国家标准,即《标点符号用法》(GB/T15834—2011)、《出版物上数字用法》(GB/T15835—2011),计量单位按照中华人民共和国法定计量单位执行。

七、“组织机构及负责人名录”收录2021年1月1日至12月31日市直各部门、人民团体和事业单位担任副科级以上实职领导职务人员;企业领导班子成员。“荣誉”篇目,收录2021年度获得内蒙古自治区及以上表彰的先进集体、先进个人,单位及个人排名不分先后,补录部分2020年度荣誉。

八、本卷年鉴的检索方法有目录和索引两种。目录在卷首,编至条目;索引在卷末,编至二级主题索引。

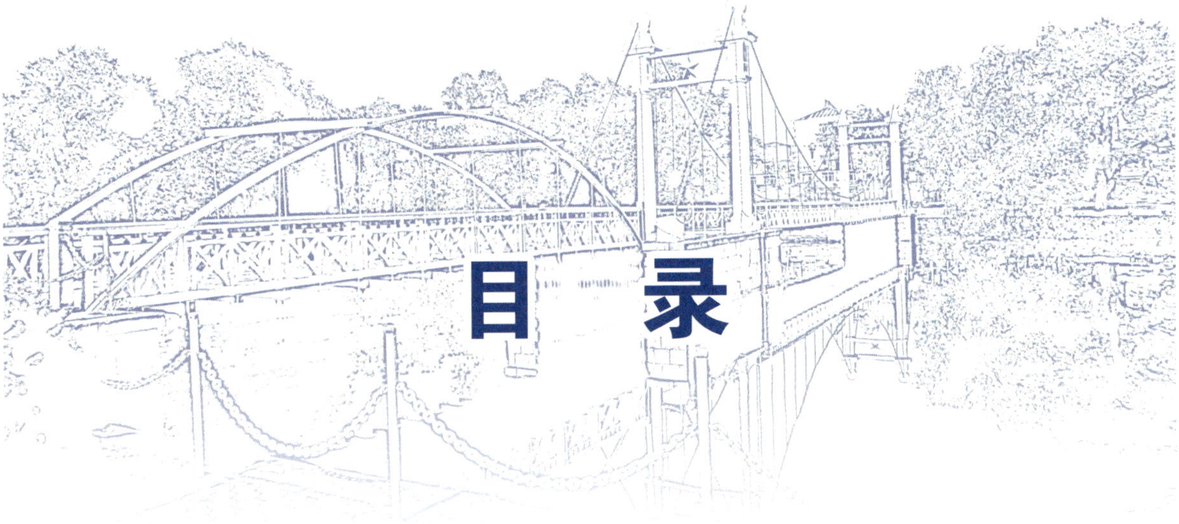

目　录

特　载

专　记

大事记

市情概况

中共扎兰屯市委

扎兰屯市人民代表大会

扎兰屯市人民政府

政协扎兰屯市委员会

扎兰屯市纪委监委

群众团体

法　治

军 事

经济综合管理与服务

商贸　电子商务

农　业

工　业

信息服务业

旅游业

交通运输

城市建设与管理

生态建设

金融业

文化建设

教　育

卫 生

社会民生事务管理

镇 乡 街道办事处

驻市单位

组织机构及负责人名录

荣　誉

附　录

特　载

绿色崛起　富民强市　共享繁荣
在现代化新征程上谱写高质量发展新篇章

——在中国共产党扎兰屯市第九次代表大会上的报告

（2021年8月29日）

一、过去五年工作回顾

过去的五年，我们团结带领全市各族人民，以习近平新时代中国特色社会主义思想为指导，全面落实习近平总书记对内蒙古重要讲话重要指示批示精神，全面落实自治区党委和呼伦贝尔市委工作要求，攻坚克难，砥砺前行，积极推进绿色崛起、富民强市奋斗进程，同全国一道建成了小康社会，为全面建设现代化奠定了坚实基础。

——**过去的五年，是综合实力稳步提升的五年。**五年来，我们坚持发展第一要务，地区生产总值达到153.3亿元，在呼伦贝尔市排位由2015年的第四位攀升至第二位；累计实施重点项目361个，固定资产投资累计达到330亿元；一般公共预算收入达到4.8亿元；社会消费品零售总额达到26.4亿元；城乡常住居民人均可支配收入分别达到37574元和20148元，年均增长6.8%和8.9%；外贸出口额累计达到12.3亿美元；全市农牧业产业化龙头企业销售收入达到84亿元，规模以上工业总产值达到108亿元，均位居呼伦贝尔市第一位。

——**过去的五年，是脱贫攻坚夺取胜利的五年。**五年来，我们坚持以脱贫攻坚统领经济社会发展全局，累计投入扶贫资金10.4亿元，实施各类项目635个，有效解决了14655户40894名贫困人口的贫困问题，70个贫困村全部出列，贫困人口全部清零，自治区贫困县顺利摘帽，脱贫攻坚战取得了全面胜利，市扶贫办荣获“全国脱贫攻坚先进集体”称号。

——**过去的五年，是产业发展成效显著的五年。**五年来，我们推动一、二、三产融合发展，农产品“三品一标”认证总数达到90个，黑木耳纳入中欧首批互认清单，粮食总产量由2015年的22亿斤提升到25亿斤以上；阜丰公司年加工转化玉米220万吨，国森矿业累计完成产值99.8亿元，金丝猴乳业重新启动，房地产累计新建开发180万平方米；电子商务交易额达到8.3亿元，是2015年的3.1倍；中国民航大学内蒙古飞行学院、杰普逊国际飞行学院和国航公司飞行培训专属基地落户扎兰屯市，临空产业发展实现破题；柴河景区同阿尔山景区整体被命名为国家AAAAA级旅游景区，金龙山滑雪场基础设施不断完善。

——过去的五年，是生态文明加快建设的五年。五年来，我们实施了城市污水处理厂、重点企业排污设施提标改造等一批污染防治和生态保护工程，中央生态环境保护督察及“回头看”反馈问题整改完成，挂牌建档百年古树155棵，累计造林19.7万亩，森林覆盖率达到70%，蓝天、碧水、净土保卫战成效显著，扎兰屯市被评为“中国天然氧吧”、国家生态市，市水利局被评为国家全面推行河湖长制先进集体，阜丰公司被评为国家级绿色工厂，国森矿业公司被评为自治区级绿色矿山。

——过去的五年，是城乡面貌持续改善的五年。五年来，我们扎实推进两条历史文化街区建设，城市环境综合提升项目有序实施，全市重点文物保护单位达到162个，改造市政道路21条、老旧小区45个、棚户区7300户，连续两届入围全国文明城市提名城市。乡村振兴扎实推进，改造农村危房3389户，改造农村户厕13851座，农村污水、垃圾得到有效治理，扎兰屯市被评为全国村庄清洁行动先进县。新改建“四好农村路”2300公里，全市公路总里程达到4301公里。重大基础设施不断完善，支线机场、高速公路、水利枢纽、输变电站等重点项目相继建成，城市综合服务功能大幅提升。

——过去的五年，是民生福祉显著提升的五年。五年来，我们累计支出民生资金157亿元，占财政总支出的80%以上，年均增长4.8%。累计新增城镇就业2.5万人，农村劳动力转移就业12.9万人。各级办学条件持续改善，各类社会保障提标扩面，医疗保险达到全覆盖，市医院和中蒙医院分别晋升为三级综合医院和三级甲等中医医院，市妇幼保健中心荣获“全国巾帼文明岗”称号，扎兰屯市被评为全国基层中医药工作先进单位、全国红十字模范单位。文化体育事业全面发展，冰雪运动迈上新台阶，市文体旅游广电局荣获“全国群众体育先进集体”称号。房产证办理等群众急难愁盼问题得到有效解决。审计、气象、统计调查、保密机要、档案史志等工作得到加强，工青妇、科协、文联、残联、工商联、红十字、老干部、关心下一代等事业取得新进步。

——过去的五年，是改革开放不断深化的五年。五年来，我们全力推动重点领域和关键环节改革，形成各类改革成果377项。持续优化营商环境，深入推进“放管服”改革，减少行政权力事项225项，减税降费26.6亿元。新一轮深化机构改革顺利完成，农村改革扎实推进，土地确权登记颁证工作完成。科技创新持续增强，阜丰公司被评为国家技术创新示范企业，松鹿制药公司被评为国家高新技术企业，扎兰屯市被确定为国家知识产权强县工程试点县。

——过去的五年，是社会大局和谐稳定的五年。五年来，我们牢固树立总体国家安全观，高度重视民主法治建设,“七五”普法深入开展,人大依法监督、政府依法行政、政协民主监督职能充分发挥,武装、统战、政法等工作取得新成绩。安全生产和食品药品监管全面加强,未发生重特大事故。坚决捍卫社会公平正义,扫黑除恶专项斗争和政法队伍教育整顿取得成效。慎终如始抓好常态化疫情防控,坚决打赢疫情防控的人民战争、总体战、阻击战,守住了扎兰屯一方平安。

——过去的五年,是党的建设全面强化的五年。五年来,我们认真贯彻新时代党的建设总要求,扎实开展“两学一做”学习教育、“不忘初心、牢记使命”主题教育和党史学习教育,各级党组织的创造力、凝聚力、战斗力显著增强。坚定铸牢中华民族共同体意识,深入开展民族团结进步教育,达斡尔民族乡巴图村荣获“全国民族团结进步模范集体”荣誉称号。严格落实意识形态工作责任制,牢牢把握正确舆论导向,认真践行社会主义核心价值观,扎兰屯市被确定为自治区级新时代文明实践中心和融媒体中心建设试点。市乡村“1+19+N”三级党群服务中心体系基本形成,三级联动网格化管理模式得到中组部认可。党员干部教育培训形成“一校两区三点”教学布局,市委党校成为满洲里干部学院现场教学基地。树立正确选人用人导向,干部队伍结构全面优化。八届市委巡察全覆盖任务完成,微课《“五看十二查”巡察工作方法》获自治区优秀奖。坚定不移正风肃纪反腐,全市政治生态得到持续净化。

成绩的取得,是习近平新时代中国特色社会主义思想有力引领的结果,是上级党委、政府正确领导的结果,得益于市四大班子团结奋进,得益于全市干部群众艰辛努力。在此,我代表市委,向大家表示衷心的感谢并致以崇高的敬意!

回顾五年来的工作,我们也清醒地看到,发展不足、发展不快、发展不优仍是我们面临的实际问题。如,科技创新能力不强,转变发展方式任重道远,高质量发展步伐需要加快;教育、医疗、养老、居住、通行等民生领域和城市建设领域还有短板,距离群众需求和期盼还有较大差距;营商环境不够优化,重大项目落地较少,企业和群众办事的堵点、难点、痛点尚未根本破解;干部队伍担当意识不强、执行力不强;等等。这些问题,我们要高度重视,采取有力措施加快解决。

二、今后五年工作安排

新一届市委任期的五年,是实施“十四五”规划、开启现代化新征程的五年,也是我们继承突破、守正创新、大有可为的五年。虽然当前国际环境日趋复杂,新冠肺炎疫情影响广泛,发展的不稳定性、不确定性因素增加,但我国已进入新发展阶段,经济长期向好,制度优势显著,推动高质量发展具有宏观利好环境。经过历届市委的接续努力,扎兰屯市历史文化、生态环境、农牧资源、产业基础、区位交通优势日益凸显,经济发展的韧性和实力不断提升,特别是党中央关于构建新发展格局的决策部署和赋予内蒙古“两个屏障”“两个基地”“一个桥头堡”的战略定位,为扎兰屯市推动生态、资源、产业等优势转化创造了巨大空间,我们比历史上任何时期都更有基础重置“北国江南”发展温度,更有条件厚植“塞外苏杭”发展底蕴,更有信心再塑“区域中心”发展辉煌。

今后五年的发展思路,坚持以习近平新时代中国特色社会主义思想为指导，增强“四个意识”、坚定“四个自信”、做到“两个维护”，深入贯彻习近平总书记“七一”重要讲话精神，深入贯彻习近平总书记对内蒙古重要讲话重要指示批示精神，坚决落实党中央决策部署和自治区党委、呼伦贝尔市委工作要求，牢牢把握新发展阶段，完整准确全面贯彻新发展理念，主动服务融入新发展格局，坚持稳中求进工作总基调，统筹发展和安全，以推动高质量发展为主题，以深化供给侧结构性改革为主线，以改革创新为根本动力，以满足人民日益增长的美好生活需要为根本目的，坚持绿色崛起、富民强市、共享繁荣，坚持三产融合、文旅融合、产城融合，坚定不移走以生态优先、绿色发展为导向的高质量发展新路子，努力把扎兰屯市打造成为内蒙古东部重要的绿色农畜林产品生产加工输出基地、度假休闲旅游目的地、商贸物流集散地，中国北方航空特色小镇、文博风情小镇、生态康养小镇，建设成为名副其实的呼伦贝尔副中心城市，在现代化新征程上谱写扎兰屯高质量发展新篇章。

今后五年的主要目标，**地区生产总值年均增长3.5%左右，一般公共预算收入年均增长4%左右，固定资产投资年均增长5%左右，三次产业结构优化调整为28∶32∶40，全体居民人均可支配收入年均增长4%左右，城镇累计新增就业2万人以上，登记失业率控制在4.5%以内，以生态优先、绿色发展为导向的高质量发展取得实质性进展，全面现代化建设实现良好开局。**

今后五年的重点任务，主要做好以下十个方面的工作。

（一）建设生态文明。深入贯彻习近平生态文明思想，牢固树立绿水青山就是金山银山的理念，全力守护好扎兰屯这方碧绿、这片蔚蓝、这份纯净。全方位开展污染防治行动。认真落实国家碳达峰、碳中和以及能耗“双控”要求，实行最严格的排放制度，鼓励企业技术创新，大力推进清洁生产，深入打好污染防治攻坚战，实现天更蓝、地更绿、水更美、空气更清新。全地域加强生态保护修复。全力抓好河湖长制、林长制工作，加大草原保护力度，实施天拜山环境综合治理、雅鲁河景观打造、秀水湿地公园建设等生态工程，加强生物多样性保护。到2025年森林覆盖率提高到70.1%，草原植被覆盖度达到85%以上。编制碳汇发展规划，加快推进碳汇交易项目，努力实现生态资产向生态资本转化。全过程推动发展绿色转型。坚持生态优先、绿色发展导向，高质量编制实施国土空间规划，严格执行“三区三线”管控要求，认真落实绿色发展指标体系，切实优化产业基地、城乡建设布局，坚持生态产业化、产业生态化，广泛形成绿色生产生活方式，努力建设人与自然和谐共生的现代化。

（二）壮大绿色农牧业。认真落实农业农村优先发展的总方针，坚持绿色兴农兴牧，深入实施乡村振兴战略，加快农业农村现代化。不断优化种养结构。严格落实耕地保护制度，坚决遏制耕地“非农化”、防止“非粮化”。坚持“稳粮优经扩饲”，进一步优化以玉米为主体的种植结构，积极鼓励大豆种植，完善马铃薯、水稻、杂粮杂豆、饲草料等产业链。加强良种研发攻关，打赢种业“翻身仗”，建设好高标准农田，确保粮食总产量稳定在25亿斤以上。坚持“稳牛稳猪增羊”，扎实推进畜禽规模化集约化养殖，鼓励蒙东肉牛、天佐生猪等养殖基地发展壮大，到2025年牲畜存栏达到150万头(只)以上。依托呼伦贝尔“世界的大草原、中国的好羊肉”品牌效应，大力发展肉羊产业，不断扩大养殖规模，补充呼伦贝尔草原羊肉的供给不足，逐步打造岭东肉羊品牌。大力发展特色农牧业。加大资金和技术投入，扎实推进黑木耳工业化发展，把“小木耳”做成“大产业”。鼓励中草药种植，加快道地药材种子资源圃、蒙中药材交易市场等项目建设，打造岭东道地药材集散中心。发展鹿、野猪、万寿菊等特色产业，促进农民增收。巩固“三品一标”品牌优势，提高扎兰屯品牌的知名度和市场占有率。全面推进乡村振兴。大力实施乡村建设行动，加强脱贫攻坚成果同乡村振兴有效衔接，扎实开展农村人居环境整治五年提升行动，深入推进农村厕所革命，加快创建全区“四好农村路”示范县，完善农村基本经营制度，稳慎推进宅基地制度改革，深入推行科技特派员制度，加快推进产业、人才、文化、生态、组织振兴，以乡村的全面振兴为现代化建设奠定稳固基础。

（三）推进循环工业。坚持绿色、低碳、循环、可持续发展，提高资源节约集约利用水平，努力构建链条完整、循环发展、多极支撑的新型工业体系。做优农畜林加工产业。全力抓好农畜林产品精深加工和产业延伸升级，大力培育百万吨级产业集群，建设肉牛肉羊屠宰生产线，推动传统乳制品工厂化、规模化发展，加快秸秆综合利用。重点围绕玉米全产业链，加快建设投资100亿元的阜丰公司三期项目，努力打造世界级生物发酵制品航母。推进产业体系优化升级。推动浆纸公司、松鹿制药、同德木业等企业提质增效，加快国森矿业15万吨氧化矿、淳江油脂5000吨大豆蛋白等项目投产达效，全力推动2×35万千瓦热电联产项目建设。培育壮大新兴产业，谋划发展风电叶片装备制造，有序推进风电、生物质发电等项目，建成200万千瓦的新能源基地。强化园区载体建设。支持呼伦贝尔岭东农畜林产品开发区发展，做大做强扎兰屯产业园，完善园区基础设施，提升服务水平，打造产业承接孵化、延伸升级的高地。到2025年，全市规模以上工业企业达到15家以上，工业总产值达到150亿元以上，工业税收达到总税收的80%以上，以工业现代化撑起全域现代化。

（四）发展度假休闲旅游业。坚持全视野布局、全要素组合、全产业联动，促进旅游、文化、体育融合发展，着力构建全域、全季、全产业链的旅游产业新格局。科学开发旅游资源。积极引进大型旅游集团和社会资本，全力打造庙尔山国家森林公园、翠屏山映山红生态公园、金龙山四季运动主题乐园、扬旗山水上乐园和柴河月亮小镇，大力发展乡村旅游，加快推动景区景点提档升级，着力构建独具特色、多点支撑的旅游精品线路，让全域资源成为全域风景。着力打造旅游品牌。聚焦度假休闲、观光体验、民俗风情等系列旅游产品，依托森林湿地、火山天池、冰雪运动等旅游资源，积极开发文化体验、健康养生、低空体验、农业嘉年华等新业态，大力发展红色旅游、康养旅游、冰雪旅游等产业，创作1~2台像《魅力湘西》《又见平遥》《印象西湖》的精品剧目，丰富高品质文化旅游产品供给，提高扎兰屯的知名度和美誉度，力争到2025年接待游客290万人次，旅游收入达到23亿元。持续优化服务环境。大力完善旅游公共服务设施，加快通景公路、景区停车场、游客服务中心、旅游驿站、充电桩等项目建设。加强旅游市场监管，规范在线旅游经营服务，完善旅游信用体系，全面提高旅游服务质量和水平。加强旅游市场营销，大力开发中高端旅游客源，开通旅游直通车、旅游专列、旅游包机，让全域旅游热起来、火起来。

（五）升级立体商贸业。充分发挥交通、区位、商贸历史文化等优势，大力推进理念、业态、模式创新，着力打造现代化商贸物流中心。大力推进专业市场建设。坚持彰显特色、突出重点，深入实施城乡市场体系建设工程，改造提升蒙东牲畜、农资、农产品、农机具、煤炭、再生资源等交易市场，做大做强果蔬批发市场，打造现代化规范化专业市场。完善物流、仓储、加工、集散枢纽、信息服务等功能，利用高台子站升级改造契机，支持岭东货运编组站建设，打造岭东铁路物流园。大力推进岭东商贸园建设，开辟航空货运通道，建设冷链物流区域分拨中心，构筑内联外通的现代物流体系。全面打造城市核心商圈。加快完善城市商业消费综合体布局，规划建设高端酒店、会展中心等项目，推进河西居然之家商业综合体建设，壮大发达广场、永兴百货等商圈，建设传统历史文化商业街、特色餐饮街、休闲文化步行街等特色街区，打造高品质便民生活服务圈。积极发展电子商务。加快推进电商产业园、孵化中心、直播基地等项目建设，推动线上线下供应链、服务链深度融合，带动发展“互联网+”新产业，着力打造电商“升级版”，到2025年电商交易额达到50亿元，快递吞吐量达到8000万件，以数字电商赋能现代化建设。

（六）培育临空产业。按照“立足呼伦贝尔、服务内蒙古、面向全国”的思路，全力建设集专业飞行、专业训练、通航维修、无人驾驶等为一体的临空产业集聚区。打造专业飞行训练基地。积极推动内蒙古飞行学院飞行板块提升、教学基地和实训基地扩建等项目，建设以扎兰屯为核心，以若干个附属训练基地为补充的训练机场新体系，逐步形成年培训600名学员、飞行12万小时的训练规模。打造维修定检养护基地。支持杰普逊国际飞行学院拓展机务保障维修定检和通航业务，与中国民航大学、浙江万丰公司开展深入合作，推进NG飞机发动机维修厂建设，逐步形成以通用飞行器维修、定检、养护为主的产业集聚区。打造民航培训教育基地。拓展国航公司专属基地培训业务，建设飞行员培养、复训、机型训练基地，争取中国民航大学域外培训教学基地落户扎兰屯市，建设中国民航系统培训主基地。开展无人机培训、考试等业务，打造内蒙古重要的无人机产学研开放创新平台。支持引导扎兰屯职业学院与中国民航大学在专业设置、学术研究、应用实践等领域合作发展。

（七）深化产城融合。注重全域统筹、品质提升、内涵发展，全面推进以人为核心的新型城镇化，努力建设有活力、有温度、有魅力的宜居宜业宜游现代化城市。着力塑造城市风貌。完善城市形态，确定建筑风格，大力发展文博事业，全面推进两条历史文化街区建设，完成中东铁路建筑群遗址保护、修缮工作，建设商贸、工业、教育、中草药等博物馆群落，打造博物馆城，争创国家历史文化名城。建设中东铁路博物馆三号馆，打造集水稻公园、火车餐厅、荷塘月色等为一体的文化风情园。升级改造吊桥公园，把这张世纪名片叫得更响、擦得更亮。加快发展康养产业。依托天然氧吧、气候宜人、交通便利的优势，借助疗养历史基础，通过购买服务、股权合作、医养结合等方式，完善康养服务设施，大力开发保健养生、康复疗养、健康养老等服务项目，支持各类市场主体发展养老养生产业，探索发展康养房地产，构建多层次养老养生服务体系。大力实施城市更新行动。统筹城市规划、建设、管理工作，加快老旧小区改造，实施城市环境治理工程，完善市政基础设施和公共服务配套功能，扎实推进智慧城市建设，实现精细化管理。促进房地产市场健康发展，提高物业管理水平，全力解决群众的揪心事。深化户籍制度改革，加快农业转移人口市民化，到2025年常住人口城镇化率达到60%。完善重大基础设施。抓住“两新一重”机遇，全力推动柴河通用机场、中俄天然气管道东线工程、扬旗山供水管线、扎兰屯至柴河铁路和G232大兴至紫沟、S308蘑菇气至阿尔山、S204满归至柴河兴安岭上大通道、河西岭北四队互通公路等重大项目建设，积极推进第五代移动通信、工业互联网、大数据中心等建设，构建系统完备、高效实用的现代化基础设施体系。争取齐齐哈尔动车组延伸至扎兰屯，加快实现动车出行。全力以赴推动齐海满客运专线建设，早日让扎兰屯人民迈进“高铁时代”。

（八）提升民生福祉。始终把人民群众安居乐业、安危冷暖放在心上，多谋民生之利，多解民生之忧，努力让全市人民共享发展成果。全面强化就业优先政策，突出抓好重点群体就业，支持创业带动就业。全力办好人民满意教育，强化教师队伍建设，加快教育布局调整，扩大公办幼儿园规模和数量，统筹抓好城乡义务教育，全面提高普通高中教学质量，扎实推进现代职业教育高质量发展，用五年时间坚决改变扎兰屯教育落后局面，回应人民期盼。深入实施全民参保计划，进一步扩大社保覆盖面，健全医疗保险制度，优化社会救助体系，增强退役军人服务和保障水平，健全多层次的社会保障体系。落实“三孩”生育政策，完善生育、养育、教育等政策配套。深入落实新时代党的卫生健康工作方针，完善现代化疾病预防控制体系，建设精神卫生中心，引进高端人才，留住本地人才，培育名医名科名院，提高医疗服务水平，促进中医药蒙医药传承创新发展，打造岭东区域医疗卫生中心。大力发展体育事业，进一步完善金龙山滑雪场设施，打造国家级综合性体育训练基地。弘扬乌兰牧骑事业，传承优秀传统文化，发展诗、书、画、影和根艺、剪纸、豆画等艺术，建设非物质文化遗产示范基地。统筹抓好审计、统计、气象、老龄、档案史志、群团组织、关心下一代等工作，推动各项事业全面发展。

（九）激发创新动能。坚持改革创新在现代化建设全局中的突破和先导作用，扎实抓好各领域深化改革和科技创新工作，全力推动质量、效率和动力变革。全面优化营商环境。大力深化“放管服”改革，加快政务服务流程再造，培育良好市场环境，营造有序法治环境，坚决扫除营商环境乱象，坚决革除作风顽疾和腐败沉疴，着力打造有利于扎兰屯发展的营商环境，让企业来得放心、干得安心、赚得称心。积极稳妥推进各领域改革，毫不动摇鼓励支持非公经济发展，不断激发各类市场主体活力。坚定不移扩大开放。坚持“请进来”和“走出去”相结合，主动参与中蒙俄经济走廊建设，实施进口木材模块板材深加工等项目，做大做强食用菌出口基地，大力支持阜丰公司等企业对外贸易。主动融入东北振兴，努力在基础设施、产业发展、文化旅游等方面共建共享。全面开展以商招商工作，主动承接京津冀、长江经济带等发达地区先进产业转移，形成大项目顶天立地、小项目铺天盖地的生动局面。扎实推动科技创新。强化与重点企业、科研院所和高校合作，统筹布局生物科技、循环工业、临空产业等领域技术创新，积极鼓励扎兰屯职业学院、呼伦贝尔市农牧科学研究所、浆纸公司、阜丰生物、松鹿制药、同德木业等主体研发新技术、开发新产品，不断提升科技创新能力，引领带动现代化建设。

（十）打造稳定环境。深入贯彻总体国家安全观，构建大安全格局，完善大平安体系，落实全国市域社会治理现代化试点创建要求，建设平安扎兰，全面推进治理能力和治理体系现代化。广泛做好“八五”普法工作，推进严格执法，坚持公正司法，促进全民守法。深入推进依法治市，严格按照法定权限、规则、程序办事。推动人大制度和人大工作与时俱进、完善发展，推动协商民主广泛、多层、制度化发展，全面普及全民国防教育，深入推进军民融合发展。完善公共安全体制机制，强化安全生产管理，严格食品药品安全监管，建设应急物资储备库，完善应急保障体系。深化政法队伍教育整顿，常态化开展扫黑除恶，认真解决群众诉求，确保社会大局和谐稳定。毫不放松抓好常态化疫情防控，全力保障人民生命健康安全。

三、全面加强党的建设

完成今后五年的奋斗目标，关键在党，关键在人。我们要弘扬伟大建党精神，坚持党要管党、全面从严治党，高质量推进党的建设，为全面建设现代化提供坚强保障。

（一）突出抓好政治统领。深入落实新时代党的建设总要求，充分发挥市委总揽全局、协调各方的领导作用，带领全市上下始终在思想上、政治上、行动上同以习近平同志为核心的党中央保持高度一致。要提高政治判断力，增强政治意识，提高政治站位，坚定理想信念、坚定奋斗意志，不忘初心、不移其志，永远信党爱党为党。要提高政治领悟力，善于从政治上分析问题、解决问题，对党绝对忠诚、绝对纯洁、绝对可靠。要提高政治执行力，严格遵守党的政治纪律和政治规矩，坚定不移贯彻党的基本理论、基本路线、基本方略，确保各项工作始终沿着正确政治方向前进。

（二）深入推进思想建设。坚持党管宣传、党管意识形态、党管媒体不动摇，引领形成适应新发展阶段的思想观念、精神面貌、文明风尚、行为规范。深入学习习近平新时代中国特色社会主义思想，坚定马克思主义信仰，坚定共产主义理想，坚定中国特色社会主义信念。深入抓好党史学习教育，以习近平总书记在庆祝中国共产党成立100周年大会上的重要讲话为主线，深入开展“四史”教育，赓续红色血脉，汲取奋进力量，走好新的“赶考”之路。加强各级舆论阵地建设，形成具有强大凝聚力和引领力的社会主义意识形态。深入践行社会主义核心价值观，扎实推动文明城市建设，不断提升全社会文明程度。挖掘文化内涵，提炼城市精神，凝聚热爱家乡、盼望发展的力量，构筑全市人民的共同精神家园，增强全市人民的认同感、归属感、自豪感。

（三）打造坚强战斗堡垒。深入贯彻新时代党的组织路线，牢固树立大抓基层鲜明导向，以提升组织力为重点，加强各领域基层党组织建设，增强党组织政治功能，形成"五化协同、大抓基层"发展机制。着力建设"最强党支部"，加强基础工作，完善基本制度，强化基本保障，推动基层组织全面进步全面过硬。深化拓展市乡村三级党群服务中心功能，着力打造基层的政治中心、文化中心、便民中心、治理中心。推进社区工作者职业体系建设，增强基层治理能力。提高党员发展质量，引领党员更好发挥先锋模范作用。持续发展壮大村级集体经济，为全面推进抓党建促乡村振兴提供支撑。坚持以铸牢中华民族共同体意识为主线，做好民族宗教工作，构建全市大统战工作新格局。

（四）着力锻造干部队伍。贯彻新时期好干部标准，坚持正确选人用人导向，着力建设忠诚干净担当的高素质专业化干部队伍。坚持从实干中选贤任能，大力选拔敢于负责、善于作为、实绩突出的优秀干部。激励干部担当作为，落实容错纠错机制，准确把握"三个区分开来"，旗帜鲜明地为敢想、敢干、敢担当的干部撑腰鼓劲，切实让干部放开手脚、消除顾虑、大胆干事、能干成事，形成千帆竞发、百舸争流的浓厚氛围。突出抓好干部教育培训，不断提高领导干部科学执政、民主执政、依法执政水平。加大公务员职级晋升力度，确保职级配备比例动态稳定在80%左右。加强高层次和紧缺人才引进工作，牢固确立人才引领发展的战略地位。高度重视老干部工作，切实把关心关怀落到实处。

（五）坚决净化政治生态。深入落实全面从严治党主体责任和监督责任，时刻保持对"腐蚀""围猎"的警觉，驰而不息推进党风廉政建设和反腐败工作。深入贯彻中央八项规定及其实施细则精神，毫不松懈纠治"四风"问题。全面抓好巡察工作，强化对"一把手"和领导班子监督，切实发挥震慑、遏制、治本作用。坚决整治腐败和不正之风，一体推进不敢腐、不能腐、不想腐，全面净化政治生态。全市广大党员干部要坚决响应党中央的伟大号召，大力弘扬"坚定信念、践行宗旨、拼搏奉献、廉洁奉公"的高尚品质，努力创造无愧于党、无愧于人民、无愧于时代的业绩。

同志们，重振扎兰辉煌是全市人民的强烈愿望，接续奋斗是我们必须扛起的使命担当。让我们以习近平新时代中国特色社会主义思想为指导，乘天时、秉地利、聚人和，继往开来、奋力拼搏、锐意进取，为在现代化新征程上谱写高质量发展新篇章而努力奋斗！

政府工作报告

——在扎兰屯市第九届人民代表大会第五次会议第一次全体会议上

（2021年3月23日）

一、2020年及“十三五”时期工作回顾

过去的一年极不平凡。面对严峻复杂的经济形势、艰巨繁重的改革发展稳定任务和新冠肺炎疫情的严重冲击，我们坚持以习近平新时代中国特色社会主义思想为指导，在市委的坚强领导下，在市人大、市政协的监督支持下，紧紧依靠全市人民，保持定力，沉着应战，在抓好常态化疫情防控前提下，扎实做好“六稳”工作，全面落实“六保”任务，打好打赢三大攻坚战，坚持和完善“六大体系”，着力推动经济社会高质量发展，全面建成小康社会取得决定性成就，实现了“十三五”圆满收官。

一是坚持人民至上，疫情防控有力有效。面对突如其来的新冠肺炎疫情，我们迅速打响疫情防控人民战争总体战阻击战，全面发动、各方动员，群防群策、联防联控，人、物、环境同防，织密织牢疫情防控网，取得了来之不易的“零输入”“零感染”成果。组织松鹿制药、百业成酒精迅速转产扩能，全力生产医用口罩、消毒酒精等重要防疫物资。建立常态化疫情防控机制，开展全员核酸检测实战演练，建成四所核酸检测实验室，具备两日内完成全员检测能力；开展重点人群疫苗接种，加强重点环节、重点部位、重点场所、重点人群排查管控，坚决切断疫情传播途径，疫情防控成果持续巩固。在这里，我代表市人民政府，向所有参与抗疫斗争的广大党员干部、医务工作者、公安民警、社区工作者、志愿者、各界爱心人士致以最崇高的敬意！

二是坚持以保促稳，经济发展稳中向好。全面落实惠企纾困政策，减免各类税费4.9亿元，发放援企稳岗资金208万元，帮助92家企业、5820名职工渡过难关。扎实开展项目集中审批月活动，积极扩大有效投资，开复工重点项目89个，阜丰公司发酵制品智能化示范、蒙源公司奶制品等项目建成投产，临空产业园飞行板块提升项目2台飞行训练器、8架训练机投入使用，人和牧业奶牛养殖项目基础设施建设完成，国森矿业氧化矿项目进入主体施工阶段。全市地区生产总值完成153.3亿元，固定资产投资完成32.16亿元，一般公共预算收入完成4.83亿元，经济综合实力稳居呼伦贝尔市第二位。

三是坚持目标导向，三大攻坚战成效显著。严格落实“四个不摘”要求，扎实推进脱贫攻坚与乡村振兴有效衔接，投入扶贫资金3.19亿元，精准落实政策，夯实扶贫产业，建档立卡贫困人口全部清零，在自治区成效考核、国家实地核查评估中取得优

异成绩，扶贫资金绩效再获全区优秀，市扶贫办荣获“全国脱贫攻坚先进集体”称号。坚决打好蓝天、碧水、净土保卫战，环保督察反馈问题整改及污染防治重点任务全面完成，全市空气优良天数比例保持在98%以上，雅鲁河、济沁河断面水质保持在Ⅱ类水体，土壤环境总体稳定。国森公司入选自治区级绿色工厂，阜丰公司各项排放指标优于国家标准达到国际先进水平，市水利局获国家全面推行河长制湖长制先进集体称号。化解政府隐性债务6.96亿元，完成年度任务的183.16%，拖欠民营企业中小企业无分歧账款应清尽清。强化金融风险防控，有效整治非法金融活动，金融市场保持稳定运行。

四是坚持绿色兴农，乡村振兴扎实推进。全市粮食总产量保持在25亿斤以上，牲畜存栏超过130万头只。扎兰屯黑木耳纳入首批中欧互认清单，扎兰屯小米、大豆油获批全国名特优新农产品，全市“三品一标”总数达到90个，成为全区农畜产品质量安全市。农牧业产业化龙头企业销售收入完成84.3亿元，居呼伦贝尔市首位。大力实施村容村貌提升行动，全面完成农村人居环境整治三年行动任务，农村改厕10183户，村屯生活垃圾收运率达90%以上。国有林场道路硬化、县乡道危桥改造、农村公路“油返砂”改造等项目顺利实施，自治区“四好农村路”示范县创建通过初审。认真落实天然林商品性停伐、草原生态奖补等政策，完成造林3万亩，森林抚育9.3万亩，草原禁牧19.1万亩，连续22年未发生重大森林草原火灾。各村集体经济收入年均达19.1万元，达斡尔民族乡满都村晋升为全国文明村。

五是坚持创新驱动，产业质效稳步提升。临空产业再次突破，全国唯一的国航公司飞行培训专属基地揭牌运营，扎兰屯市与中国民航大学的深度合作又迈出坚实一步，并就专业飞行训练、维修定检养护、民用无人驾驶航空试验、民航培训教育、区域通航枢纽“五大基地”建设达成新一轮战略合作共识。循环工业捷报频传，阜丰公司被评为全区唯一的国家技术创新示范企业，入选全国农业产业化龙头企业百强、外贸出口专项十强；阜丰公司、国森公司作为呼伦贝尔市仅有的两家企业入围全区民营企业100强，松鹿公司成为全区第一批国家高新技术企业。全市规模以上工业企业总产值实现107.6亿元，稳居呼伦贝尔市第一。电商产业活跃发展，全年交易额实现8.34亿元，增长28.31%，农畜产品上行交易额突破亿元大关。全域旅游稳步推进，柴河景区系列规划编制形成阶段性成果，金龙山景区基础设施更加完善，旅游、文化、体育产业融合发展。

六是坚持城乡统筹，社会民生持续改善。深入践行以人民为中心的发展思想，全年民生支出34.23亿元，占总支出的81.32%。城乡常住居民人均可支配收入分别达到37574元和20148元，同比增长3.1%和8%，增速均位列呼伦贝尔市第三。优先稳就业，新增城镇就业4400人、农村劳动力转移就业2.4万人。全面落实各类社保政策，发放养老、低保、特困生活供养等资金18.54亿元。持续改善生活居住环境，投资1.93亿元完成城市环境综合提升一期工程，改造老旧小区59个，有效解决房地产历史遗留问题，办理不动产登记15000余户。加快补齐教育短板，师苑幼儿园转为公办园，绿林小区、森工之家小区配套幼儿园开园，推行阳光招生，全市增加公办园学位1125个。呼伦贝尔市示范性综合实践基地成为自治区首批中小学研学实践教育基地。不断完善公共卫生体系，妇幼保健院、河西社区卫生服务中心投入使用，“医共体”建设、家庭医生签约服务等工作持续优化，兴华街道青松社区荣获全国红十字模范单位。繁荣活跃文体事业，举办群众文化演出115场、体育赛事114场，乌兰牧骑创编文艺作品99个，党课情景话剧《乌兰夫在扎兰》入选内蒙古舞台艺术精品工程剧目。坚定铸牢中华民族共同体意识，民族工作得到切实改进和加强。

七是坚持深化改革，治理效能不断提高。持续深化“放管服”改革，减少行政权力事项225项，176项服务事项入驻政务大厅，实现“马上办”“网上办”“一次办”“就近办”，工商登记注销全程电子化，政务服务效能不断提升。圆满完成乡镇街道改革和综合行政执法改革，稳步推进事业单位改革，农村集体产权管理体系全面构建。深入开展扫黑除恶专项斗争，治安、刑事类案件持续减少。扎实开展安全生产专项整治三年行动，全年未发生重大安全生产和食品药品安全事故。全面落实信访包案化解机制，信访形势持续稳定。统筹推进新形势下国防教育、人民防空、双拥优抚等工作，军民融合深度发展。第七次全国人口普查取得阶段性成果。工会、共青团、妇联，科协、残联、文联、工商联、红十字会、关工委、老年体协等人民团体发挥重要作用，人事人才、老年教育、供销合作、科普气象、民族宗教、外事侨务、防震减灾等工作取得新成绩。

一年来，我们全面加强政府自身建设。坚持把政治建设摆在首位，增强“四个意识”、坚定“四个自信”、做到“两个维护”。巩固深化“不忘初心、牢记使命”主题教育成果，严格落实中央八项规定及其实施细则精神，力戒形式主义、官僚主义。自觉接受市人大及其常委会的法律监督、工作监督和市政协的民主监督，217件人大代表建议、政协委员提案全部办结。法治政府建设成效显著，成为全区法治政府建设示范市。

各位代表！“十三五”时期是全面建成小康社会决胜阶段，也是扎兰屯市发展进程中具有重要里程碑意义的五年。

过去的五年，是综合实力跨越赶超的五年。我们始终坚持新发展理念，积极探索以生态优先、绿色发展为导向的高质量发展新路子，保持“绿色崛起、富民强市”的战略定力，坚决打好“三大攻坚战”，构筑起绿色农牧业、临空产业、电子商务、全域旅游、循环工业、新型城乡“六大体系”，经济总量在呼伦贝尔排位由“十三五”开局时的第四位稳步攀升到第二位，这是自20世纪90年代到现在30年来扎兰屯由计划经济转向市场经济以来的最好成绩。

过去的五年，是产业转型升级突破的五年。我们始终坚持高质量发展导向，着力培育发展以阜丰公司为龙头的玉米深加工产业、以中国民航大学内蒙古飞行学院和天津杰普逊国际飞行学院为支撑的临空产业、以农村电商和跨境电商为主攻方向的电商产业、以阿柴国家AAAAA级旅游景区和扎兰屯国家级生态旅游度假区为两极带动的全域旅游产业，形成了拉动经济高质量发展的新业态新动能。特别是中国民航大学内蒙古飞行学院、天津杰普逊国际飞行学院落户扎兰屯，填补了自治区民用航空专业飞行训练和民用航空器定检维修等多项空白，成为自治区和呼伦贝尔新动能新产业新亮点新引擎的典范。

过去的五年，是人居环境持续改善的五年。我们始终坚持生态优先、绿色发展，累计造林近20万亩，坚决踩住了毁林毁草“急刹车”，景区景点清理整顿、水源地保护、“大棚房”清理整治等工作扎实开展，多年遗留的生态顽疾得到有效治理，一批符合绿色发展导向的循环产业项目完工达产，荣获国家生态市、中国天然氧吧城市、国家节水型社会建设达标县等多项称号。我们始终坚持城乡协调发展，新型城镇化、乡村振兴战略深入推进，累计开发房地产196万平方米，改造棚户区7300户、农村危房5714户，市政基础设施全面改善。实施了一批重大基础设施工程，滨洲铁路电气化改造顺利完成，成吉思汗机场实现通航，扎兰屯至乌兰浩特至阿荣旗高速公路全线通车，公路总里程达4180公里。农村人居环境实现“三清一改”，扎兰屯市成为全国村庄清洁行动先进县，蘑菇气镇、柴河镇被评为全国卫生乡镇。

过去的五年，是发展活力充分释放的五年。我们始终坚持深化改革创新，不断增强发展活力。完成改革任务151项，重点领域和“放管服”改革持续深化。通过落实各项优惠政策，累计减免税费26.6亿元，营商环境明显改善。实施呼伦贝尔市级以上科技项目61项，阜丰公司成为国家级知识产权示范企业，扎兰屯市成为国家知识产权强县工程试点、全国农村创业创新典型县。不断增创对外开放新优势，外贸出口总额连续多年占呼伦贝尔市（不含满洲里）95%以上。

过去的五年，是民生福祉更加殷实的五年。我们始终坚持以人民为中心，全力保障和改善民生。累计民生支出157亿元，支出占比由71.9%增至81.32%，城乡居民可支配收入年均分别增长6.8%和8.9%。累计新增城镇就业2.5万人，农村劳动力转移就业12.9万人。养老保险、医疗保险基本实现全覆盖，城乡低保、特困供养、优抚对象、残疾人等补助标准持续提高。全国义务教育发展基本均衡县通过验收，学前三年毛入园率达到93.01%，九年义务教育巩固率达到99.27%。医疗公共卫生服务能力不断提升，市人民医院和中蒙医院先后晋升为三级综合医院和三级甲等中医医院，扎兰屯市成为全国基层中医药工作先进单位。坚持以脱贫攻坚统揽经济社会发展全局，脱贫攻坚成效位居全区前列，14655户40894名贫困人口全部脱贫，70个贫困村全部出列，自治区贫困县如期摘帽，脱贫攻坚战取得全面胜利。

各位代表！五年来，我们克服重重困难，一步一个脚印，一年一个台阶，在全面建成小康社会征途上，取得了一个又一个胜利。这是以习近平同志为核心的党中央坚强领导、亲切关怀的结果，是市委带领全市广大干部群众攻坚克难、团结奋斗的结果。在此，我代表市人民政府，向全市各族人民，向所有为扎兰屯建设和发展作出贡献的同志们、朋友们，表示最衷心的感谢！

在看到成绩的同时，我们也清醒地认识到，在前进的道路上，我们还面临着多重困难和挑战，综合发展水平还未全面适应新阶段发展要求。一是产业规模不够大，质量效益不够高，尤其是疫情冲击导致经济发展压力增大；二是重大项目储备不足，招商项目落地不够，投资增长依然乏力；三是财政收支矛盾、人才资源短板突出，生态环保、城区改造、民生保障、公共服务等工作任重而道远；四是少数干部改革创新、服务群众、狠抓落实的本领还有待增强，个别领域不正之风和微腐败问题仍然存在。对于这些问题，我们将切实采取有力措施，认真加以解决。

二、“十四五”时期主要目标任务

根据《中共扎兰屯市委员会关于制定国民经济和社会发展第十四个五年规划和二〇三五年远景目标的建议》，市政府编制了《扎兰屯市国民经济和社会发展第十四个五年规划和2035年远景目标纲要（草案）》，明确了“十四五”时期经济社会发展主要目标，提出了一系列支撑发展的重点任务和具体举措，提请大会审议。

“十四五”时期是我国开启全面建设社会主义现代化国家新征程、向第二个百年奋斗目标进军的第一个五年。高质量发展是主旋律，基本实现社会主义现代化是远景目标。立足新发展阶段，面临诸多机遇与挑战，我们要牢牢把握发展之“稳”，在危机中育先机、于变局中开新局；要牢牢把握发展之“势”，深入贯彻新发展理念，继续保持“绿色崛起、富民强市”战略定力，坚定不移走好以生态优先、绿色发展为导向的高质量发展新路子；要牢牢把握发展之“机”，积极融入以国内大循环为主体、国内国际双循环相互促进的新发展格局，努力实现更高质量、更有效率、更加公平、更可持续、更为安全的发展，把扎兰屯打造成为更高水平、更现代化的绿色有机农畜林产品生产加工输出基地、度假休闲旅游目的地、商贸物流集散地、航空特色小镇、绿色文明宜居城市。

一要以推动高质量发展为主题，开拓绿色崛起新境界。坚持生态优先、绿色发展，统筹山水林田湖草沙治理，加快生态文明建设步伐，持续提升生态环境质量。全面实施乡村振兴战略，巩固拓展脱贫攻坚成果同乡村振兴有效衔接，促进产业兴旺，建设美丽乡村，推进农业农村现代化。加快建设以绿色农牧业、临空产业、电子商务、全域旅游、循环工业、新型城乡“六大体系”为基础的现代化经济体系，努力形成优势突出、结构优化、创新驱动、链条完备、区域协调、城乡一体化的发展新格局。

二要以改革创新为根本动力，积极融入新发展格局。坚持以深化供给侧结构性改革为主线，统筹推进重点领域改革。持续深化“放管服”改革，加快政府职能转变，大力优化营商环境，切实提升行政效率和政府公信力。激发市场主体活力，全面促进消费，扩大有效投资，充分释放发展新动能。坚持创新驱动，发挥科技创新战略支撑作用，激发人才创新活力，加快构建以企业为主体、市场为导向、产学研深度融合的技术创新体系。坚持扩大对外开放和对内区域合作相统一，积极主动融入国内大循环和国内国际双循环，打造向北开放桥头堡重要节点城市。

三要以满足人民日益增长的美好生活需要为根本目的，持续增进民生福祉。坚持以人民为中心的发展思想，全面提升各族群众获得感幸福感安全感。加大民生兜底保障力度，健全完善全覆盖、可持续的多层次社会保障体系。积极扶持创业就业，着力提高全体居民收入水平。优先发展现代化教育，强化公共卫生和医疗服务保障体系建设，深入实施文化惠民工程，大力发展冰雪运动，广泛开展全民健身活动，推动基本公共服务均等化。深入推进以人为核心的新型城镇化，着力提升人居环境水平，强化全民思想道德素质和法治观念，完善社会信用体系，形成良好的社会风尚。统筹发展和安全，健全防范化解重大风险体制机制，增强突发公共事件应急处置能力，提升防灾减灾水平。促进各民族团结进步，铸牢中华民族共同体意识，让安全稳定屏障更加牢固。

三、2021 年工作安排

2021 年是“十四五”规划的开局之年，是我国现代化建设进程中具有特殊重要性的一年。做好政府工作，要以习近平新时代中国特色社会主义思想为指导，全面贯彻党的十九大和十九届二中、三中、四中、五中全会精神，坚持稳中求进工作总基调，立足新发展阶段、贯彻新发展理念、构建新发展格局，以推动高质量发展为主题，以深化供给侧结构性改革为主线，以改革创新为根本动力，以满足人民日益增长的美好生活需要为根本目的，坚持系统观念，统筹发展和安全，强化科技战略支撑，巩固拓展疫情防控和经济社会发展成果，坚持依法行政，扎实做好“六稳”工作，全面落实“六保”任务，着力完善“六大体系”，深入推进改革开放，确保“十四五”开好局、起好步，在新征程上奋力开拓扎兰屯绿色崛起新境界，不断提升岭东区域中心地位，为建设美丽富饶和谐安宁呼伦贝尔作出新的更大贡献，以优异成绩庆祝建党 100 周年。

按照市委总体部署，今年经济社会发展主要预期目标是：地区生产总值增长 3.5% 左右；城镇登记失业率控制在 4.5% 以内；居民收入稳步增长；粮食产量保持在 25 亿斤以上；严格执行绿色发展指标体系，单位地区生产总值能耗降低 2.85%，主要污染物排放量继续下降，生态环境进一步改善。

为实现上述目标，我们将瞄准主攻方向、保持战略定力、精心谋划实施，重点做好以下八个方面工作。

（一）优先发展农业农村，全面实施乡村振兴战略。举全市之力推动乡村振兴，促进农业高质高效、乡村宜居宜业、农民富裕富足。一是大力发展绿色农牧业。坚持质量兴农、绿色兴农、品牌兴农，加快四大农牧林产业园区和七大产业带建设。严格落实耕地保护制度，遏制耕地“非农化”、防止“非粮化”，粮食播种面积达到 392 万亩以上，确保粮食安全。深入落实“藏粮于地、藏粮于技”战略，建设高标准农田 4.8 万亩，综合机械化水平达到 88%。大力推进肉牛、奶牛、生猪产业发展，加快人和牧业奶牛养殖场和天佑牧业种猪繁育科技示范园建设，牲畜存栏稳定在 130 万头（只）以上。统筹发展苗木育种、中草药、黑木耳、万寿菊、生态鸡等特色种养业，启动道地药材种子资源圃、蒙中药材交易市场等项目建设。巩固提升“三品一标”农产品质量，打造农畜产品区域公用品牌，做大做强农牧业龙头企业。二是巩固拓展脱贫攻坚成果。严格落实“四个不摘”要求，保持教育、医疗、住房、兜底保障、社会救助等政策连续性，健全完善防止返贫监测和帮扶机制，加强低收入人口常态化帮扶，确保不发生返贫致贫。巩固扶贫产业，夯实基础设施，提升公共服务水平，实现巩固拓展脱贫攻坚成果同乡村振兴有效衔接。三是深入实施乡村建设行动。完善乡村振兴战略规划体系，加快基础设施和基本公共服务建设，扎实开展农村房屋安全隐患排查整治，加快畜禽粪污资源化利用整县推进项目建设，实施人居环境整治提升五年行动。加强新时代农村精神文明建设，开展民主法治示范村创建，强化农民职业技能培训，鼓励大学生、农民工返乡就业创业，引导群众投身乡村建设。

（二）扎实推动高质量发展，加快构建现代产业体系。坚持以项目促产业，全年力争开工重大项目117个，确保22个呼伦贝尔市级重点项目落地实施。一是全力发展临空产业。支持内蒙古飞行学院发展，保障国航培训专属基地高效运营，争取中国民航大学域外培训教学基地落户扎兰屯。加快临空产业园通用航空基础设施建设，完成飞行板块提升项目，启动无人机低温运行检测实验基地建设。开展NG飞机发动机维修厂前期工作，逐步拓展机务保障、维修、定检等业务。二是全力发展电子商务。完善岭东商贸物流园区配套功能，启动电子商务产业园建设，推动电子商务与商贸物流业融合发展。激活镇级公共服务中心，建立直播基地，探索“园区建设+农村直播”模式，推进“互联网+”农畜产品出村进城工程，以新业态新模式引领新型消费。力争全年电商交易额达11亿元，增长32%；农产品上行交易额达1.2亿元，增长18%。三是全力发展全域旅游。加快旅游发展总体规划和柴河景区系列规划编制，积极融入“乌阿海满扎”一体化发展。开发冰雪休闲度假、温泉养生和观光体验等产品，加快实施金龙山滑雪场升级改造工程，启动金龙山国家AAAA级旅游景区创建工作。完善翠屏山赏花基地配套设施，推进卧牛河五星村、南木鹿鸣山庄等乡村旅游发展，做大做强休闲农业与乡村旅游示范县品牌。力争全年接待游客199万人次，增长6%；实现旅游收入17.7亿元，增长7%。四是全力发展循环工业。启动阜丰公司50万吨氨基酸及其配套项目建设，开工圣通公司秸秆板材、翔丰公司技术改造等项目，完成阜丰公司系列技改、国森公司氧化矿等项目。全力做好企业用煤、用工、运输等保障工作，确保规上企业达产达效。扶持一批有潜力、有市场的中小微企业，增强市场竞争力。继续完善工业园区供水、道路、防洪、环保等配套设施，提高园区配套教育、医疗水平，打造产业融合发展集聚区。

（三）全面加强生态建设，深入推进绿色低碳发展。坚持节约优先、保护优先、自然恢复为主，持续巩固良好生态。一是加强生态保护。积极推行林长制，争取并实施天然林资源、三北防护林、草原保护与修复等生态治理工程，扎实开展破坏草原林地违规违法行为专项整治行动，依法严厉打击毁林毁草行为，加快废弃矿山地质环境恢复治理。开展国土绿化行动，实施人工造林5000亩、封育1万亩、退化林修复2000亩。加大河道采砂、堤坝等水利工程和水土保持管理力度，推进务大哈气河、东北黑土区侵蚀沟等工程，完成水土流失综合治理任务。二是加强污染防治。严格落实生态保护、基本农田、城镇开发等空间管控边界，严守生态保护红线、环境质量底线、资源利用上线和生态环境准入清单。聚焦水、气、土污染防治，持续巩固生态环保督察整改成果。深入落实河湖长制，严守水资源管理“三条红线”，加大水源地保护力度，落实扬尘管控、机动车污染、秸秆禁烧等大气污染防治措施，实施土壤分类管理和保护，加强农业面源、工业固体废物、危险废物处置监管及塑料制品污染治理。三是加强能耗“双控”。全面推行用能预算管理和重点用能单位能耗在线监测，严格控制能耗总量和能耗强度，确保完成年度目标任务。加快调整产业结构和能源消费结构，支持中俄东线天然气管道扎兰屯段项目建设，新建扎兰屯100兆瓦风电清洁供暖等项目，逐步提高清洁能源占比。严格节能评估审查，完善预警监测机制，加强事中事后监管，确保把好项目节能关。大力开展节能宣传教育，倡导简约适度、绿色低碳的生活方式，让节能降耗成为全市新风尚。

（四）持续释放创新活力，激发高质量发展新动能。坚持创新驱动，强化改革与开放，培育高质量发展强劲引擎。一是突出科技创新。落实自治区“科技兴蒙”行动，坚持实施质量强市战略，助力“蒙字标”品牌建设。与扎兰屯职业学院等域内外科研院所和高校开展科技合作，积极创建企业实验室、工程技术研发中心等平台，围绕玉米、沙果、黑木耳、中草药深加工开展科技攻关，提升企业自主创新能力。深入贯彻《全民科学素质行动计划纲要》，积极培育新型经营主体，吸引和培养优秀科技人才，推动重大科技成果转移转化，力争新增国家高新技术企业1家，创建自治区科技型企业2家以上。二是优化营商环境。持续深化“放管服”改革，优化政务服务，完善三级党群服务中心建设，精简程序、压缩时限、再造流程，建立投资项目一站式服务中心，实现本级政务服务事项“一门办理”“一网通办”“一窗受理”。深化亲清政商关系，落实落细各项减税降费政策，建立民营企业融资需求数据库，加大金融信贷支持服务力度，着力解决中小企业融资难融资贵问题。强化社会信用体系建设，加大失信惩戒力度，维护公平竞争市场环境，激发市场主体活力。坚决完成优化营商环境专项巡视整改任务。三是深化重点改革。深入落实国企改革三年行动方案，确保国有资产保值增值。扎实推进预算管理制度改革，不断提高财政资金使用绩效。巩固农村集体产权制度改革成果，积极发展新型农村集体经济。统筹推进应急管理体系、医药卫生体系、文化体系等领域改革，全面完成事业单位改革任务。四是加强交流合作。积极参与中蒙俄经济走廊建设，以阜丰公司为龙头，推进对外贸易创新发展，做大做强菌类出口基地。主动融入“哈大齐呼”协同发展和“呼兴”区域合作，努力在基础设施、产业发展、文化旅游、商贸物流等方面共建共享。紧盯国家政策导向，着力开展精准招商，引进一批补短板、延链条的产业项目，以项目拉动投资、推动发展、惠及民生。

（五）统筹协调城乡发展，加快推进新型城镇建设。立足城乡融合发展，坚持推进以人为核心的新型城镇化建设。一是提升城市功能品质。坚持新区建设和老城区改造并举，实施城市更新行动，改造老旧小区38个，新建小区5个，房地产开发38万平方米，推进房屋征收收尾工作。实施城市环境综合提升二期工程，完成棚户区改造小区外排水、中水回用管网及污泥处理等工程，改造老城区道路5条，不断改善城区基础设施条件。积极推进5G网络发展，建成并开通5G基站30座。二是创建历史文化名城。以两条历史文化街区为核心，加快完成街区及周边重点片区城市设计、历史文化名城建设规划，修缮街区重点历史建筑，启动街区内道路、给排水、供热等基础设施配套工程，积极申报国家历史文化名城，打造城市地标建筑区域。三是推动城市管理创新。深入推进文明城市建设，加强城市精细化管理，健全城管协调配合机制，常态化开展市容环境整治，推进生活垃圾分类收集、清洁直运和无害化处理。加快智慧城市建设，推进智慧平台联网联控，提升社会治理和监管水平。四是改善城乡交通条件。力争G232线紫沟至大兴一级公路、岭北四队互通项目开工，完成扎阿高速阜丰段补充工程建设，加快S308线蘑菇气至柴河公路升级改造项目前期工作；全面实施路长制，争创自治区“四好农村路”示范县。全力配合“齐海满”客运专线建设，加快推进柴河通用机场前期工作，力争完成可研、初设编制及征地工作。

（六）全力办好民生实事，满足人民美好生活期待。 坚持以人民为中心的发展思想，统筹抓好民生保障。一是大力发展民生事业。把稳就业作为民生之本，全力做好高校毕业生、农民工、退役军人等重点群体就业创业工作，支持青年创业孵化园建设，完成公共实训基地项目，新增城镇就业4000人。落实好城乡低保、医疗救助、优抚安置、灾害救助等保障政策及政府购买社会救助工作，进一步增强困难群众救助力量，加大基层低保经费投入，推进基本养老保险、医疗保险全民参保。建立“一老一小”工作推进机制，健全残疾人关爱服务体系和设施，支持慈善事业发展，建设标准化退役军人服务中心，保障妇女儿童、残疾人和退役军人合法权益。二是优先发展教育事业。加快教育布局调整，强化教师队伍建设，持续加大教育投入，积极推进新区幼儿园、新区小学、道东小学附属幼儿园等项目建设，完善普惠性学前教育和特殊教育，推进义务教育优质均衡发展，普通高中、职业高中多样化特色发展，完成职业高中新校区项目前期工作，支持扎兰屯职业学院等高校发展，规范校外培训机构，办好人民满意教育。全面加强新时代语言文字工作，传承弘扬中华优秀语言文化。三是着力发展卫生健康事业。实施“健康扎兰屯”行动，推进公立医院现代化管理，落实分级诊疗制度，加强紧密型“医共体”建设，引进培养医学人才，提升基层医疗卫生机构中医药服务能力。加快推进蒙中医项目建设，完善妇幼健康服务体系。深入开展新时代爱国卫生运动，补齐公共卫生短板，提升预防应急处置能力。抓好人口均衡和老龄健康工作，探索建立医养康养相结合的养老服务体系。四是繁荣发展文化事业。加快乌兰牧骑馆、基层综合性文化服务中心等项目建设，谋划启动河西新区文化馆、图书馆项目。全面加强文化遗产保护，推进金界壕遗址国家文化公园建设，启动城市社区、中草药、教育等博物馆建设，改扩建历史博物馆。大力发展乌兰牧骑事业，创作民乐歌舞诗《红色记忆》，打造特色文化名片。发展书法、绘画、剪纸、根艺等优秀传统文化，建设非物质文化遗产示范基地。五是融合发展体育事业。坚持体育为民、体育惠民，推动全民健身与全民健康深度融合。加快金龙山滑雪场国家级综合性体育基地建设，创建国家级高水平冰雪体育后备人才基地。完善全民健身场地设施，谋划建设河西体育公园。适时举办全市冰雪赛事，积极承办国家赛事，办好球类、自行车、广场舞、登山、冬泳、滑雪等群众健身体育赛事，创建全国全民运动健身模范市。

（七）突出抓好社会治理，营造和谐稳定发展环境。全力提升社会治理水平，推进治理能力和治理体系现代化。一是全面抓好安全工作。坚持人、物、环境同防，常态化抓好疫情防控工作。加强防灾减灾、抗灾救灾和应急保障体系建设，深入推进安全生产三年整治专项行动，全力抓好森林草原防灭火、防汛抗旱等工作。严格落实“四个最严”要求，强化食品药品安全监管，保障群众饮食用药安全。二是全力维护社会稳定。牢固树立总体国家安全观，坚定铸牢中华民族共同体意识，促进民族团结进步。推进扫黑除恶和社会治安防控常态化，依法严厉打击违法犯罪活动，不断增强群众安全感。学习运用新时代“枫桥经验”，认真落实信访责任制，妥善解决群众合理合法诉求。加强国防动员、国防教育和双拥共建工作，防范化解财政金融等各领域风险。三是统筹强化基层治理。深化公共法律服务体系建设，开展“八五”普法工作，打造共建共治共享的基层治理新格局。扎实做好人防、气象、地震等工作，大力支持老龄、工青妇、残联、文联、工商联、红十字会、关心下一代等工作，促进各项事业全面发展。

（八）全面加强政府建设，打造人民满意服务政府。牢记初心使命，尽心竭力为人民服务、让人民满意。一是把讲政治作为第一责任。我们将以政治建设为统领，深学笃用习近平新时代中国特色社会主义思想，扎实开展党史学习教育，切实提高政治判断力、政治领悟力、政治执行力，增强“四个意识”、坚定“四个自信”、做到“两个维护”，确保党中央和上级党委政府及市委决策部署不折不扣落到实处。二是把抓落实作为第一任务。我们将强化履职担当，坚持目标导向、问题导向、效果导向，紧盯重点任务，聚焦改革发展中的热点问题，聚焦人民群众期盼和亟待解决的难点问题，不回避矛盾、不推卸责任，细化任务、实化举措，以扎实的工作成效确保“十四五”开好局、起好步。三是把依法行政作为第一准则。我们将深入学习贯彻习近平法治思想，切实提高依法行政能力。认真履行重大行政决策法定程序，推进科学民主决策。深化政务公开，自觉接受人大法律监督、政协民主监督和社会舆论监督。落实政府法律顾问制度，做好行政应诉工作。严格规范公正文明执法，切实提升执法公信力。四是把清正廉洁作为第一底线。我们将深入落实全面从严治党要求，严格履行党风廉政建设责任制，带头遵守中央八项规定及其实施细则精神，厉行节约、反对浪费，驰而不息纠治“四风”。主动接受纪委监委监督，强化审计监督和行政监督。严控一般性支出、压减“三公”经费，强化财政预决算刚性约束，确保有限财力用在民生改善和经济发展上。

各位代表！新征程扬帆起航，唯有砥砺奋进；新使命重任在肩，更须担当尽责。让我们更加紧密地团结在以习近平同志为核心的党中央周围，在上级党委政府和扎兰屯市委的坚强领导下，只争朝夕，接续奋斗，在全面开启社会主义现代化建设新征程上奋力谱写扎兰屯绿色崛起新篇章，以优异成绩庆祝中国共产党百年华诞！

紧扣高质量发展主题
在新征程上开拓绿色崛起新境界

——市委八届十一次全会暨全市经济工作会议上的报告

（2021年1月31日）

今年是实施“十四五”规划、开启全面建设社会主义现代化国家新征程的第一年，也是我们党成立100周年。习近平总书记强调，今年所有工作都要围绕开好局、起好步来展开。

去年10月召开的党的十九届五中全会，描绘了“十四五”时期以及到2035年的宏伟蓝图，习近平总书记系统阐述了立足新发展阶段、贯彻新发展理念、构建新发展格局、以推动高质量发展为主题的深刻内涵、前进方向和战略任务，创造性地提出许多新思想新论断新要求。12月召开的中央经济工作会议，习近平总书记深刻阐释了事关全局和长远发展的重大问题，系统总结了“五个根本”的规律性认识，全面部署了2021年经济工作，为我们开启现代化建设新征程提供了基本遵循和行动指南。前不久，自治区党委、呼伦贝尔市委相继召开全会暨经济工作会议，就贯彻落实党中央精神、做好各项工作作出了具体部署、提出了明确要求。我们要深入学习贯彻习近平总书记重要讲话精神、党中央决策部署以及自治区党委、呼伦贝尔市委工作要求，紧扣高质量发展主题，准确把握新发展阶段，全面贯彻新发展理念，服务融入新发展格局，在新征程上奋力开拓扎兰屯绿色崛起新境界。

关于今年全市经济社会发展工作，一会儿，市委副书记、市长岳国栋同志还要进行部署。我代表市委，先讲几点意见。

一、稳步立足新阶段，全面把握高质量发展时势

新发展阶段呈现新特征、体现新要求。我们必须增强辩证思维、系统观念，以历史的、理论的、实践的逻辑视角，认清形势，把握大势，在危机中育新机、于变局中开新局，推动扎兰屯绿色崛起行稳致远。

从历史逻辑看，我们要牢牢把握发展之“稳”。2020年，面对世纪罕见的“三重冲击”，在泰山压顶的危难时刻，以习近平同志为核心的党中央高瞻远瞩、审时度势，带领全党全军全国各族人民沉着应对、攻坚克难，我国成为全球唯一实现经济正增长的主要经济体，在极不寻常的年份创造了极不寻常的辉煌，中华民族伟大复兴向前迈出了新的一步。同全国一样，2020年我们迎难而上、奋力攻坚，统筹抓好各项工作，全市呈现疫情有效防控、经济持续发展、民生有力保障、

社会和谐稳定、民族团结进步的大好局面。尤其市第八次党代会以来，我们以壮士断腕的勇气挤水分、去虚增，动能培育和发展转型取得重大突破，特别是顶住了理念更新、法制强化、生态净化的重重阻力和经济持续下行的巨大压力，不仅经济指标逆势上扬、高质量增长，而且完成了经济总量两次历史性跨越，为在新发展阶段全面推进现代化建设奠定了坚实物质基础和思想基础。这是我们在新征程上阔步前行的定力和底气所在，也是我们的决心和信心所在。

从理论逻辑看，我们要牢牢把握发展之“势”。2019年3月，习近平总书记在参加内蒙古代表团审议时强调，“要保持加强生态文明建设的战略定力，探索以生态优先、绿色发展为导向的高质量发展新路子”，为我们推动发展作出了科学指引。党的十九届五中全会，明确提出“十四五”时期经济社会发展要以推动高质量发展为主题，为我们推动发展确立了主旨核心。中央经济工作会议，明确提出了在严峻挑战下做好经济工作“五个根本”的规律性认识，为我们推动发展提供了重要遵循。我们要在贯彻落实中深化思想认识，在探索规律中开拓新局，保持战略定力，不断总结经验，不断完善思路。要牢牢把握高质量发展主题，深入贯彻新发展理念，以深化供给侧结构性改革为主线，坚定不移推动质量变革、效率变革、动力变革。要牢牢把握“生态优先、绿色发展”导向，持之以恒加强生态文明建设，坚定不移推动绿色崛起。要牢牢把握“五个根本”遵循，始终沿着习近平总书记指引的方向奋勇前行，坚定不移推动高质量发展。

从实践逻辑看，我们要牢牢把握发展之“机”。习近平总书记指出，“危和机总是同生并存的，危中有机，危可转机，挑战前所未有，应对好了，机遇也就前所未有”。尽管当前国内外形势复杂严峻，疫情变化和外部环境还存在诸多不确定性，但经济形势的变化，并没有减弱扎兰屯市发展的优势和潜力。八届市委以来，我们持之以恒调结构、转动力、提效率，进一步提升了扎兰屯市经济发展的韧性和实力，扎兰屯市的发展基础持续稳固、有利条件不断集聚。党中央与时俱进对我国经济发展战略、路径作出重大调整完善，加快构建以国内大循环为主体、国内国际双循环相互促进的新发展格局，必将为我们发展带来巨大动力和光明前景。自治区党委和呼伦贝尔市委围绕构建绿色产业体系精准制定了系列工作举措，特别是自治区党委把发展临空产业纳入“十四五”规划予以支持。作为有着突出区位优势、生态优势和完整产业链的扎兰屯，融入新发展格局政策叠加优势将会进一步彰显，发展势能和潜力将会进一步释放。我们要坚定信心、增强斗志，心无旁骛做好自己的事情，保持定力、久久为功，就一定能够在融入新发展格局的实践中迈好第一步、见到新气象。

二、深入贯彻新理念，精准落实高质量发展要求

党中央对做好今年经济工作提出了明确要求，这是我们工作的总纲领、总遵循，必须全面准确地落实到实际工作中。

今年全市工作的指导思想和总体要求是：以习近平新时代中国特色社会主义思想为指导，全面贯彻党的十九大和十九届二中、三中、四中、五中全会精神，坚持稳中求进工作总基调，立足新发展阶段、贯彻新发展理念、

构建新发展格局，以推动高质量发展为主题，以深化供给侧结构性改革为主线，以改革创新为根本动力，以满足人民日益增长的美好生活需要为根本目的，坚持系统观念、辩证方法、底线思维，统筹好发展和安全，强化科技战略支撑，巩固拓展疫情防控和经济社会发展成果，扎实做好“六稳”工作，全面落实“六保”任务，着力完善“六大体系”，深入推进改革开放，切实强化依法治市，坚定不移全面从严治党，不断提升区域中心城市地位，确保“十四五”开好局、起好步，为建设美丽富饶和谐安宁呼伦贝尔作出新的更大贡献，以优异成绩庆祝建党100周年。

今年的主要预期目标是：地区生产总值增长3.5%左右；城镇登记失业率控制在4.5%以内；能耗降低2.75%；粮食产量稳定在25亿斤以上；城乡居民收入稳步增长，生态环境进一步改善。

确定这一目标，我们充分考虑到三个方面的原则：一是稳定性原则。今年政策和机遇比较多，经济会有明显的恢复，但政策调整、疫情冲击等不确定因素又难以预料，我们必须坚持稳中求进，牢牢把握发展的主动权。二是差异性原则。自治区和呼伦贝尔市维护生态安全、粮食安全、能源安全、边境安全方面的使命已经明确，针对发挥绿色生态优势推动高质量发展的差异化考核体系已经形成，我们必须主动承担起政治责任和历史使命。三是连续性原则。从实践到理论再到实践，扎兰屯市发展战略和思路已经明确，我们必须保持定力，顺势而为、乘势而上，努力拓展工作成果，坚定不移推进绿色崛起、富民强市。所以，我们本着积极而又稳妥的原则确定了主要预期目标。

全市上下要坚决按照市委的安排部署开展工作，坚持以推动高质量发展为主题，主动融入新发展格局，自觉服务自治区“两个屏障”“两个基地”“一个桥头堡”战略定位和“生态优先、绿色发展，建设美丽富饶和谐安宁呼伦贝尔”的发展定位，统筹抓好疫情防控和经济社会发展任务，着力推动科技创新、项目建设、产业升级、城乡发展、生态环保、民生保障、改革开放、依法治市、全面从严治党等各项工作取得新进展新成效，确保实现“十四五”良好开局。

三、主动融入新格局，全力推进高质量发展任务

我们要着眼服务和融入新发展格局，找准位置、发挥优势、探索路径，坚持不懈转方式、调结构、育动能，持续提高发展质量。

（一）坚持规划引领，科学优化高质量发展空间布局。规划是推动高质量发展的行动纲领。要抓紧编制完成全市“十四五”发展规划纲要，对《中共扎兰屯市委员会关于制定国民经济和社会发展第十四个五年规划和二〇三五年远景目标的建议》各项目标任务进行细化实化量化，坚持开门问策、集思广益，切实把社会期盼、群众智慧、基层经验充分吸收到“十四五”规划纲要中来，以高品质规划引领高质量发展。要加强各类规划有机衔接，结合“十四五”发展规划纲要，统筹做好新一轮专项规划、空间规划、区域规划的编制工作，大力推进多规融合，形成定位准确、边界清晰、功能互补、统一衔接的规划体系，发挥战略引领和导向作用。重大工程项目是规划的标志性举措。要紧紧围绕“六大体系”等领域接续谋划和实施重大项目，尤其要抓好今年117个重点项目

建设，有效发挥补短板、强弱项、惠民生、稳增长的作用，保障规划实施效果。

（二）坚持生态优先，持续筑牢高质量发展战略基础。生态环境是推动绿色崛起的基础保障。要坚持节约优先、保护优先、自然恢复为主的方针，全面加强生态系统保护，强化山水林田湖草综合治理，始终把保护森林和草原作为首要任务，严厉打击毁林毁草行为，强化河湖长制，推行林长制，开展大规模国土绿化行动，加强水源地保护，进一步提升生态系统质量和稳定性。要深入打好污染防治攻坚战，认真落实国家碳达峰、碳中和的工作要求，严格落实企业污染防治主体责任，巩固提高中央生态环境保护督察整改成效，全力抓好自治区生态环保督察整改工作，加强农业面源污染防治，推进农药化肥减量化，抓好生活污水集中处理和垃圾分类管理，加强危险废物、医疗废物收集处理，协同推进节能减污降碳，不断扩大蓝天、碧水、净土保卫战成果。要完善生态文明建设制度，严格执行“三区三线”管控要求，认真落实绿色发展指标体系，增强全社会生态环保意识，践行绿色生活方式，持续改善环境质量。

（三）坚持创新驱动，大力培育高质量发展强劲引擎。科技创新是第一动力。要启动实施“科技兴市”行动，完善科技项目库，强化与科研院所和高校开展合作，积极创建企业实验室、工程技术研发中心等科研平台，科技型企业科技研发中心建成率达到100%。要发挥企业主体作用，围绕玉米、黑木耳、中草药等加工企业，组织开展科技合作攻关活动，研发新技术，开发新产品。发挥内蒙古飞行学院、杰普逊国际飞行学院、扎兰屯职业学院等院校的优势，促进产学研用协同创新，依托阜丰公司博士后工作站、院士工作站和国家认可实验室优势，推动产品研发和应用研发，支持同德木业等科技型企业开展技术创新，力争新增国家高新技术企业1家，创建自治区科技型企业2家以上。要在科技计划、资金投入、人才培养等方面加大保障力度，不断完善创新服务体系，全面推动大众创业、万众创新。

（四）坚持稳中求进，加快完善高质量发展支撑体系。培育壮大绿色经济体系，事关高质量发展全局。一要稳住经济运行。继续把做好“六稳”“六保”作为重中之重，进一步加大对实体经济的支持力度，依法依规落实各项减税降费政策，对到期不再延续的政策依法依规及时采取应对措施，确保各项政策平稳有序过渡，稳定市场预期。大力支持企业发展，依法依规帮助解决融资、用地、物流、用工、生产原料等实际困难，降低企业运营成本，全力推动经济恢复运行在合理区间。二要优化产业结构。按照绿色化、高端化、智能化方向，扎实推进“六大体系”建设，改造提升传统产业，培育壮大新兴产业，提质发展现代服务业，促进产业链价值链向中高端跃升，加快构建多元发展、多极支撑的现代产业新体系。大力发展临空产业，推动完成飞行板块提升项目，届时内蒙古飞行学院训练机总数将达到45架；稳步建设临空产业“五大基地”，扎实启动钻石系列飞机发动机大修厂、无人机低温运行检测实验基地等项目，大力推进柴河通用机场建设，加快构建“1+1+X”训练机场体系，尽快形成年培训600名学员、飞行12万小时、产值4亿元的规模。农牧业要向优质高效转型，坚持绿色兴农兴牧、品牌强农强牧，推动农牧业现代化建设。稳定玉米种植面积，鼓励大豆种植，壮大黑木耳、榛子等特色产业，持续推进肉牛、生猪规模化养殖和奶业振兴。推进黑土地保护性耕作，牢牢守住耕地红线，坚决遏制耕地“非农化”、防止“非粮化”。完善农业基础设施，加强良种研发攻关，大力推广先进适用科技和装备，建设高标准农田4.8万亩，综合机械化水平达到88%以上。扎实推进四大农牧林产业园区建设，力争全市产业化龙头企业销售收入达到85亿元以上。要大力发展循环工业，稳步推进阜丰公司50万吨氨基酸及其配套等项目建设，完成松鹿制药公司扩能改造和国森矿业公司氧化矿等项目，力争全市规模以上工业总产值达到110亿元。要完善工业园区基础设施，推进道路、排水、固废处置等项目建设。要持续推进全域旅游，编制完成扎兰屯市全域旅游总体规划和柴河景区系列规划，主动融入“乌阿海满扎”一体化发展；以迎“冬奥”为契机，积极承办国家冰雪赛事，大力发展冰雪产业，推出一批具有代表性和影响力的文旅融合项目。要加快打造电商“升级版”，积极争取电子商务进农村综合示范升级建设项目，重点建设电子商务产业园区，使其成为产品上行的重要枢纽，推动“线上线下”融合发展。三要畅通经济循环。围绕提升区位优势，抢抓“两新一重”政策机遇，全力推动华能热电联产、中俄天然气管道、齐海满客运专线、大兴—紫沟一级公路等重大项目建设，尽快完成扎阿高速路阜丰段升级改造项目，争取建成5G基站30座，积极引导企业建设“5G+工业互联网”项目，促进更多资源要素向扎兰屯市流入，推动更多优质产品向市场输出。要依托电商平台，整合地域产品品牌，畅通上行和下行出口，带动线下发展新零售等新模式新业态。要全方位推进对外开放，用好东北振兴政策，积极对接黑吉辽以及京津冀等地区，在供需两端积极融入国内产业链；要在“呼兴”合作区建设中找准定位和角色，努力在旅游开发、通航发展、基础设施建设等方面共建共享；要鼓励支持阜丰公司、同德木业等企业扩大出口，不断拓展国际市场。四要加快城乡建设。坚持推进以人为核心的新型城镇化，实施城市更新行动，加快两条历史文化街区建设，推进城镇老旧小区改造，增强城市防洪排涝能力，完善便民设施，依法依规稳步解决房地产历史遗留问题。要针对交通拥堵等城市病，科学调整城市规划设计，加强城市精细化管理，提升城市治理水平。要聚焦老城区平房区改造短板，积极争取城市更新相关政策，把握用好新一轮窗口期，有序推进平房区改造和人口向新城区转移，实现人居环境改善和污染治理双促进。启动实施乡村建设行动，统筹乡镇和村庄规划建设，重点抓好改厕和污水、垃圾处理，接续推进农村人居环境整治提升行动。

（五）坚持民生导向，坚决守住高质量发展根本落点。增进民生福祉是发展的根本目的。要坚决守住脱贫攻坚成果，推动脱贫攻坚与乡村振兴有效衔接，扎实推进“1+4+N”规划体系建设，健全防止返贫动态监测和帮扶机制，保持现有帮扶政策总体稳定，发展壮大扶贫产业，带动群众持续增收致富。千方百计稳定和扩大就业，实施援企稳岗行动和职业技能提升行动，支持创业带动就业和灵活就业。持续扩大社会保险覆盖面，完善城乡低保、临时救助、抚恤优待等制度，全力保障困难群众基本生活。优先保障民生支出，坚决压减一般性支出，把有限的财力更多用于保障和改善民生。要统筹发展社会事业，持续推动各类教育均衡发展，加强教师队伍建设，推行国家通用语言文字教育，坚决做好国家统编教材使用相关工作。完善公共卫生应急体系，持续深化医疗、医药、医保联动改革，推进中医药、蒙医药传承创新发展。加快完善养老服务体系。统筹抓好审计、统计、气象、老龄、关心下一代等工作，推动各项事业全面发展。

（六）坚持文化铸魂，不断凝聚高质量发展强大合力。文化是灵魂，是力量之源。要全面做好意识形态工作，严格落实责任制，加强阵地建设，坚持正确舆论导向，构建网上网下一体、内宣外宣联动的主流媒体融合发展新格局。要坚持以社会主义核心价值观引领文化建设，坚定文化自信，实施思想铸魂工程，拓展全市190个新时代文明实践中心（所、站）功能，深入开展习近平新时代中国特色社会主义思想学习教育，加强党史、新中国史、改革开放史、社会主义发展史教育，加强爱国主义、集体主义、社会主义教育，推动理想信念教育常态化制度化。要精心组织庆祝建党100周年系列宣传教育，鼓舞士气、凝聚力量。要全面加强精神文明建设，持续开展道德模范、身边好人等评选活动，旗帜鲜明弘扬正能量，深入推进文明城市建设，推动形成适应新发展阶段的思想观念、精神面貌、文明风尚、行为规范。要提升公共文化服务水平，大力实施文化惠民工程，推进公共文化数字化建设。大力发展乌兰牧骑事业，鼓励创作更多优质文艺精品。挖掘城市内涵，统筹特色资源，积极发展文化产业。深化文化体制改革，加强文化市场体系建设，推动文化事业和文化产业高质量发展。

（七）坚持统筹兼顾，全力打造高质量发展良好环境。发展环境是地区软实力和形象的重要体现。要坚持以优化营商环境为重点，深入推进“放管服”改革，统筹抓好各领域深化改革任务。深入推进依法治市，广泛做好普法工作，严格按照法定权限、规则、程序办事，推进公正司法，促进全民守法。推动人大制度和人大工作与时俱进、完善发展，推动协商民主广泛、多层、制度化发展，深入推进军民共建发展，充分发挥工青妇等人民团体的桥梁和纽带作用。要完善大统战工作格局，加强和改进民族工作，深化民族团结进步教育，铸牢中华民族共同体意识。坚持总体国家安全观，扎实推进市域社会治理现代化。推动扫黑除恶常态化，坚决打击黑恶势力及其“保护伞”。深入开展安全生产专项整治三年行动，提高应急管理和灾害治理能力，保障食品药品安全，坚决防范遏制安全事故发生。严密防范财政金融等各领域风险，坚决守住不发生系统性风险底线。毫不放松抓好疫情防控工作，坚持“人”“物”“环境”同防，因时因势强化防控策略，加强冷链食品等检测和消毒，对重点人员、重点场所加强监测与核酸检测，做好疫苗接种工作，确保疫情防控万无一失。

四、坚决践行新要求，全面强化高质量发展保障

我们要坚持党要管党、全面从严治党，深入落实新时代党的建设总要求，以党

的政治建设为统领，全面推进党的各项建设，以高质量党建保障高质量发展。

（一）全面提高政治能力。要旗帜鲜明讲政治，提高政治判断力、政治领悟力、政治执行力，增强"四个意识"、坚定"四个自信"、做到"两个维护"。要提高政治站位，坚持以国家政治安全为大、以人民为重、以坚持和发展中国特色社会主义为本，牢牢把握政治大局。要强化政治担当，始终胸怀"两个大局"，做到知责于心、担责于身、履责于行。要严格遵守党的政治纪律和政治规矩，经常同党中央精神对表对标，确保各项工作始终沿着正确政治方向前进。

（二）切实加强理论武装。要强化各级理论学习中心组和基层学习讲堂建设，完善学习制度，突出学习重点，聚焦习近平新时代中国特色社会主义思想，聚焦习近平总书记关于推动高质量发展的新论断新要求，聚焦习近平总书记关于事关全局和长远发展的重大问题的深刻阐释，聚焦习近平总书记关于"五个根本"的规律性认识，聚焦习近平总书记对内蒙古重要讲话重要指示批示精神，持续在学懂弄通做实上下功夫，不断学习，不断实践，不断领悟，不断提高理论素养、政治素养，坚定不移用党的创新理论武装头脑、指导实践、推动工作。

（三）深入推进组织建设。要全面贯彻新时代党的组织路线，深入落实"五化协同、大抓基层"工作任务，推动各级党组织全面进步、全面过硬。要大力推进"最强党支部"建设，不断增强凝聚力、向心力、战斗力。要建好管好用好各级党群服务中心，筑牢政治引领、为民服务、基层治理的主阵地。要如期完成全市130个村和43个社区"两委"换届工作，确保换出好班子、换出新气象。要持续壮大村集体经济，为全面推进乡村振兴提供支撑。要大力推行街道"大工委"和社区"大党委"工作机制，扎实推进城市各领域党建融合发展。要深入推行社区工作者职业体系建设试点工作，加快实现"五有五化"目标。要统筹抓好机关、"两新"组织和国有企业党建工作，夯实全市各领域基层党组织基础。

（四）着力建强干部队伍。要坚持以正确用人导向引领干事创业导向，深入推进干部工作"五大体系"建设，坚持好干部标准，严把政治关、品行关、能力关、作风关、廉洁关，注重在急难险重一线考察识别干部。要全力做好市乡换届工作，严格遵守组织人事纪律，确保换届工作依法依规、风清气正、如期完成。要深入推进"干部素质提升行动"，不断提高立足新发展阶段、贯彻新发展理念、构建新发展格局、推动高质量发展的政治能力、战略眼光和专业水平。要持续抓好新时代人才工作，加大紧缺性、专业性人才培养和引进力度。要高度重视老干部工作，用心用情办好事、做实事、解难事。

（五）坚决正风肃纪反腐。要严格落实全面从严治党的主体责任和监督责任，严格执行党风廉政建设责任制。驰而不息推进作风建设，以反复抓、抓反复的韧劲深入贯彻中央八项规定及其实施细则精神，坚决纠治"四风"问题，以作风建设的新成效取信于民、推动发展。要保持反腐败高压态势，深刻吸取煤炭资源领域违规违法问题惨痛教训，深入查处各领域风险背后的腐败问题，坚决斩断"利益链"，坚决破除"关系网"。要强化专项治理，统筹推进人防、供销合作社等系统腐败问题整治和基层“微腐败”大清扫行动，扎实开展优化营商环境专项整治，着力推动以案促改取得实效。要紧盯惠民政策落实，持续纠治教育医疗、养老社保、扶贫环保等领域腐败和不正之风，解决好群众“急难愁盼”问题，让全社会感受到公平正义。要深入抓好巡察工作，切实发挥震慑、遏制、治本作用。全市广大党员干部要时刻把依法、规范、公正用权作为根本要求，知敬畏、存戒惧、守底线，全力营造风清气正的良好政治生态。

同志们，做好今年工作任务十分艰巨、意义十分重大。我们要更加紧密地团结在以习近平同志为核心的党中央周围，凝心聚力奔赴新征程、展现新作为，谱写扎兰屯绿色崛起新篇章，以优异成绩庆祝中国共产党成立100周年！

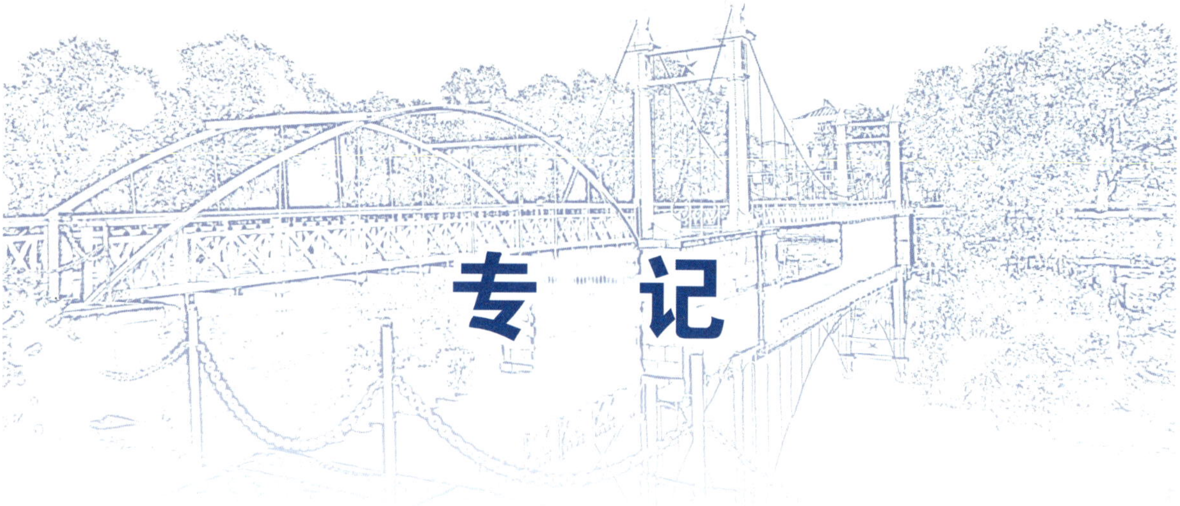

创新驱动产业升级
全力助推经济高质量发展

2021年是中国共产党百年华诞。百年征程波澜壮阔，百年初心历久弥坚。在党的百年奋斗历程中，扎兰屯市始终把发展作为第一要务，努力克服前进中的各种困难和挑战，推动经济社会发展不断取得新成就。特别是党的十八大以来，扎兰屯市深入学习贯彻习近平新时代中国特色社会主义思想和习近平总书记对内蒙古重要讲话重要指示批示精神，鲜明确立“绿色崛起、富民强市”发展主题，坚定不移走以“生态优先、绿色发展”为导向的高质量发展新路子，着力构筑绿色农牧业、临空产业、循环工业、电子商务、全域旅游、新型城乡“六大体系”，以中国民航大学内蒙古飞行学院和杰普逊国际飞行学院为支撑的临空产业、以阜丰公司为龙头的玉米深加工产业、以农村电商升级和跨境电商为主攻方向的电商产业、以阿柴国家AAAAA级旅游景区和扎兰屯生态旅游度假区为两极带动的全域旅游产业的培育和发展，拉动经济增长的新动能新业态已经形成。2020年，全市地区生产总值完成153.3亿元，固定资产投资完成32.16亿元，一般公共预算收入完成4.83亿元，城乡常住居民人均可支配收入分别达到37574元和20148元，经济综合实力稳居呼伦贝尔市第二位。

着力构筑绿色农牧业新体系。扎兰屯是农业大县，近年来，始终坚持绿色兴农兴牧，重点在夯基地、调结构、促融合、育品牌、增活力上下功夫，着力提高绿色食品原料标准化生产基地建设质量，重点推进设施农业产业园、现代农业科技园、现代林业示范园和以蒙东肉牛养殖场为核心的畜牧园区建设，不断提高农产品附加值，支撑带动农牧业步入内涵式发展轨道。认真落实“藏粮于地、藏粮于技”发展战略，深入实施乡村振兴战略，加快推进“1+4”规划及平台体系建设，坚持“稳粮优经扩饲”和“稳羊增牛增猪”，主导推进玉米、肉牛肉羊生猪、设施农业、黑木耳、林果、乡村游、文化产业7个优势特色产业带建设，坚持以农牧业产业化、农村城镇化、农民产业工人化破解“三农”工作。扎兰屯黑木耳进入首批中欧互认清单，品牌价值2.58亿

元，"三品一标"认证总数达到88个，粮食常产稳定在10.5亿千克以上，牧业年度牲畜存栏127万头(只)以上，全市农牧业产业化龙头企业销售收入达到80亿元以上，居呼伦贝尔市第一位，是国家产粮大县、畜牧大县、国家绿色农业示范区、全国绿色食品原料标准化生产基地。

着力构筑临空产业新体系。紧紧抓住区位优势明显、空域条件优越、机场群落密集的得天独厚条件，投资约2亿元，建成了1.35万平方米综合实训基地、7.3万平方米停机坪和联络道、3180平方米机库以及消防、给排水等附属设施，并将原扎兰屯农牧学校10.7万平方米校区提供给飞行学院作为教学基地，硬件实力达到国内一流水平。2018年12月12日，中国民航大学内蒙古飞行学院和杰普逊国际飞行学院挂牌运营，填补了全区民用航空类专业、民用航空器定检和维修等多项空白。2019年7月24日，国家发改委批复了中国民航大学新老校区更新改造工程可行性研究报告，标志着内蒙古飞行学院作为中国民航大学"一校四区"重要板块上升到了国家层面。2020年10月22日，中国国际航空公司在我国唯一的飞行培训专属基地落户扎兰屯，开启了国航公司飞行员在国内培训的新篇章，扎兰屯临空产业发展又迈出了坚实一步。2020年内蒙古飞行学院组织飞行训练258日，飞行时间1.7万小时，同比增长19%，起落3.8万架次，同比增长64%。按照"立足呼伦贝尔、服务内蒙古、面向全国"的思路，扎兰屯市正在加快建设近期4平方公里、远期7平方公里，集专业飞行、专业训练、通航维修、无人驾驶、航空物流、航空旅游、航空运动等为一体的临空产业集聚区，重点建设专业飞行训练、民航培训教育、维修定检养护、区域通航枢纽、民用无人驾驶航空试验"五大基地"，实施钻石系列飞机发动机大修厂、柴河通用机场、无人机低温运行检测实验基地等一批项目，加快构建"1+1+X"训练机场体系，尽快形成年培训600名学员、飞行12万小时、产值4亿元的规模，力争到2025年临空产业相关产值达到20亿元、带动就业5000人，着力打造中国北方航空特色小镇。

着力构筑循环工业新体系。大力推进种养加一体、一、二、三产融合发展，全力打造以阜丰公司为龙头的玉米全产业链。经过几年的发展，阜丰公司一期和二期项目已经完成，累计完成投资110亿元，年加工玉米能力220万吨，带动扎兰屯市及周边种植玉米600万亩。企业已获得并运用"谷氨酸的绿色清洁发酵工艺"等国家级专利45项，获批设立国家级博士后科研工作站、国家企业技术中心、国家认可试验室，是国家级高新技术企业、国家农业产业化龙头企业，2020年被工业和信息化部认定为全区唯一的国家技术创新示范企业。积极引导阜丰公司投入环保资金13亿元，不断提高绿色制造技术，成为行业绿色发展标兵企业。尤其是结合污染防治攻坚战，在所有排放指标已优于国家标准的基础上，引导企业自加压力投入4.5亿元，气味治理再次削减了90%以上，达到国际领先水平，被评为国家级绿色工厂。2018年以来，引导企业投入9.93亿元实施了一批要素保障、产业配套等项目。其中生产车间智能化项目投资3.16亿元，建设了智能发酵高效控制技术集成系统，对生产工序进行了绿色化技术改造；铁路专用线电气化项目投资2.3亿元实施“公转铁”，建设专用线4.41公里，年货物运量640万吨，既实现了绿色运输，又有效降低了企业运营成本；物流仓储现代化项目投资1.3亿元，建设物流运输、临时储存场地等设施，年可运输装卸粮食40万吨；生态肥料资源化项目投资3.17亿元，建设了年产10万吨液体肥、30万吨生态肥生产线，实现了资源的“吃干榨净”。这些项目的建成，不仅促进了企业提质增效和绿色发展，而且拉伸了产业链条，在此基础上，扎兰屯市正在有序推进投资100亿元的补链强链增链项目建设，加快培育玉米、秸秆、畜产品等7个百万吨级的绿色农畜林产品加工产业集群，大力引进发展生物科技、装备制造、清洁能源、节能环保等战略性新兴产业，加快推进全面绿色转型，预计到2025年规模以上工业企业达到15家，工业总产值达到135亿元以上。

着力构筑电子商务新体系。抓住作为国家电子商务进农村综合示范县的机遇，坚持把电商作为拉动经济腾飞的翅膀，大力发展基于“互联网+”的新产业，累计投入资金2.2亿元，引平台、树品牌、育人才，建成了岭东电子商务公共服务中心、青年创业孵化园、绿色产业电子商务体验馆和130个农村电商服务站，打通了“工业品下乡”和“农产品进城”双向致富通道，年度电商交易额达到8亿元以上。作为内蒙古唯一的县级市，参加了全国首届跨境电子商务博览会并作了经验交流。在脱贫攻坚工作中，大力实施企业带动型、贫困户直接创业型、返乡贫困农民工创业型、青年创业致富带动型、贫困户互助型、社区电子商务中心带动型、村级服务站带动型等“七种电商扶贫”模式，全力推动全市70个贫困村、33785名建档立卡贫困人口实现脱贫，全面推进“理念、渠道、产业、服务、机制、队伍”升级，着力打造农村电商“升级版”，中央电视台《新闻联播》以“扶贫找对路、不搞一刀切”为题，对电商扶贫工作进行了报道。农业农村部以“张大妈与一把木耳”为题，作为“双创”100个典型案例在全国推广。

着力构筑全域旅游新体系。依托国家级风景名胜区、中国优秀旅游城市等品牌，坚持全视野布局、全要素组合、全产业联动，全力推进阿柴国家AAAAA级旅游景区一体化发展和以金龙山景区为龙头、辐射带动秀水湿地核心区、扬旗山水库景区、百年吊桥公园、中东铁路两条历史文化街区为一体的115平方公里的扎兰屯国家级生态旅游度假区建设，做大做强“春赏杜鹃、夏漂流、金秋采摘、冬滑雪”四季旅游主题品牌，主动融入“乌阿海满扎”旅游一体化发展，扎兰屯杜鹃花海美景亮相中央电视台《新闻联播》，金龙山滑雪场被确定为第十四届全国冬运会自由式滑雪空中技巧、雪上技巧、U型场地技巧和单板滑雪U型场地技巧等4项赛事场地，乡村大集、冬捕、农家杀年猪等特色民俗活动走上全国农民春晚舞台，努力建设度假休闲旅游目的地。

着力构筑新型城乡新体系。聚焦打造绿色文明宜居城市的目标，统筹市域产业、基础设施、公共服务、基本农田、生态保护、城镇开发、村落分布等空间布局，实施城市更新行动和乡村建设行动，稳步推进以人为核心的新型城镇化，努力形成工农互促、城乡互补、协调发展、共同繁荣的新型工农城乡关系。按照“传承历史文脉、彰显个性特色”原则，做足“城市+历史+文化”文章，百年吊桥、中东铁路建筑遗址群、金界壕成为全国重点文物保护单位，中东铁路工业遗产和风情两条历史文化街区成为自治区级历史文化街区。深入实施乡村振兴战略，大力推进产业振兴、人才振兴、文化振兴、生态振兴、组织振兴，扎实抓好以“三清一改”为主的人居环境整治，大兴村被农业农村部评为国家“一村一品”示范村，扎兰屯市被评为全国村庄清洁行动先进县。统筹抓好城乡重大基础设施建设，公路、铁路、航空“三位一体”的立体交通网络已经形成，扎兰屯机场已开通到海拉尔、呼和浩特、天津、北京大兴等航线，是岭东区域性综合交通枢纽。

初心如磐，使命在肩。站在历史和未来的交汇点上，扎兰屯市将认真落实自治区党委部署要求，牢牢把握新发展阶段，完整准确全面贯彻新发展理念，主动服务融入新发展格局，紧紧围绕自治区“两个屏障”“两个基地”“一个桥头堡”战略定位，保持“绿色崛起、富民强市”发展定力，坚定不移走好以生态优先、绿色发展为导向的高质量发展新路子，不断把新时代扎兰屯市绿色崛起推向前进，以优异的成绩向党的百年华诞献礼！

（市委政研室）

扎兰屯市“四品四送”与满洲里隔离群众携手一家亲

2021年12月，内蒙古自治区满洲里市出现疫情后，700名密接者转驻扎兰屯市隔离。扎兰屯市委、市政府坚决贯彻落实疫情防控有关要求，在做好日常服务保障的基础上，精心推出“品味舌尖扎兰——爱心送餐”“品读世纪扎兰——文化送餐”“品鉴康养扎兰——健康送餐”“品悟人文扎兰——精神送餐”“四品四送”系列服务，让在这里隔离的满洲里群众感受到家一般的温暖。

扎兰屯市饮食文化悠久，饮食品种丰富，形成了独特的餐饮文化。在扎兰屯市委、市政府的号召下，各餐饮企业积极开展志愿服务，推出“品味扎兰美食——爱心送餐”系列活动，在每日肉、蛋、奶、蔬菜等正餐之外加送精致爱心特色美食餐一份。大碴粥、黏豆包、小咸菜、烀玉米、烤地瓜、杀猪菜、牛肉炖萝卜等地域特色小吃，让隔离群众品尝扎兰屯的美味、体验家的味道、感受扎兰屯的温度。

扎兰屯市作为历史文化名城，拥有各具特色的博物馆12座，注册文化艺术协会17家，文化产业从业人员1800余名。为了让隔离群众顺利度过这段特殊时期，扎兰屯市为他们精心准备了文化抗“疫”资源包。资源包

12月20日，市餐饮协会爱心企业为满洲里市隔离人员准备餐食

有扎兰屯市彩绘旅游地图、非遗剪纸、钢笔画、图书、期刊杂志等，有书法家手书的春联，还有精美的文化产业创意产品，以及金龙山滑雪场滑雪票。这份资源包让隔离人员在这场疫情大考中增强必胜之心、责任之心、仁爱之心、谨慎之心，为打赢疫情防控阻击战注入源源不断的文化力量。

扎兰屯作为国家生态市、国家园林城市，正在积极打造生态康养小镇。市委、市政府在做好隔离人员人文关怀的同时，结合本地地域特点、季节气候等因素，利用中蒙医院中医药治未病、辨证施治、多靶点干预的独特优势，组织医院形成扎兰屯市接收满洲里隔离人员中药处方。扎兰屯市将便于服用的颗粒冲剂、饮片等免费提供给满洲里隔离人员、医护人员、工作人员服用，提高隔离点人员身体抵抗力。同时，社会各界还为隔离人员制作了爱心养生包，包括姜茶、花茶、奶茶等饮品，以及暖贴、幼儿口罩、养生知识手册、防疫知识手册、心理健康知识系列讲座。这些举措推动中西医药相互补充、协调发展，形成保障人民健康强大合力，为疫情防控持续输出中医力量。

12月16日，市书法协会组织会员为满洲里市隔离人员书写春联

在这场没有硝烟的疫情防控战场上，扎兰屯市上下一心，以敢于斗争、敢于胜利的大无畏气概，诠释了“生命至上、举国同心、舍生忘死、尊重科学、命运与共”的伟大抗疫精神。为使满洲里隔离人员以饱满的精神度过隔离生活，扎兰屯市委宣传部、乌兰牧骑等单位以及文艺爱好者创作了《大爱在人间》《你的美》《因为有你》等抗“疫”主题歌曲，《扎兰屯市“品悟人文扎兰”——精神送餐》快闪等文艺作品。通过《不忘初心》《爱的奉献》《凝聚每份爱》《我的祖国》四首歌曲，展现了“多难兴邦精诚志、同心同德显担当”的大爱情怀，营造众志成城抗击疫情的良好氛围，以不弃微末、

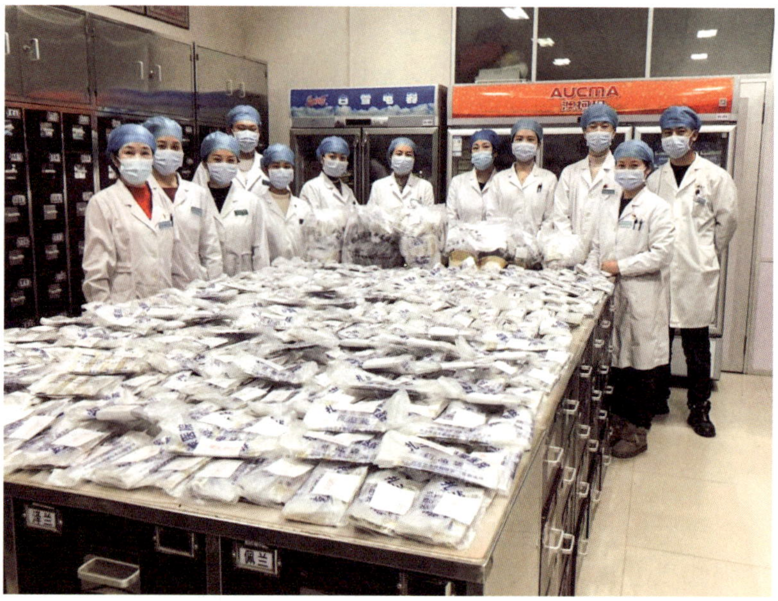

12月18日，市中蒙医院为满洲里市隔离人员提供中药冲剂

久久为功的姿态接续奋斗，把“扎兰精神”的力量转化为同满洲里携手抗击疫情的澎湃动能。

同心担风雪，携手为一家！扎兰屯市委、市政府及全市各族干部群众与隔离人员同心战“疫”，共克时艰，坚决打赢疫情防控阻击战！扎兰屯·满洲里，你我同在，未来可期！

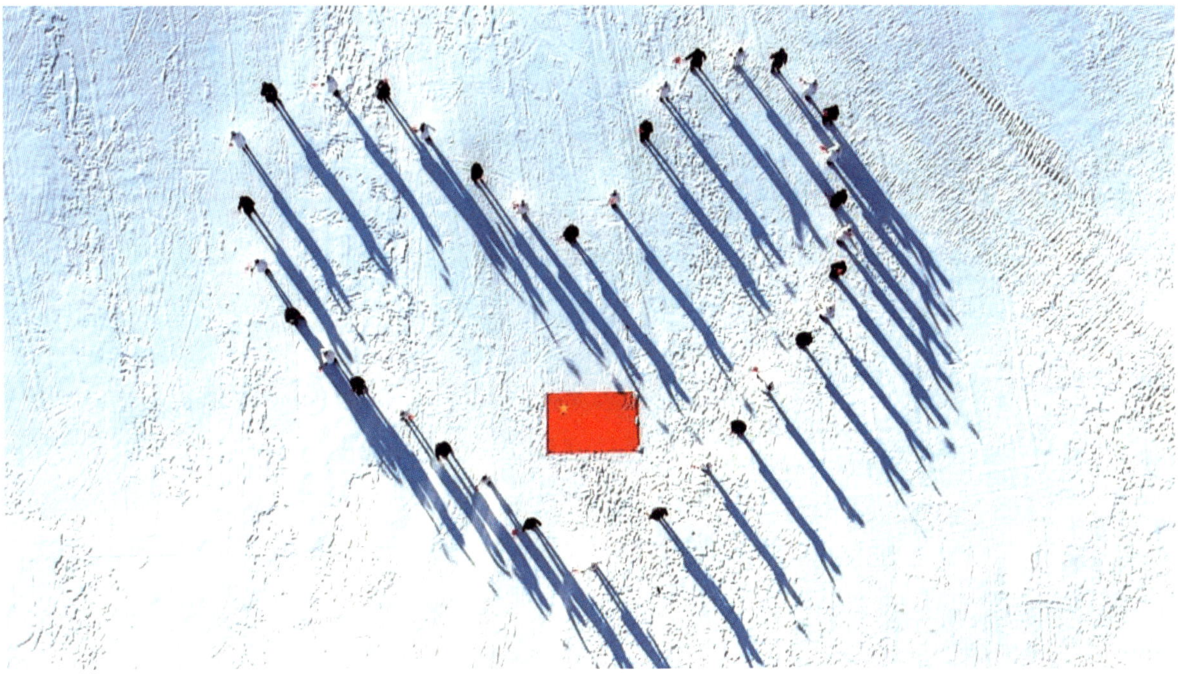

12 月 21 日，市委宣传部拍摄《“品悟人文扎兰”—— 精神送餐》快闪

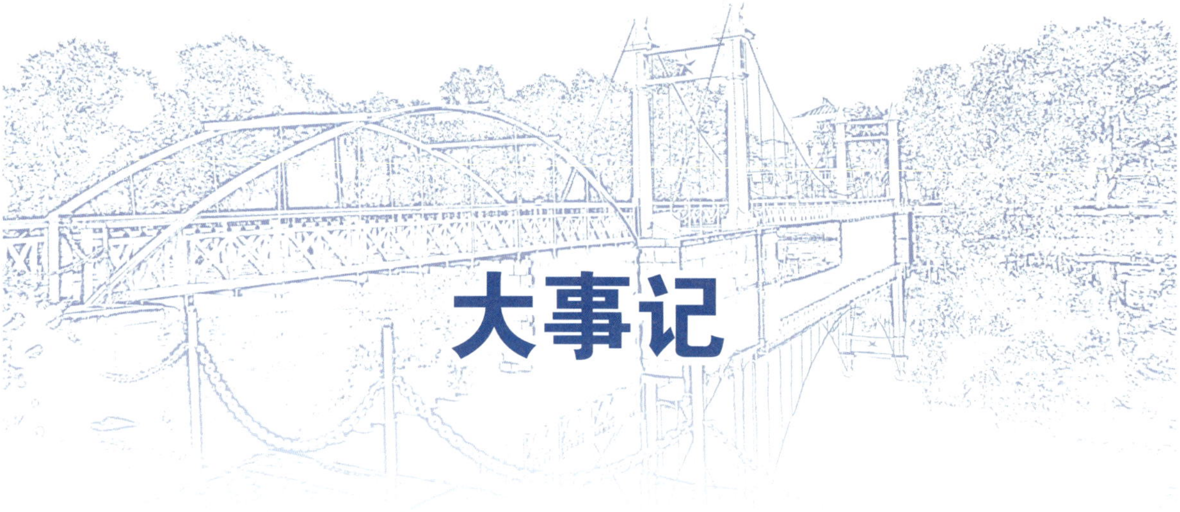

大事记

1月

5日　扎兰屯市召开新冠肺炎疫情防控指挥部第三十三次调度会暨春节前社会管控措施座谈会。会议听取市公安局对社会管控工作的安排部署和数据组对数据推送工作的汇报以及乡镇街道就社区村屯管控、返乡人员管理工作开展情况汇报。

10日　扎兰屯市公安局举办“庆祝首个中国人民警察节暨迎接建党100周年”知识竞赛。

☆　扎兰屯市文化市场综合行政执法局获得“全国文化市场重大案件办案单位及办案人员”称号。

14日　扎兰屯市召开应对新冠肺炎疫情工作领导小组第八次会议暨防控指挥部第三十五次调度会，学习贯彻习近平总书记关于疫情防控工作重要讲话重要指示精神，传达学习自治区党委书记、人大常委会主任石泰峰在满洲里调研指导疫情防控工作时的讲话精神，贯彻落实全国、自治区疫情防控电视电话会议、呼伦贝尔市新冠肺炎疫情防控指挥部第五十一次会议精神及扎兰屯市委常委会第一百三十五次会议要求，对冬春季、常态化及春节期间疫情防控工作进行再安排、再部署。

☆　扎兰屯市村(居)民委员会换届工作调度和业务培训会议以视频形式召开，7个街道换届工作指导组组长及成员，街道党工委书记、换届工作相关人员在主会场参加会议；12个乡镇换届工作指导组组长及成员，乡镇党委书记、换届工作相关人员在分会场参加会议。

15—18日　扎兰屯市先后3次召开“十四五”规划建议征求意见会，听取《市委“十四五”规划建议(征求意见稿)》的编制情况、基本框架、主要内容及各参会代表、委员提出的意见建议。市委办、市政府、市人大、市政协、市委政研室编写组成员，部分党代表、人大代表、政协委员，乡镇、街道村(居)党组织负责人，部分退休老领导、党外代表人士、少数民族代表人士、工商联及部分企业负责人参加会议。

20日　扎兰屯市召开2020年度直属机关党组织书记抓党建工作述职评议会，听取所属党组织书记2020年度抓基层党建工作述职报告。

☆ 扎兰屯市工业和信息化局、市信息网络经济服务中心主办“助农扶贫带扎兰屯好货”首届助农直播活动。活动在扎兰屯市绿色食品电子商务体验馆设置固定直播间，与快手平台、市融媒体中心、智慧网平台进行合作，在全市精选出榛子、木耳、手拍粉、黑麦面、蘑菇等8类扎兰屯本土优质农特产品进行线上销售。直播采取“本地网红主播+农产品线上直播销售”形式，历时近3小时，累计吸引观众1.2万人次，获点赞11万次，带动产品销售1788单，实现线上销售额超6.7万元。

21日 扎兰屯市召开2020年度党组织书记抓“两新”党建工作述职评议会，听取各党组织书记2020年度抓“两新”党建述职报告。

2月

4日 扎兰屯市委常委会召开2020年度民主生活会。会议通报民主生活会征求意见情况和上年度民主生活会问题整改情况。市委书记焦刚伟代表市委常委会作对照检查，其他常委逐一作对照检查发言，并开展互相批评。

9日 扎兰屯市新冠肺炎疫情防控工作指挥部召开第三十七次调度会。落实全区2021年春节期间新冠肺炎疫情防控工作电视电话会议精神，并对扎兰屯市春节期间疫情防控工作进行再安排、再部署、再落实。

24日 扎兰屯市召开破坏草原林地违规违法行为专项整治行动动员部署暨专项整治行动领导小组第一次会议。贯彻落实习近平生态文明思想，落实自治区党委、呼伦贝尔市委破坏草原林地违规违法行为专项整治行动决策部署，并对扎兰屯市相关工作进行安排部署。

25日 全国脱贫攻坚总结表彰大会在北京人民大会堂举行。大会对全国脱贫攻坚楷模荣誉称号获得者、全国脱贫攻坚先进个人、先进集体进行表彰。内蒙古自治区45个个人、33个集体获得表彰。扎兰屯市扶贫开发办公室获得“全国脱贫攻坚先进集体”称号。

26日 扎兰屯市召开《政府工作报告》征求意见建议座谈会，对拟提交市九届人民代表大会第五次会议审议的《政府工作报告》，征求老干部和各界代表的意见和建议。

27日 扎兰屯市召开优化营商环境整改工作领导小组办公室政务环境组第一次会议，调度部署政务环境组优化营商环境巡视整改落实工作。

28日 扎兰屯市完成全市村和社区妇联换届工作。130个村和43个社区选举产生新一届村（社区）妇联执委委员1059名，常务委员228名，主席173名，副主席174名，兼职副主席233名。

3月

3日 扎兰屯市召开市、乡镇换届工作会议。

4日 中共扎兰屯市第八届纪律检查委员会第六次全体会议召开，学习贯彻十九届中央纪委五次全会、自治区十届纪委七次全会和呼伦贝尔市委四届纪委六次全会精神，部署全市全面从严治党工作。

☆ 扎兰屯市红十字会联合市教育局、朝聚眼科医疗队在民族小学举办全区光明行社会公益活动·关爱青少年眼健康护眼行动捐赠仪式，对扎兰屯市10所学校符合条件的贫困家庭155名学生捐赠近视眼镜，价值4.65万元。

8日　全国妇联授予扎兰屯市妇幼保健计划生育服务中心保健部2020年度“巾帼文明岗”称号。

16日　扎兰屯市召开政法队伍教育整顿动员部署会议。

18日　扎兰屯市召开党史学习教育动员大会。

26日　扎兰屯市召开政法队伍教育整顿领导小组会议。

31日　扎兰屯市委党史学习教育第一期读书班开班。集中学习贯彻习近平总书记在党史学习教育动员大会上的重要讲话精神、习近平总书记参加十三届全国人大四次会议内蒙古代表团审议时的重要讲话精神和习近平《论中国共产党历史》。全市处级领导干部参加本期读书班的首次集中学习。

4月

9日　扎兰屯市委召开党史学习教育领导小组会议，学习自治区党委、呼伦贝尔市委《关于党史学习教育的纪律要求的通知》，听取全市党史学习教育进展情况汇报，对推进党史学习教育工作进行再安排、再部署。

14日　扎兰屯市召开农村工作会议，研究部署新发展阶段“三农”工作。

14—16日　中国民航大学校长丁水汀、中国国际航空公司总飞行师王迎年一行到扎兰屯市，实地调研内蒙古飞行学院教学基地、实训基地，扎兰屯金龙山无人机实训基地。

16日　扎兰屯市召开书记专题会暨信访工作调度会，学习贯彻落实习近平总书记关于信访工作的重要指示精神，传达学习自治区党委、呼伦贝尔市委有关会议和文件精神，听取近期信访工作汇报，并对当前和下一步信访工作进行安排部署。

21日　扎兰屯风景名胜区管理委员会公共设施管理服务项目初稿汇报会召开，对《扎兰屯风景名胜区管理委员会公共设施管理服务项目》初稿内容开展汇报及征询意见和建议工作。

22日　扎兰屯市召开破坏草原林地违规违法行为专项整治行动协调推进会议及领导小组第三次会议，审议通过《关于扎兰屯市各乡镇（街道办事处）、国有林场在排查破坏草原林地违规违法行为工作中对存在的问题如何甄别和处理的请示》。

23日　扎兰屯市召开第二季度安全生产工作暨五一假期安全防范工作会议，传达《国务院安委会办公室关于近期重大及典型事故情况的通报》，通报扎兰屯市2021年以来安全生产及森林草原防灭火工作开展情况。

☆　扎兰屯市召开关心下一代工作会议，传达习近平总书记重要指示及内蒙古、呼伦贝尔市、扎兰屯市各级领导对关心下一代工作批示。

25日　扎兰屯市召开“放管服”改革协调小组第一次全体会议暨全市公共资源交易管理工作联席会议，传达学习《李克强主持召开国务院常务会议精神》《高润喜同志在2021年呼伦贝尔市促进营商环境优化推进重点项目建设现场会上的讲话》精神和《阿荣旗优化营商环境典型经验介绍》，听取扎兰屯市“放管服”改革和公共资源交易工作开展情况及下一步工作要点汇报。

26日　扎兰屯市知识产权局举办“全面加强知识产权保护，推动构建新发展格局”2021年世界知识产权日宣传活动、呼伦贝尔市2021年版权宣传周、绿书签活动暨侵权盗版及非法出版物集中销毁仪式。

29日 中国共产党扎兰屯市第八届委员会第十二次全体会议召开，讨论审议关于召开中国共产党扎兰屯市第九次代表大会的有关事宜，审议并表决通过《中国共产党扎兰屯市第八届委员会第十二次全体会议关于召开中国共产党扎兰屯市第九次代表大会的决议（草案）》。

30日 扎兰屯市开展党史学习教育“我为群众办实事”实践活动暨大型公益植树活动。

5月

2日 国家防灭火联合督查组到扎兰屯市，督导检查森林草原防灭火工作。

7日 扎兰屯市召开2011—2020年妇女儿童发展纲要终期评估检查推进会。会议通报2011—2020年妇女儿童发展纲要各项指标完成情况，安排部署迎接呼伦贝尔市妇儿工委“两纲”终期评估检查工作相关任务。

8日 扎兰屯柴河通用机场选址阶段空域规划军民航协调会在沈阳召开。会议对机场进离场航路点、本场使用空域范围及高度做沟通与协调，是柴河通用机场项目前期工作推进的重要节点。

11日 自治区残疾人福利基金会与自治区残联共同开展“2021大爱北疆·助康圆梦—慈善草原行”志愿服务助残活动，到扎兰屯市开展项目调研。

17日 扎兰屯市第九届人民代表大会常务委员会第二十六次会议召开。会议按照法定程序进行人事任免事项，审议通过关于授予侯燕会等“扎兰屯市荣誉市民”称号的议案，决定授予侯燕会、王宏宇、尹伟义、赵彦峰“扎兰屯市荣誉市民”称号；听取和审议市政府关于2020年环境状况和环境保护目标完成情况的报告。

20日 扎兰屯市召开2021年自治区文明城市复查测评工作推进会，贯彻落实上级精神文明建设和文明城市创建工作要求，安排部署2021年自治区文明城市复查测评工作。

22—23日 内蒙古自治区党委书记、人大常委会主任石泰峰到扎兰屯市卧牛河镇、兴华街道办事处、河西街道南市社区、公安局兴华派出所、市检察院，调研党史学习教育、政法队伍教育整顿等工作。

27日 扎兰屯市12个乡镇同步召开党代会，完成各项议事议程。扎兰屯市乡镇党委换届工作完成。

29日 扎兰屯市召开信访联席会议，传达《关于传达市委常委会和市政府常务会有关会议精神的通知》《关于鄂温克旗部分退耕户和种植户集体进京走访情况的通报》《关于治理重复访、化解信访积案专项工作中审核后“未化解”信访事项的督办函》《关于中联办交办重点群体、重点人员情况的通报》等文件精神。

30日 扎兰屯市召开书记专题会暨防范化解民族领域重大风险工作部署会议。

31日 扎兰屯市委召开理论学习中心组党史学习教育专题集中学习研讨会，学习贯彻习近平总书记关于党的历史的重要论述，学习落实自治区党委书记、人大常委会主任石泰峰在扎兰屯市调研时的讲话要求，重点围绕“党的社会主义革命和建设时期历史、改革开放新时期历史”进行专题学习研讨。

6月

1日 扎兰屯市召开安全生产工作会议，传达呼伦贝尔市安全生产专项整治三年行动集中工作推进会议精神、八届市委常委会第一百五十六次会议暨市安全生产委员会主任会议精神，对《全市安全生产大排查大起底大整治大提升集中攻坚方案》和全市第二十个安全生产月活动安排进行传达和解读。

6日 按照国家乡村振兴局、《自治区党委办公厅、政府办公厅关于调整自治区扶贫工作机构设置的通知》，扎兰屯市乡村振兴局举行揭牌仪式。

6—7日 内蒙古自治区政法队伍教育整顿第三指导组到扎兰屯市，检查指导政法队伍教育整顿工作开展情况。通过汇报交流、实地查看、查阅资料等方式开展现场指导工作。

8日 扎兰屯市市场监督管理局在一百三角地广场开展2021年以“尚俭崇信，守护阳光下的盘中餐”为主题的食品安全宣传周活动。

9日 呼伦贝尔市档案局联合扎兰屯市档案局、档案史志馆围绕“档案话百年”主题，在扎兰屯市三角地广场举办第十四个国际档案日系列活动。

10日 由呼伦贝尔市老年体协主办，呼伦贝尔市老年体协门球工委、扎兰屯市老年体协承办的庆祝建党100周年暨呼伦贝尔市第十一届老年女子门球交流活动在扎兰屯市举行，来自海拉尔、满洲里、阿荣旗等各旗市区18支代表队参加比赛。

15日 扎兰屯市召开新冠肺炎防控工作指挥部第三十九次调度会暨推进新冠病毒疫苗接种工作会议，贯彻落实自治区、呼伦贝尔市有关会议精神，对全市疫情常态化防控及新冠病毒疫苗接种工作进行再调度、再部署。

17日 扎兰屯市红十字会代表队在“朝聚杯”呼伦贝尔市第二届红十字应急救护大赛中获得3个单项一等奖、1个单项二等奖和团体一等奖。

22日 扎兰屯市委组织部获得全区脱贫攻坚先进集体称号。

24日 呼伦贝尔市妇联在扎兰屯市召开“说变化、感党恩、跟党走”女性恳谈会。阿荣旗、莫旗及扎兰屯市妇联机关干部、妇女群众代表等30余人参加活动。

25日 扎兰屯市召开全市安全生产、信访稳定、疫情防控工作调度部署会议。

26日 扎兰屯市卧牛河镇都叶梅、王秀华、丛凯，扎兰屯市南木鄂伦春民族乡韩美兰，获得“首批自治区农村牧区示范文化户”称号。

27日 扎兰屯市举行“光荣在党50年”纪念章颁发暨1000人重温入党誓词仪式，全市各行各业党员代表及预备党员千余人在鲜红的党旗下重温入党誓词，为老党员颁发纪念章。

☆ 扎兰屯市庆祝中国共产党成立100周年“永远跟党走·唱支山歌给党听”广场文艺演出系列活动启动。系列活动由市委组织部、宣传部主办，市文体旅游广电局承办。

29日 扎兰屯市召开“放管服”改革协调小组第二次全体会议暨“四办”工作专题推进会议，传达学习《李克强在全国深化“放管服”改革着力培育和激发市场主体活力电视电话会议上的重要讲话精神》《湖南省对标先进地区做法举措，积极开展优化营商环境行动》，通报

"四办"工作情况，对下一步工作进行安排部署。

☆ 扎兰屯市委书记焦刚伟获得全国优秀县委书记称号。中共中央总书记、国家主席、中央军委主席习近平在北京会见全国优秀县委书记，向他们表示诚挚问候和热烈祝贺。

☆ 扎兰屯市19个乡镇妇联、街道妇联全部完成换届。

7月

1日 扎兰屯市市场监管局获得"国家市场监管总局'小个专'党建工作表现突出集体"称号。

5日 扎兰屯市召开传达学习贯彻习近平总书记"七一"重要讲话精神会议，传达学习贯彻习近平总书记在庆祝中国共产党成立100周年大会上的重要讲话精神，传达学习贯彻"七一勋章"颁授仪式和全国"两优一先"表彰大会精神，传达学习贯彻全国优秀县委书记表彰会议精神。

20日 扎兰屯市第九届人民代表大会常务委员会召开第二十七次会议。会议按照法定程序进行人事任免，听取市九届人大常委会代表资格审查委员会关于代表资格的审查报告，作出关于召开市九届人大六次会议的决定，审议并通过大会有关事项。

20—21日 2021年两岸青年飞行与客舱安全交流会在内蒙古自治区扎兰屯市召开。

21日 扎兰屯市召开严肃换届纪律暨加强换届风气监督警示教育大会。呼伦贝尔市换届指导督查组到会指导，市纪委领导围绕"十个严禁"换届纪律要求对与会人员开展集体谈话。

24日 市教育局、市妇联、关工委会同国家关工委、三宽教育联合举办"家校社共育与家长学校专业化建设"双实践区启动仪式暨专家报告会，对下一步"家校社共育"双实践区工作进行安排部署。

26日 扎兰屯市召开全市干部大会，贯彻习近平总书记对防汛救灾工作的重要指示批示精神，落实自治区防汛工作要求和呼伦贝尔市干部大会精神，抓好防汛救灾工作，统筹推进各项重点任务，保障人民群众生命财产安全，保障社会大局和谐稳定。

8月

8日 扎兰屯市公安局刑事侦查党支部获得"自治区公安系统先进基层党组织"称号。

13日 扎兰屯市召开农村牧区工作领导小组第二次会议，传达习近平总书记关于厕所革命重要批示指示精神，全国农村户厕问题摸排整改工作视频会议精神，呼伦贝尔市高标准农田建设和农村牧区户厕问题摸排整改工作调度会精神，通报全市农村户厕问题摸排整改工作进展情况，安排部署下一步摸排整改工作。

14日 扎兰屯市文化体育旅游广电局获得"2017—2020年度全国群众体育先进单位"称号。

17日 扎兰屯市委理论学习中心组组织第八次集中学习暨党史学习教育第四期专题读书研讨班。市委书记岳国栋以《学深悟透做实"七一"讲话精神 奋力谱写高质量发展新篇章》为题进行研讨发言。

19日 扎兰屯市召开疫情防控领导小组社会管控推进会，针对呼伦贝尔市新型冠状病毒感染肺炎防控工作指挥部第25号公告，对扎兰屯市疫情防控社会稳控工作进行再安排、再部署。

24日 扎兰屯市召开2021年秋季开学疫情防控工作会议。会议传达《国家卫健委办公厅 教育部办公厅关于印发高等学校、中小学和托幼机构新冠肺炎疫情防控技术方案（第四版）的通知》，听取教育局、职业学院、民航大学等部门就当前秋季开学疫情防控工作准备情况的汇报。

27日 扎兰屯市第九届人民代表大会召开第六次会议，听取《关于市九届人大六次会议选举办法（草案）的说明》，表决通过《市九届人大六次会议选举办法》、大会总监票人、监票人名单，依法选举王波为扎兰屯市人民政府市长，杨积春、李岩岭、孟刚、卢亚光、鲁垚为扎兰屯市人民政府副市长。

28日 扎兰屯市召开换届纪律警示教育大会暨党代表培训会议，传达《自治区党委组织部关于通报7起涉及选人用人典型案例全力营造风清气正换届环境的通知》精神，对党代表大会会风会纪提出具体要求。

9月

1日 扎兰屯市推进产业工人队伍建设改革试点工作协调小组召开第一次会议，传达推进产业工人队伍建设改革试点工作实施方案，对下一步工作进行安排部署。

7日 扎兰屯市召开脱贫攻坚成果同乡村振兴有效衔接工作会议，同时安排部署自治区乡村振兴局督查调研工作。

14日 扎兰屯市2021年度科级领导干部任职培训班暨2021年度第一期干部大讲堂开班。培训邀请呼伦贝尔市委党史学习教育宣讲团人员开展专题讲座，全市党员干部700余人参加培训。

☆ 由市委、市政府主办，市科协、市委宣传部、统战部、政法委等部门承办，以“百年再出发，迈向高水平科技自立自强”为主题的2021年“全国科普日”活动启动。活动现场开展科技咨询和义诊，对新冠肺炎防控知识、防电信诈骗、警惕非法集资陷阱、家庭安全用电措施等科普知识进行宣传。

23日 以“庆丰收、感党恩、跟党走”为主题的呼伦贝尔市庆祝2021年中国农民丰收节活动在扎兰屯市天拜山广场开幕。活动由呼伦贝尔市委、市政府主办，呼伦贝尔市农牧局、扎兰屯市委、市政府承办。

24日 扎兰屯市第九届人民代表大会常务委员会第二十九次会议召开。会议决定任命吴忱东为市政府副市长，任命孟和吉日嘎拉为市人民检察院副检察长、并代理检察长职务，表决通过杨洪元等人事任免事项，审议通过市、乡两级人大换届选举工作有关事项，听取和审议市政府关于国有资产管理情况的综合报告及市政府关于法治政府建设情况的报告。

25日 扎兰屯市2021年度第二期干部大讲堂暨解读“十四五”规划纲要经济社会发展主要指标专题讲座举行开班仪式。讲座邀请清华大学经济管理学院教授许宪春，围绕“十四五”规划纲要中的经济社会发展主要指标作详细解读。

30日 扎兰屯市召开重点工作推进会议，安排部署当前及“十一”国庆期间疫情防控、安全生产、秋冬季森林草原防灭火、信访稳定等工作。

10月

3日 扎兰屯市召开新冠肺炎疫情防控工作调度会，对当前新冠肺炎疫情防控社会管控工作进行再部署、再细化、再压实。

8日 扎兰屯市召开市委常委会（扩大）会议暨贯彻落实呼伦贝尔市第五次党代会精神大会，学习贯彻呼伦贝尔市第五次党代会精神。

13日 扎兰屯市举办“草原书屋”送书仪式暨全民阅读推广活动，活动配发图书1.1万册，总价值近30万元。

14日 扎兰屯市乌兰牧骑被评为“长期坚持在农村牧区演出并深受农牧民欢迎的旗县（市、区）级及以下乌兰牧骑、院团和民营文艺表演团体”。

☆ 扎兰屯市文化市场综合行政执法局被评为“农村牧区基层文化市场执法工作中作出突出贡献的旗县（市、区）文化市场综合执法队伍”。

15日 海尔集团海永顺环境科技有限公司、北控清道夫城市环境服务有限公司、海螺集团等企业代表到扎兰屯市，对接洽谈生活垃圾处理、城市清洁服务、水处理等相关环保环卫项目。

18日 扎兰屯市兴华街道青松社区获得“全国红十字模范单位”称号。

19日 呼伦贝尔市人力资源和社会保障局专家组到扎兰屯市成吉思汗镇马家村为群众进行义诊，为百姓提供B超、心电等检查，免费发放部分药品，进行健康教育、疾病预防等知识的讲解。

21日 扎兰屯市召开市委网络安全和信息化委员会会议，传达学习呼伦贝尔市委网络安全和信息化委员会第三次会议精神，听取全市网络安全和信息化工作汇报，安排部署工作。

☆ 扎兰屯市全面依法治市委员会召开会议，传达中央、自治区、呼伦贝尔市有关会议、文件精神，听取全面依法治市工作汇报，并对相关工作进行安排部署。

☆ 扎兰屯市委审计委员会召开第三次会议，学习贯彻中央、自治区、呼伦贝尔审计委员会精神，听取审计工作情况汇报，安排部署有关工作。

22日 扎兰屯市召开项目招商对接座谈会，与呼伦贝尔大地生态环境建设投资有限责任公司针对天拜山治理、城市垃圾处理等生态环境治理项目开展洽谈。

☆ 扎兰屯市召开新冠肺炎疫情防控指挥部第五十次调度会，听取市卫健委所作的扎兰屯市全员新冠病毒核酸检测筛查工作方案，对下一步工作进行再安排、再部署。

☆ 扎兰屯市举办2021年度第四期干部大讲堂，特邀呼伦贝尔市委党校教师对呼伦贝尔市第五次党代会报告精神进行解读。

23日 扎兰屯市委农村牧区工作领导小组召开2021年第三次会议暨巩固脱贫攻坚成果和防返贫监测动态管理工作推进会，安排部署巩固脱贫成果和防返贫监测动态管理工作，筹备迎接国家脱贫成果后评估考核工作。

24日 扎兰屯市召开“博物馆小镇”建设专家研讨会。邀请自治区文物局博物馆，呼伦贝尔民族博物院的两级专家团队，听取扎兰屯市关于“博物馆小镇”建设工作等相关汇报，并提出意见建议。

25日 扎兰屯市召开全员核酸检测演练工作对接调度会议，介绍扎兰屯市全员新冠病毒核酸检测筛查工作方案。

26日 扎兰屯市第九届市委常委会第九次会议暨应对新冠肺炎疫情工作领导小组会议召开，传达习近平总书记重要讲话精神等内容，进一步安排部署疫情防控、优化营商环境、“我为群众办实事”实践活动等工作。

28日 扎兰屯市委编委会召开第三次会议，学习《中国共产党机构编制工作条例》《机构编制监督检查工作办法》《机构编制报告制定实施办法（试行）》等机构编制法律法规，研究审议机构编制调整事项。

☆ 扎兰屯市举行全员核酸检测实战演练。各乡镇、街道有关部门负责人参加现场观摩。演练按照上级应急预案进行组织，市卫健委综合协调，以乡镇街道和采样医院为主导，市委宣传部、市公安、发改、交通等多部门通力配合，医务人员60人，社区各类辅助人员100余人，分3个采样地点，对社区居民、外来人员约300人进行“10∶1混采”检测。

29日 扎兰屯市举办第五期干部大讲堂，邀请中国国际电子商务中心特聘专家魏春雷围绕农村电商发展现状与趋势等内容做专题讲座。

☆ 扎兰屯市卫生健康综合行政执法大队（原扎兰屯市卫生健康和劳动保障综合行政执法大队）承办的《孙某某未取得医疗机构执业许可证擅自开办医疗机构行医案》获评“全国卫生健康行政执法优秀典型案例”。

30日 扎兰屯市召开新冠肺炎疫情防控指挥部第五十一次调度会。会议贯彻落实自治区新冠肺炎疫情防控工作电视电话会议、自治区新冠肺炎疫情防控工作指挥部紧急会议、扎兰屯市应对新冠肺炎疫情工作领导小组会议要求，对社会管控、医疗防控工作进行再安排、再部署。

11月

3日 扎兰屯市委召开网络安全和信息化工作调度会，通报全市网络舆情和网络安全运行情况，对下一步重点工作进行安排部署。市委宣传部，市委网络安全和信息化委员会办公室成员单位及各乡镇街道相关负责人参加会议。

4日 扎兰屯市委教育工作领导小组召开第三次（扩大）会议，详细解读《内蒙古自治区关于进一步深化高考加分改革工作的实施方案》，审议并通过《扎兰屯市校外培训机构专项整治工作方案》。

16日 2021年，扎兰屯市、乡两级人大代表换届选举工作登记选民216052人，全市115个市级人大代表选区，299个乡级人大代表选区统一选举产生市级人大代表220名，乡级人大代表723名。

☆ 扎兰屯市与中升乙源建设工程有限公司举行城企联动颐养安居工程项目签约仪式。

18日 扎兰屯市第九届市委巡察工作领导小组召开第一次会议，审议通过《扎兰屯市委巡察工作规划(2021—2026年）》《扎兰屯市委巡察村（社区）党组织工作规划(2021—2026年)》《扎兰屯市委巡察宣传工作规划(2021—2026年)》《九届扎兰屯市委第一轮巡察工作方案》《九届扎兰屯市委第一轮巡察村（社区）党组织工作方案》《扎兰屯市委贯彻落实〈关于加强巡视巡察上下联动的意见〉若干措施》等7项巡察工作制度，对巡察组长库、人才库进行调整；听取市委第十一轮巡察整改督查报告。

19日 扎兰屯市红十字会联合企业家商会、花喜健康管理有限公司内蒙古分公司对奋战在一线的疫情防控工作人员发放爱心物资。

21日 扎兰屯市第九届市委第一轮巡察工作动员部署会召开。本轮巡察，市委共派出巡察组3个，采取“一托二”的形式，对审计局党组、市场监督管理局党组、自然资源局党组、政务服务局党组、大河湾镇党委及所属各村（社区）党组织、南木鄂伦春民族乡党委及所属各村（社区）党组织开展常规巡察。

23日 全市乡村振兴暨巩固脱贫攻坚成果后评估工作推进会议召开，会议学习贯彻落实党中央关于推进乡村振兴、巩固脱贫攻坚成果后评估工作决策部署和自治区党委、呼伦贝尔市委工作要求，对全市巩固脱贫成果后评估工作进行再安排、再部署、再推动。

24日 扎兰屯市未成年人保护工作领导小组召开第一次全体会议，研究审议《扎兰屯市未成年人保护工作领导小组工作规则》等4个文件。

☆ 全市加强换届风气监督工作会议暨市、乡镇领导班子换届工作推进会召开。会议传达学习贯彻全国、全区加强换届风气监督工作电视电话会议精神，通报换届工作教育警示案例，对自治区督查指导组反馈问题整改工作进行安排部署，并对市乡人大、政府和市政协换届工作进行统筹安排。

26日 扎兰屯市人大常委会举办市乡两级人大代表履职培训班。培训邀请自治区人大常委会人事代表选举委员会负责人，围绕人大制度与做好人大代表工作进行专题讲座。

12月

3日 扎兰屯市第九届人民代表大会常务委员会第三十次会议召开。会议听取和审议市人大常委会代表资格审查委员会关于市十届人大代表资格审查情况报告，按照法定程序进行人事任免事项，听取和审议市监察委员会关于监察对象开展廉政警示教育情况专题报告，审查批准市人民政府关于2020年财政决算、市人民政府关于2021年第一次财政预算调整方案，听取和审议市人民政府关于2020年度本级预算执行和其他财政收支情况的审计工作报告及审计查出问题整改情况报告。

☆ 扎兰屯市人民医院、扎兰屯市中蒙医院派出21名医护人员驰援满洲里市抗疫。

7日 市工商联组织部分商协会、民营企业等社会爱心人士开展疫情防控捐赠活动，到各商协会、企业捐款70余万元，口罩13万只。

8日 扎兰屯市召开新冠肺炎集中隔离场所规范设置督查整改工作会议，传达呼伦贝尔市疫情防控工作会议精神，通报集中隔离医学观察场所和管理状况督查情况，对下一步全市集中隔离场所管控工作进行详细再安排、再部署。

9日 扎兰屯市召开集中隔离医学观察场所规范设置和院感管理培训会，邀请市人民医院感控科人员讲解隔离点感染控制、风险防范、隔离闭环管理及服务对象、场所消杀、医废处置等操作规范与流程。

11日 扎兰屯市召开隔离宾馆管控调度会，对自治区、呼伦贝尔市两级督导组反馈问题整改落实情况进行再调度，对当前疫情防控工作进行再安排、再部署。

12日　扎兰屯市召开疫情防控调度会，传达落实呼伦贝尔市疫情防控领导小组扩大会议精神，对全市下一步疫情防控工作进行再安排、再部署、再推进。

15日　市红十字会与住建系统联合开展捐赠活动，接收爱心捐款69.27万元，接收物资价值17.95万元。

23日　扎兰屯市委议军会议暨全市国防动员工作会议召开。

☆　扎兰屯市疫情指挥部召开第五十六次调度会，听取各集中隔离点防控工作汇报，安排部署当前疫情防控重点工作。

☆　扎兰屯市召开2022年项目谋划调度会，听取全市2022年项目谋划整体情况汇报，对做好项目储备、加快项目建设等工作提出具体要求。

24日　2名由满洲里市转运至扎兰屯市进行医学隔离观察的人员被确诊为新冠肺炎患者（收治于呼伦贝尔市第二人民医院进行医疗救治），经自治区专家组会诊确认，治愈出院，转回满洲里定点康复医院继续进行隔离管理和健康状况监测。

26日　扎兰屯市召开推进复工复产暨疫情防控指挥部工作会议，研究部署复工复产及"两节"期间疫情防控工作，落实好常态化防控各项措施。

27日　扎兰屯市委巡察整改工作推进会召开。会议传达中央、自治区、呼伦贝尔市和扎兰屯市巡视巡察整改工作要求，对《扎兰屯市巡察整改工作暂行办法》及巡察整改工作流程作具体说明，解读《关于建立健全市委巡察机构与市纪委监委有关部门（派驻机构）协作配合机制的实施办法》，对进一步做好巡察整改相关工作进行安排部署。

☆　满洲里、扎赉诺尔等地转入扎兰屯市700人集中隔离观察人员，完成20轮核酸检测，检测结果均为阴性，经过专家组鉴定后解除集中隔离，分别安全有序地踏上返乡之路。

28日　扎兰屯市召开反腐败协调工作会议，通报2021年反腐败协调小组成员单位移送案件线索情况，传达《中共中央办公厅关于转发中央纪委国家监委等〈查办党员和公职人员涉嫌违纪职务违法职务犯罪案件协作配合工作机制〉的通知》。

☆　扎兰屯市政府召开《政府工作报告》征求意见座谈会，对拟提交市十届人民代表大会第一次会议审议的《政府工作报告》，征求老干部和各界代表的意见和建议。

29日　扎兰屯市公安局疫情防控突击队的100名公安民警完成支援满洲里任务返回扎兰屯市。

30日　扎兰屯滑雪旅游度假地入选首批国家级滑雪旅游度假地。

☆　扎兰屯市第二幼儿园入选全国足球特色幼儿园示范园试点项目。

31日　扎兰屯市召开重点工作会议，对贯彻落实党的十九届六中全会精神和自治区党委十一届二次全会暨全区经济工作会议精神，做好当前各项重点工作进行强调部署；对近期经济运行、安全生产、信访、疫情防控、民生保障等重点工作进行具体安排。

☆　《扎兰屯年鉴（2020）》获得第八届全国地方志优秀成果（年鉴类）县级综合年鉴一等奖。

市情概况

行政区划

【区划设置】 扎兰屯市辖8镇、4乡，即成吉思汗镇、蘑菇气镇、卧牛河镇、大河湾镇、哈多河镇、浩饶山镇、柴河镇、中和镇和萨马街鄂温克民族乡、达斡尔民族乡、鄂伦春民族乡、洼堤乡。街道办事处7个，即兴华、正阳、繁荣、向阳、河西、铁东、高台子街道办事处。辖村民委员会130个，村民小组1002个；居民委员会43个（其中乡镇13个），居民小组551个。

2021年扎兰屯市行政区划一览表

表1

乡镇、街道办事处名称	驻地	村委会名称	居民委员会名称
成吉思汗镇	成吉思汗	东德胜村、西德胜村、大甸子村、灯塔村、立新村、红升村、新民村、和平村、繁荣村、新站村、红光村、古里金村、朝阳岗村、奋斗村、马家村、建设村、长青村、大旗村、河口村、光明村、石桥村、岭航村	益民社区 友谊社区 永平社区
中和镇	中　和	幸福村、头道沟村、光荣村、福泉村、福兴村、红星村、兴隆村、库堤河村、新林村、架子山村、龙头村、前进村、水甸沟村、新建村、黎明村、三道沟村、四道沟村、五道沟村、集体村、明星村	振兴社区 新华社区 新河社区
大河湾镇	镇德川	大河湾村、大水泉子村、明星村、红光村、幸福之路村、东升村、暖泉村、火车头村、前进村、金星村、永丰村、永兴村、沙里沟村、尖山子村	大兴社区 大农社区
卧牛河镇	卧　北	大坝村、红旗村、扬旗山村、富裕村、长发村、靠山村、红石村、红卫村、一心村、新立村、五星村、三道桥村、四道桥村	卧北社区

续表1

乡镇、街道办事处名称	驻地	村委会名称	居民委员会名称
蘑菇气镇	蘑菇气	蘑菇气村、兴隆沟村、三合村、凤凰窝村、爱国村、南平村、北安村、东风村、惠风川村、太平沟村、先锋村、杨树沟村、中宁村、苇莲河村、宫家街村、野马河村、湾龙沟村、炕沿山村、东明村	利民社区 团结社区 关门山社区
哈多河镇	河北乡	哈多河村、合兴村、大阳坡村、边北村、罕达罕村、泥沙河村	幸福社区
柴河镇	柴　河	—	振兴社区　石桥社区 绰尔社区
达斡尔民族乡	二　村	海力堤村、白音村、中心村、满都村、九村、巴图村、诺彦托布村	—
鄂伦春民族乡	南　木	南木村、猎民村、大兴村、双北村、道南村、东窑村、毕家店村、济沁河村	黎明社区　莫多兰社区
萨马街鄂温克民族乡	萨马街	马龙沟村、护林村、团结村、哈拉口子村、红炮台新村、猎民村	—
洼堤乡	十八房	色吉拉呼村、孤山子村、青山村、德格吉热呼村、铁矿村	—
浩饶山镇	四五六山下	浩饶山村、东平台村、西平台村	浩饶河社区
高台子街道办事处	—	高台子村、近郊村、鲜光村、五一村	糖厂社区　建设社区
繁荣街道办事处	—	—	胜利社区　新风社区 光明社区　小溪社区
兴华街道办事处	—	—	青松社区　迎春社区 绿林社区　秀水社区 铁路社区
正阳街道办事处	—	—	红旗社区　沿河社区 民乐社区　永安社区
向阳街道办事处	—	向阳村	东方红社区　金星社区 星光社区　纸浆社区
河西街道办事处	—	回民村	南市社区　振兴社区 新城社区
铁东街道办事处	—	铁东村	天拜山社区　五里社区

自然地理

【位置面积】 扎兰屯市位于内蒙古自治区东部、呼伦贝尔市南端，背倚大兴安岭，面眺松嫩平原，地理坐标为北纬47° 5′ 40″～48° 36′ 34″，东经120° 28′ 51″～123° 17′ 30″。东以音河为界与阿荣旗相依，东南及南以金长城为界与黑龙江省甘南、龙江两县及兴安盟扎赉特旗为邻，西及西北以哈玛尔山和漠克河为界与阿尔山市、鄂温克族自治旗接壤，北以阿木牛河为界与牙克石市相连。市境东西顶端直线距离210公里，南北顶端直线距离160公里，全市总面积16926.3平方公里。

【地貌特征】 扎兰屯市位于亚洲大陆中部的蒙古高原东缘，地处大兴安岭山脉的中段东麓、松嫩(辽)平原西侧。境内地势西高东低，北高南低。地形最高点为市境西端柴河源林场西南8公里与兴安盟交界处海拔1706米的无名高地，最低点为成吉思汗镇以南与黑龙江省龙江县交界附近250米处，两地高差达1456米。区内的地貌形态，主要有山地(中山、低山)、丘陵、平原和河谷4种地形单元，按其表面形态组合的自然分布，全市可划分出中山分区、低山分区、丘陵分区和平原分区4个地貌分区。

【气候特点】 扎兰屯市属中温带大陆性季风气候。气候特点是太阳辐射较强，日照丰富，冬季漫长、严寒干冷。夏季短而温热，雨量集中，气温年、日较差大。春季升温快，秋天气温剧降，积温有效性高，风向呈河谷走向。西部和北部地区属于大兴安岭东部林缘温凉湿润，半湿润林牧业区，东南部地区属于温暖半湿润农业区。

2021年，扎兰屯市年平均气温4.4℃，与常年相比气温偏高0.5℃，与上年同期比气温偏高0.1℃；扎兰屯市年降水量685毫米，与常年同期比降水偏多28.7%，与上年同期比降水偏少19.4%；扎兰屯市年日照时数为2247小时，与常年同期比日照时数偏少18%，与上年同期比日照时数偏少9.8%；扎兰屯市大风日数为7天，与常年同期比大风日数偏多1.5天，与上年同期比大风日数偏多3天(图1～图4)。

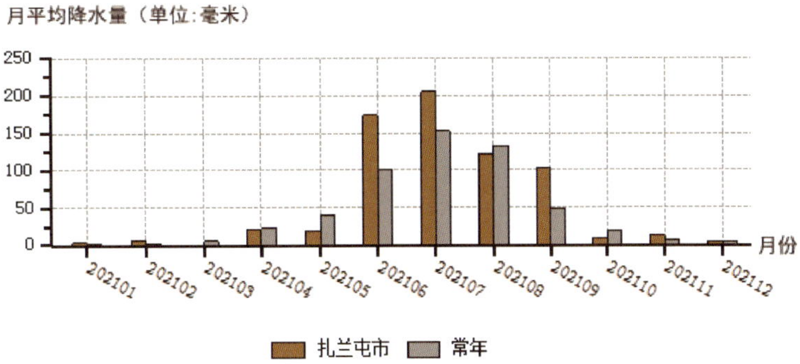

图1 2021年扎兰屯市月平均降水量与常年值对比示意图

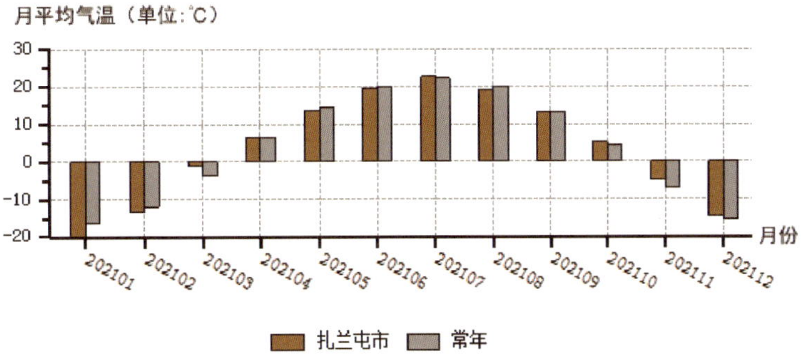

图2 2021年扎兰屯市月平均气温与常年值对比示意图

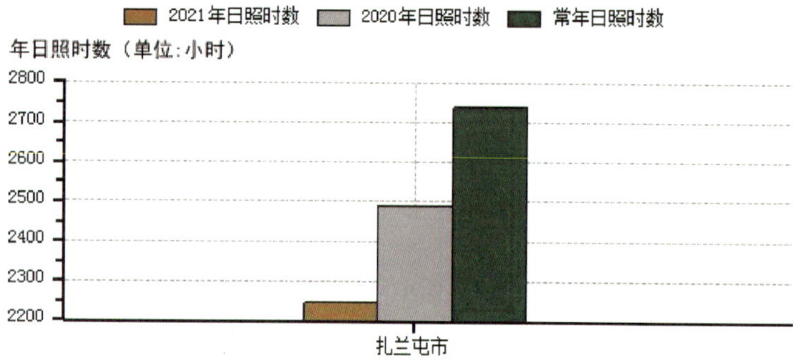

图 3　2021 年扎兰屯市日照时数与上一年和常年比较图

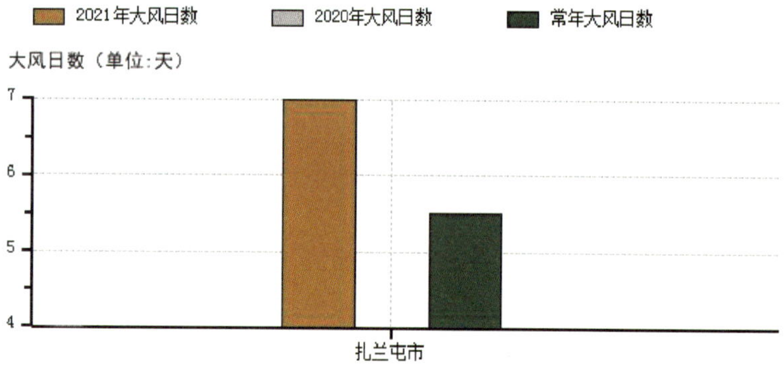

图 4　2021 年扎兰屯市大风日数与上一年和常年比较图

【水文特征】 扎兰屯市位于雅鲁河中上游段。该流域在地质构造上属古生代—中生代复式背斜构造;处于新华夏系大兴安岭隆起带中段东缘,区内各类侵入岩较发育,一般以华力西晚期—燕山晚期酸性侵入岩为主,主体岩石主要是大成岩,其次花岗岩,石英片岩等分布较广;该流域自河源呈阶梯状从中山、低山、丘陵下降至松嫩平原,干流哈拉苏以上,两岸为高而陡的山地围绕,地势起伏大,相对高差 400 米左右,河谷宽 2～3 公里,哈拉苏至扎兰屯段,河谷增至 4～5 公里,河宽 40～70 米。成吉思汗边堡以下河流进入平原区,河道岔流多,两岸多沼泽湿地。全市多年平均地表径流量 25.28 亿立方米,地下水总补给量 3.78 亿立方米,水资源总量 25.67 亿立方米。河流比降大,一般在 1/300～1/500,水能资源丰富,但时空分布不均,理论蕴藏量 15 万千瓦,其中雅鲁河及其支流 6 万千瓦,绰尔河及其支流 9 万千瓦。

自然资源

【土壤类型与分布】 扎兰屯市境内土壤水平性地带为黑土,属于松嫩平原黑土带。受土壤垂直分布规律控制,海拔 250～500 米的东南部,为基带土壤黑土,海拔 500～800 米的山地多为暗棕色土壤。海拔 800 米以上的为棕色针叶林土。主要有 6 种类型土壤,即棕色针叶林土、暗棕壤、黑土、草甸土、沼泽土、水稻土。

【植被类型与分布】 扎兰屯市境内植物种类既有温湿树种和灌草植物,又有寒温性植被。又因山丘起伏,河谷纵横,地形复杂,地带性植被与隐域性的草甸和沼泽植被呈相间分布。中低山地区森林植被有兴安落叶松、白桦、黑桦、山杨、柞树及兴安柳,林下灌木有杜鹃、毛榛、刺玫、蔷薇等。丘陵漫岗地区分布有森林植被和草原草甸植被。森林呈不连续分布,树种以柞树、黑桦占优势,沿谷底尚有水曲柳,并有零星的落叶松分布,林下灌木有胡枝子,毛榛等;草原草甸植物组成以草本为主,灌木少量,种类有大针茅、兴安柴胡、绣线菊、东方野豌豆、山藜豆、萎陵菜、紫菀等，也有少量胡枝子。河川谷地分布着大量的草甸植被和沼泽植被，草甸植被的主要构成是地榆—裂叶蒿杂类草群落。主要地被物有禾本科草、苔草、地榆、野豌豆、野百合、玉竹、蕨类等。

【土地资源】 扎兰屯市土地总面积167.84万公顷。其中耕地面积26.41万公顷，占总土地面积的15.74%；园地面积1447.2公顷，占总土地面积的0.08%；林地面积112.61万公顷，占总土地面积的67.09%；草地面积12.60万公顷，占总土地面积的7.53%；湿地面积10.81万公顷，占总土地面积的6.44%；城镇村及工矿用地面积21212.33公顷，占总土地面积的1.26%；交通运输用地面积9866.28公顷，占总土地面积的0.58%；水域及水利设施用地面积7968.44公顷，占总土地面积的0.47%；其他土地面积13649.76公顷，占总土地面积的0.81%。

【水资源】 扎兰屯市水资源由入境水资源、流域内地表径流和流域内地下水资源量3个部分组成，入境水资源不计入全市水资源总量中。流域区内多年平均地表径流量25.28亿立方米，流域内地下水总补给量3.78亿立方米，全市水资源总量为25.67亿立方米。

【野生动植物资源】 扎兰屯市境内野生动物种类200余种。其中国家一级保护动物7种，主要有细嘴松鸡、丹顶鹤、貂熊、梅花鹿、金雕、驼鹿等。国家二级保护动物47种，主要有棕熊、马鹿、雪兔、大天鹅、鸳鸯等。扎兰屯市境内各河流、湖泊等生长各种鱼类46种(包括亚种和人工养殖品种)隶属12个科(以鲤科鱼类为主，共有29种，占鱼类总数的63%)，其中经济鱼类15种(包括亚种和人工养殖品种)，主要水生植物是芦苇。

扎兰屯市主要野生树种有蒙古栎、落叶松、樟子松、云杉、榆树、杨树、柳树、白桦、黑桦、山杨、柞树。扎兰屯市草场总面积506万亩，其中可利用面积400万亩。天然草场划分五类，即山地草甸类草场、山地草甸草原类草场、丘陵草甸草原类草、沿河低湿草甸类草场、河泛地草本沼泽类草场。

扎兰屯市野生经济植物种类有维管束植物96科、334属、709种。其中野生药用植物100余种，占全市植物种类总数的14.1%。主要有黄芪、黄精、沙参、列当、马先蒿、益母草、元胡、龙胆、白薛、桔梗、独行菜、黄芩、防风、柴胡、大叶龙胆、裂叶荆芥、贝母、手掌参、金莲花、苍木、升麻、白薛、远志、草乌、祁州漏芦、薄荷等。芳香油类植物主要有兴安杜鹃、裂叶荆芥、百里香、百合、白薛、香薷、山刺玫、铆铃兰、黄芩等。单宁类植物(亦称鞣料植物)主要有兴安落叶松、白桦、蒙古栎、地榆、鼠掌草、柳兰、芍药、粗根老鹳草、叉分蓼等。食用类植物主要有稠李、山里红、东方草莓、山丁子、蓝靛果、忍冬、白(黑)桦树液等。食用野菜及真菌类植物主要有蕨菜、黄花菜、桔梗、沙参、荨麻、猴头、木耳、蘑菇等。油料类植物主要有榛子、胡枝子、接骨木、苍耳、山野豌豆、兴安落叶松等。纤维类植物主要有大叶樟、小叶樟、射干、羊胡子苔草、柳兰、胡枝子、各种灌木柳、山杨、甜杨、白桦等。

【矿产资源】 扎兰屯市矿产资源分布的主要特点是缺煤、少金属矿、石丰、土富。共发现各类矿床、矿点、矿化点55处，其中大型石材矿分布在市区天拜山、卧牛河镇五星村和成吉思汗镇光明村3处，铁矿有腰岭子等4处，硅石矿有音河桥头和雅尔根楚2处，石墨矿有中和办事处1处，重晶石矿有柴河办事处巴升河1处，硅灰石矿有哈拉苏办事处1处，其余为矿点、矿化点。矿泉水3处，地下热水1处。金属矿点有铜、铅、锌、钼、金、铀等，非金属矿点中黏土、硅石、花岗岩较多，其次为煤及辰砂等。

人口、民族、宗教

2021年，扎兰屯市户籍人口396980人，同比减少4291人。常住户167367户，同比减少813户；其中城镇人口176140人、乡村人口220840人，出生1877人、死亡3712人，迁入2666人、迁出5122人。

全市少数民族人口6.1万人（其中少数民族贫困人口1187人），主要由蒙古族、达斡尔族、鄂温克族、鄂伦春族、满族、回族、朝鲜族等28个少数民族构成，其中蒙古族22525人，达斡尔族5842人，鄂温克族1483人，鄂伦春族237人。

全市有宗教4类，即佛教、基督教、天主教和伊斯兰教，有宗教团体1个，有宗教活动场所17处（固定场所12个，依法登记临时场所5个）。

2021年扎兰屯市民族人口统计表

表2

单位：人

	合计	汉族	蒙古族	回族	满族	朝鲜族	达斡尔族	鄂温克族	鄂伦春族	锡伯族	俄罗斯族	其他
总计	396980	335740	22525	1298	26997	2293	5842	1483	237	163	152	250
成吉思汗镇	32935	29246	793	13	1752	967	114	12	2	22	0	14
大河湾镇	33198	30231	939	29	1767	24	145	11	12	25	0	15
哈拉苏社区	5555	5211	166	0	156	6	12	2	2	0	0	0
浩饶山镇	4921	4288	260	0	324	10	31	3	0	0	0	5
南木乡	7359	5215	780	4	382	14	592	274	85	13	0	0
繁荣街道办事处	23935	19807	1539	206	1621	133	416	100	30	21	36	26
关门山社区	11288	10006	368	1	841	24	15	28	0	1	0	4
哈多河镇	12226	9987	1298	2	850	57	24	7	0	0	0	1
惠风川社区	14693	12078	686	1	1827	56	13	24	0	0	1	7

续表 2

	合计	汉族	蒙古族	回族	满族	朝鲜族	达斡尔族	鄂温克族	鄂伦春族	锡伯族	俄罗斯族	其他
库堤河社区	13256	10606	346	4	2124	74	57	31	2	1	0	11
蘑菇气镇	12875	11221	566	0	998	27	29	12	2	9	0	11
雅尔根楚社区	15144	13302	181	1	1581	14	49	3	0	1	0	12
中和镇	16658	14342	291	1	1960	39	12	5	0	0	3	5
高台子街道办事处	14468	12906	471	17	682	230	122	9	1	3	2	25
洼堤乡	9405	5988	3085	0	275	1	18	18	11	9	0	0
卧牛河镇	30874	29320	815	14	542	9	131	36	2	0	0	5
务大哈气社区	12490	11370	279	1	795	5	29	2	0	9	0	0
正阳街道办事处	27127	21307	2467	165	2051	188	707	121	30	12	41	38
柴河镇	6906	5060	870	8	731	25	132	77	0	1	0	1
达斡尔乡	10931	8215	689	3	417	8	1512	77	5	2	1	2
河西街道办事处	11586	9464	690	394	661	46	260	42	4	3	8	15
萨马街乡	8064	5383	1177	2	806	27	264	395	5	2	0	3
铁东街道办事处	11321	10267	418	29	417	15	142	18	4	0	5	6
向阳街道办事处	20047	17006	1148	154	1228	120	302	57	10	5	7	10
兴华街道办事处	29718	23914	2203	249	2209	174	714	119	30	24	48	34

国民经济与社会发展

【综合】 2021年,扎兰屯市地区生产总值完成1793076万元,按可比价格计算,同比增长4.8%。其中第一产业增加值完成599672万元,增长9.2%;第二产业增加值完成656751万元,下降1.1%;第三产业增加值完成536653万元,增长6.1%。三次产业结构调整为33.4∶36.6∶29.9。

2021年扎兰屯市地区生产总值情况表

表3 单位：亿元

指标	总额	可比价增速（%）
地区生产总值	179.31	4.8
第一产业增加值	59.97	9.2
第二产业增加值	65.68	–1.1
工业增加值	56.82	–1.7
建筑业增加值	8.86	1.6
第三产业增加值	53.67	6.1

全年扎兰屯市城镇新增加就业3155人，其中失业人员再就业1191人，困难人员就业1112人。城镇登记失业率为4.04%，农村劳动力转移就业24535人。

【农牧业】 2021年，扎兰屯市粮食作物播种面积258199公顷，同比增长1167公顷，增长0.5%。全年粮食产量14.16亿千克，增长13.1%。在粮食作物中，玉米产量12.5亿千克，增长15.5%；大豆产量1.05亿千克，下降21.2%；马铃薯(折粮)产量0.065亿千克，增长366.6%。粮食平均亩产365.66千克，增长12.6%。

全市牧业年度牲畜存栏151.14万头(只)，增长14.4%。其中大牲畜存栏21.78万头(只)，增长19.1%；羊存栏120.14万只，增长13.6%；生猪存栏9.22万口，增长15.3%。

造林合格面积完成0.89万亩，中幼林抚育面积完成1万亩。

【工业和建筑业】 2021年，扎兰屯市实现工业增加值568177万元，同比下降1.7%，占地区生产总值的比重为31.7%。

年末，扎兰屯市规模以上工业企业11家，实现现价产值1171969万元，增长10.0%，其中轻工业实现现价产值865235万元，增长7.8%；重工业实现现价产值306734万元，增长16.5%。规模以上工业企业产品销售率为100.1%，增长1.5个百分点。规模以上工业企业实现利润总额169818万元，增长20.5%。扎兰屯市加工产业不断发展壮大，年末农畜林产品生产加工企业占全部规模企业的55%，实现现价产值870619万元，农畜林产品生产加工产值占全部规模以上工业产值的74%。

能耗“双控”保持“双绿”，全市综合能源消费总量达154.29万吨标准煤，比上年下降5.3%；单位GDP能耗同比下降9.6%。

全年实现建筑业增加值

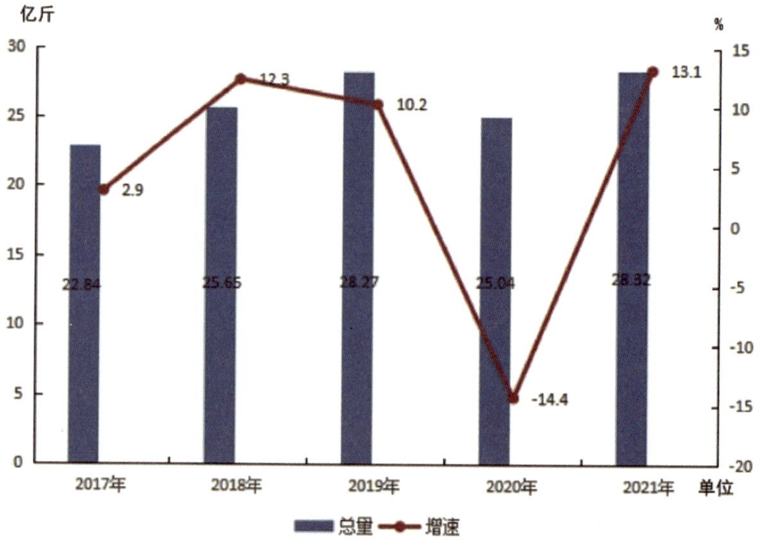

图5 2017—2021年粮食产量及增速图

88575万元，同比增长1.6%。扎兰屯市具有资质等级的建筑业企业5家，共完成产值59293万元，增长16.0%。

【固定资产投资】2021年，扎兰屯市固定资产投资完成188882万元，同比下降41.3%。其中房地产开发完成投资73167万元，增长18.3%。按三次产业分：第一产业完成投资1750万元，下降85.4%；第二产业完成投资40526万元，下降44.5%，全部来源于工业投资；第三产业完成投资146606万元，下降38.0%。

【商贸和旅游】2021年，扎兰屯市社会消费品零售总额283501万元，比上年增长7.2%。按经营地统计，城镇消费品零售额227509万元，增长8.3%；乡村消费品零售额55992万元，增长3.0%。按消费类型统计，餐饮收入42107万元，增长35.6%；商品零售额241394.4元，增长3.4%。

全年接待游客199万人次，增长6%，实现旅游收入17.7亿元，增长7%。

【交通和邮电】2021年，扎兰屯市铁路、公路完成货运量617.83万吨，其中铁路货运量134.23万吨，公路货运量483.6万吨，民航行货邮吞吐量35吨。

铁路、公路完成客运量286.6万人，其中铁路客运量35.8万人，公路客运量250.8万人，民航旅客吞吐量16万人次。

全年邮政行业业务总量累计完成2317万元，同比增长6.4%。

【财政和金融】2021年，扎兰屯市一般公共预算收入53597万元，同比增长10.9%。全年全市一般公共预算支出358543万元，同比下降14.8%。

年末，扎兰屯市金融机构各项存款余额1811945万元，同比增长6.1%，其中住户存款余额1570414万元，增长12.3%。扎兰屯市金融机构各项贷款余额1341420万元，增长3.6%。

2021年扎兰屯市财政预算内收支情况一览表

表4 单位：万元

指标	金额	指标	金额
一般公共预算收入	53596	一般公共预算支出	358543
增值税(17.5%)	10602	一般公共服务	21128
企业所得税（20%）	11632	国防	35
个人所得税（20%）	845	公共安全	11419
资源税（20%）	3081	教育	46507
城建税（50%）	1686	科学技术	709
房产税（50%）	1315	文化体育与传媒	5536
城镇土地使用（50%）	917	财政总收入(原口径)	195425

续表 4

指标	金额	指标	金额
印花税	1303	社会保障和就业	76407
土地增值税	2927	医疗卫生	44487
车船使用牌照税	1644	节能环保	17708
耕地占用税	181	城乡社区事务	15353
契税	5278	农林水事务	71195
环保税	268	交通运输	11210
其他税收收入	179	资源勘探电力信息等事务	3148
专项收入	2098	商业服务业等事务	1919
森林植被恢复费	19	自然资源海洋气象等支出	2276
行政性收费收入	4941	住房保障支出	16724
罚没收入	2886	粮油物资储备管理事务	3087
国有资本经营收入	0	灾害防治及应急管理支出	868
国有资源有偿使用收入	1589	预备费	0
上划中央收入	68192	其他支出	387
上划自治区收入	25387	债务付息支出	8405
上划市级收入	24100	债务发行费用支出	35
地方财政总收入	171275	政府性基金支出合计	26744
政府性基金预算收入	24150	财政总支出（原口径）	385287

【教育和卫生】 2021年，扎兰屯市共有小学14所，与上年持平；教学点33个，与上年持平；在校生17001人，同比下降0.9%；专任教师912人，增长4.8%。初中19所（含九年一贯制12所），在校生8701人，下降2.0%；专任教师832人，下降1.2%。普通高中2所，在校学生4267人，增长11.4%；专任教师282人，下降0.7%。职业高中1所，在校学生1847人，增长11.1%；专任教师85人，与上年持平。特殊教育学

校1所，在校学生226人，增长7.6%；专任教师35人，下降20.5%。幼儿园72所，增加1所，在园儿童6570人，增长5.9%；教职工人976人，增长5.4%。小学学龄儿童入学率100%。

年末，扎兰屯市拥有医疗卫生机构250个，同比减少2个，其中医院5个，乡镇卫生院21个，社区卫生服务中心(站)11个。医疗卫生单位病床数2141张，增加34张，其中医院1630张，乡镇卫生院429张，社区卫生服务中心(站)60张。卫生技术人员2823人，增加255人，其中执业(助理)医师1173人，注册护士1231人。

【文化和体育】 2021年，扎兰屯市文体事业繁荣活跃发展，河西新区图书馆、文化馆完成立项，乌兰牧骑晋升为自治区一类乌兰牧骑，为庆祝中国共产党建党100周年，乌兰牧骑原创乐舞诗《忆·百年》正式播出，原创话剧《不灭的火焰》被评为内蒙古自治区优秀剧目，原创舞蹈《牧民歌唱共产党》《红色娘子军》被中宣部选入“学习强国”学习平台。

【人民生活、安全生产和社会保障】 2021年，扎兰屯市全体居民人均可支配收入30762元，同比增长7.6%。其中城镇常住居民人均可支配收入39979元，增长6.4%；农村常住居民人均可支配收入21921元，增长8.8%。城镇居民人均消费性支出24157元，下降8.8%；农村居民人均消费性支出19212元，增长46.9%。

全年生产安全事故4起，死亡4人。

年末，扎兰屯市参加城镇职工养老保险245555人，其中离退休人员81413人。扎兰屯市参加城乡居民养老保险168393人，其中离退休人员42460人。扎兰屯市参加基本医疗保险344449人，其中城镇职工基本医疗保险50391人，城乡居民基本医疗保险294058人。

（年编）

中共扎兰屯市委

综述

【概况】 2021年，中共扎兰屯市委员会坚持以习近平新时代中国特色社会主义思想为指导，深入贯彻习近平总书记重要讲话重要指示批示精神，全面落实党中央、自治区党委、呼伦贝尔市委决策部署，科学描绘“绿色崛起、富民强市、共享繁荣”奋斗目标，确立“三地三镇一中心”发展定位，坚定不移走以“生态优先、绿色发展”为导向的高质量发展新路子，始终沿着正确政治方向前进。经济运行稳中向好，产业发展提质增效，城乡建设协同并进，生态文明持续巩固，发展活力不断增强，疫情防控坚决有力，党的建设不断强化，深入推进党史学习教育，践行总体国家安全观，坚定不移正风肃纪反腐，政治生态持续净化。推进全面依法治市，支持人大、政府、政协、法检两院履职尽责，全面做好武装、群团、审计、统计、档案史志、老干部、关心下一代等工作。

【党的建设】 2021年，市委贯彻新时代党的建设总要求，坚持党要管党、全面从严治党，高质量推进党的建设，为全面建设现代化提供坚强保障。持续推进思想政治建设，各级党组织开展各类学习活动2000余场次，强化意识形态责任制落实，召开市委常委会、工作联席会议8次，有力保障意识形态安全，开展精神文明创建活动，顺利迎接自治区文明城市测评，媒体融合发展深入推进，“扎兰融媒”抖音号粉丝达

7月5日，全市传达学习贯彻习近平总书记“七一”重要讲话精神会议召开

70余万人，总浏览量4000万次。持续推进基层组织建设，开展“五化协同、大抓基层”各项工作，农村、城市、机关、非公等领域党建全面加强，村、社区“两委”换届实现“五个100%”目标，开展庆祝中国共产党成立100周年系列活动。持续推进干部队伍建设，注重梯次配备，全市科级干部平均年龄44岁，储备优秀年轻干部393人，强化干部监督，对领导干部开展提醒18人、函询1人、诫勉2人。持续完善“一心多点”人才工作格局，组织实施高柔性引才“鸿雁计划”“一合作社一专家顾问”计划，全方位多角度引进培育人才。持续推进党风廉政建设和反腐败工作，制定《市委常委会及其成员党风廉政建设责任清单》，党风廉政建设“两个责任”再监督平台投入使用，利用“一中心五基地”（扎兰屯市党群服务中心、扎兰屯市廉政教育培训基地、扎兰屯市廉政警示教育基地西南分中心、内蒙古扎兰屯监狱警示教育基地、达斡尔民族乡廉政文化广场、卧牛河镇廉政文化长廊）开展廉政警示教育103批次、3023人次，完成一届市委巡察全覆盖工作。支持纪委监委开展监督执纪问责，处置问题线索480件，立案110件150人，给予党纪政务处分134人，留置5人，运用“四种形态”439人次，政治生态得到持续净化。推进党务公开，修改完善党务公开实施方案及公开目录，建立健全党务公开工作联席会议制度，市本级公开党务信息197条，对各基层的党委（党组）年度党务公开工作开展情况进行报备。

链接

扎兰屯市乡镇党委换届

2021年5月27日，扎兰屯市各乡镇同步召开党代会，截至同日15时，12个乡镇党代会全部胜利闭幕，标志着扎兰屯市乡镇党委换届工作圆满完成。

党代会召开期间，各乡镇党委严格履行会议程序，党代表认真行使代表权利，发扬基层民主，选举产生新一届乡镇党委委员108人、纪委委员84人，选举产生出席扎兰屯市第九次党代会代表人选，组织提名人选100%顺利当选。换届工作启动以来，派出12个由处级领导带队的换届指导组，组织岗前培训、制定换届工作方案及流程图，联合审查代表资格、大会报告和会务材料。新提拔的44名科级干部中有26名乡镇干部，有2年以上乡镇街道基层工作经历的干部128名。配备80后干部72名，30岁以下干部12名，“五方面”人员（选调生、驻村第一书记、驻村工作队队员、事业编人员、村书记）12名，全日制大学本科学历干部50名，各乡镇班子结构明显优化，整体素质明显提升，凝聚力和战斗力明显增强，切实达到“结构强、功能强”的班子配备目标。此次换届市委贯彻换届纪律“十严禁”要求，市委书记焦刚伟与各乡镇党委书记签订严肃换届纪律责任状，印发《违反换届纪律问题联查联办和快查快结暂行办法》，组织党员干部、党代表等签订换届纪律承诺书1406份，开展谈心谈话1100余人次，发放换届纪律知晓卡2000余份，保障换届纪律入脑入心。

扎兰屯市村、社区“两委”换届

2021年2月8日，扎兰屯市8个镇、4个乡、7个街道130个村、43个社区全部按期完成“两委”换届，实现“五个100%”的目标，即100%书记主任“一肩挑”、100%“一村（社区）一名女干部”、

100%“一村（社区）一名大学生”、100%“一村（社区）一名35周岁以下年轻干部”、100%村（居）民委员会党员比例超过50%并高于上届。

换届前开展“两委”人选专题调研，开展调研谈话2455人，普遍征求联审部门意见，审核人选1218人，提前调整充实重、难点村班子成员27人。结合十九届五中全会精神学习贯彻，对换届政策要求等进行培训，市乡两级开展培训48场次，培训4200余人次，提高业务水平和实操能力。注重发挥法律顾问的正面引导作用，举办法制讲座42期次，提供法律咨询467人次。成立市委书记任组长的换届工作领导小组，同步组建处级领导为组长的19个乡镇、街道指导组，明确分工、压实责任。

12月14日，召开市级村、社区“两委”换届工作动员培训会，全面启动村、社区党组织换届选举。12月16日前，全市130个村、43个社区完成动员。1月14日，全面启动村（居）民委员会换届选举。其间，制定印发《扎兰屯市村、社区党组织换届选举推荐考察方案》《扎兰屯市村、社区村民委员会换届选举提名考察方案》，对各乡镇、街道进行集中培训，各村、社区通过全额定向推荐方式，产生新一届村、社区党组织成员候选人初步人选998名，村（居）民委员会成员候选人人选1212人，意向人选推出成功率达到99%以上。在乡镇、街道资格初审基础上，统筹18个责任部门，对人选是否存在“十七种不能”情形集中进行联审，审查不合格人选20人，对调整人选进行二轮次审核。派出考察组严格按照要求开展考察，市委组织部成立工作组19个，参与党组织书记人选考察。领导小组听取候选人考察情况汇报，部务会、常委会审议通过党组织书记人选。有序组织选举竞职和陈述，严密发票、写票、数票、唱票等环节，执行“四级联签”“四项承诺”“三个全程”“六个当场”等工作要求，开展谈心谈话，征求意见，实现选举依法依规、环环相扣、有序推进、圆满完成。

【政治建设】2021年，市委始终坚持旗帜鲜明讲政治，加强市委常委班子建设，增强“四个意识”、坚定“四个自信”、做到“两个维护”，不断提高政治判断力、政治领悟力、政治执行力，完成市、乡镇两级党委换届工作，召开市第九次党代会，提出坚持“绿色崛起、富民强市、共享繁荣”的发展思路，坚持“三产融合、文旅融合、产城融合”的发展路径，打造“三地三镇一中心”（内蒙古东部重要的绿色农畜林产品生产加工输出基地、度假休闲旅游目的地、商贸物流集散地，中国北方航空特色小镇、文博风情小镇、生态康养小镇，呼伦贝尔副中心城市）的发展目标，确保各项工作始终沿着正确政治方向前进。开

3月18日，全市党史学习教育动员大会召开

展市委理论学习中心组学习12次，常委会学习54次，组织教育培训75次，培训党员干部1.2万人次。推进党史学习教育，开展理论宣讲90余场次、分众化专题宣讲298场次，参观“乌兰夫同志纪念馆”红色资源教学点189次，制定实施市本级民生实事8项，各单位制定实施民生事项计划831条，开展志愿服务活动2765次，完成学党史、悟思想、办实事、开新局目标任务。组织开展警示教育、先进事迹报告会、廉政讲座等56场次，排查整改顽瘴痼疾210条，上级移交线索112件全部办结，通过自治区验收。坚决铸牢中华民族共同体意识，制定《全面深入持久开展民族团结进步创建工作铸牢中华民族共同体意识的实施方案》《防范化解民族领域重大风险实施方案》，推进民族团结进步教育“六进”活动，全力营造“民族团结一家亲”的浓厚氛围。

【经济发展】 2021年，扎兰屯市经济发展稳中有进。市委坚定不移走以生态优先、绿色发展为导向的高质量发展新路子，坚持“绿色崛起、富民强市、共享繁荣”的发展思路，坚持“三产融合、文旅融合、产城融合”的发展路径，不断培育壮大绿色农牧业、循环工业、度假休闲旅游业、立体商贸业、临空产业，全力打造“三地三镇一中心”。全年全市地区生产总值预计完成165亿元，增长3.5%；一般公共预算收入预计完成5.07亿元，增长5%；城乡常住居民人均可支配收入预计分别完成38701元、21357元，分别增长3%、6%；社会消费品零售总额预计完成28.6亿元，增长8%。全市粮食总产量预计达到12.25亿千克以上，牲畜存栏预计达到151万头只，农牧业产业化龙头企业销售收入预计完成86亿元，规模以上工业企业总产值预计达到107亿元，均居呼伦贝尔市首位。电商交易额预计实现12亿元，增长43%。机场旅客吞吐量预计达到16万人次，增长33.78%，货邮吞吐量预计完成35吨，增长118.75%。着力打造“四山一河”，加快推进两条历史文化街区建设，全年预计接待游客200万人次，增长18%，预计实现旅游收入17亿元，增长10%。全年开复工重点项目72个，其中呼伦贝尔市级重点项目开复工20个，固定资产完成投资21亿元。

【疫情防控】 2021年，市委坚持人民至上、生命至上，始终绷紧疫情防控这根弦，常态化做好外防输入、内防反弹工作，压实“四方”责任，落实“四早”要求，以最果断、最严格、最有力的防控措施，持续巩固扎兰屯市防疫成果。面对满洲里突发疫情，全市上下闻令即动、全民参战，克服一切困难全力支持满洲里抗疫，开展“四品四送”活动，即“品味舌尖扎兰——爱心送餐”“品读世纪扎兰——文化送餐”“品鉴康养扎兰——健康送餐”“品悟人文扎兰——精神送餐”，完成转运人员的隔离服务医疗保障任务。加快推进疫苗接种，宣传动员，加快疫苗接种进度，累计接种新冠肺炎病毒疫苗第一剂261120针、第二剂239714针、加强针9379针，按要求完成12周岁以上人群第一剂、第二剂接种任务。提升应急处置能力，组织开展各部门联合演练3次、桌面推演2次，全市有核酸检测机构4家，方舱医院具备48小时启动条件，储备隔离场所35个，房间1950间，一次性医用口罩、医用防护服、隔离衣、医用隔离面罩、护目镜等防疫物资保障供应。

【生态建设】 2021年，市委全方位构建以国土空间规划为纲领、各类专项规划为支撑、详细规划为实施操作依据的空间规划体系，坚持节约优先、保护优先、自然恢复为主，做好矿山地质环境恢复治理。全年完成治理99处，治理面积194.2766公顷。聚焦水、气、土污染防治，坚决落实生态环保督察整改，全市$PM_{2.5}$平均浓度13微克/立方米，环境质量优良天数达到97.08%。全面落实林长制，人工造林2.3万亩、封育1万亩、草原禁牧19.08万亩，破坏草原林地违规违法行为专项整治工作全力推进，完成问题图斑案件整改197宗，连续23年未发生重大森林草原火灾。推行河湖长制，推进河道“四乱”清理常态化，市水利局被水利部评为全面推行河湖长制先进集体，严格控制能耗总量和能耗强度，完成年度目标任务。

扬旗山水库移民新村

【乡村振兴】 2021年，市委聚焦“共同富裕”，持续巩固拓展脱贫攻坚成果同乡村振兴有效衔接，按照“四个不摘”要求，落实各项衔接政策，持续做好“两不愁”“三保障”工作，建立健全防止返贫动态监测和帮扶机制，坚决守住不发生规模性返贫底线，市扶贫办被评为全国脱贫攻坚先进集体。巩固提升特色产业，坚持质量兴农、绿色兴农、品牌兴农，支持工笔画、羽毛画、剪纸、手工编织、树皮画等特色产业发展，发展壮大村集体经济，各村集体经济收入年均达19万元。持续改善基础设施条件，实施人居环境整治提升行动，村屯生活垃圾收运率达90%以上、村庄绿化覆盖率达到30%以上，乡村道路更加完善，完成“四好农村路”示范县创建准备工作。加快文明乡村建设，培育文明乡风、良好家风、淳朴民风，革除陈规陋习，繁荣兴盛农村文化，构筑全市人民的共同精神家园。

【改革创新】 2021年，市委始终坚持解放思想、实事求是，积极探索、大胆创新，发挥改革在生态优先、绿色发展过程中的突破和先导作用，落实“科技兴蒙”战略，全力推动质量、效率和动力变革。深化重点领域改革，制定年度改革任务63项，完成58项，形成制度性成果18项。深化“放管服”改革，重新梳理权力清单、涉企经营许可事项清单，全面落实“蒙速办·一网办、掌上办、一次办、帮您办”，落实“一对一”“一对多”企业帮扶机制，不断完善并联审批和网上审批，办理环节压减78.47%，办理时间压减45.49%，跑动次数压减81.06%，完成自治区党委专项巡视呼伦贝尔反馈问题的整改工作，营商环境进一步优化。不断扩大对外开放，开展招商引资，加强宣传推介，外出和邀请、慕名来扎兰屯市考察招商项目 33 个，重点对接项目 7 个，区外招商引资项目到位资金 3.82 亿元，涉及项目 15 个。

【民生事业】 2021 年，市委坚持以人民为中心的发展思想，始终把人民群众安居乐业、安危冷暖放在心上，让全市人民共享发展成果。财政支出持续向民生倾斜，全市民生支出预计完成 27.62 亿元，占公共预算支出的 81.24%。支持创业就业，建成扎兰屯市公共实训基地，新增城镇就业 3100 人、农村劳动力转移就业 24264 人。强化基础保障，全市参加城镇职工基本养老保险人数 90110 人，参加医疗保险人数 345088 人，发放养老、低保、特困生活供养等资金 15.51 亿元。不断提升教育教学质量，对校外办学机构进行清理整顿，全力推进“双减”政策落地落实，启动河西小学、幼儿园建设，增加公办园学位 681 个。加强城市建设，投资 6.78 亿元，用于道路、供水、排水、老旧小区改造及房地产开发，改造老旧小区 38 个、13.82 万平方米，新建小区 5 个、42 万平方米。推进医疗卫生事业发展，深化医药卫生体系改革，实施“健康扎兰屯”行动，加强蒙中医、妇女儿童健康工作，改善基层卫生条件，市妇幼保健计划服务中心荣获“全国巾帼文明岗”称号。繁荣活跃文体事业，稳步推进金龙山滑雪场续建项目、乌兰牧骑馆项目、中东铁路博物馆 3 号馆建设等项目，开展群众文化活动 240 余场，创作歌舞诗《忆百年》，提升打造特色党课《不灭的火焰》《八女投江》，乌兰牧骑晋升为自治区一类乌兰牧骑。

【社会治理】 2021 年，市委贯彻总体国家安全观，构建大安全格局，完善大平安体系，全面推进治理能力和治理体系现代化。不断强化平安扎兰屯建设，推进扫黑除恶常态化开展，全面加强行业领域整治，收到“12337”平台举报线索 4 条、呼伦贝尔市交办线索 4 条均办结。开展市域社会治理现代化试点合格城市创建工作，在联防联治、网格化管理、矛盾纠纷化解、信访等方面实现新突破。全力维护国家政治安全，组织开展 13 项重大决策事项社会稳定风险评估等宣传活动 30 余次，严密防范、严厉打击敌对势力渗透破坏、颠覆活动。开展安全生产专项整治三年行动，突出抓好重点行业重点领域，全年未发生重大安全生产事故，食品安全形势持续稳定。

重要会议

【中共扎兰屯市第八届委员会第十一次全体会议】 1 月 31 日，中国共产党扎兰屯市第八届委员会第十一次全体会议暨全市经济工作会议召开，出席会议市委委员 32 人、候补委员 4 人。市有关领导、纪委常委、监委委员和有关方面负责人列席会议。全会由市委常委会主持。全会听取和讨论 2020 年工作报告，审议通过《中共扎兰屯市委员会关于制定国民经济和社会发展第十四个五年规划和二〇三五年远景目标的建议》。

全会肯定 2020 年市委常委会的工作。一致认为，面对严峻复杂的经济形势、艰巨繁重的改革发展稳定任务和新冠肺炎疫情的严重冲击，市委常委会团结带领全市各族人民，坚定信心、迎难而上、奋力攻坚，疫情防控取得重要阶段性战果，脱贫攻坚取得决定性胜利，产业发展质效同升，党的建设全面加强，各方面工作成效显著，经济社会呈现稳中向好的高质量发展态势，“十三五”圆满收官，“十四五”顺利开启，扎兰屯绿色崛起迈入新发展阶段。

全会评价扎兰屯市决胜全面建成小康社会取得的决定性成就。一致认为，“十三五”是扎兰屯发展进程中具有重要里程碑意义的五年。五年来，市委牢固树立正确的发展观政绩观，坚决扛起新时代高质量发展使命，带领全市上下团结奋进、埋头苦干、砥砺前行，保持定力不动摇，顶住压力不弯腰，坚持“绿色崛起、富民强市”发展定力，围绕“五大定位”，着力构建“六大体系”，坚决打好“三大攻坚战”，保障和改善民生，开创扎兰屯绿色崛起新局面，特别是经济总量接续上了两个大台阶，在扎兰屯发展史上树立起新的里程碑，为全面建设现代化奠定重要基础。

全会分析新发展阶段扎兰屯市发展面临的新机遇新挑战，指出要正确看待“形”与“势”，辩证把握“危”与“机”，坚定不移走以“生态优先、绿色发展”为导向的高质量发展新路子，在危机中育新机、于变局中开新局，不断开创工作新局面。全会提出，二〇三五年远景目标，主要是综合经济实力、绿色发展水平和城乡居民收入大幅提升，新型工业化、信息化、城镇化、农牧业现代化基本实现，富有优势特色的县域创新体系和符合战略定位的现代产业体系、新型城乡体系、基础设施体系全面建成，治理体系和治理能力现代化基本实现，法治扎兰屯基本建成，文化软实力显著增强，基本公共服务实现均等化，绿色生产生活方式广泛形成，全社会文明程度达到新高度，全体人民共同富裕取得更为明显的实质性进展，与全国一道基本实现社会主义现代化。“十四五”时期全市经济社会发展总体要求，强调要坚持以习近平新时代中国特色社会主义思想为指导，深入贯彻党的十九大和十九届二中、三中、四中、五中全会精神，全面贯彻党的基本理论、基本路线、基本方略，全面落实习近平总书记对内蒙古重要讲话重要指示批示精神，坚持新发展理念，以推动高质量发展为主题，以深化供给侧结构性改革为主线，以改革创新为根本动力，以满足人民日益增长的美好生活需要为根本目的，统筹发展和安全，坚定不移走以“生态优先、绿色发展”为导向的高质量发展新路子，坚持“绿色崛起、富民强市”发展定力，加快建设以“六大体系”为基础的现代化经济体系，主动服务融入新发展格局，在全面建设社会主义现代化国家新征程上开拓扎兰屯绿色崛起新境界。“十四五”时期全市经济社会发展主要目标，重点是以“生态优先、绿色发展”为导向的高质量发展取得实质性进展，经济发展、社会文明

1月31日，中共扎兰屯市第八届委员会第十一次全体会议暨全市经济工作会议召开

程度、生态文明建设、民生福祉、治理效能达到更高水平，县域综合实力更加雄厚，“绿色崛起、富民强市”取得更大成就，努力打造成为绿色有机农畜林产品生产加工输出基地、度假休闲旅游目的地、商贸物流集散地、航空特色小镇、绿色文明宜居城市。

全会强调，要坚定地贯彻习近平生态文明思想，坚持山水林田湖草系统治理，打好污染防治攻坚战，加快推动绿色低碳发展，筑牢生态安全屏障，推动生态文明建设取得新突破。要实施创新驱动战略，加快推进经济转型升级，着力构建绿色农牧业、临空产业、电子商务、全域旅游、循环工业、新型城乡“六大体系”，形成优势突出、结构优化、创新驱动、链条完备、区域协调、城乡一体的发展新格局。要融入国内大循环和国内国际双循环，激发消费潜力，优化投资结构，提高对外开放水平，推进区域协同发展，打造向北开放桥头堡重要节点城市。要以优化营商环境为基础全面深化改革，加快政府职能转变，大力优化营商环境，培育壮大市场主体，深化重点领域改革，为高质量发展注入活力。要全面实施乡村振兴战略，巩固拓展脱贫攻坚成果，加强与乡村振兴有效衔接，推动产业兴旺、生态宜居、乡风文明、治理有效、生活富裕，加快推进农业农村现代化。要坚持以人民为中心的发展思想，积极扶持创业就业，健全社会保障体系，扎实推进教育高质量发展，繁荣发展文化事业，完善卫生健康服务体系，更好满足各族人民对美好生活的新期待。要统筹好发展和安全两件大事，深入贯彻总体国家安全观，铸牢中华民族共同体意识，坚决防范化解各领域重大风险，筑牢安全稳定屏障，确保社会大局和谐稳定。

全会指出，实现“十四五”规划和二〇三五年远景目标，意义重大、任务艰巨、前景光明。要坚持和完善党领导经济社会发展的体制机制，推进社会主义政治建设，健全规划制定和落实机制，团结一切可以团结的力量，调动一切可以调动的积极因素，为实现规划目标提供坚强保证。2021 年是实施“十四五”规划、开启全面建设社会主义现代化国家新征程的第一年，也是我们党成立 100 周年，做好全年工作任务十分艰巨、意义十分重大。全市上下要坚决把思想和行动统一到党中央决策部署上来，按照自治区党委要求和呼伦贝尔市委安排，紧扣高质量发展主题，坚持稳中求进工作总基调，统筹抓好疫情防控和经济社会发展，扎实做好“六稳”工作，全面落实“六保”任务，着力完善“六大体系”建设，确保实现“十四五”良好开局。

全会强调，要稳步立足新发展阶段，以历史的、理论的、实践的逻辑，牢牢把握发展之“稳”、发展之“势”、发展之“机”，推动扎兰屯绿色崛起行稳致远。要深入贯彻新发展理念，自觉服务自治区“两个屏障”“两个基地”“一个桥头堡”战略定位和“生态优先、绿色发展，建设美丽富饶和谐安宁呼伦贝尔”的发展定位，着力推动各项工作取得新进展新成效，坚决走以“生态优先、绿色发展”为导向的高质量发展新路子。要在融入新发展格局实践中迈好第一步、见到新气象。要坚持规划引领，科学优化高质量发展空间布局。要坚持生态优先，持续筑牢高质量发展战略基础。要坚持创新驱动，培育高质量发展强劲引擎。要坚持稳中求进，加快完善高质量发展支撑体系。要坚持民生导向，坚决守住高质量发展根本落点。要坚持文化铸魂，不断凝聚高质量发展强大合力。要坚持统筹兼顾，打造高质量发展良好环境。要坚持全面从严治党，以高质量党建保障高质量发展。要落实新时代党的建设总要求，全面提高政治能力，切实加强理论武装，深入推进组织建设，着力建强干部队伍，坚决正风肃纪反腐，始终在思想上政治上行动上同以习近平同志为核心的党中央保持高度一致。市委常委会向全会报告2020年抓党建工作情况。一年来，市委常委会坚决扛起全面从严治党的政治责任，全面加强政治建设、思想建设、组织建设、作风建设、纪律建设，统筹抓好各领域工作，为推动扎兰屯绿色崛起提供坚强保障。全会号召，全市各级党组织和广大党员干部要更加紧密地团结在以习近平同志为核心的党中央周围，凝心聚力奔赴新征程、展现新作为，谱写扎兰屯绿色崛起新篇章，为建设美丽富饶和谐安宁呼伦贝尔作出新的更大贡献，以优异成绩庆祝建党100周年。

【中共扎兰屯市第八届委员会第十二次全体会议】 4月29日，中国共产党扎兰屯市第八届委员会第十二次全体会议召开。会议讨论审议关于召开中国共产党扎兰屯市第九次代表大会的有关事宜，审议并表决通过《中国共产党扎兰屯市第八届委员会第十二次全体会议关于召开中国共产党扎兰屯市第九次代表大会的决议（草案）》。

会议强调，要充分认识开好市第九次党代会的极端重要性，切实把思想和认识统一到党中央的决策部署和自治区党委、呼伦贝尔市委的工作要求上来，以对党、对人民、对事业发展高度负责的态度，扎实做好各项工作，确保党代会顺利召开。

会议要求，市筹备工作领导小组、各专项组及有关部门要严之又严、细之又细抓好党代会筹备工作，严格程序步骤，严把代表资格审核，严肃换届纪律，高质量起草“两个报告”，全面营造良好氛围，切实做到绘就一个好蓝图、形成一个好报告、选出一个好班子、营造一个好风气，努力把扎兰屯市第九次党代会开成一次统一思想、团结鼓劲、务实创新的大会，开成一次紧跟时代、奋发作为、开拓未来的大会。

会议要求，要以筹备开好党代会为动力，按照八届市委十一次全会暨全市经济工作会议安排和年初确定的各项目标任务，再接再厉，持续发力，处理好换届工作与推进改革发展稳定的关系，全力推动全面从严治党向纵深发展，全力推动经济社会高质量发展，努力把保障改善民生和社会稳定工作做扎实、做到位，为党代会的顺利召开创造良好社会环境。

4月29日，中共扎兰屯市第八届委员会第十二次全体会议召开

全会号召，全市各级党组织和广大党员干部要更加紧密地团结在以习近平同志为核心的党中央周围，增强"四个意识"、坚定"四个自信"、做到"两个维护"，以中国共产党扎兰屯市第九次代表大会为新起点，咬定目标、同心同向、砥砺奋进、开创未来，坚定不移走以生态优先、绿色发展为导向的高质量发展新路子，把扎兰屯建设成为名副其实的呼伦贝尔副中心城市，在现代化新征程上谱写高质量发展新篇章。

会议号召，全市各级党组织和广大党员干部，要更加紧密地团结在以习近平同志为核心的党中央周围，坚持以习近平新时代中国特色社会主义思想为指导，团结带领全市各族人民，同心同德、艰苦奋斗、开拓进取，努力做好各方面的工作，以优异的成绩迎接中国共产党扎兰屯市第九次代表大会的胜利召开，庆祝建党100周年。

【中共扎兰屯市第八届委员会第十三次全体会议】 8月27日，中国共产党扎兰屯市第八届委员会第十三次全体会议召开，出席会议市委委员28名、候补委员3名。市纪委副书记、纪委常委、委员列席会议。全会由市委常委会主持。会议审议通过市第九次党代会召开时间、《中共扎兰屯市第八届委员会报告（草案）》《中共扎兰屯市纪律检查委员会工作报告（草案）》及出席呼伦贝尔市第五次党代表大会代表候选人预备人选名单，通报呼伦贝尔市委关于中共扎兰屯市第九届委员会委员、候补委员、中共扎兰屯市纪律检查委员会委员候选人名单的批复。

全会肯定八届市委常委会过去五年的工作，一致认为，八届市委在以习近平同志为核心的党中央的坚强领导下，在自治区党委、呼伦贝尔市委的正确领导下，团结带领全体委员和全市党员干部以及广大人民群众，以高度责任感和使命感投身于扎兰屯市的各项事业当中，完成八届市委提出的各项奋斗目标和工作任务，为今后发展打下了坚实基础。市委常委会对各位委员、候补委员以及调离、转岗、退休的各位市委委员、候补委员五年来的辛勤付出表示最诚挚的感谢！

全会要求，各级党组织和广大党员干部，要充分认识开好中国共产党扎兰屯市第九次代表大会的重大意义，不断提高政治判断力、政治领悟力、政治执行力，切实把中国共产党扎兰屯市第九次代表大会开成统一思想、凝聚共识，团结鼓劲、汇聚力量，奋发进取、开拓未来的大会。

【中共扎兰屯市第九次代表大会】 8月29—30日，中国共产党扎兰屯市第九次代表大

8月27日，中共扎兰屯市第八届委员会第十三次全体会议召开

会召开，会议代表234名。与会代表听取《绿色崛起、富民强市、共享繁荣，在现代化新征程上谱写高质量发展新篇章》工作报告，《发挥监督保障执行，促进完善发展作用，为扎兰屯市谱写高质量发展新篇章提供坚强纪律保障》纪委工作报告。会议以无记名投票的方式等额选举产生中共扎兰屯市第九届委员会委员37名、候补委员9名，纪律检查委员会委员19名，出席呼伦贝尔市第五次党代会代表31名，以举手表决的方式通过《中国共产党扎兰屯市第九次代表大会关于中国共产党扎兰屯市第八届委员会报告的决议》《中国共产党扎兰屯第九次代表大会关于中国共产党扎兰屯市纪律检查委员会工作报告的决议》。

【市委常委会】 1月26日，第八届市委常委会第一百三十八次会议召开。会议传达学习中央财经委员会、自治区党委财经委员会和呼伦贝尔市委财经委员会相关会议精神；讨论《中共扎兰屯市委员会关于制定国民经济和社会发展第十四个五年规划和二〇三五年远景目标的建议》（讨论稿），听取《扎兰屯市国民经济和社会发展第十四个五年规划和二〇三五年远景目标纲要》编制进展情况汇报。

2月19日，第八届市委常委会第一百四十次会议召开。会议学习习近平总书记关于优化营商环境重要论述精神，中央、自治区、呼伦贝尔市有关会议文件精神，安排部署优化营商环境专项巡视整改落实工作。

3月2日，第八届市委常委会第一百四十二次会议召开。会议传达学习习近平总书记在党史学习教育动员大会的重要讲话精神，习近平总书记在全国脱贫攻坚总结表彰大会上的重要讲话精神，党中央、自治区、呼伦贝尔市换届工作会议精神，自治区、呼伦贝尔市破坏草原林地违规违法行为专项整治行动动员部署会精神，自治区教育工作领导小组会议精神及呼伦贝尔市“两会”精神；研究审议并原则性通过关于召开市八届纪委六次全会有关事宜；对安全生产、信访、春季防火、“两会”筹备等工作进行再安排再部署。

5月15日，第八届市委常委会第一百五十二次会议暨市委党建领导小组会议召开。会议审议通过《党建领导小组2021年工作要点》《贯彻落实中央〈关于巩固深化“不忘初心、牢记使命”主题教育成果的意见〉若干措施分解方案》等文件，听取统战工作汇报，对民族宗教等统战工作进行安排部署。

5月28日，第八届市委常委会第一百五十六次会议暨市安全生产委员会主任会议召开。贯彻习近平总书记关于安全生产重要指示批示精神，落实自治区党委书记、人大常委会主任石泰峰在扎

4月20日，第八届市委常委会第一百四十八次会议召开

兰屯市调研时的讲话要求，研究部署全市安全生产工作。

6月23日，第八届市委常委会第一百六十一次会议召开。会议传达学习习近平总书记近期重要讲话指示精神及中央、自治区有关重要会议文件精神、习近平总书记关于统计工作的重要指示精神及中央、自治区有关统计工作的重要文件精神，听取统计工作汇报，安排部署统计工作，研究审议《自治区党委书记石泰峰在2020年度全区基层党建工作述职评议会上点评意见整改工作方案》《扎兰屯市2021年度扶持发展壮大村级集体经济实施方案》《关于推荐全市优秀共产党员、优秀党务工作者、先进基层党组织初步名单》。

9月23日，第九届市委常委会第四次会议召开。会议传达学习习近平总书记在陕西省榆林市调研时的重要讲话精神、赵乐际在内蒙古调研时的指示精神；听取破坏草原林地违规违法行为专项整治、自治区环保督查反馈问题整改、常态化疫情防控工作汇报；对全面深化改革、重点项目建设、信访、冬季供暖等当前重点工作进行安排部署。

10月26日，第九届市委常委会第九次会议暨应对新冠肺炎疫情工作领导小组会议召开，会议传达学习习近平总书记重要讲话精神等内容，进一步安排部署疫情防控、优化营商环境、“我为群众办实事”实践活动等工作。

12月30日，第九届市委常委会第十六次会议召开。会议传达学习中央经济工作会议和自治区党委十一届二次全会暨全区经济工作会议等内容，安排部署疫情防控、安全生产、信访、市乡换届等近期重点工作。

10月26日，第九届市委常委会第九次会议召开

【全市干部大会】 7月26日，扎兰屯市召开全市干部大会。会议深入贯彻习近平总书记对防汛救灾工作的重要指示批示精神，深入落实自治区防汛工作要求和呼伦贝尔市干部大会精神，突出抓好防汛救灾工作，统筹推进各项重点任务，全力保障人民群众生命财产安全，全力保障社会大局和谐稳定，确保“十四五”实现良好开局。

党办工作

【综合工作】 2021年，市委办围绕市委中心工作和全市工作大局，主动适应新时代新要求，履行参谋助手、综合协调、督促落实、服务保障等职责，完成九次党代会和九届一次、二次、三次全会和多次市委常委会、书记专题会的筹备工作，完成“十四五”规划建议、党代会换届报告以及多次全市重要会议领导讲话稿和重点工作汇报材料起草工作，较好发挥以文辅政作用。聚焦统筹疫情防控和经济社会发展的中心任务，主动参与、策划“四品四送”“春风行动”等重点工作，协调部门推进市委决策部署落地落实，确保市委各项决策落到实处，发挥市委办“中枢神经”作用。

【督查工作】 2021年，市委办紧紧围绕市委和全市中心工作开展督查，拟定督查方案，现场了解进展，通报反馈督查情况，针对新冠肺炎疫情防控、重点项目建设等工作进行督查20余次，开展市委主要领导批示件专项督办30余批次。全年印发督查与落实专报10期。及时办理《人民网》领导信箱留言工作，承办自治区党委书记留言74件次、呼伦贝尔市委书记留言4件次，群众反映的大量热点难点问题得到及时处理。

【信息工作】 2021年，市委办印发《关于进一步加强信息队伍建设的通知》，健全专兼职信息员伍98人。建立市委决策部署跟踪落实专题专栏，编发《信息与调研》要情动态8期。向自治区党委办公厅、呼伦贝尔市委办公室上报各类信息683条，其中重大紧急信息13条；完成上级约稿10件。全年未发生信息误报、迟报、漏报、假报、瞒报等问题。

【文秘工作】 2021年，市委办严把公文审核运转关，提高政务保障水平，把好办文办会关口，处理上三级文件1347件，印发文件152份(号)，承办上级重要视频会议29个，组织市本级重要会议98个，会风文风进一步精简，工作效率明显提升。

【法规工作】 2021年，市委办做好党内法规的规划制定、审核把关、备案审查和清理等重点工作，向上报备规范性文件9件、事业单位机构改革“三定”方案17件。开展“下备一级”工作，提出审查意见25条。持续强化党内法规工作体制机制建设，完善党内法规联席会议制度，提交市委常委会专题研究党内法规工作4次。定期组织中心组开展专题学习，将党内法规工作纳入考核、巡察范畴，开展党内法规培训24次，专项督查2次，印发通报2期。

【党务公开】 2021年，市委办严格落实自治区党委、呼伦贝尔市委关于党务公开工作的安排部署，规范调整市委党务办公目录，建立健全党务公开联席会议制度，全年市委层面公开党务信息197条，指导各基层党组织线上线下公开党务事项8万余条，将党务公开工作纳入全市年度考核指标当中进行考核，推动党务公开工作规范化、制度化。

【接待工作】 2021年，市委办严格执行《党政机关国内公务接待管理规定》《党政机关厉行节约反对浪费条例》等规定，依纪依规较好地完成了各项接待任务。全年接待来宾302批次，其中接待国家部委9批次；自治区79批次。重点完成自治区党委书记、人大常委会主任石泰峰，自治区党委副书记、政府主席王丽霞，自治区党委常委、秘书长于立新，呼伦贝尔市委书记高润喜等领导到扎兰屯市调研以及各级督查、调研、考核组的接待任务。

（丽　娜）

政策研究与改革

【概况】 2021年，市委政研室坚持以文辅政，在服务决策中发挥职能作用。坚持统筹协调，在服务发展中推进深化改革，报送《做大做强临空产业，坚定不移推进高质量发展》《全面推进“蒙速办·一次办”，助推政务服务提速升级》等改革典型案例，位列呼伦贝尔旗市区第一方阵。

【改革工作】 2021年，市委政研室组织召开深改委会议3次，改革办主任会议4次，专项组会议21次，对全面深化改革工作进行研究部署。严格执行《扎兰屯市委改革办“三单”（认领单、督办单、反馈单）管理办法》《扎兰屯市委全面深化改革工作会议制度》《市、乡及部门“一把手”抓改革办法》《扎兰屯市委全面深化改革三级督查工作制度》等改革工作机制，确保改革工作高位推进。组织开展改革工作考核1次，实地督查2次，完成谋划的63项改革任务，形成制度性改革成果22项。上报改革动态信息32篇，被上级采用4篇，位列呼伦贝尔旗市区第一方阵。

【政研工作】 2021年，市委政研室贯彻党的理论和路线方针政策，落实党中央、自治区党委、呼伦贝尔市委和市委决策部署，以文辅政，为市委决策服务。班子成员发挥参谋助手作用，围绕疫情防控、经济高质量发展、党的建设、党史学习教育等重点工作，及时学习研究中央、自治区相关政策，编印《政策与研究》20期、《决策参考》4期，内容涉及临空产业高质量发展、医疗卫生体制改革、疫情防控的应对处置、乡村振兴的先进经验做法等内容，做到“参在点子上，谋在关键处”，为市委领导决策提供有效参考。

【调研工作】 2021年，市委政研室收集、分析、整理和报送市内外经济社会发展的重要综合信息、情况动态，对全市改革开放和社会主义现代化建设全局性、战略性问题开展研究，提供决策依据。完成调研报告2篇。加强和改进调研作风，推动调研工作取得实效，向市委报告相关情况、反映问题、提出意见建议。

【文稿撰写】 2021年，市委政研室协助起草全市综合性、专业性会议有关文件材料，市委和市委主要领导重要文稿，组织协调有关方面起草、修改市委有关重要文件。参与市九次党代会、市委九届全会等重大会议、重要活动文字材料的起草和把关工作。撰写《着力打造名副其实的副中心城市 为建设更加美丽富饶和谐安宁呼伦贝尔贡献扎兰屯力量》《扎兰屯市：创新驱动 产业升级全力助推经济高质量发展》两篇文章在《呼伦贝尔工作》上刊发。

（冯　靖）

组织工作

【概况】 2021年，中共扎兰屯市委组织部有基层党组织713个，其中党工委12个，党委41个，党总支49个，党支部611个，党员16590人。全年发展党员475人，打造呼伦贝尔市级“最强党支部”示范点5个。制定印发《扎兰屯市关于进一步激励干部担当作为的实施意见》《关于全面推行社区党建网格化管理的实施意见（试行）》《扎兰屯市事业单位人才专项编制管理办法》《关于开展“社区吹哨、党员报到”主题实践活动的通知》等文件，推进干部、人才、基层党建、党员干部教育级组织部门自身建设等制度体系，组织工作政治性、原则性、战斗性、纪律性不断增强。

【党员干部政治素质建设】 2021年，市委组织部坚持把学习贯彻习近平新时代中国特色社会主义思想、党的十九届五中、六中全会精神、铸牢中华民族共同体意识、习近平总书记关于内蒙古重要讲话重要指示批示精神、自治区第十一次党代会精神等作为干部教育重要内容，强化“线上”“线下”相结合，组织各类专题培训等主体班次23期，培训4310余人次，开展新时代网络培训6期，向全市各级党组织印发理论学习“电子书”12期，参学覆盖率100%。各级党组织组织开展新党员入党宣誓和党员重温入党誓词、革命传统教育和讲专题党课等活动，教育引导党员干部传承红色基因、赓续精神血脉。

【党员干部政治能力建设】 2021年，市委组织部开展各级党组织党史学习教育，党员干部把学习贯彻党的十九届六中全会精神作为党史学习的重点，学习全会决议，学懂弄通党百年奋斗的历史意义和历史经验，领悟“两个确立”的决定性意义。开展“我为群众办实事”实践活动，印发《关于开展“社区吹哨、党员报到”主题实践活动的通知》，社区与共建单位开展志愿服务活动2529次，参与在职党员3333人次，为群众解难题办实事506件，受益群众1.8万人。

【选人用人政治关考察】 2021年，市委组织部把政治关作为干部首关，不断强化干部政治素质考察。对提拔、晋升职级、进一步使用和换届考察对象全部进行政治素质考察，把好各类人选政治素质关。严格执行呼伦贝尔市《干部政治素质考察实施办法》，执行党委（党组）书记对考察对象政治素质表现书面鉴定、廉政意见“双签字”规定，开展政治素质正反向测评，落实政治素质考察“六必谈”要求，开展政治素质考察深度谈话，从多角度、多方面了解印证，提升政治素质考察质量。

【年轻干部培养选拔】 2021年，市委组织部为乡镇配备“86后”党政正职和“90后”年轻干部。为党政工作部门班子配备“87后”年轻干部，乡镇和党政工作部门班子中配备年轻干部比例较2020年有较大幅度提高。注重交流任职，加大市直部门和乡镇街道之间交流任职力度，打破隐形台阶大胆提拔使用，持续推动优秀年轻干部从基层来、到基层去，一大批政治素质过硬、业绩突出，在大战大考、艰苦复杂环境、急难险重任务中经受磨砺考验的优秀年轻干部走上各级领导岗位。

【干部队伍建设】 2021年，市委组织部印发《扎兰屯市关于进一步激励干部担当作为的实施意见》，将安心基层工作和在三大攻坚战、疫情

6月28日，全市科级以上党政领导干部安全生产专题培训班开班

防控、推行国家统编教材、扫黑除恶等急难险重任务中扛硬活、打硬仗，将一贯表现好的干部提拔到领导岗位，树立正确用人导向。制定《疫情防控一线考察识别干部工作方案》，派出考察组7个，分别到防控重点区域及隔离点、交通卡站、社区的实地了解干部在疫情防控一线的政治表现、担当作为和工作成效，筛选掌握表现突出干部并记录在案。坚持严管和教育相结合，对被问责的党员干部及时提醒改进，树立正向激励、反向倒逼的鲜明导向，相关做法在《人民日报》客户端刊发。通过差额推荐、组织考察、部门联审等环节，推荐优秀党组织3个，优秀党务工作者2人、优秀党员5人，获得自治区、呼伦贝尔市表彰。

【干部管理监督】 2021年，市委组织部加强选人用人全过程监督，对新提拔干部按要求开展“凡提四必”（对拟提拔或进一步使用人选，要做到干部档案“凡提必审”，个人有关事项报告“凡提必核”，纪检监察机关意见“凡提必听”，反映违规违纪问题线索具体、有可查性的信访举报“凡提必查”），强化任前把关。严格按要求上报动议请示、任前报告、任后备案，主动接受上级监督。执行组织部“12380”举报受理工作操作规程，由专人负责处理干部选任方面的举报监督事宜，强化群众监督。发挥干部监督联席会议作用，形成监督合力。严格执行领导干部请销假、重大事项报告、提醒函询诫勉等干部管理制度。组织全市党政机关、企事业单位对公职人员进行“因私出国（境）情况”“吃空饷”“涉企事项”等专项排查，实现监督和制约。干部人事档案中存在的问题全部销号清零。

【公务员队伍管理】 2021年，市委组织部加强党对公务员工作领导，贯彻实施公务员法，将《中华人民共和国公务员法》及其配套法规学习纳入市委中心组和各单位学习内容，实现公务员法学习全覆盖。将公务员工作纳入全年工作计划，按季度开展督导检查。按照《呼伦贝尔市公务员职务与职级并行制度实施方案》规定，组织开展公务员职级晋升工作，职级配备比例显著提升。落实公务员登记、调任、转任、奖励、培训、回避等相关制度规定，发挥平时考核在年度考核中的纪实作用，强化平时考核结果运用。

【换届工作】 2021年，市委组织部制定“两代表一委员”身份认定参照标准，明确14条不宜提名的负面清单，落实廉政意见“双签字”制度，组织纪检、政法等18个部门对市乡两级党代表、人大代表和市政协委员初步人选进行联审，筛查出不宜提名的人选均未予提名，防止“带病提拔”“带病当选”。加强换届风气监督，组织签订换届纪律承诺书，发放换届纪律知晓卡，组织各类人群观看警示教育片2300余人次，开展谈心谈话，强化教育引导，从严监督查处，压紧压实责任，确保换届风清气正，市乡两级领导班子换届圆满成功。

【基层党组织建设】 2021年，市委组织部开展“民族团结一家亲”活动，与最强党支部联系点建设有机融合，落实处级领导包乡镇（街道）、市直部门负责人包村（社区）、乡镇（街道）领导干部包村（社区）联户等工作机制，引导村级党组织、党员持续推进“五个一”任务落实，确保工作落地见效。实施“带头人”队伍素质提升行动，通过换届实现书记主任“一肩挑”等5个100%，市乡两级培训实现全覆盖，有序完成130个村、43个社区党组织书记县级备案任务。推进社区工作职业者体系建设，落实“三岗十八级”薪酬标准，奖勤罚懒、优绩优酬，人均薪酬总额月增加1138元。选派新一批驻村队员，将200名队员整合建队下派并全脱产驻村。打造村级集体经济“十一种”发展模式，拓宽“支部+”“项目+”双向融合发展渠道，推进75个上级财政扶持项目落地见效，市委组织部被评为自治区脱贫攻坚先进集体。

【党建引领网格化治理】 2021年，市委组织部将党群服务中心服务触角与网格服务管理深度融合、无缝衔接，“多网合一”建立社区网格280个，村级网格1035个，通过单独建立、联合组建，下派党建指导员的形式，实现网格党组织覆盖100%；择优配备社区专兼职网格员1215名、村兼职网格员2837名，认领社区“六大员”、农村“八大员”等岗位职责。将网格员联系方式、工作职责、服务事项等通过宣传栏、揭示板等进行公示，发挥“一网多元”职能，实现网格全覆盖、管理无盲区。制定印发《关于全面推行社区党建网格化管理的实施意见（试行）》，根据群众诉求合理确定网格服务任务和事项，压实网格员职责，落实待遇保障。依托党群服务中心开展“十进十提升”活动，全市网格员走访群众51450户，征求意见建议13211条，解决困难、化解纠纷矛盾8735件。

【物业党建联建】 2021年，市委组织部研究制定《扎兰屯市“红色物业”试点工作实施方案（试行）》，在兴华街道、正阳街道、繁荣街道、河西街道部分社区先行开展“红色物业”试点工作，推动物业服务融入基层社会治理。组织开展党群服务站点建设，通过党费支持和企业自筹的形式，在永兴百货大楼党支部打造300平方米的非公企业党群服务站，切实加强阵地建设，辐射带动商圈党建工作；在河西街道振兴社区森工之家小区建设楼宇党群服务站，建设面积900平方米，辐射周边党员群众1300余户，2000余人。设立“红色物业”试点，加强社区党组织对业委会和物业公司的领导，吸纳物业人员、业委会、共建单位中的党员进入网格员队伍，推进网格和物业组织“双网合一”。

【基层党建工作创新】 2021年，市委组织部完成“最强党支部”年度创建任务，打造呼伦贝尔市级示范点5个。年内，发展党员475名，目标完成率100%。疫情防控期间，发布《致全市各基层党组织和广大党员的一封信》，组建党员突击队，在8个隔离点成立临时党支部，召开“筑牢红色防线、践行初心使命”专题组织生活会，4890名党员干部日夜坚守在疫情防控第一线。各机关党组织开展“一支部一品牌”创建活动，加强顶层设计，将品牌建设的理念植入党建工作，打造党建品牌精品，提升党建工作特色化水平。已命名机关党建品牌17个，打造呼伦贝尔示范社区4个。

【人才工作】 2021年，市委组织部加强党对人才工作领导，召开党委常委会、政府常务会、人才工作会议，研究人才工作，以责任落实推动任务落实。实施人才引进计划，印发《扎兰屯市事业单位人才专项编制管理办法》，用好上级划拨的专项编制，开展人才需求调研。研究拟定《2021年扎兰屯市事业单位绿色通道引进专业人才工作方案》《扎兰屯市人才引进培育实施办法》，回引扎兰屯市籍人才工作方案和教育卫健系统引才实施办法，拿出制定“绿色通道”“鸿雁计划”引才计划。印发《关于做好2021年专家及优秀人才服务基层工作的通知》，开展专家服务基层和“一合作社一专家顾问”计划，6个专家团与50家合作社及涉农企业提供签约服务，47名法律顾问开展法律服务，107名科技特派员和18名“三区人才”向130个行政村提供全覆盖式科技服务。

【老干部工作】 2021年，市委组织部将离退休党组织建设纳入党建总体布局，加强离退休干部学习教育，为老干部开展送学上门120人次、送学习资料310余份，开展公开课7次、网上专题报告会4次，在微信群中开展党的组织生活。围绕建党百年“七一”前慰问老党员、老干部45人，入户为24名离休党员发放“建党百年、光荣在党50年”纪念章，开展“庆建党百年重阳节”座谈会、举办庆“建党百年”演出、第十四届雅鲁河群众艺术展演活动、第四届广场舞大赛、党史画展等各类活动18次，参演1000余人次。发布致全市离退休干部一封信，发挥老干部独特作用，各乡镇街道组织216名离退休志愿网格员，参与乡村振兴、基层治理、创城、疫情防控等工作。全年坚持电话联系360余人次，慰问老干部160人次，送去慰问品240余份，发放慰问金14.54万元。落实为离休干部提高生活补贴费20余万元，接待老干部来信来访10余次。按月发放离休干部离休费，全年核销离休干部医药费252万元。开展家庭医生签约服务入户问诊90余人次。

【自身建设】 2021年，市委组织部把“四个严格”作为自身建设的有力抓手，坚持组织工作业务和组织部门自身建设同步提升。业务工作严格要求，优化内设机构设置，明确职责任务，制定《组工业务流程汇编》，业务工作更加精细规范。组工干部严格教育，举办“组工讲堂”“组工微课堂”。严格管理机关事务，制定完善工作制度15项。严格执行监督纪律，以组工干部违纪违法典型案例为反面教材，开展警示教育，印发日常行为“负面清单”，筑牢组工干部清正廉洁思想防线。开展部机关党史学习教育，按照总体要求，开展读书班16期、学习夜校102期、专题研讨6次、班子成员和党支部书记讲专题党课7次、撰写研讨材料220余篇，组织专题理论测试7次，4本指定书目学习以及制定的《“我为群众办实事”事项清单》全部完成。

（王宗方）

2021年扎兰屯市党员和党组织情况统计表

表5　　　　　　　　　　　　　　　　　　　　　　　　　单位：人、个

序号	党组织名称	党员数	党组织数				
				党工委	党委	党总支	党支部
1	市直机关工委	2582	165	1	5	14	145
2	非公有制经济组织和社会组织工委	318	34	1	2	2	29
3	呼伦贝尔岭东工业开发区党工委	182	12	1	1	—	10
4	国有资产管理委员会党委	209	10	—	1	—	9
5	教育党工委	1072	48	1		1	46
6	卫健委党工委	534	35	1	2	—	32
7	呼伦贝尔市第二人民医院党委	114	6	—	1	—	5
8	浆纸公司党委	160	14	—	1	—	13
9	兴华街道党工委	1121	29	1	4	—	24
10	正阳街道党工委	1331	34	1	4	—	29
11	繁荣街道党工委	630	19	1	1	3	14
12	向阳街道党工委	565	25	1	3	2	19
13	铁东街道党工委	270	12	1	—	3	8
14	河西街道党工委	418	16	1	1	3	11
15	高台子街道党工委	307	13	1	—	2	10
16	成吉思汗镇党委	1150	42	—	1	6	35
17	蘑菇气镇党委	989	31	—	1	—	30
18	中和镇党委	985	27	—	1	—	26
19	大河湾镇党委	722	28	—	1	3	24
20	卧牛河镇党委	774	26	—	2	3	21

续表 5

序号	党组织名称	党员数	党组织数				
				党工委	党委	党总支	党支部
21	哈多河镇党委	375	14	—	1	2	11
22	柴河镇党委	158	6	—	1	—	5
23	浩饶山镇党委	218	8	—	1	—	7
24	南木鄂伦春民族乡党委	390	16	—	1	2	13
25	达斡尔民族乡党委	421	21	—	2	3	16
26	洼堤乡党委	347	13	—	2	—	11
27	萨马街鄂温克民族乡党委	248	9	—	1	—	8
28	合计	16590	713	12	41	49	611
					基层党组织数：701		

宣传工作

【概况】 2021年，扎兰屯市委宣传部围绕“绿色崛起、富民强市、共享繁荣”的发展目标，在全市范围内开展各类专题理论宣讲1500余场次。常态化开展文明城市创建工作，精神文明建设工作的吸引力感染力影响力持续增强，有力提升“绿色扎兰”的知名度、美誉度。自治区级、呼伦贝尔市级“最美家庭”7户，呼伦贝尔市文明校园3所，市级以上文明校园达到100%，各级文明村镇89个，占比62.7%。突出正面宣传，召开媒体调度会40次，创新对外宣传形式，参与央视新闻客户端直播活动5次，总浏览量达4000万+，在国家重要主流网站发稿1000余篇(条)。

【理论武装】 2021年，市委宣传部抓好“关键少数”，市委理论学习中心组开展专题集中学习研讨12次、读书班4期、学习研讨8次，各基层党委(党组)理论学习中心组开展专题学习720余次，开展巡听旁听3轮。盯紧“绝大多数”，邀请呼伦贝尔讲师团开展集中宣讲2场次，市级宣讲团到基层开展专题理论宣讲90场次，各基层“学习讲堂”开展专题理论宣讲学习活动1400余场次。通过二维码制作党员在线自学课程17期；在各类网络平台，转载发布理论文章等内容1710篇(条)；被“学习强国”平台内蒙古分平台采用稿件44篇，中宣部主平台采用2篇。

【意识形态工作】 2021年，市委宣传部召开市委常委会4次、工作联席会议4次，定期开展分析研判，建立重点领域“负面清单”9类，对20余家单位开展专项巡察3轮，1174名基层意识形态网格员列席中心组学习会并报告区域舆情热点及日常工作。持续强化阵地管理，开展非法有害出版传播、涉历史虚无主义和弱化中华民族共同体意识有害信息线上线下集中整治行动。

【宣传报道】 2021年，市委宣传部突出正面宣传报道，召开媒体调度会40次，指导卫健委、发改委等单位召开新闻发布会，及时通报热点信息。借助媒体融合优势，围绕建党100周年等重大主题，持续加强20个专栏报道，刊发转载各类新闻消息、理论文章等1万余篇（条），“扎兰融媒”抖音号粉丝达70余万，通过抖音、微信等平台制作发布短视频2100余条，制作H5作品40个。创新对外宣传形式，参与央视新闻客户端直播活动5次，总浏览量达4000万+，在上三级传统媒体发稿900余篇（条），在国家重要主流网站发稿1000余篇（条）。持续利用LED电子显示屏、擎天柱、高架桥、文化墙、灯杆道旗等宣传设施，积极营造社会宣传氛围。

【精神文明建设】 2021年，市委宣传部常态化开展文明城市创建，迎接自治区文明城市实地复查测评。获得自治区级和呼伦贝尔市级“最美家庭”7户，呼伦贝尔市文明校园3所，“新时代好少年”2名，新建乡村学校少年宫3所，扎兰屯市级以上文明校园达到100%，各级文明村镇89个，占比62.7%。设置社会主义核心价值观宣传广告牌1200块（面），选树“扎兰好人”6人，推荐4人参加内蒙古好人评选。举办“文明在这里”民间广场舞大赛，开展“感党恩——礼遇道德模范”公益观影活动。开展“我们的节日”传统节日主题活动100余场次，组织“童心向党”“扣好人生第一粒扣子”等实践活动1000余场。成立新时代文明实践所（站）190个，设立“我帮你”志愿服务点186个，开展各类志愿服务活动2765次，解决群众需求406个。开办村级“文明实践广播站”，播出49期。依托新时代文明实践所（站）理论宣讲宣传阵地，开展宣讲440场次。

【文化建设】 2021年，市委宣传部推进文艺文化事业蓬勃发展，举办第十四届雅鲁河群众文化艺术展演等文化活动200余场次，开展“弘扬乌兰牧骑精神到人民中间去”等下基层演出150场。创作红色舞台剧——《歌舞诗·忆百年》献礼建党100周年，提升打造特色党课《不灭的火焰》，演出17场次。文化产业发展有序推进，开展建党百年文化旅游文创产品展30场，助力工笔画等30多种文化产品销售110余万元。

【版权工作】 2021年，市委宣传部严守出版版权阵地，净化文化市场环境。开展“五大”专项行动，开展“正道”集中行动全覆盖联合执法检查，检查文化场所270余家次。完成扎兰屯市37家企业单位年度核验，出版版权公共服务事项入驻政务服务大厅。在全市33所中小学建立“护苗”工作站。全民阅读“七进”工程推进，建立草原书屋规范化、标准化验收电子档案，配发新书11万册，开展阅读活动200余场次。

【网微管理】 2021年，市委宣传部守好网微管理防线，营造健康清朗网络空间。开展“网络中国节”主题宣传，发布相关稿件450余篇，点击率150万次；开展网络安全风险漏洞修补9次，网络安全防护风险预警2次；开展国家网络安全宣传周有奖竞答活动，印发宣传品2000

余份。推进“蒙速办·一网办”工作,23家单位开展数据共享认领编辑工作,发布数据221条;12个乡镇全部接入电子政务外网,农村政务信息网络达到全覆盖。

【党史学习教育】 2021年,市委宣传部推进党史学习教育走深走实,制定实施方案、工作方案,组建办公室、专项推进组5个和巡回指导组12个。市委理论学习中心组和全市各级党委(党组)完成7个专题学习研讨,602个党支部全部高质量召开专题组织生活会,“理论学习轻骑兵”等宣讲队伍开展宣讲1400余场次,参观“乌兰夫同志纪念馆”红色资源教学点189次,组织观看红色影片《长津湖》40场次,各乡镇农村电影播放站点播放红色主题电影750余场次。在全市各级党组织开展“我为群众办实事”实践活动,办结完成为民办实事计划839项和具体事项1370个。

(马元涛)

统战工作

【概况】 2021年,扎兰屯市新社会阶层183人、党外知识分子876人、民革成员16人、党外干部88人,党外优秀年轻干部124名,归侨侨眷658人,归国留学生8人。印发《铸牢中华民族共同体意识教育读本》《坚持我国宗教中国化方向主题教育学习资料汇编》1.1万余册,《内蒙古自治区促进民族团结进步条例》宣传单3000余张,悬挂宣传条幅200余条,粘贴海报600余张,营造“民族团结一家亲”的浓厚氛围,引导各族群众,增强“五个认同”,树立“三个离不开”的思想。制定《关于进一步发挥统战部门联络民营企业桥梁和纽带作用工作的实施方案》,组织企业参观考察学习,更新理念,提高经营水平;构建“亲”“清”新型政商关系,促进全市民营经济健康发展和民营经济人士健康成长,教育引导民营企业家积极投身乡村振兴战略和“百企帮百村”行动;组织商协会、民营企业开展庆祝建党100周年系列活动。

【民族工作】 2021年,市委统战部审议并印发《扎兰屯市进一步做好当前民族工作任务分解方案》《扎兰屯市防范化解民族领域重大风险工作实施方案》,加强对民族工作的统筹协调、推动实施、督促落实。印发《扎兰屯市铸牢中华民族共同体意识教育活动工作方案》,学习习近平总书记关于民族工作的重要讲话、重要论述,将铸牢中华民族共同体意识贯穿于国民教育全过程。开展各级学校教职工教育工作,开展为期2天的教育系统铸牢中华民族共同体意识专题培训班。把铸牢中华民族共同体意识专题教育等内容列入市委党校教学计划,在市委党校主体班次中安排相关课程。6月,市委统战部结合全市党史学习教育培训以铸牢中华民族共同体意识为主线,组织各乡镇街道党工委副书记、统战委员、村居联络员、统战系统全体干部、各领域代表人士、党外知识分子247人参加培训,增进统战干部及各界别人士对促进民族团结进步的深刻理解。加强《铸牢中华民族共同体意识》专栏报道,在市融媒体中心刊发、转载新闻消息、理论文章470余条次,在上三级主流媒体发稿70余条次,转播《学好用好国家通用语言文字》《扎实推进民族团结和边疆稳固》《中华民族一家亲,同心共筑中国梦》等宣传片。

【非公经济】 2021年，扎兰屯市非公经济企业14243户，其中规模在千万元以上的有7家，500万元以上的有15家，100万元以上的有51家，从业人员3.8万余人。全年民营经济实现增加值95.64亿元，占地区生产总值的60%。实现税收收入17.62亿元，占税收总量96.2%；城镇民营经济从业人员45521人，占从业人员总数的57.42%；私营企业1920户，同比增长5.48%，个体工商户3.4万户，同比增长36.87%。

【党外代表人士和侨务工作】 2021年，市委统战部引导和支持民主党派、无党派人士围绕准确立足新发展阶段、贯彻新发展理念、构建新发展格局，开展调查研究和民主监督，引导党外代表人士提出有价值、有分量的意见建议。协助民主党派做好组织发展工作，支持和帮助民革支部领导班子和后备干部队伍建设，优化党外代表人士队伍梯次结构。建立和更新党外代表人士数据库，为人大代表和政协委员推选奠定良好基础。开展港澳台侨人员普查，摸清全市港澳台侨底数，对港澳台侨的基本情况及生活状况进行调研，为他们解决生产生活困难，宣传相关政策法规。

（彭振东）

机构编制管理

【概况】 2021年，市委编办贯彻落实中央编委《机构编制报告制度实施办法（试行）》，在全市范围内开展机构编制报告工作2次。10—12月在全市行政事业292家单位范围内开展全市第二次机构编制核查，确保机构编制管理的“四清”“五性”。强化机构编制刚性约束、严肃机构编制工作纪律，对2021年度各类考录、招聘、人才引进等426名编制使用计划进行编制情况预审，维护机构编制工作权威性。执行《扎兰屯市乡镇、街道和市直部门股级干部管理暂行办法》，对各单位申报的股级干部调整动议涉及的单位职数及编制情况进行审核把关，对涉及深化事业单位改革事业单位的拟任股级干部职数编制情况进行审核。

【机构改革成果巩固】 2021年，市委编办调整统计执法机构设置，在综合办公室加挂统计执法办公室牌子，完成国家统计局督查组对内蒙古开展统计督查反馈意见的整改工作；调整完善部门“三定”规定，印发《关于调整市发改委和市工信局职责任务的通知》，完成市发改委和市工信局职责分工调整工作；完成市卫健委挂牌，将扎兰屯市卫健委加挂的扎兰屯市蒙中医药管理局牌子名称调整为扎兰屯市中医药管理局；理顺行政复议体制机制，由市司法局集中承担，及时调整市司法局内设机构，增加事业编制3名，用于从事行政复议相关工作；深化森林公安改革，调整优化森林公安机构设置，将市森林公安局与市公安局食药环犯罪侦查大队整合为市公安局内设机构；推进扶贫机构调整，提请市委、市政府并以两办名义印发《关于调整市扶贫机构设置的通知》，不再保留市扶贫开发领导小组，将其职能并入市委农村牧区工作领导小组，将市扶贫开发办公室重组为市乡村振兴局；纪委派驻机构调整，根据深化事业单位改革试点工作及其他重点领域改革实际，重新调整市纪委监委派驻纪检监察组负责综合监督单位；参照呼伦贝尔市委组织部机关现有内设机构情况，结合市委组织部实际，协助组织部完成内设机构及其职能调整；协助上级完善开发区机构设置，制定并印发扎兰屯产业园及其所属事业单位“三定”规定，为开发区高质量发展保驾护航。

【事业单位改革试点】 2021年，市委编办深入优化涉改事业单位组织架构、结构布局，精干设置为机关提供支持保障的事业单位，归类设置面向社会提供公益服务的事业单位，以改革前全市涉改事业单位176家为基数，在改革后优化设置事业单位110家，较改革前精简66家，精简比例达到37.5%。围绕党和国家重大战略及市委、市政府中心工作，组建一些适应新要求、服务新发展的支撑机构，强化市民航事业发展中心，打造全市经济发展新引擎；组建市科技事业发展中心，充实完善科技创新职能；组建市乡村振兴促进中心等单位，提升农业农村发展动能；整合市教育事业发展中心、规范疾病预防控制中心机构设置，新组建市爱国卫生服务中心，不断完善教育和公共卫生服务体系建设。在编制使用上坚持瘦身与健身相结合的原则，注重向临空产业、电子商务、科技发展、现代工业、旅游、疾病预防等重点领域倾斜；改革后，涉改事业单位编制数2267名，编制规模均不低于5名，当前编制布局可以满足事业单位运转的需要。完成转隶涉改单位139个、事业编制1488名、转隶人员1286人；按时完成党组织关系转接、部门挂牌、办公场所调配、养老保险关系转移、工资经费核拨等工作，于3月27日，将改革后110家事业单位“三定”规定全部印发；整理汇总改革试点工作档案300余盒，及时启动政事权限清单和章程管理相关工作。

【乡镇和街道改革】 2021年，市委编办承办呼伦贝尔市机构编制系统内的乡镇和街道改革现场观摩会，展示达斡尔民族乡党政机构、党群服务中心、综合行政执法局、综合保障和技术推广中心等单位的机构运行和职能发挥情况以及全市乡镇街道改革取得的成效，一些好的经验和做法在各旗市区得到推广。联合市司法局、政务服务局编制并公布涉及7个市直部门与各乡镇（街道）共同承担33项事项的《扎兰屯市市直部门和乡镇（街道）共同承担事项责任清单》，细化在一个共同承担事项里的部门职责和乡镇（街道）职责、明确主体责任和配合责任，进一步理清市直部门与乡镇（街道）的职责关系，切实有效为基层减轻了负担，为市级和乡镇（街道）履职、监管和问责提供重要依据。初步拟制《扎兰屯市市直部门和乡镇（街道）共同承担事项责任清单动态管理办法（试行）》《扎兰屯市乡镇和街道准入制度（试行）》等配套制度。

【机构编制管理】 2021年，市委编办创新机构编制管理规范化。统筹乡镇领导职数，经呼伦贝尔市批准，在12个乡镇原有科级领导职数123名的基础上，核增科级领导职数21名，核增比例达17%，为乡镇换届、充实基层年轻干部打好提前量；统筹调配行政编制资源，为市林草局、应急管理局增调行政编制7名，充实防火机构及森林草原防灭火指挥机构工作力量，为防灭火救援和应急处置能力建设提供编制保障；统筹全市行政事业空编总量，对2021年度各类考录、招聘、人才引进等426名编制使用计划进行编制情况预审完成全年行政编制210名、事业编制233名的人员列编注册工作，把好人员进口关，严守机构编制“红线”；创新人才引进编制管理，在全市事业编制总量内统筹调剂事业编制20名建立人才专项编制“周转池”，切实破解人才引进瓶颈、发挥编制在招才引智方面的撬动作用。

【机构编制服务】 2021年，市委编办不断完善机构编制管理制度，收集整理历年上三级发布的机构编制管理政策、法规性文件并汇总成册，优化业务流程，全面实行“一次性告知”“限时办结”等服务制度，机构编制业务办理效率提高显著。进一步优化、精简事业单位法人登记流程，有序完成事业单位法人设立、变更、注销登记152家；规范事业单位法人年度报告142家，公示率100%；完成统一社会信用代码证书初领业务1家，变更业务21家，更换业务1家。推进政务和公益域名注册、清理、缴费工作，全年完成新注册域名98个、清理过期域名110家、行政事业单位域名续费221家。

（周楚然）

保密机要

【概况】 2021年，市委保密机要局以习近平新时代中国特色社会主义思想为指导，深入贯彻党的十九大和十九届历次全会精神，全面落实习近平总书记关于保密机要密码工作重要指示批示精神，坚持党管保密、党管密码原则，依法治密，依法管密，发扬光荣传统，守正创新，完成各项工作任务，未发生失泄密案件。

【宣传教育】 2021年，市委保密机要局研究制定“八五”保密宣传教育规划，开展以“党旗飘飘，保密护航”为主题的保密宣传作品征集活动，4件被呼伦贝尔市评为优秀作品，并推荐自治区党委保密委员会。开展庆祝中国共产党成立100周年保密知识竞赛活动，参加竞赛活动3450人。到部分重点单位开展保密宣讲5期。积极参加全区保密行政执法人员资格认证培训，3名保密干部获得保密执法资格。

【三大管理】 2021年，市委保密机要局开展全市重点单位定密培训，完成解密文件10份；开展涉密人员岗前保密审查、岗位登记、备案、汇总工作，建立了全市涉密人员管理台账；加强涉密计算机网络保密监督管理，对50台安装保密技术防护专用系统计算机、32台安装“三合一”设备计算机进行排查登记。

【专项指导】 2021年，市委保密机要局参与指导涉改部门保密工作，确保机构改革平稳运行。与市教育局联合对考试试卷入库、存放、分发、运输等关键环节进行跟踪，对考点进行巡查，实现高考“保密护航，平安高考”。加强信息公开保密审查，疫情防控期间对相关部门进行了保密提醒，督促其严格履行信息公开程序，对存在隐患进行了消除。

【保密检查】 2021年，市委保密机要局开展全市保密大检查，检查计算机350台，下发整改通知书50份，扣押违规操作计算机9台，约谈相关责任人24人。

【服务保障】 2021年，市委保密机要局对重大会议活动开展保密技术服务工作，参与涉密会议管理37场(次)。

加强涉密文件资料管理，确保国家秘密安全，销毁上三级文件资料562份，销毁内部文件资料3.5吨。落实涉密网络分级保护制度，督促指导本地区机关单位建立涉密网络保密管理责任制，强化日常保密管理，防范和处置违规存储、处理、传输、发布涉密信息等行为。

（王柏林）

党校教育

【概况】 2021年，市委党校以习近平新时代中国特色社会主义思想为指导，坚持“党校姓党”的根本原则，以党建为引领、教学为中心、科研为基础、培训服务为保障、基地为平台、班子建设和队伍建设为关键，推进以教学为中心的各项改革，发挥干部教育培训主阵地作用，扩大办学规模，提高教育培训和科研水平。举办各类主体培训班次24期，培训5000余人次；承办干部大讲堂5期，培训2000余人次；完成委托培训班次5期，主要班次有市乡两级人大代表“铸牢中华民族共同体意识专题培训班”、政协委员培训班、全市科级以上党政领导干部安全生产专题培训班、扎兰屯监狱入党积极分子培训班等。

【教学工作】 2021年，市委党校正式启动干部教育培训联席会议制度，联合印发《关于扎兰屯市委组织部、扎兰屯市委党校(市行政学校、市社会主义学校)2021年选调学员工作的通知》(扎校发〔2021〕18号)文件，为全年教育培训计划提供充分保障。课程专题内容围绕习近平新时代中国特色社会主义思想、习近平总书记“七一”重要讲话精神、习近平总书记对内蒙古重要讲话、指示批示精神，围绕市委“绿色崛起　富民强市　共享繁荣”的发展主题做好教学内容的精心设计，教学专题库储备教学专题100个，2021年度教学讲授专题74个，储备微小党课专题22个，特色专题《一条中东铁路　百年中国复兴历史》获得呼伦贝尔市委党校2021年精品课比赛二等奖，被满洲里干部学院推荐参加全区党校系统精品课比赛获优秀奖。

9月28日，全市第三期干部大讲堂开班

【理研工作】 2021年，市委党校申报内蒙古党校科研系统课题2项，《内蒙古扎兰屯市红色遗迹开发与使用的研究》获得内蒙古自治区委员会党校(行政学院)立项；《扎兰屯农产品区域公用品牌建设调查研究》在内蒙古自治区党校《理论研究》2021年第2期上发表，获得内蒙古自治区委员会党校(行政学院)重点课题二等奖；《理论创新是中国共产党百年发展的动力之源》获得内蒙古自治区中国特色社会主义理论研究中心评比二等奖，并入选内蒙古党委宣传部、内蒙古社科院、内蒙古党校等部门联合主办的庆祝中国共产党成立100周年理论研讨会交流；内蒙古党校重点课题《促进退役军人更充分更高质量就业政策措施创新研究》成功结项。

【特色发挥】 2021年，市委党校探索构建“一校、两区、三点”的教学布局，通过充分整合扎兰屯市丰富的党性教育资源，开设党性教育、绿色发展、乡村振兴、基层党建专题课程板块4个，现储备精品课程65个、微党课20个，党的理论和党性教育课程占到总课程70%以上。承办呼伦贝尔市委组织部调训班次、国华（呼伦贝尔）风电有限公司红色主题教育培训班、鄂温克旗巴彦托海镇基层工作者职业修养培训班等16期对外培训班次，其中独立承办对外培训班次13期，承接满洲里干部学院委托班次3期，参训学员1100余人。基地接待市直机关、乡镇街道和驻扎单位等80余家基层党组织，2300多名党员干部参观学习。

【师资队伍建设】 2021年，市委党校教学方法守正创新，坚守党校课堂传统教学方式前提下，采用现场式、观摩式、研讨式等多种教学方式的基础上，统筹疫情防控和培训工作两不误，充分利用“组工视线”等方式对各乡镇、街道办事处党员干部覆盖式线上培训。实施人才强校为战略，实现15名专兼职教师全部上讲台，占全体职工总数的79%。拓宽教师培训通道，请专家学者授课交流学习，组织一线教师参加全国党校（行政学院）系统学习贯彻党的十九届五中全会精神教研骨干培训班、全国党校（行政学院）系统“中共党史”专题师资网络培训班、中国干部网络学院面向基层干部培训师资直播培训等提升培训。

（彭丽梅）

档案史志工作

【概 况】 2021年，市档案局、档案史志馆贯彻实施《中华人民共和国档案法》，依法管理档案，完善档案工作体制机制，推进档案资源、安全、利用体系建设，确保档案完整、安全、保密，市档案史志馆馆藏全宗120个，档案总量24.1万卷4.6万件，史志资料7400册。立足“存史鉴今，资政育人”职能，深入挖掘馆藏档案，推进史志编纂，《扎兰屯年鉴(2020卷)》获得全国优秀年鉴一等奖。

【档案法治建设】 2021年，市档案局印发《关于做好2020年度档案归档及档案安全保管的通知》《关于做好全市事业单位改革期间档案处置工作的通知》《关于开展档案行政执法检查的通知》《关于进一步加强当前档案安全工作的通知》《关于加快推进脱贫攻坚档案工作的通知》等文件，推进各基层单位档案规范化建设。市档案史志馆受市档案局委托执法，规范检查程序，强化执法监督，对全市各机关单位及重点建设项目档案开展档案行政执法检查20次，下达行政执法监督检查反馈意见书20份，下达限期改正通知书5份，进行档案复查8次。

【档案业务监督指导】 2021年，市档案史志馆通过调研摸底、实地指导、专题培训等多种方式加强档案监督指导，服务全市重点工作。全市事业单位改革中涉及档案

12月31日，《扎兰屯年鉴（2020卷）》获得全国综合年鉴一等奖

交接的32家单位均完成档案交接，交接书及目录报存市档案史志馆；指导全市疫情防控和脱贫攻坚档案实体完成整理归档，档案目录移交进馆并报至自治区档案馆；结合全市重点工作及各单位实际需求全年开展档案培训班7期，培训专兼职档案员400余人次。

【档案宣传】2021年6月9日，市档案局、档案史志馆与呼伦贝尔市档案局联合在扎兰屯市三角地广场举办“6·9”国际档案日宣传活动，全市70余家单位参加宣传活动，现场举办“档案话百年”档案文献展，发放《中华人民共和国档案法》宣传资料500余册。在全市新任职科级领导干部培训班和全市国企党务干部培训班上分别安排《中华人民共和国档案法》课程，增强领导干部的档案法治意识。

【档案开放利用】2021年，市档案史志馆接收档案进馆1.6万卷9196件，其中接收文书档案2297卷9196件、民生档案12988万卷、人事档案24卷、业务档案224卷，接收实物档案216件，接收史志资料289册(本)，接收政务公开文件35家单位813份；全年接待查阅档案人员1326人次，调阅档案3200卷(件)次，出具证明598件；为建警察、工业等博物馆提供资料30本册，查阅档案280余卷；为企业退休人员办理特殊工种复制档案30余卷600余页。对馆藏满25年的档案进行开放鉴定，全年完成开放档案1570件，形成目录，对公众开放。

【党史工作】2021年，市档案史志馆深入挖掘馆藏红色档案，采用多种形式编研、宣传地方党史，进行爱国主义教育。拍摄党史宣传片《档案话百年　追寻先烈足迹》以纪念解放战争胜利；潜心钻研馆藏档案资料，编研完成《扎兰屯市历次党代会报告汇编》《扎兰屯党史大事记》，收录1956年5月中共布特哈旗第一次党代会至2021年8月中共扎兰屯市第九次党代会报告15篇、26万余字，收录1901年至2020年扎兰屯党史大事记8万余字；完成馆内爱国主义教育大厅北厅扎兰屯本土党史展陈内容编研及布展。

【地方志工作】2021年，市档案史志馆按照自治区方志办要求，履行存史、资政、育人职能。《扎兰屯年鉴(2020卷)》公开出版，并获得全国优秀年鉴一等奖。完成《扎兰屯市大事记(2020卷)》编印及《扎兰屯市大事记2021》月册编印,约14万字。完成“纪录小康工程·内蒙古平台”扎兰屯大事记上传。完成《自治区年鉴》《呼伦贝尔年鉴(2021卷)》扎兰屯市供稿。完成《扎兰屯年鉴(2021卷)》编撰,约56万字。对乡镇、部门志编纂单位进行指导,督促把关其编纂进度及质量,《南木鄂伦春民族乡志》被自治区确定首批编纂乡镇志,现形成资料长篇,《扎兰屯市教育志》完成编撰65%。开展“我为群众办实事”地方志丛书进公共图书馆、进军营捐赠活动,向市图书馆及市人武部赠送《扎兰屯市志》《扎兰屯年鉴》《扎兰屯大事记》等地方志书籍90余本。

6月9日，市档案局、档案史志馆举办国际档案日宣传活动

（张艳晶）

扎兰屯市人民代表大会

综述

【概况】 2021年，扎兰屯市第九届人民代表大会有代表196人。其中中共党员126人，占64.28%；民主党派5人，占2.6%；女性61人，占31.12%。扎兰屯市第九届人民代表大会下设专门委员会1个，即财政经济委员会。常务委员会下设办公室、财政经济工作委员会、农业工作委员会、法制工作委员会、教科文卫工作委员会、民族宗教工作委员会、选举任免联络工作委员会。2021年，市人大常委会举行常委会会议7次，听取和审议“一府一委两院”专项工作报告12项，依法作出决议决定和审议意见7项，任免本级国家机关工作人员76人次，开展视察、调研、执法检查21次。

【决议决定】 2021年12月3日，扎兰屯市第九届人民代表大会常务委员会第三十次会议，按法定程序审议2020年财政决算和2021年第一次财政预算调整方案并作出决议；2021年12月31日，扎兰屯市第九届人民代表大会常务委员会第三十一次会议，审查2021年第二次财政预算调整方案并作出决议。

【人事任免】 2021年，市人大常委会坚持党管干部原则，根据人大常委会主任会议、市人民政府、市监察委员会、市人民法院、市人民检察院提请，任免本级国家机关工作人员76人次，举行宪法宣誓仪式4次。

3月18日，市九届人大常委会第二十五次会议，决定接受王艳敏辞去市九届人大代表职务的请求，接受王艳敏辞去市人大常委会法工委主任职务的请求。决定免去王宪忠市农牧和科技局局长职务，张洪雷市信访局局长职务。决定任命王世峰为扎兰屯市信访局局长。

5月17日，市九届人大常委会第二十六次会议，决定接受陈志林辞去市九届人大代表职务的请求。免去王继国市人大常委会办公室主任职务，张志明繁荣街道人大工委主任职务，陈志林河西街道人大工委主任职务，张志勇市人民法院副院长、审判委员会委员、审判员职务，陈丽梅市检察院检察委员会委员、检察员职务，沃林市检察院检察委员会委员、检察员职务，王青市检察院检察委员会委员职务。决定免去张传福市财政局局长职务，魏洪春市政务服务局局长职务。任命王砺为市人大常委会办公室主任，王继国为市人大常委会法工委主任，王大刚为繁荣街道人大工委主任，刘惠杰为市人大常委会财经委副主任，郑权为市人民法院副院长，刘波为市人民检察院副检察长。决定任命王柏奎为市财政局局长，陈志林为市人力资源和社会保障局局长，尹晓辉为市政务服务局局长。

7月20日，市九届人大常委会第二十七次会议，决定免去王玉章市人民政府副市长、公安局局长职务，孙修非市人民政府副市长职务。杜明燕市人民政府副市长职务，王佳桂市自然资源局局长职务。免去富豪市人民法院立案庭副庭长职务，沈丽敏市人民检察院副检察长职务，王青市人民检察院检察员职务。决定任命李岩岭为市公安局局长。任命尹贻斌为市监察委员会副主任，富豪为市人民法院高台子人民法庭庭长。

8月17日，市九届人大常委会第二十八次会议，决定接受岳国栋同志辞去扎兰屯市人民政府市长职务的请求，接受张志勇辞去市九届人大代表职务的请求，徐坤辞去市九届人大代表职务的请求。决定由王波代理扎兰屯市人民政府市长职务。决定免去徐坤市人民政府副市长职务。

9月24日，市九届人大常委会第二十九次会议，决定接受李保华辞去市人民检察院检察长职务的请求。免去高广臣市人大常委会财经工委主任职务，李宝林市人大常委会民族宗教工委主任职务，秦英慧向阳街道人大工委主任职务。决定免去张卫军市人民政府副市长、住建局局长职务，玉岩人民政府副市长职务，刘国华市卫健委主任职务，曹德泉市林草局局长职务，冯建勋市工信局局长职务，石才伟市医保局局长职务，关成国市民族事务委员会主任职务。决定任命吴忧东为市人民政府副市长，梁旭为市农牧和科技局局长，李伟为市工业和信息化局局长，关成国为市林业和草原局局长，王舰为市卫生健康委员会主任，秦英慧为市医疗保障局局长。任命孟和吉日嘎拉为市人民检察院副检察长，杨洪元为市人大常委会财经工委主任，刘子彬为市人大常委会民族宗教工委主任，董俊庆为向阳街道人大工委主任，张鹏为市人大常委会选任联委副主任，王娟为市人民法院审判员，孙艳飞为市人民法院审判员。决定孟和吉日嘎拉代理扎兰屯市人民检察院检察长职务。

12月3日，市九届人大常委会第三十次会议，免去李春会市人大常委会选任联委主任职务，崔延久市监察委员会委员职务，李英市人民法院刑事审判庭副庭长职务，刘怡麟市人民法院民事审判二庭副庭长职务。任命马晨光为市人大常委会选任联委主任，朱启为市人大常委会教科文卫委副主任，孙彤玉为市监察委员会委员，李英为市人民法院立案庭副庭长，刘怡麟为市人民法院刑事审判庭副庭长，李晓光市人民检察院检察委员会委员，张冬为市人民检察院检察委员会委员。

12月31日，市九届人大常委会第三十一次会议，免去战彦军铁东街道人大工委主任职务，孙继信市人民法院审判员职务。任命高福良为市人民法院副院长、审委会委员、审判员，刘雷为铁东街道人大工委主任。决定任命朱瑞军为市自然资源局局长。

重要会议

【市九届人大五次会议】 2021年3月23—24日，扎兰屯市第九届人民代表大会第五次会议召开。会议应到会代表197名，出席会议代表179名。会议听取议案审查委员会关于市九届人大五次会议议案审查结果的报告。通过《扎兰屯市人民政府工作报告的决议》《扎兰屯市国民经济和社会发展第十四个五年规划和2035年远景目标纲要的决议》《扎兰屯市2020年国民经济和社会发展计划执行情况与2021年国民经济和社会发展计划的决议》《扎兰屯市2020年预算执行情况和2021年预算的决议》《扎兰屯市人大常委会工作报告的决议》《扎兰屯市人民法院工作报告的决议》《扎兰屯市人民检察院工作报告的决议》。表彰先进基层人大9个、优秀人大代表22名、优秀人大代表建议6件、代表建议承办先进单位6个、优秀人大秘书9名。

【市九届人大六次会议】 2021年8月27—28日，扎兰屯市第九届人民代表大会第六次会议召开。会议应到会代表189名，出席会议代表149名。会议表决通过《市九届人大六次会议选举办法》，表决通过大会总监票人、监票人名单。大会以无记名投票的方式，依法选举王波为扎兰屯市人民政府市长，杨积春、李岩岭、孟刚、卢亚光、鲁垚为扎兰屯市人民政府副市长。

【市九届人大常委会第二十五次会议】 2021年3月18日，扎兰屯市第九届人民代表大会常务委员会第二十五次会议召开。市人大常委会主任主持会议，市人大常委会副主任参加会议，市人大常委会党组成员，市委常委、常务副市长，市人民法院院长，市人民检察院检察长及市监察委员会有关负责人列席会议。会议按照法定程序决定任命王世峰为扎兰屯市信访局局长，任命田春发为市九届人大财政经济委员会委员，听取市九届人大常委会代表资格审查委员会关于代表资格的审查报告，作出关于召开市九届人大五次会议的决定，审议并通过市九届人大五次会议有关事项。

8月27—28日，扎兰屯市第九届人民代表大会第六次会议召开

【市九届人大常委会第二十六次会议】 2021年5月17日，扎兰屯市第九届人民代表大会常务委员会第二十六次会议召开。会议按照法定程序进行人事任免事项，审议通过关于授予侯燕会等4位同志“扎兰屯市荣誉市民”称号的议案，决定授予侯燕会、王宏宇、尹伟义、赵彦峰“扎兰屯市荣誉市民”称号。会议听取和审议市政府关于2020年环境状况和环境保护目标完成情况的报告。

【市九届人大常委会第二十七次会议】 2021年7月20日，扎兰屯市第九届人民代表大会常务委员会召开第二十七次会议。会议按照法定程序进行人事任免，听取市九届人大常委会代表资格审查委员会关于代表资格的审查报告，作出关于召开市九届人大六次会议的决定，审议并通过大会有关事项。

【市九届人大常委会第二十八次会议】 2021年8月17日，扎兰屯市第九届人民代表大会常务委员会第二十八次会议召开。会议按照法定程序接受岳国栋辞去市人民政府市长职务的请求，决定王波为扎兰屯市人民政府代理市长。审议通过市政府关于2021年上半年国民经济和社会发展计划执行情况的报告和市政府关于2021年上半年财政预算执行情况的报告，听取市政府关于债务管理情况的报告。

【市九届人大常委会第二十九次会议】 2021年9月24日，扎兰屯市召开第九届人民代表大会常务委员会第二十九次会议。会议法定程序决定任命吴忱东为市政府副市长，任命孟和吉日嘎拉为市人民检察院副检察长并决定代理检察长职务，表决通过杨洪元等人事任免事项，审议通过了市、乡两级人大换届选举工作有关事项，听取和审议市政府关于国有资产管理情况的综合报告及市政府关于法治政府建设情况的报告。

【市九届人大常委会第三十次会议】 2021年12月3日，扎兰屯市第九届人民代表大会常务委员会第三十次会议召开。会议听取和审议市人大常委会代表资格审查委员会关于市十届人大代表资格审查情况报告，按照法定程序进行人事任免事项，听取和审议市监察委员会关于监察对象开展廉政警示教育情况专题报告，审查批准市人民政府关于2020年财政决算、市人民政府关于2021年第一次财政预算调整方案，听取和审议市人民政府关于2020年度本级预算执行和其他财政收支情况的审计工作报告及审计查出问题整改情况报告。

【市九届人大常委会第三十一次会议】 2021年12月31日，扎兰屯市第九届人民代表大会常务委员会第三十一次会议召开。会议通过市九届人大常委会第三十一次会议议案表决办法，依照法定程序进行人事任免事项。听取和审议市政府和市人大常委会选任联委关于市九届人大五次会议代表建议办理情况的报告；听取和审议市政府关于2021年第二次财政预算调整情况的报告，依法作出《关于批准2021年第二次财政预算调整的决定》；审议并通过《市人大常委会关于深入开展第八个五年法治宣传教育的决议(草案)》。

依法履职

【行使职权】 2021年，市人大坚持以党的领导为核心，着力强化政治引领，始终保持人大工作正确方向。坚持用习近平新时代中国特色社会主义思想武装头脑，落实习近平总书记关于坚持和完善人民代表大会制度重要思想和对地方人大及其常委会工作重要指示精神，深刻领会坚持党的领导、人民当家作主、依法治国三者有机统一的丰富内涵，增强“四个意识”，坚定“四个自信”，做到“两个维护”，切实把思想和行动统一到党中央重大决策部署上来，确保人大工作始终沿着正确方向前进。坚持党对人大工作的全面领导，严格遵守重大事项请示报告制度，重大问题、重要事项、重点工作及时向市委请示报告，贯彻执行市委对人大工作的指示和要求，自觉维护市委统揽全局、协调各方的领导核心地位。紧扣市委决策部署统筹谋划全年工作，围绕三大攻坚战、预决算审查、民生保障、生态环保、社会治理、法律实施等领域确定66项重点工作，统筹推进，逐项落实，全力助推扎兰屯绿色崛起。

人大监督

【经济领域工作监督】 2021年，市人大坚持以有效监督为导向，立足人大职能定位，全力服务高质量发展大局。聚焦推动经济高质量发展，对扎兰屯市民航事业和临空产业发展情况进行跟踪视察，提出加强内部管控、降低运营成本、优化产业布局等意见建议，助推产业升级步伐。对电子商务发展情况开展跟踪调研，提出要不断提升公共服务水平，完善基础设施建设，发展电商物流相关配套产业，推动电子商务和电商物流产业与当地优势产业融合发展等意见建议。对“十四冬”赛事筹备工作开展专项视察，提出要进一步完善金龙山休闲度假旅游区功能，提高赛事综合保障能力，高标准、高质量、高水平承办好“十四冬”赛事。对全市民族乡经济社会发展情况开展专题调研，围绕美丽乡村建设、民族乡特色产业发展、民族文化村落保护等方面提出意见及建议，助推民族地区高质量发展。

听取和审议市政府关于2020年上半年计划执行和预算执行情况报告，审查批准2019年财政决算报告及2020年财政预算调整方案，预算联网监督实现与财政国库直联，进一步深化预决算全口径审查、全过程监督。支持审计部门依法履行审计监督职责，听取和审议审计工作报告及审计查出问题整改情况专项报告，对重点部门预算执行情况进行审查，提出加强预算执行监管、规范财务运行等意见建议。聚焦国有资产管理强化监督，制定《市政府向市人大常委会报告国有资产管理情况的制度》，对全市重点国有资产管理情况进行专题调研，首次听取和审议国有自然资源资产管理情况专项报告，围绕强化国有资产监管、提升国有资产使用效益提出意见建议；听取市政府关于债务管理情况的报告，对政府债务管理情况开展跟踪监督，促进债务风险防范。

【法律监督】 2021年，市人大聚焦疫情防控及群众关注的热点问题加大执法检查力度，对《中华人民共和国传染病防治法》《中华人民共和国野生动物保护法》《中华人民共和国突发事件应对法》《中华人民共和国道路交通安全法》等法律实施情况开展执法检查，积极做好全面禁止非法野生动物交易、革除滥食野生动物陋习、保障人民群众生命健康安全的宣传贯彻工作，为统筹推进疫情防控和经济社会发展营造良好法治环境；听取“七五”普法工作开展情况的报告，组织开展法官、检察官的履职评议，进一步强化对司法机关和司法人员的监督；持续深化规范性文件备案审查工作，坚持做到有件必备、有备必查、有错必纠。

【乡村振兴及社会事业监督】 2021年，市人大聚焦涉及群众切身利益的问题强化监督，对精准扶贫工作开展跟踪视察，对农村集体经济发展情况进行调研，提出创新拓宽村集体经济发展渠道，因地制宜发展优势产业和特色产业，进一步巩固拓展脱贫攻坚成果，推动脱贫攻坚与乡村振兴战略有效衔接；对全市基层卫生服务能力和疾控预防体系建设情况进行调研，对市妇幼保健院综合楼、中蒙医院新区病房楼项目建设情况进行视察，提出加大卫生服务投入力度、提升防疫应急处置能力、强化专业人才培养和引进等建议；围绕解决好“一老一小”的问题，对扎兰屯市医养结合工作开展情况和职业教育发展情况进行专题调研，提出要强化规划引领、加大扶持力度、加强专业队伍建设等意见建议。

【环境监督】 2021年，市人大聚焦打好污染防治攻坚战强化监督，首次听取和审议全市环境状况和环境保护目标完成情况的报告，提出下大力气解决突出问题、补齐环境短板、推动扎兰屯市生态环境质量持续向好等意见建议；对扎兰屯市贯彻落实《中华人民共和国土壤污染防治法》情况开展执法检查，提出加大工业企业污染和农业面源污染防治力度、提高全民土壤污染防治意识、抓好反馈问题整改等意见建议；对农村人居环境整治工作情况进行跟踪调研，助推农村垃圾治理、污水处理、“厕所革命”、村庄清洁等工作有效落实；对扎兰屯市生态旅游度假区推进情况开展调研，提出完善旅游度假区功能、延伸旅游产业链条、打造特色旅游度假村等意见建议，助推旅游事业发展。

【社会治理监督】 2021年，市人大聚焦基层社会治理体系和治理能力现代化强化监督，对全市基层社会治理工作进行专题调研，提出积极探索社会治理有效举措、不断完善组织体系、提升基层治理能力和水平等意见建议；对城市基础设施建设情况进行调研，就城市道路维修、老城区改造、主要街路亮化升级及楼体立面改造等方面提出意见建议；对全市危险化学品领域安全生产工作情况进行专题调研，提出切实增强责任意识、强化安全隐患排查、杜绝安全生产事故等意见建议；推进中和镇、达斡尔民族乡、南木鄂伦春民族乡民生实事项目人大代表票决制试点工作，为群众有序参与政治提供有效渠道，推动人大制度优势转化为治理效能。

代表工作

【代表履职】 2021年，市人大坚持以代表工作为关键，加强服务保障，促进代表主体作用发挥。持续加大代表培训力度，围绕《中华人民共和国民法典》及代表履职知识开展专题讲座，举办市级人大代表履职能力提升培训1期，乡级人大代表培训班1期，各级代表的履职意识、责任意识不断提升。年初以来，各级人大代表积极履职、主动担当，参与新冠肺炎疫情防控、推广使用国家统编教材、决战决胜脱贫攻坚等全市重点工作中，为推动全市经济健康发展、维护民族团结与社会和谐稳定作出贡献。常委会坚持邀请代表列席常委会会议、参加视察调研等活动，注重听取采纳代表提出的意见建议，认真回应代表关切，不断拓展代表知情知政渠道。

【基层代表活动阵地建设】 2021年，市人大持续加强基层代表活动阵地建设，对部分乡镇街道“人大代表之家”

4 月 9 日，扎兰屯市、乡两级人大代表专题培训班开班

进行进一步改造升级，不断完善代表之家功能，全年开展活动 460 余次，参与代表 3600 余人次。持续推进智慧人大代表履职平台建设，确保代表履职网上平台健康运行，推进代表学习培训、履职服务智能化。持续加强代表建议办理力度，集中交办建议 79 件，将群众呼声较高、代表关注较多的 6 个代表建议列为重点建议，采取对口督办、联合督办、跟踪督办、满意度测评等多种方式，加强代表建议办理工作。严格落实代表建议办理“两见面”机制，对于代表不满意的建议，常委会坚持实施“二次办理”，直至代表满意，推动代表建议办理由重答复向重落实转变，不断提升代表建议办理质量。

（秦正圣）

2021 年扎兰屯市人大常委会重点建议一览表

表6

序号	建议内容	提建议人	主办单位	协办单位
1	关于改善向阳辖区纸浆厂连脊户、新北大草房老旧平房区人居环境的建议	于光生	住建局	
2	关于落实呼伦贝尔市养犬条例共创文明城市的建议	王喜洪	公安局	司法局、农科局、城管执法局
3	关于解决扎兰屯市农村历史遗留的不动产权证办理问题的建议	李士娇	自然资源局	

2021 年扎兰屯市优秀人大代表建议一览表

表7

序号	建议内容	提建议人	主办单位	协办单位
1	关于加快“中东铁路工业遗产文化街区”“中东铁路风情历史文化街区”老建筑房屋征收、周边环境整治的建议	花春利	住建局	城管执法局
2	关于进一步扶持小微企业健康稳定发展的建议	李　静	工信局	
3	关于扎兰屯住宅小区物业管理的建议	张志明	自然资源局	
4	关于拓宽第四中学东侧道路的建议	乔立长	住建局	
5	关于切实解决偏远乡村中小学教师紧缺问题的建议	伊广彬	教育局	
6	关于解决高台子街道办事处安全饮水问题的建议	冯旭娟	水利局	

扎兰屯市人民政府

综述

【概况】 2021年，扎兰屯市人民政府坚定不移走以生态优先、绿色发展为导向的高质量发展新路子，扎实做好“六稳”工作，全面落实“六保”任务，统筹推进疫情防控和经济社会发展，全市经济稳中向好，人民生活持续改善，社会大局和谐稳定。全年全市地区生产总值完成165亿元，增长4%；固定资产投资完成18.9亿元；一般公共预算收入完成5.36亿元，增长10.9%；城乡居民人均可支配收入年均增长6.8%和8.9%，社会消费品零售总额完成28.6亿元，农牧业产业化龙头企业销售收入完成86亿元，规模以上工业总产值完成117.2亿元，同比增长10%，综合实力保持在呼伦贝尔市第一方阵。

11月20日，扎兰屯市洼堤乡青山村高标准农田项目施工现场

【产业发展】 2021年，扎兰屯市坚持绿色发展，产业结构调整迈出新步伐，经济质量效益和核心竞争力不断提升。

现代农牧业稳步发展 全市粮食播种面积完成392.42万亩，粮食年产量达14.15亿千克；全国绿色食品原料标准化生产基地达到193.4万亩，建设高标准农田4.3万亩；粮经饲比调整优化为98∶1.4∶0.6，投放涉农贷款8.5亿元。全市牲畜存栏151万头（只），标准化规模养殖场总量达1436家，蒙东牲畜交易市场四期、人和农牧科技公司奶牛养殖场建设项目竣工投产；生猪改良约7万口，繁殖成活率达到98%；

动物疫病防控能力进一步增强，连续15年未发生重大动物疫情，畜禽病死率逐年下降；“三品一标”认证总数达到90个，22家有机绿色食品企业全部纳入国家追溯平台，农牧业产业化龙头企业销售收入完成86亿元，居呼伦贝尔市首位。

呼伦贝尔东北阜丰生物科技有限公司车间

工业经济持续增长 产业链体系不断攀向中高端，其中呼伦贝尔东北阜丰生物科技有限公司玉米年加工能力达到300万吨，完成产值75.69亿元，同比增长16.1%，国森矿业年采选能力达到150万吨，完成产值22.9亿元，同比增长8.7%。扎兰屯车站外运车皮24739个，增长17.9%，外运量120.45万吨，同比增长14.6%；工业用电量7.71亿千瓦时(其中企业自发电量6.8亿千瓦时)，下降1.78%；为供热企业协调取暖用煤11.08万吨，切实解决“燃煤之急”。

全域旅游提档升级 编制完成扎兰屯市全域旅游总体规划和柴河景区系列规划，主动融入“乌阿海满扎”一体化发展；全市接待旅游总人数达200万人次，实现旅游收入17亿元，分别增长18%和10%；金龙山滑雪场雪道全面改造升级，被评为首批国家滑雪旅游度假地，完成映山红生态公园主体框架建设。

电子商务提质增速 全市电子商务交易额达12亿元，增长43%；农产品上行交易额1.5亿元，增长47%；全市快递完成1473.2万件，同比增长25%；外贸出口实现3.61亿美元，同比增长39%。

临空产业做大做强 内蒙古飞行学院飞行板块全面提升，购置飞行训练机26架，完成飞行训练18099.9小时，起落39047架次；杰普逊公司维修定检和服务保障能力得到进一步提升；机场运营安全稳定，全年旅客吞吐量突破15万人次，同比增长27.5%，货物吞吐量完成35.6吨，增长122.5%。

【项目投资】 2021年，扎兰屯市全面推动重点项目开复工建设，以项目建设支撑经济高质量发展。全年实施重点项目82个，其中呼伦贝尔市级重点项目20个，完成投

内蒙古飞行学院飞行训练场地

资14.86亿元。利用推荐会、博览会、网络平台宣传扎兰屯市区位、交通、资源、政策优势，通过“走出去、请进来”的方式加大招商引资力度，全年接待考察招商项目110余人次，成功签约招商项目3个，引进国内区外资金4.5亿元。

链接

扎兰屯市全力打造“四山一河”旅游项目

“绿水青山就是金山银山”，扎兰屯地处大兴安岭与松嫩平原交会处，生态系统完好，野生动植物种类繁多，森林覆盖率70.04%，草原植被盖度超过80%，拥有四大水系、47条主要河流，水资源总量约25亿立方米，有大都市向往的绿水青山和纯净的空气，被誉为“塞外苏杭”“北国江南”，被评为“中国天然氧吧”城市。扎兰屯坚持全视野布局、全要素组合、全产业链联动，促进旅游、文化、体育融合发展，着力构建全域、全季、全产业链的旅游产业新格局。科学开发旅游资源，全力打造庙尔山国家森林公园、翠屏山映山红生态公园、金龙山四季运动主题乐园、扬旗山水上乐园和柴河月亮小镇。

庙尔山国家森林公园

庙尔山林场位于扎兰屯市区东北60公里处，施业区总面积166276公顷，有林地面积117981.3公顷，森林覆盖率70.96%，平均海拔500米，以棕色土壤为主，分布一定数量的黑土、草甸土及沼泽土。区域内森林资源保存完好、湿地景观、植物茂盛，具有独特的游览和观赏价值，315县道与301国道实现贯通，同时与绥满高速有效连接，出入交通便利，具备良好的区位优势。

高山、湿地、松柏、河流在这里交相辉映，悠闲自在的牛儿、羊儿在这里尽情地享受着大自然的恩赐，构成一幅幅油墨彩画！扎兰屯市着力把庙儿山国家森林公园建设成为国内一流森林生态旅游目的地。

翠屏山映山红生态公园

映山红又称杜鹃花，兴安杜鹃花是呼伦贝尔市市花。一首优美深情的《映山红》唱出人们对红军的热爱，成就红色经典，映山红更代表红军坚定的革命精神。翠屏山映山红生态公园内的翠屏山杜鹃坡是呼伦贝尔境内春季杜鹃花盛开最早的地方，作为呼伦贝尔南大门，扎兰屯由此也拉开呼伦贝尔春季旅游的序幕。翠屏山映山红生态公园位于扎兰屯市新区南侧，东邻雅鲁河，海拔高度500余米，杜鹃花占地11万平方米，密度较大，植株低矮，满山全是杜鹃，没有高乔木，西南为杏花谷。每年4月中旬至5月中旬“北面杜鹃坡、南面杏花谷”花朵次第开放，是摄影采风、登山赏花的绝佳去处。扎兰屯市正在完善公园的基础设施工作。

金龙山四季运动主题乐园

扎兰屯金龙山滑雪场于2009年建成投入使用，位于市区西北8公里处，毗邻232国道，距离成吉思汗机场25公里，地处大兴安岭南麓，冬季平均气温-12℃，存雪期长达5个月以上，有效滑雪期可达130天；2019年被全国旅游景区质量等级委员会评为国家AAA级旅游景区，2021年被评为国家级滑雪旅游度假地。总投资4.2亿元，有6000平方米游客服务大厅、温泉酒店、教育实训基地、运动员公寓，2平方米停车场、汽车营地、运动员公寓、直播中心、教育实训基地、景区公路、气象中心等配套服务设施，可同时容纳800人滑雪。

有滑雪道18条，总面积15万平方米，雪道总长度16公里。与滑雪道相匹配设备齐全，配备吊椅索道，2010、2013、2014年分别建成单板滑雪、自由式滑雪U型场地、自由式滑雪空中技巧场地和自由式滑雪雪上技巧场地，并被国家体育总局命名为国家滑雪队训练基地。连续八年承办全国单板滑雪U型场地锦标赛、冠军赛，全国自由式滑雪U型场地冠军赛等多项国家赛事。扎兰屯正在打造四季运动主题乐园。

扬旗山水上乐园

扬旗山水利枢纽工程是位于嫩江支流雅鲁河左岸一级支流卧牛河流域下游，坝址距扎兰屯市区11公里，控制流域面积853平方公里，总库容9598万立方米，属于中型水库。库区7.1平方公里，主要用于扎兰屯市工业园区供水。扬旗山水库出入交通便利，具备良好的区位优势。

扎兰屯市正在积极编制高水平景区总体规划和控制性详细规划。明确景区发展范围、空间布局、资源特色、内部游览道路、游览内容、生态保护等内容，通过规划引领旅游资源开发，发挥旅游业带动作用。

柴河月亮小镇

柴河月亮小镇是内蒙古自治区第一家国家级风景名胜区——扎兰屯风景名胜区的核心景区所在地，也是内蒙古重点打造的阿尔山——柴河AAAAA级旅游景区的重要组成部分、内蒙古大兴安岭全生态旅游区的主要支撑点。

柴河月亮小镇位于扎兰屯市西南部大兴安岭腹地的柴河镇，东距扎兰屯市区175公里，西距阿尔山市175公里，北距海拉尔300公里，东南距齐齐哈尔350公里、乌兰浩特250公里，处于呼伦贝尔大草原、阿尔山大温泉、齐齐哈尔大湿地等旅游区结合点上，具有强大的旅游吸纳和辐射潜力。柴河月亮小镇自然景观天造地设，天池群落，七个高山天池呈勺状空间布局，与天上北斗七星的布局严谨相对，形成世上绝无仅有的奇观。江河源头奇观，绰尔河等众多河流在群山密林间千传百回，岸体绝壁成画。

【生态环境】 2021年，扎兰屯市坚决打好污染防治攻坚战，能耗总量、强度实现“双绿”。空气质量优良天数均值保持在98%以上，雅鲁河水质达到Ⅱ类水体标准，河西新区水源地保护工程基本完工，供水能力得到保障；全市土壤环境质量总体保持稳定，无违规开发利用地块现象；林长制全面落实，完成人工造林2.3万亩、封山育林1万亩、草原禁牧19.08万亩，恢复治理废弃矿山99处；连续23年未发生重大森林草原火灾。自治区环保督察组反馈的21项环保问题整改完成18项，完成率85.7%。

【乡村振兴】 2021年，扎兰屯市巩固拓展脱贫攻坚成果同乡村振兴有效衔接，严格落实“四个不摘”要求，保持政策连续性，投入衔接补助资金2.24亿元，村集体经济收入达到2488万元；在基础设施建设、产业发展、公共服务、村容村貌、生态环境建设等领域精准发力、持续用力，15座垃圾处理站、2座垃圾转运站投入使用，农村生活垃圾收运处理体系覆盖行政村100%，乡村面貌进一步提升。建立健全防返贫监测和帮扶机制，全年未发生返贫和新的致贫。

【城乡建设】 2021年，扎兰屯市坚持优布局强建设，着力促进城乡融合发展，主体功能区战略稳步推进。实施城市更新行动，改造老旧小区38个，新建小区5个，房地产开发42万平方米，完成投资7.27亿元；实施城市环境综合提升二期、老旧小区外排水、中水回用管网及污泥处理等工程，改造老城区道路5条，推进两条历史文化街区建设，城市环境综合提升项目有序实施。完善城乡基础设施，开通5G基站30座，232国道线紫沟至大兴一级公路、岭北四队互通等工程前期扎实推进；新建林区硬化路73公里，改造危桥10座，通过自治区“四好农村路”初审；阿扎高速公路补充工程南出口、西互通主体工程完工，解决群众出行难、辅道(111线)冬季安全隐患问题；308省道公路被列入自治区交通厅“十四五”规划重点项目；柴河通用机场有序推进；开展齐海满客运专线前期资料收集工作，推动扎兰屯市早日步入“高铁时代”。

11月20日，市民在市民生大厦“蒙速办·一网办”服务窗口办理业务

【改革创新】 2021年，扎兰屯市完成全面深化改革任务31项，落实国企改革三年行动方案，推进预算管理制度改革。“放管服”改革持续推进，突出抓好营商环境建设，审批办理环节压减78%，办理时间压减45%，涉企经营许可事项办理要件精简15%，142个窗口和613项政务服务事项全部入驻，进驻率100%；“12345”政务服务便民热线平台正式开通，累计接受工单3542件，办结3416件，办结率达96.44%；全面推进“蒙速办·一网办”，梳理政务服务事项2070项，23家单位完成数据共享认领编辑工作，发布数据523条。企业自主创新能力稳步提升，新增国家高新技术企业1家，创建自治区科技型企业2家；外贸出口持续增长，以呼伦贝尔东北阜丰生物科技有限公司为龙头，实现外贸出口3.61亿美元，同比上升39%。开展精准招商，引入资金4.5亿元，以项目拉动投资、推动发展、惠及民生，县域经济发展活力日益彰显。

【社会民生】 2021年，扎兰屯市把保障民生、提升人民群众获得感、幸福感放在第一位。全年民生支出28.22亿元，占财政总支出的82.5%。新增城镇就业3100人、农村劳动力转移就业24264人，城镇登记失业率降为3.8%，低于4.5%目标值；发放养老、低保、特困生活供养等保障救助资金17.38亿元，提高临时救助备用金标准，审批额度由1000元提高至3000元；养老服务体系加快完善，20家养老机构与邻近医疗机构签订合作协议，签约覆盖率达87%。全面落实“双减”政策，增加学前公办幼儿园学位681个，招录教师167名，全市72所幼儿园，学前3年毛入园率94.44%，普惠性幼儿园覆盖率

12 月 21 日，市养老机构开展“浓浓冬至日，暖暖敬老情”爱老助老活动

80.46%;坚持把德育队伍建设作为推进学校治理现代化、提升学校管理水平的重要抓手，现有旗市区级以上文明校园 36 所、书香校园 15 所、平安校园 38 所，职业学院校区综合建设项目竣工并投入使用。疾控应急能力建设显著提升，新建 PCR 实验室已建成并投入使用能够在 24 小时内完成流行病学调查工作;实施“健康扎兰屯”行动、蒙中医、妇女儿童健康工作切实加强，建成人民医院传染病房，6 个中医馆全部建成达标，基层卫生条件进一步改善。提升公共文化服务能力，河西新区图书馆、文化馆已完成立项，乌兰牧骑晋升为自治区一类乌兰牧骑;开展庆祝中国共产党成立 100 周年系列群众文化活动 37 场次，乌兰牧骑演出活动 108 场次，乌兰牧骑原创乐舞诗《忆·百年》正式播出，原创话剧《不灭的火焰》被评为内蒙古自治区优秀剧目，原创舞蹈《牧民歌唱共产党》《红色娘子军》被中宣传部选入“学习强国”学习平台。

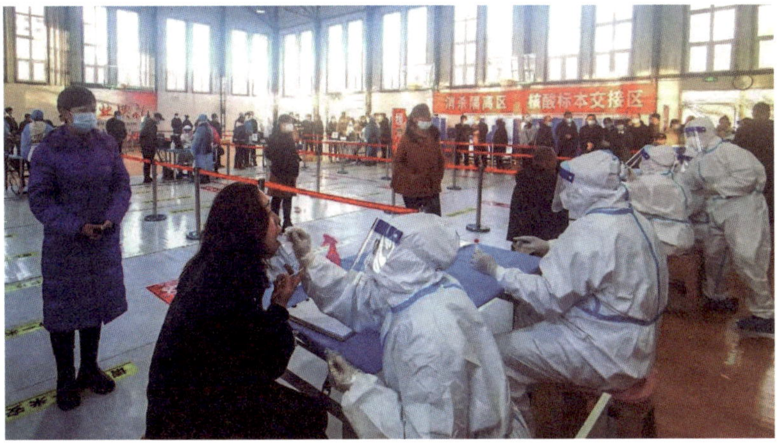

10 月 28 日，全市开展全员核酸检测实战演练

【疫情防控】 2021 年，扎兰屯市政府始终坚持把人民生命安全和身体健康放在首位，以最果断、最严格、最有力的防控措施，持续巩固“零输入、零感染”防疫成果，守住了呼伦贝尔市防疫南大门。满洲里疫情防控期间，组织民警 102 名、医护人员 117 名、建筑工人 115 名组成疫情防控突击队驰援满洲里市，支援防疫物资 5200 余件(个);把接收管理满洲里市转运隔离人员作为重大政治任务，精心安排，科学部署，完成满洲里市(含扎赉诺尔区)700 名转运人员隔离任务。

(曹　群)

重要会议

【市政府常务会议】 1月26日，扎兰屯市政府2021年第一次常务会议召开。会议传达学习习近平总书记近期重要讲话精神以及全区经济工作会议和呼伦贝尔市经济工作会议精神，研究2021年经济社会发展工作。

1月29日，扎兰屯市政府2021年第二次常务会议召开。会有调度部署疫情防控、安全生产、信访稳定、不动产登记证办理等工作，并审议有关议题。会议传达学习《政府督查工作条例》和《内蒙古自治区重大行政决策程序规定》。

3月4日，扎兰屯市政府2021年第三次常务会议召开。会议原则通过《扎兰屯市国民经济和社会发展第十四个五年规划和二〇三五年远景目标纲要（送审稿）》《政府工作报告（送审稿）》《扎兰屯市人民政府关于2020年国民经济和社会发展计划执行情况与2021年国民经济和社会发展计划草案的报告（送审稿）》《扎兰屯市人民政府关于2020年财政预算执行情况和2021年财政预算草案的报告（送审稿）》。

3月12日，扎兰屯市政府2021年第四次常务会议暨全市能耗“双控”工作调度会议召开。会议传达学习中央、自治区和呼伦贝尔市关于能耗“双控”工作批示指示精神及有关会议精神，安排部署全市能耗“双控”工作。

4月13日，扎兰屯市政府2021年第五次常务会议召开。会议传达学习《关于加强新形势下重大决策社会稳定风险评估机制建设的意见》和自治区生态环境保护督察组向呼伦贝尔市反馈意见会议精神等，听取信访积案化解、备春耕生产、疫苗接种等工作汇报，安排部署下一步工作。

5月28日，扎兰屯市政府2021年第七次常务会议暨经济运行分析和重点项目建设调度会召开。会议传达学习习近平总书记重要讲话重要文章精神，专题学习习近平总书记关于统计工作重要讲话指示批示精神及相关文件精神，研究分析经济运行形势，调度重点项目建设工作。

6月7日，扎兰屯市政府召开2021年第八次常务会议。会议传达学习习近平总书记近期重要讲话精神，听取全市安全生产、信访稳定、禁毒、预防电信诈骗、河长制落实、统计督察整改等工作汇报，安排部署下一步工作。

7月30日，扎兰屯市政府召开2021年第十次常务会。会议学习贯彻习近平总书记、李克强总理关于防汛救灾等工作指示批示精神，国务院常务会议精神、抗洪抢险救灾和防汛工作视频会议精神，落实自治区、呼伦贝尔市等领导关于防汛救灾指示批示和相关文件会议精神，安排部署防汛救灾、疫情防控、农村户厕排查问题整改、“大棚房”专项清理整治行动“回头看”等工作。

8月23日，扎兰屯市政府2021年第十一次常务会议召开。会议传达学习习近平总书记关于疫情防控工作的重要指示精神和习近平法治思想等，听取经济运行、重点项目建设、安全生产、信访、疫情防控和疫苗接种等工作进展情况汇报，安排部署当前重点工作。

10月25日，扎兰屯市政府2021年第十二次常务会议召开。会议学习贯彻习近平总书记在黄河流域生态环境保护和高质量发展座谈会上的讲话精神，传达国务院常务会议、医改工作会议有关精神，学习优化营商环境、法治建设、廉洁文化建设内容；推动部署全市经济运行、重点项目建设、财政收支及巩固拓展脱贫攻坚成果同乡村振兴有效衔接等重点工作。

11月25日，扎兰屯市市政府2021年第十三次常务会议召开。会议传达呼伦贝尔市重点工作调度会议精神，听取招商引资、环保督察整改工作汇报，安排部署当前各项重点工作。

12月28日，扎兰屯市政府2021年第十四次常务会议召开。会议传达贯彻国务院、自治区、呼伦贝尔市关于满洲里市疫情防控工作重要批示和相关会议精神，听取疫情防控、安全生产、信访、食品安全和知识产权工作汇报，安排部署“两节”期间重点工作。

（年编）

政府办工作

【综合协调】 2021年，市政府办发挥综合协调职能，组织市政府常务会议、党组会议、项目工作会、经济运行分析会等一系列重要会议的文稿会务服务工作，协调有关部门完成《扎兰屯市全面推进城镇老旧小区改造工作实施方案》《政府重大行政决策事项目录标准》等重要文件和活动方案的起草工作，履行新冠肺炎疫情防控指挥部办公室职责，协助指挥部总指挥、副总指挥全力做好社会管控、防疫物资调配、集中隔离场所建设及调配等疫情防控协调保障工作，先后组织召开指挥部调度会议27次、其他各类工作调度及推进会议42次，发布通告109期。

【办文办会】 2021年，市政府办落实精文减会要求，持续强化办文办会全流程管理。进一步规范优化公文审签、流转程序，确保做到统收、统发、统管，办理发文725件，处理收文5475件。进一步完善会前准备、会中服务、会后落实三大环节，确保会议组织服务工作细致周密；开展保密宣传教育，切实加强保密管理，未发生失泄密事件。

【信息调研】 2021年，市政府办发挥以文辅政作用，注重加强对重点热点问题的调查研究，形成涉及农牧业、工业、服务业、生态建设与保护、城市建设、乡村振兴、深化改革、财税金融、社会管理、民生保障等方面调研报告101篇。上报信息2466条，呼伦贝尔市采用150条、自治区采用9条，约稿7篇。

【政务督查】 2021年，市政府办综合采取单独督查与联合督查相结合、集中督查与跟踪督查相结合等多种方式，分解政府工作报告重点任务108项，每月调度1次，推动各项任务落实。对优化营商环境、政务审批、河湖管理范围划定、房地产历史遗留问题高密度、开展明察暗访，全覆盖不间断督查，先后组织各类督查活动12次，形成督查专报9期。细化实化2021年市直部门推进高质量发展考核指标，通过核查上级通报、调度责任部门汇报、查阅资料和现场督查等方式开展日常监控。协调推进经济体制、社会体制、生态文明体制3个领域改革创新任务31项。承办呼伦贝尔市和扎兰屯市人大代表建议、政协委员提案186件，办复网民留言119条，办复率和满意率100%。

【合法性审查】 2021年，市

政府办严格落实合法性审查制度，将合法性审查作为行政决策的前置条件，从文件、议题的必要性、合法性、规范性和可操作性等方面严格审查。全年审查政府常务会、党组会议题75件，审查信访复查11件、房屋征收和土地批件64件，办理领导交办类事项47件，出具合法性审查意见19份。推动落实政府法律顾问制度，与法青业律师事务所续签聘用合同，开展咨询、审查、行政复议、应诉及其他法律事务48件。

【外事工作】 2021年，市政府办做好疫情防控特殊时期涉外服务工作，对境内外国人及港澳台人员密切关注、全面掌握动态。借外事助民生，协调黄土计划办公室资助扎兰屯贫困大学生，截至年末，黄土计划已为扎兰屯市贫困学生和地区捐助142.1万元。

（曹　群）

政务服务管理

【概况】 2021年，市政务服务局发挥全市“放管服”改革、公共资源交易、政务公开、政务服务便民热线、重点项目审批等领导小组办公室职能，及时调整组成人员，完善工作制度，强化日常调度，加强督导检查。全年召开“放管服”改革协调小组全体会议2次、专题组会议6次，发布情况通报2期、工作简报15期；梳理自治区“一窗”软件单位11个、事项283个，开设窗口4个，办理350件；梳理政务服务事项5065项，推行“一套表单”，政务服务外网实现全覆盖，汇聚“好差评”评价数据34237条，好评率100%。

4月15日，市政务服务中心开展“一窗”受理服务

【“放管服”改革】 2021年，市政务服务局重新梳理全市25个部门行政权力事项5911项，调整行政权力290项。梳理公布市直部门和乡镇（街道）共同承担事项责任清单33项、扎兰屯市涉企经营许可事项清单59项。涉及12个部门50项需取消行政权力事项均取消，涉及5个部门126项需承接下放行政权力事项均承接到位。

【蒙速办“四办”工作】 2021年，市政务服务局推进“一网办”，推动“三集中三到位”，入驻政务服务大厅单位34家、政务服务事项651项，单位进驻率100%，入驻事项占一体化政务服务平台认领事项97.5%，大厅办件量135万余件。推进“掌上办”，蒙速办App注册9万余人，制发电子印章66个，汇聚数据17万余条，签章17万余条，电子证照签章率99.52%，完成政务服务数据共享目录发布挂载。梳理高频事项13大类62项，接入“蒙速办”App特色应用15个。推进“一次办”,梳理事项清单82项(单办事项10项、联办事项72项),事项材料压减22.89%,办事环节压减78.47%,办理时间压减45.49%,跑动次数压减81.06%。开设“一次办”窗口4个,办理单办事项7.9万件,联办事项480件。推进“帮您办”,梳理服务事项26项,组建队伍17人,制定审批事项清单和工作流程图,编制帮您办协议和承诺书。推进固定资产投资项目“一站式”审批服务,召开调度会2次,上报进度表41次,召开现场办公会,培训5次100人,开展“帮您办”事项53件。

【政务公开】 2021年,市政务服务局制定工作要点,制作政策解读205条,召开新闻发布会5次,录制访谈解读2期,制发规范性文件3件,公开人大建议答复53件、政协提案答复75件。受理政府信息公开申请4件,保持零复议、零诉讼。加强培训指导,召开培训会4次,开展半年督导检查1次,线上指导54次,印发工作提醒函49次、任务派发单1件。

【公共资源交易】 2021年,市政务服务局召开联席会议1次,印发情况通报4期。工程建设类进场交易项目91个,服务代理机构政府采购项目50个,政府采购类进场交易中标项目16个。实现公共资源交易及政府采购全流程电子化、可追溯。开展电子保函应用,推行异地评标、“不见面”开标,完成“不见面”开标工程建设项目67个、政府采购类项目54个。

【政府网站与政务新媒体】 2021年,市政务服务局完成阿里云服务器和IPv6的改造,按要求增设专题专栏,发布信息4291条。开展新媒体账号清理,现有政务新媒体账号32个。印发政务新媒体管理制度,每季度通报,每周抽查,未发生网络安全事件。

【“12345”政务服务便民热线】 2021年,市政务服务局成立指挥调度中心,制定管理办法和考核细则,召开协调会2次,下发情况简报16期、督办单2件。接收呼伦贝尔派发工单3601件,未办理71件,办结3507件,办结率97.39%、好评率81.46%,录入知识库数据维护信息1512条。

【党群服务中心】 2021年,市政务服务局制定管理使用工作方案和服务管理制度,规范运行管理流程,起草完善讲解词,设计主题党日活动路线14条,储备百部“红色影片”,建立精品党课库,召开功能室使用调度会2次,邀请宣传部门对展陈内容把关,建立工作动态周报制度,全年接待参观82批次2671人次。

(张　博)

机关事务管理

【概况】 2021年,机关事务服务中心完成全市公车改革,为行政单位公务用车(公检法司除外)均安装GPS定位系统。及时维修办公用房。成立公共机构节能双控领导小组,制定公共机构能耗双控应急预案。加强物业管理,完善安全生产机制,做好会议服务。

【公务用车管理】 2021年,机关事务服务中心核查事业单位保留车辆并统一车辆标识,排查遗留问题车辆,完成全市事业单位公车改革。完善公务用车监管平台,除公检法司外,行政单位119辆公务用车全部安装GPS定位系统，实时定位，提高公务车辆使用效率。全市各单位用车申请记录12564次。全年四大班子公务出行提供车辆保障约3900次。多次对全市机关驾驶员开展交通安全培训教育，强化交通安全、遵章驾驶管理，保障公务用车安全使用。

【资产管理与基建维修】 2021年，机关事务服务中心对全市部分办公楼进行维修规划，工程预算、招投标、工程监督等工作，聘请具有资质的第三方代理机构规划维修项目，节约维修资金，保障工程质量。由于雨季极端恶劣天气频发，导致市计生综合楼楼顶彩钢瓦脱落、民生大厦屋面漏雨等情况时有发生，机关事务服务中心对其进行抢修，避免造成更大的损失。机关事务服务中心对党政办公楼楼内40个单位实地走访调研，对各单位暖气进行维修改造。

【公共机构节能】 2021年，机关事务服务中心开展既有建筑节能改造工作，在党政办公楼实施暖气及室内窗户供热节能改造工程。在党政办公楼实施合同能源管理项目1个，节省资金4.2万元。成立公共机构节能双控领导小组，制定公共机构能耗双控应急预案，指导公共机构能耗双控工作，能耗双控期间采取日报台账和实地检查形式，掌握公共机构能耗双控工作开展情况。结合节能宣传周开展能源紧缺体验、绿色低碳出行、生活垃圾分类等多次主题鲜明、形式多样的节能宣传活动，提高节能意识，以节约型机关创建为契机，发挥公共机构表率作用。报送15家创建单位材料等待自治区评审。

【物业管理】 2021年，落实党政综合楼安保人员24小时值班值守制度和夜间巡查制度。疏导上访群众，维护机关正常工作秩序。完善安全生产机制，对电梯、保安监控系统、火灾报警系统等特种设备、设施的定期维护，及时发现和处理问题，落实消防责任和安全巡查制度。保障高质量完成会议，加强会议服务人员的礼仪培训、保密教育和业务培训，为全市综合性会议和乡镇视频会议提供优质会议服务。

（王　雪）

信访工作

【概况】 2021年，扎兰屯市信访接待大厅接待群众来访616批次4074人次，与2020年相比，来访总量批次下降22.1%，人次下降34.3%。通过网上信访信息系统受理信访事项929件，及时受理率100%；按期办结率均为99.69%；信访机构群众满意率达68.22%、事权单位满意率70.05%，高于呼伦贝尔市平均水平。

【信访责任制】 2021年，市信访局执行领导干部接访、下访制度，完善“疏访、预防、导访、下访”常态化运行机制，将矛盾化解“关口前移”，处级领导参与信访接待。每月末制定下一个月《领导干部信访接待日程表》，明确各位领导当月接访日期，并提前通知各位领导，保证每日至少1名副处级党政领导（包括法、检两长）到市信访大厅接待来访群众，及时解决群众关心的热点、难点问题，有效化解社会矛盾。各处级包案领导按照职责分工，主动到接访中心带案约访，引导群众依法、理性表达诉求。年内，市级领导接待信访群众428批次1791人次。一批群众关心关注的信访事项得到有效推进和化解，实现将矛盾化解在基层。

【“治理重复访、化解积案”专项行动】 2021年，市信访局对照上级考核指标，坚持问题导向、结果导向，迅速开展行动，成立工作专班，突出事要解决，分类推进化解。严格按照“三到位一处理”原则，采取逐案定策、领导包案、多元化解等方式，出实招、下真功，确保取得实效。中联办第一批交办扎兰屯市治理重复访信访65件，6件均通过自治区审核后并上报到中联办，按时限完成工作任务；7件形成倒流件。10月末中联办第二批交办扎兰屯治理重复访信访65件，完成上报39件，上报率60.0%，高于呼伦贝尔市完成50.0%的要求。

【中央第八巡视组移交信访事项的办理工作及信访稳定工作】 2021年1月末，巡视组共交办扎兰屯市信访事项6批217件，扎兰屯市在4月14日实现全部案件化解“清零”，为呼伦贝尔市第4个“清零”的旗市，提前实现自治区党委政府提出的6月末实现案件“清零”的工作目标。

【提升“三率”百日攻坚专项行动】 2021年9月，市信访局组织各乡镇、街道、有关部门开展提升“三率”百日攻坚专项行动，实行线上受理办结、线下与信访人“面对面”工作机制；对各乡镇、街道、有关部门的采取分类指导工作机制；实施初次信访事项台账管理，落实责任清单，对受理、办理、答复、上报、评价逐环节专人跟进工作机制；落实首接首办责任制和“三个告知”制度；实行日调度，周通报，月推进的工作调度机制，推动涉事职能单位主动履职尽责，不断提高初次信访事项化解率和群众满意率，用工作实效赢得群众满意。按照中联办调整后的“三率”标准，“三率”超过呼伦贝尔市提出的指标要求。

（刘万玲）

应急管理

【概况】 2021年，市应急管理局围绕重点时段，围绕9个方面、34项具体工作任务及专项整治三年行动集中攻坚任务，常态化开展全市安全生产大排查、大起底、大整治、大提升集中攻坚行动，提高安全生产、应急管理和灾害治理能力，严格落实各项安全防范措施，确保全市安全生产形势持续稳定。

【安全生产专项整治三年行动】 2021年，市应急管理局组织开展“复工复产期间安全生产集中攻坚行动”和建党100周年期间“全市安全生产大排查大起底大整治大提升集中攻坚行动”，累计成立督查检查组582个，出动督查检查人员3868人次，督查检查驻扎各级各类企事业单位1749家次，发现问题214个，重大隐患7个，识别管控风险19个，发现一般隐患964个（全部整改完毕），出台制度措施59个，实现成果转换42个。统筹《扎兰屯市安全生产专项整治三年行动方案工作〈专题及专项〉目标任务分解及问题措施清单》，成立督查组22个，开展督查26次，企业70家次，督导问题301个，解决295个；排查企业1384家次，隐患1464项，其中一般隐患1464项，整改完成1222项，完成率83%；摸底排查重大风险4处，梳理突出问题及重大隐患16个；制定制度措施12项，取得成果5项；行政处罚

29家，罚款20.63万元。

【危险化学品】 2021年，市应急管理局做好危险化学品企业重大危险源风险管控，完成危险化学品重大危险源企业安全专项检查2次，排查隐患48项；完善危险化学品企业安全风险评估，对全市4家危险化学品企业开展评估工作；完善危险化学品安全生产风险监测预警系统建设，3家重大危险源单位全部完成危险化学品安全风险监测预警系统建设；加强隐患排查治理，排查隐患问题622条，全部完成整改；重点推进重要岗位人员“五懂五会五能”应知应会知识的培训和考核，针对事故教训，开展警示教育，举办危险化学品企业从业人员安全培训提升班，提高从业人员安全意识和操作技能；将危险化学品重大危险源、特殊作业等风险点作为执法检查重点，行政处罚2家，罚款1.02万元，约谈企业2家；配合呼伦贝尔市应急局办理《危险化学品生产许可证》延期1件、《危险化学品经营许可证》延期38件、《危险化学品建设项目安全设施设计审查备案》1件。

【烟花爆竹监管】 2021年，市应急管理局降低烟花爆竹库房内安全风险，协调和配合公安等部门对过期的烟花爆竹产品进行销毁；监督烟花爆竹批发零售企业，填报烟花爆竹流向管理信息系统；督促烟花爆竹零售企业完善安全经营条件，严查无证经营、超范围经营、超量储存等违法违规行为，办理烟花爆竹经营（零售）许可证70件，取消1家经营地点不符合条件的经营户的申请。

【非煤矿山】 2021年，市应急管理局落实矿山企业安全生产主体责任，坚持“安全第一，预防为主”的方针，督促矿山企业严格落实安全生产主体责任，做到规范化管理；组织矿山企业建立完善安全生产管理制度，实现“一企一清单”，落实矿山企业安全生产主体责任。组织检查矿山企业累计12家次，出动检查人员33人次，出动车辆12次，下达《安全生产行政执法文书现场检查记录》12份、《责令限期改正》3份。打击非法采矿，出动车辆6次，巡查人员约17人次，车次6次，未发现非法采矿行为。

【工商贸企业】 2021年，扎兰屯市工贸重点监管企业21家，一般监管企业20家，规上企业14家，出动检查人员566人次，检查工矿商贸企业190家次，下达责令限期整改指令书43份，排查隐患726条，完成整改726条。工贸领域行政处罚5家次，处罚金额41.204万元（其中三鑫混凝土搅拌站事故处罚38.204万元）。

【应急救援】 2021年，市应急管理局强化应急演练，提升应急能力。全市有75家企业进行应急预案的演练，3000人次参与演练。在重点时段及时安排精干力量对功能区企业大型仪式和全市举办的各类大型活动提供应急保障。加强值班值守，及时报送信息。建立完善值班工作机制。坚持每日领导干部带班，24小时值班工作制度和信息报告制度，做到信息报送及时、准确。

【森林草原防灭火】 2021年，市应急管理局加强火源管控，消除安全隐患，严禁野外用火行为发生，对重点时段、重点部位、重点人群加强管控，重点时段累计出动执勤巡护人员9588人次、出动车辆1773台次，携带灭火机具1120台。

临时增设检查点221个。发放防火宣传单14100份、受教育人群14480人次。加强宣传教育，提高全民防火意识，制作发放宣传单8万张、防火戒严通告1000份、“虎威威”宣传旗3000面、宣传条幅1200条、宣传手册800本、发送短信6.6万条，累计出动宣传人员1200余人次，出动宣传车290余台次，累计播放宣传音频1300余小时。取得连续23年无重特大森林草原火灾的成绩。

【防汛抗旱】 2021年，市应急管理局进行防汛物资储备，保障物资调度，防汛抗旱指挥部办公室储备编织袋17万条，铅丝笼1.8万片，汛期调拨发放编织袋11.3万条，铅丝笼1.35万片。组建本级应急救援队伍，扎兰屯市本级防汛应急队伍280人，市本级和各防指成员单位、各乡镇办事处应急救援队伍开展防汛抗洪专项演练28次。强化值班值守，防汛抗旱指挥部办公室制定市区以市党政班子领导为带班领导，各防指成员单位负责人、各乡镇办事处制定以党政主要负责人参与值班的24小时防汛值班制度。

【防灾减灾救灾】 2021年，市应急管理局制定救灾物资储备计划，及时报送自然灾害灾情信息。开展宣传活动，扩大宣传平台。举办全国防灾减灾日宣传活动，发放宣传品2000多份，出动宣传车8辆，提高市民防灾减灾意识。开展受灾困难群众冬春需救助统计。为受灾困难群众发放救灾资金和米、面、油等生活物资。及时发布自然灾害预警信息，安排部署各乡镇街道办事处做好防范措施和应急救援准备工作。

【第一次全国自然灾害综合风险普查】 2021年，市应急管理局制定印发《内蒙古扎兰屯市第一次全国自然灾害综合风险普查实施方案》，抽调21家单位各派出工作人员1名，成立普查专班集中办公，加大自然灾害综合风险普查工作力度。进行系统填报数据，将系统内承灾体292项、减灾能力1376项、历史灾害709项全部填报完毕，全市1120户家庭接受第一次全国自然灾害综合风险普查工作家庭减灾能力调查。加大宣传力度，撰写相关信息5篇，转发宣传片500次，2000多名相关部门领导、工作人员、社区干部和群众参加宣传培训活动。

【地震工作】 2021年，市应急管理局监测到近震(1000公里以内)69次(扎兰屯市范围内地震41次)，三级以上地震2次，以上地震扎兰屯市均无震感。因地制宜地开展地震宏观异常观测，发挥群测群在地震短临预报、灾情信息报告和普及地震知识中的重要作用，加强与各乡(镇)、办事处防震减灾助理员的沟通。利用现有资源，在全市范围内开展防震减灾宣传教育活动，提高群众的防灾减灾意识与应急避险能力。

（王心卓）

政协扎兰屯市委员会

综述

【概况】 2021年，政协扎兰屯市第九届委员会有界别6个，分别为中共界，工商联界，民族宗教、工青妇、特邀界，教科文卫体界，农牧林界，经济企业界。政协委员179人，其中中共界委员31人，工商联界委员34人，民族宗教、工青妇、特邀界委员18人，教科文卫体界委员28人，农牧林界委员31人，经济企业界委员37人；其中中共党员委员80人，占44.69%；非中共委员99人，55.31%；妇女委员69人，38.54%。常务委员39人，在扎兰屯的呼伦贝尔市委员19人。

【委员队伍建设】 2021年，市政协强化委员履职能力培训，组织全体委员集中学习培训1次，结合界别活动组开展分批次、分领域、分重点的界别组集体学习，实现委员培训全覆盖。加强委员联络服务，完善闭会期间委员联络服务制度，形成以界别活动组为单元，主席班子成员分工负责、专委会主任分别联络、界别组组长具体实施的委员联络机制。坚持并完善委员履职考核，形成优胜劣汰、结构优化、动态管理的评价激励格局。

【机关能力建设】 2021年，市政协结合党政机构改革，进一步规范专委会的设置和职能，做到与上级政协各专委会有效契合衔接，增设政协机关综合服务保障中心。强化廉政风险防控，打造清正廉洁、务实高效的工作氛围，机关工作服务水平显著提高、呈现崭新形象。

【文史资料】 2021年，市政协挖掘整理历史文化，组织人员编写《扎兰屯文史资料》专辑第十一辑，发挥“存史、资政、团结、育人”作用。丰富文史宣传形式，在《呼伦贝尔日报》刊发专刊，全面回顾扎兰屯市政协70年发展历程。坚持高标准定位、高起点设计、高质量建设、高效率赋能，广泛征集史料，精心设计布展，历时1年建成政协文史馆，展示委员智慧风采，彰显政协特点特色。

重要会议

【市政协九届五次会议】 3月22—23日，中国人民政治协商会议扎兰屯市第九届委员会第五次会议在扎兰屯职业学院礼堂开幕。中国人民政治协商会议扎兰屯市第九届委员会第五次会议实有委员176名,因事因病请假18名,实到会委员158名,符合《中国人民政治协商会议章程》规定。

大会审议通过《政协扎兰屯市第九届委员会第五次会议议程》。会议听取《政协扎兰屯市第九届委员会常务委员会工作报告》。大会审议通过同意肖明华辞去政协扎兰屯市第九届委员会主席职务的决定;通过《政协扎兰屯市第九届委员会第五次会议选举办法》、总监票人、监票人,根据《政协扎兰屯市第九届委员会第五次会议选举办法》的规定,经过民主投票,于萍当选为政协扎兰屯市第九届委员会主席。会议审议通过《政协扎兰屯市第九届委员会常务委员会工作报告的决议》《政协扎兰屯市第九届委员会第五次会议提案审查情况的报告》《政协扎兰屯市第九届委员会第五次会议政治决议》。

参政议政

【专题议政】 2021年,市政协坚持围绕党政中心工作开展履职,自觉将政协工作置于全市工作大局中来谋划、来部署,围绕市委、市政府的中心工作和重点任务,围绕经济发展中的重大问题,主动融入,积极作为,开展视察调研6次,形成调研报告6篇。

助力打赢三大攻坚战

为脱贫攻坚出谋划策,以发展乡村旅游、设施农业、发展农民专业合作社为主题,组织委员到乡村调研,会同企业、职能部门、乡镇负责人、村民代表召开座谈会,从强化政策扶持驱动、合理调度整合资金、提高扶持带动成效等方面提出意见建议。为守护绿水青山建言献策,到阜丰、大兴安岭浆纸、松鹿制药等企业,调研重点企业污染防治情况,探索环境保护的有效举措;召开议政性主席会议,对天拜山环境恢复治理情况进行调研,对如何加快恢复治理提出意见建议。为中小企业融资难融资贵问题献计出力,组织委员走访多家企业,协调金融部门,为民营经济营造更好的发展环境深入调研、广泛协商,形成工作合力。

建言经济高质量发展

组织委员分别从小微企业、电商产业、旅游业、临空产业发展等多方面多角度多层次开展调研,为助推经济转型发展提供有益参考。围绕优化营商环境持续用力,组成以主席班子成员牵头、部分委员参与的调研组3个,分别到政府相关职能部门、生产企业、金融企业等单位,着重围绕企业关心、群众关注的营商环境问题开展专题调研,形成《关于优化营商环境的调研报告》。召开专题协商座谈会,通过政企面对面沟通、多部门联动,助推蒙东肉牛养殖等企业融资难、交通运输难等多个问题的有效解决。

关注社会民生百姓事

紧盯社会热点焦点问题,先后围绕5G发展与应用、城市道路绿化、老城区改造、小区物业管理和充电桩建设、居民供热质量、节日市场食品安全等问题,组织视察调研,开展协商监督,推动民生实事的落地落实。关注文教卫生事业,围绕公共场所卫生监管、养老业"医养融合"、中小学校人员配置、校园周边交通安全环境等座谈协商，紧扣群众急盼献计出力、履职为民。在新冠肺炎疫情防控阻击战中，组织引领广大政协委员立足岗位、发挥优势、迅速行动，捐助防疫物资，组成志愿者服务队进驻小区值守服务。

【建言献策】 2021年，市政协强化统战职责增进团结，坚持主席会议成员联系界别制度，开展联合视察调研、联合协商座谈，为民主党派、工商联和无党派人士在政协更好地合作共事、发挥作用创造条件。开展宗教场所管理规范化、少数民族发展项目资金使用等视察调研，维护民族团结，促进宗教和睦，铸牢中华民族共同体意识。丰富平台载体凝聚共识，把凝聚共识与视察考察、调查研究、协商监督等履职活动融合起来，在建言成果、思想收获上一体设计、一体落实。创办《委员关注》系列电视栏目，编辑《政协委员履职动态》期刊，持续宣传委员主体作用和政协履职活动，讲好政协故事，发出政协好声音，履职活动的影响力不断扩大。

【提案办理】 2021年，市政协修订提案工作“提、立、办、督、评、奖”六步法工作条例，把提案工作寓于分类管理和制度规范之中，提高提案质量和工作效率。首次将各职能部门的提案办理情况纳入到领导班子工作的年度实绩考核体系中，为政协委员通过提案履行职能创造有利条件。全年，市政协提案委围绕全市经济社会发展和事关群众切身利益的热点问题，广泛征集提案，全体政协委员和政协参加单位积极履职建言，征集提案133件，形成提案126件，立案96件，未立案30件，立案率76%。其中经济建设类42件，占43%；社会建设类36件，占38%；生态建设类13件，占14%；文化建设类4件，占4%；政治建设类1件，占1%，所有提案均办复完毕。

（魏佳）

5月21日，扎兰屯市政府2021年人大代表建议和政协委员提案交办会召开

扎兰屯市纪委监委

监督执纪

【概况】 2021年，市纪委监委在呼伦贝尔市纪委监委、扎兰屯市委领导下，坚持以习近平新时代中国特色社会主义思想为指导，捍卫“两个确立”、增强“四个意识”、坚定“四个自信”、做到“两个维护”，切实发挥监督保障执行、促进完善发展作用，通过坚持政治引领，坚持以人民为中心，坚持纠治“四风”顽疾，坚持一体推进不敢腐、不能腐、不想腐，坚持和完善监督体系，坚持自我革命六个方面，全面从严治党、党风廉政建设和反腐败斗争取得新成效，有力推动“十四五”良好开局。

3月4日，中共扎兰屯市第八届纪律检查委员会第六次全体会议召开

【主体责任】 2021年，市纪委监委机关协助党委制定《扎兰屯市委常委会及其成员党风廉政建设责任清单》，明确处级干部职责；督促乡镇、街道、市直部门党委（党组）结合工作实际，制定责任清单。成立监督检查组2个，针对发现的问题，第一时间向党委（党组）进行反馈，要求立行立改。推进党风廉政建设“两个责任”再监督平台建设。对全市各单位、部门政务外网建设情况开展全面排查梳理，对再监督平台使用进行业务指导，确保再监督平台正常运转。完成党风廉政建设“两个责任”再监督平台与阳光“三务”服务系统的对接，实现数据同步和功能有效衔接。再监督平台与全市阳光“三务”服务系统数据同步16.9万条，再监督平台民生监督基础信息录入14项93.8万条。对再监督平台运用情况开展监督检查，发出《工作建议函》42份。

【专项整治】 2021年，市纪委监委开展专项整治，针对重点领域突出问题强化监督执纪问责。

优化营商环境监督 召开工作推进会，督促相关部门切实履行主体责任。在民生大厦142个办事服务窗口以及18个重点部门办公场所的显著位置粘贴"为民办实事·优化营商环境"二维码，畅通监督投诉渠道。成立3个监督检查组，开展明察暗访63次，随机访谈企业43家，发现并督促相关部门整改问题12个。查处破坏营商环境问题线索3件，立案6人，给予党纪处分6人。

破坏草原林地违规违法行为专项整治 通过"大起底"，梳理和受理涉林涉草未办结问题线索32件。完成初核15件，立案3件，给予党纪政务处分2人。

政法系统违纪违法专项整治 对全市政法机关教育整顿工作查纠整改环节开展监督检查，发现问题12个，并组织各政法单位立即整改。成立6个工作专班，集中力量对起底的77件重点问题线索开展核查。办结47件，给予党纪政务处分7人，组织处理4人。

供销合作社系统腐败问题重点整治 开展调研督导12次，实地监督检查13次；受理问题线索6件，办结3件。

【作风建设】 2021年，市纪委监委持续纠治"四风"顽疾，深入整治群众身边腐败和作风问题。在元旦、春节及高考升学季等重要时间节点前及时下发加强廉洁自律工作的通知，提醒广大党员干部绷紧"廉洁弦"。采取微信朋友圈转发、推送"扎兰屯市纪检监察微课堂"等方式，倡导广大党员干部节俭过节、文明过节、廉洁过节。强化监督执纪问责。在重要时间节点开展明察暗访338批次，发现并整改问题15个，组织处理10人，印发通报3期。受理违反中央八项规定精神问题线索6件，立案6人，给予党纪政务处分4人，印发通报1期；受理形式主义、官僚主义问题线索11件，立案12人，给予党纪政务处分8人。开展"微腐败"大清扫行动。第二轮按期办结3批20件，立案7件，党纪政务处分14人，组织处理16人，挽回经济损失26.83万元，化解信访问题5个，反馈满意率75%。第三轮2批33件，初核了结21件，立案12件，给予党纪政务处分22人，组织处理17人，挽回经济损失33.77万元，移交司法机关1人，另案处理3人，下发纪律检查建议书2份，化解信访问题9个，反馈满意率72.73%。推动解决群众反映强烈的"急难愁盼"问题。3个"急难愁盼"问题线索全部办结，给予党纪政务处分2人，组织处理1人，移送司法机关1人。

【一体推进"三不"】 2021年，纪委监委坚持一体推进不敢腐、不能腐、不想腐，不断提高治理腐败效能。

提升办案质效 主要领导亲自审定核查方案，坚持每案必听，根据需要召开疑难案件专题会，对核查方向、问题定性等方面存在的疑难问题进行集体研究讨论，防止审查调查走弯路、出偏差。应用"智审通"应用系统，录入案件100件，推动纪检监察工作更加科学化、规范化、提高办案工作质量和效率。突出关键少数，依托全市科级以上领导干部微信工作群，打造指尖上的廉政课堂，每个工作日推送一期《扎兰屯市纪检监察微课堂》，实现廉政教育常态化。利用"一中心四基地"开展廉政警示教育，累计接待参观103批次3023人次，增强党员领导干部不想腐的政治自觉。

从严处置线索 2021年全市纪检监察机关处置问题线索500件，立案119件160人，结案126件，给予党纪政务处分163人；印发纪律检查建议书12份、监察建议书3份。运用“四种形态”503人次，其中第一种形态339人次，第二种形态120人次，第三种形态22人次，第四种形态22人次。

做好监督执纪后半篇文章 选取刘某某等4人典型案例，拍摄警示教育片《忘记初心的代价》。贯彻落实“以案促改治理年”活动要求，选取2021年以来查处的违纪违法典型案例印发以案促改函9份，督促案发地区9个、部门进行查摆剖析。通过“以案促改”，主体责任单位、部门建立完善机制19个；收回55间1700平方米办公用房，为多个单位调剂解决办公用房；收回村机动地承包费43万余元；没收违规建筑违法收入30.72万元。

【监察体制改革】 2021年，市纪委监委完成事业机构编制改革工作，拟定《扎兰屯市纪委监委审查调查保障中心机构设置、职能配置和人员编制规定》，完成事业单位股级、副股级干部考察任命工作。强化派驻综合管理。开展派驻纪检监察组履行监督工作职责专项调研，通过自我总结评价、监督对象评价、联系监督室评价等各项措施全面掌握派驻纪检监察组履职情况。为切实解决“一人组”问题，增加事业编制21名，辅助纪检监察组工作，进一步提升优化派驻质效。12月3日向人大报告《对监察对象开展廉政警示教育情况专题报告》。

【自身建设】 2021年，市纪委监委组织召开全市纪检监察干部廉政会议，对纪检监察机关自身建设和纪检监察干部能力素质提出明确要求。督促长期在外借调、长年请假不上班等9名人员全部返岗，因人施策，安排适合工作岗位，着力解决人员短缺问题。开展“苦练内功百日攻坚行动”。组建7支训练队，通过开展“周学月测”“全员培训”“实战大练兵”等活动，提升纪检监察干部素质。推送学习内容13期，“学习课堂”播放精品课程8次，测试3次。推出典型案例3个，精品课程2个，组织人员参加上级纪委监委一室一堂精品课活动8期。开展“我想更懂你”实名问卷调查，设计发放调查问卷117份，了解市纪检监察系统干部的心理、精神及工作状态。坚持刀刃向内，受理问题线索11件，了结6件，立案1件，给予党纪政务处分1人。

（办公室）

巡视巡察

【概况】 2021年，市委巡察办以政治建设为统领，持续强化理论武装，严守党的政治纪律和政治规矩，扎实开展党史学习教育，巩固拓展“不忘初心、牢记使命”主题教育成果，推动为民办实事工作有效开展，领导干部认领实事15件，组织开展集体慰问活动1次，慰问老党员、困难群众8人。依托“巡察书院”“干部讲堂”等平台丰富学习内容，邀请上级巡察机构领导为全体巡察干部授课；邀请供销合作联社、乡村振兴局主要负责人为巡察干部开展专题辅导；以干代训，精心选派6名巡察干部参加呼伦贝尔供销系统专项巡察，选派1名巡察组长参加五届呼伦贝尔市委第一轮巡察；组织8名巡察干部参加呼伦贝尔市巡察干部综合能力提升培训班。按照“动态管理，严把进口，畅通出口”

要求，从纪检监察机关、组织部、审计、财政、公检法司等部门现任正副科级干部、优秀年轻干部中挑选出220名政治觉悟高、具有相应工作经历、善于发现和分析研究问题的同志组成巡察组长库、巡察人才库，为开展巡察工作提供必要的人力保障。

【编制规划】 2021年，市委巡察办围绕九届市委确定的各项中心工作，成立规划编制工作专班，开展前期调研工作，在广泛征求各方意见的基础上，起草《扎兰屯市委巡察工作规划(2021—2026年)》《扎兰屯市委巡察村(社区)党组织工作规划(2021—2026)年》，规划于12月30日通过市委常委会审议。

【完善制度】 2021年，市委巡察办制定《贯彻落实〈关于加强巡视巡察上下联动的意见〉若干措施》《扎兰屯市委巡察机构与市委组织部门协作配合机制》《扎兰屯市委巡察组纪律作风后评估制度(试行)》《扎兰屯市委巡察整改约谈暂行办法》等制度7项，为开展巡察工作提供坚强的制度保障。

【巡察监督】 2021年4月，市委巡察办启动八届市委第十一轮巡察，对市人社局等8个党组织进行巡察“回头看”，巡察组开展个别谈话372人次，调阅各类资料2万余份(册)，走访调查入户267户，发现各类问题78个、问题线索5件，督促立行立改事项6项。11月，启动九届市委第一轮巡察工作，采取“一托二”的形式，对市审计局、自然资源局等党组织进行常规巡察，重点监督检查优化营商环境、巩固拓展脱贫攻坚成果同乡村振兴有效衔接、落实惠农惠牧补贴政策、重点项目建设、重点任务攻关和涉粮等内容。

【巡察整改】 2021年，市委巡察办会同纪检、组织、宣传等部门先后完成呼伦贝尔市委第十轮提级巡察(市供销社党组)和市委第十轮、第十一轮巡察所涉及的41个党组织的巡察整改工作，提请巡察工作领导小组，对十一轮1个推动巡察整改不积极、不主动的领导班子进行约谈。贯彻落实呼伦贝尔市委巡察办第一督导指导工作组要求，改进和完善5个方面12项巡察工作。召开全市巡察整改推进会，进一步健全完善相关部门整改工作职责，形成全市上下一盘棋，齐抓共管促整改的良好局面。

【信息化建设】 2021年，市委巡察办专题向市委、市委巡察工作领导小组汇报自治区信息化建设工作精神，举办实操培训2期、受众干部44人次，购置并安装单机版巡察工作软件设备20台，接入纪委内网设备8台，九届市委首轮巡察已全面启用巡察单机版和网络版系统。按照上级巡察机构要求，统一巡察档案样式和整理目录清单，将文件材料按内容、性质等进行收集筛选，分类排列，扫描上传、装订成盒，完成前十一轮共计841卷的巡察档案归档工作。

【宣传工作】 2021年，市委巡察办制定出台《扎兰屯市委巡察宣传工作规划(2021—2026年)》。宣传稿件被《人民日报》采稿2篇、“学习强国”学习平台内蒙古平台采稿1篇、自治区巡视办采稿2篇，呼伦贝尔市委巡察办采稿8篇，呼伦贝尔日报采稿1篇，对外宣传力度显著提升。在办公楼前沿街制作巡察文化宣传图板2块，在达斡尔民族乡布展巡察文化及巡察整改成效展板35块。

（刘　爽）

扎兰屯市总工会

【概况】 2021年，扎兰屯市基层工会516家，会员23296人，达标一类工会3家、二类工会17家。推进以八大群体为代表的新就业形态群体入会工作，扩大覆盖面，新增基层工会组织77家、会员487人。举办职工篮球赛、足球赛、拔河比赛等活动，提高企业建会入会的积极性。继续落实小微企业工会经费全额返还政策，加大对基层工会经费补助力度，返还工会经费762家583万元，补助下级专项工会经费89万元。建成扎兰屯市智慧工会大数据中心和普惠大数据平台，逐步实现一体化服务新模式。完成呼伦贝尔市数据库录入基层工会组织417家、会员2.05万人，签约普惠商家43家，普惠职工1231人。

【劳动和技能竞赛】 2021年，市总工会贯彻落实自治区总工会《2021—2025年劳动和技能竞赛规划》，组织开展各行各业劳动竞赛、技能大赛5次，推动建立竞赛同劳模评选、职称评定、技术等级认定、工资收入等相融合工作机制。组织职工开展技术革新、技术协作、发明创造、合理化建议等群众性创新活动23项，创造经济效益1160万元。深化职工创新工作室创建工作，为劳动模范、大国工匠、北疆工匠发挥作用搭建平台、提供舞台。推荐呼伦贝尔市传染病医院结核病精准防治市级职工创新工作室1家。

6月23日，市总工会主办“庆祝中国共产党成立100周年”市职工拔河比赛

【困难职工服务】 2021年，市总工会投入送温暖资金195万元、帮扶救助困难职工1.5万人；投入慰问一线防疫职工资金24万元、受益职工2400人；投入送清凉资金4.52万元、受益职工540人；投入进万家活动7.76万元、受益职工321人；发放建档立卡困难职工救助金5.4万元、帮扶困难职工5户。贯彻自治区总工会职工疗休养实施意见，发挥扎兰屯市中职疗养有限责任公司作用，逐步开展职工疗休养工作，申请创建呼伦贝尔市及自治区职工疗休养基地。开展职工医疗互助工作，动员参互职工112家9156人，申领报销325人次31.65万元。推进工会联系引导社会组织为职工提供专业化服务，开展全市职业技能培训2期100人。

【维护职工合法权益培训】 2021年，市总工会聘用专职集体协商员3人，举办集体协商培训班1期104人，协同市人社部门劳动用工备案网新签续签集体合同59家，其中规模企业签订率85%，指导签订小微企业区域合同314家。开展和谐劳动关系协调会2次、大型宣传活动1次，指导集体协商现场会1次，绩效评估5家企业60人次。举办春风行动招聘会和秋季招聘会2场，提供就业岗位420个，签订用工合同254人。推动建立职工工资拖欠解决工作机制，配合协调解决工伤赔偿1例。举办“安康杯”知识竞赛3次，深化“女职工关爱行动”，缴纳大病商业保险255人、两癌筛查312人，孕前优生检查夫妻114对。

【产业工人队伍建设改革试点】 2021年，按照自治区产业工人队伍建设改革试点工作要求，市委、市政府印发《扎兰屯市产业工人队伍建设改革试点工作实施方案的通知》，成立产改工作协调小组，制定联席会议制度，明确工作职责。强化市总工会牵头抓总职责，召开联席会议1次，着力以点带面，推动产业工人思想政治引领、建功立业、素质提升、地位提高、队伍壮大等改革措施的进一步落实。

【工会改革】 2021年，市总工会坚持重大事项报告制度，向呼伦贝尔市总工会、扎兰屯市政府报告《职工之家综合楼地下室维修》《职工之家综合楼室外及附属设施维修》2次。深化工会财务预算管理改革，强化财务监督检查，开展经审会议2次，审议通过2021年预算和2020年决算以及2021年预算调整，审计基层工会14家。强化工会经费收缴，完成收缴任务1034万元。

（高丽华）

共产主义青年团扎兰屯市委员会

【概况】 2021年，团市委下辖团组织425个，其中团委22个，团工委11个，团总支11个，团支部334个，毕业生团组织47个，乡镇街道团（工）委19个，学校领域团支部108个。团员5811名，新发展团员297名，其中学校领域277名，社会领域20名。

【基层组织建设】 2021年，共青团扎兰屯市委员会推动召开青年工作联席会议第二次全体会议，落实《自治区中长期青年发展规划》，审议通过《扎兰屯市2021年落实〈内蒙古自治区中长期青年发展规划（2018—2025年）〉实施重点工作》，推动扎兰屯市青年工作有序发展。完善扎兰屯市团代表联络站职能作用发挥，健全团代表工作机制，成立非公团组织5个，社会团组织10个，提升团组织组织力、引领力、服务力的覆盖面。举办团干部培训班，对党史学习教育、党的理论学习进行培训，乡镇、街道、市直属科局、中职中学团组织书记、少先队辅导员、“青年爱里”负责人实现培训应训尽训。

【青少年思想引领】 2021年，团市委部署全市各基层团组织同步开展党史学习教育。利用公众号、抖音、微博等新媒体，开设“百年党史青春说”“红领巾心向党”“百年党史天天学”等音频栏目，开展“四史”宣传80次，累计参学3.5万人次；持续推进“青年大学习”教育活动常态化制度化，累计组织参与“青年大学习”人数5089人次，综合参学率87.59%；组织全市开展“请党放心 强国有我”主题活动345次。结合“忆峥嵘岁月 倡厉行节约”“铭记历史 缅怀先烈”等主题团日活动以及“青、信仰”专题栏目，传播主流价值观，弘扬正能量。组织开展全市基层团干部能力素质培训班，对《深入学习贯彻习近平在庆祝中国共产党成立100周年大会上的讲话精神》《铸牢中华民族共同体意识》等内容进行授课，开展主题党日活动观看红色影片《1921》，重温红色故事，追寻红色足迹；在扎兰屯市三角地广场开展“百年奋斗正青春 砥砺奋进新时代”文艺汇演，拍摄“唱支山歌给党听”主题快闪视频，以鲜活的形式吸引广大团员参与到党史学习教育中。

【青年服务活动】 2021年，团市委坚持保障青年合法权益，开展“扎兰屯市青年普法志愿者法制文化基层行”送法进校园，中国政法大学青年普法志愿者普法宣传基层行，“童心向党 呵护成长”在职党员进社区以及相关普法活动14次，发放宣传《中华人民共和国民法典》、防诈骗、防性侵、防校园暴力等单册8000余份，发放各类普法小礼品200余份，解答法律咨询80余人次。组织开展第八届“青年交友联谊活动”，以当下流行的红色剧本杀为主要方式，引领青年重温红色经典，赓续红色血脉，并树立正确婚恋观。在儿童节等时间节点对贫困学生进行慰问，在秋季开学季联系社会爱心人士为道东小学11名家庭困难孩子捐赠5500元，为道东小学捐赠武术服50套。

【青年创业就业】 2021年，团市委组织召开扎兰屯市助力乡村振兴青年创业联盟第一次全体会议，选举出联盟理事会成员，建立健全组织机构，审议通过《扎兰屯市助力乡村振兴青年创业联盟

11月29日，共青团扎兰屯市委员会组织“快递从业青年服务月”活动

章程》，为团员青年人才在开辟乡村振兴新局面中提供坚强组织保障，搭建坚实平台。继续发挥创业孵化园功能定位，对接市委、市政府，解决场地使用问题，补齐资金缺口，以“1+4+2”的运营模式带动孵化企业18家，带动就业104人，实现集群化发展的良好社会经济效应；开展公务员公益课堂讲座2次，授课312人，发放公务员考试用书1100套，对接大数据平台将招聘就业信息共享，多渠道为青年稳定就业助力。

【志愿服务】 2021年，团市委以“办实事，开新局”为统揽，致力于青少年志愿者工作改革创新，主动链接党政资源、社会力量、志愿需求，启动“我帮你”志愿服务活动。实施全市青年志愿者组织建设的“磐石工程”，调动社会各方面力量参与志愿服务，建立健全全市青年志愿者组织机构，组建名为“青·志愿”的共青团扎兰屯市委员会青年突击队，履行组织、协调、管理和指导职能，保障全市志愿服务工作的有序运转。主动适应志愿服务分布领域的新特点，协助晨曦之光、户外环保等社会公益组织制定运行制度，逐步填补志愿服务组织覆盖的短板。承办全市“学好党史办实事，植树造林践初心”大型公益植树活动，市委四大领导班子等处级领导与来自全市各行业系统的600余名党员干部、青年志愿者一道参加公益植树活动，植树2000余棵。全年先后开展关爱留守儿童、重阳节敬老爱老、环保志愿服务、无偿献血、情暖万家、节能减排等系列“我帮你”青年志愿者服务专项活动19次，引领青年践行“强国有我”的初心。打造的关心关爱困难群体的“小夜灯”计划，动员社会爱心人士关心关爱弱势群体，利用低耗能灯光送上关爱，举办活动12次，被评选为自治区优秀志愿服务项目；在寒暑假期间，开办“把爱带回家”公益小学堂，以假期“三下乡”和大学生志愿服务的方式，为家庭困难品学兼优的学生进行学习方面的帮助，帮助学生60名。

12月13日，市疫情防控爱心车队队员正在消杀

【助力疫情防控】 2021年，团市委发动全市各级团组织及青年志愿者投入疫情防控工作，召开疫情防控专题会议研究疫情防控志愿者招募管理工作，组建疫情防控青年志愿服务队伍11支，856名青年志愿者及返乡大学生踊跃报名，构建起全覆盖立体化的疫情防控志愿服务体系。印发《共青团扎兰屯市委青年突击队志愿者招募管理办法》，规范和加强志愿者的招募管理工作。青年志愿者在火车站、飞机场、客运站以及农村、社区、街道、关卡入口等疫情防控的一

线，配合公安、卫生、交通等部门及各乡镇街道、村屯社区，进行疏导、值守、扫码、登记、录入、消杀、解读宣传政策等疫情防控有关工作，全年服务时长4.32万小时，减轻市委、市政府疫情防控的工作压力。在聚居地开展宣传活动，制作标识明显的提示牌，时刻提醒居民提高防控意识，增加防控知识，发放口罩2000只，提示提醒佩戴口罩2000余人次。利用官方微信公众号、抖音、微博等新媒体，动员全社会广泛关注支持疫情防控志愿服务工作，得到社会爱心企业、爱心人士的支持，凝聚起疫情防控的强大合力。动员全市团员开展“五心”服务，与集中隔离青少年建立结对316人，开展线上心理疏导109次，线上集中活动9次；汇聚团员智慧力量，制作专属“爱心”礼包、“爱心盲盒”869个，全方位多角度加强对疫情防控一线人员、援鄂医疗人员及满洲里集中隔离人员的人文关怀，及时解决个性化问题。交通管控期间，组建团员青年爱心志愿服务车队，19天内帮助需要就医、家庭发生重大变故的老弱病残556车次。

【从严治团】 2021年，团市委举办入团积极分子培训班，组织进行团前考试，取消未参加入团考试的9名入团积极分子入团资格。专题推进中学团组织工作及各校的少先队工作19次，提出指导意见45条，协助组织开展“铸牢中华民族共同体意识”“红领巾心向党”“请党放心 强国有我”等主题团日队日活动，学校团组织及少先队工作不断规范。按时收缴2021年度团费，足额上缴团费13069元。将团建纳入党建考核。将党建带团建工作纳入党委年度工作考核指标，加大对基层团组织的考核管理力度，完善党建带团建工作的管理、评价体系。

（王鹏然）

扎兰屯市妇女联合会

【概况】 2021年，扎兰屯市有乡镇、街道妇联19个，村妇联130个，社区妇联37个，妇联干部191人（市妇联5人，乡镇街道妇联19人，村和社区167人）。市妇联发挥妇联职能作用，巩固脱贫攻坚成果同乡村振兴有效衔接，开展“美丽家园”示范村建设，创建扎兰屯市级“美丽庭院”示范户20户，推荐申报呼伦贝尔市级“美丽庭院”示范户10户、示范村2个，动员引导广大妇女主动参与农村人居环境整治，建设清洁、绿色、健康、文明的美丽家园。推动创业创新行动，鑫难农副产品有限责任公司获批2021年度“自治区巾帼现代农业科技示范基地”，推荐扎兰屯市8名优秀妇女企业家申报“巾帼新农人”创业典型。推荐25名优秀妇女参加呼伦贝尔市妇联举办的乡村振兴巾帼行动“多蓝”家政技能培训班，组织94名妇女参加呼伦贝尔市温馨职业培训学校家政技能培训，增强妇女群众的增收致富本领和就地就近就业创业能力。持续开办“女子学堂”，举办剪纸、手工编织等技能培训班4期，培训210人。

【家家幸福安康工程】 2021年，市妇联常态化开展寻找“最美家庭”活动，揭晓自治区级“最美家庭”2户、呼伦贝尔市级5户、扎兰屯市级22户，展示新时代家庭崇德向善的良好风貌。开展“最美家庭”送奖牌到家活动，把党和政府的关怀、妇联“娘家人”的温暖送到她们心中。

注重家庭家风家教建设，组织妇联干部传达学习自治区妇联"家家幸福安康工程"电视电话推进会会议精神，参观警示教育基地，引导妇联党员干部当好家庭"廉内助"；在扎兰屯市党群服务中心举办"5·15"国际家庭日、"向幸福出发"青年联谊活动，助力60余名男女青年相识、相知、相恋；开展"娅日桂·书香飘万家"主题系列活动3次，培养幼儿养成良好的阅读习惯，提升亲子体验教育质量；组织开展"依法遵纲科学施教"家庭教育指导者线上培训9期1836人次，有效提升家庭教育工作者的业务能力和指导水平。申请呼伦贝尔市级"儿童之家"项目落地河西街道新城社区；开展为留守儿童招募"爱心阿姨"工作，第一期结对留守儿童229人，形成促进家庭幸福、社会和谐的良好氛围。

9月15日，市妇联举办女子学堂暨剪纸技能培训班

【维护妇女儿童合法权益】 2021年，市妇联开展法治宣传活动，举办《中华人民共和国民法典》——家庭篇专题讲座2期，受益120人。发挥基层维权站、婚姻家庭纠纷调解室、妇女维权岗、"12338"维权热线作用，加强妇女维权机制建设，不断提高妇女维权能力。联动挂牌，创新维权服务载体。在扎兰屯市政光律师事务所建立"妇女儿童维权站"，为妇女儿童提供精准的法律咨询、法律援助和专业化绿色服务通道，提供免费法律咨询援助服务5人次；在扎兰屯市法院建立"家事少年审判庭"，调解家事矛盾，帮助罪错青少年更好、更快地回归社会；在扎兰屯市检察院联合建立"亲职教育基地"，合力构建有温度、更健康的帮教格局，预防和减少未成年人违法犯罪，作为合适成年人参与3起未成年人犯罪案件对涉案人提审和做出不起诉及督促监护令宣告送达仪式。组织开展"蒲公英"内蒙古妇女儿童权益服务项目，普及法律知识，提高妇女儿童维权意识，累计举办妇女儿童心理关爱服务活动15次1637人。与市红十字会等8单位共同发起关爱儿童健康成长志愿服务项目"小桔灯"，以"童行"女童保护公益课堂进校园为载体，到21所中小学校讲解介绍传播防性侵害相关知识，开展巾帼志愿服务298人次，受益未成年学生6337人次；有效净化校园周边文化市场，联合市文化市场综合行政执法局、市场监督管理局开展"六一"儿童节节前联合执法检查4次，筑牢未成年人文化市场、食品和意识形态领域安全阵地。

【妇联改革】 2021年，扎兰屯市19个乡镇、街道选举产生新一届妇联执委217名，常委135名，主席19名，专兼职副主席40名。173个村、社区妇联选举产生执委1064名,常委228名,主席173名,专兼职副主席233名。实现乡镇妇联主席由同级党政班子成员兼任、村和社区妇联主席进“两委”比例达100%的良好局面。借助各级党群服务中心建设,进一步规范“妇女之家”,激活妇女组织“神经末梢”,实现党的建设与妇女儿童发展共享、共促。

【“两纲”实施】 2021年,市妇联完成《2011—2020年扎兰屯市妇女发展纲要》《2011—2020年扎兰屯市儿童发展纲要》目标任务;持续组织实施中央彩票公益金“两癌”救助项目24人,24万元;开展发放“母亲邮包”活动,帮助贫困母亲解决生活中的实际困难。累计为5321名妇女进行免费宫颈癌普查,检出疾病数1451例;为428对待孕夫妻进行免费孕前优生检查,检出高风险人数208人;对2745名托幼机构儿童进行体检,检出疾病2369人次。在乡镇、街道开展“两癌”防治知识到村庄、到社区宣讲活动,提升妇女群众对“两癌”防治知识的知晓率。

【新时代文明实践工作】 2021年,市妇联在“扎兰巾帼”微信公众平台发布信息375条,影响人数4.12万人次,其中呼伦贝尔市广播电视台《身边事》等栏目采用5条,扎兰发布微信公众平台采用28条。“三八”妇女节期间,开展以“巾帼心向党·奋斗新征程”为主题的文艺展播活动5期,拍摄“巾帼风采录”4期,讲好中国榜样故事7期,传播巾帼维权声音2期,汇聚巾帼暖心力量2期,影响人数7600人次;“六一”期间,开展“童心飞扬 梦想起航”庆“六一”线上儿童才艺展播6期;开展2021寒假“把爱带回家”系列活动32次。注重线下示范带动,举办“永远跟党走唱支山歌给党听”雅鲁河文化艺术节专场演出;开展“百万巾帼大宣讲”10期,引领妇女自觉听党话、感党恩、跟党走;以弘扬社会主义核心价值观为主题,开展扣好人生启蒙“第一粒扣子”活动4次,累计捐赠防性侵图册、幼儿绘本1000本,捐赠口罩3500个。开展“讲巾帼好故事 树优秀好榜样”巾帼志愿宣讲进社区活动,调动妇女参与全面建成小康社会的热情,做新时代伟大事业的建设者。

(吕莉莉)

扎兰屯市科学技术协会

【概况】 2021年,扎兰屯市中小学科协基层组织39个,乡镇街道科协基层组织19个,企业科协基层组织2个,业务指导协会1个,科普讲师团43人,注册科普信息员1万余人。

【科技服务】 2021年7月,市科协举办有100余人参加的全市科技志愿服务能力提升暨科普讲师团、科技特派员培班,邀请内蒙古农业大学等院校教授,重点讲解科技工作者在由脱贫攻坚到乡村振兴有序衔接等方面应发挥的作用。利用内蒙古科协专项资金9120元,为全市76名基层科普信息员购买12个月的移动数据流量包。支持基层科协组织开展科普工作,免费提供印有“科普中国”手机App下载二维码的日历、中性笔、无纺布袋等科普宣传品,各类科普图书等宣传资料,为19个乡镇、街道科协组织下拨科普活动经费4.1万元。

【科普服务】 2021年,市科协通过举办“科技活动周”“科技工作者日”“全国科普日”等主题活动和参与“世界知识产权日”“防灾减灾日”等主题活动，累计开展科技培训、科普讲座70场次，科普大篷车巡展30余次，发放科普宣传资料和宣传品20余万份册，直接受益人数超过3.5万人。利用扎兰屯科普微信公众号、科普大篷车、科普信息员等平台和载体，持续宣传节能降耗、青少年健康、农牧业实用技术等。组织专家团成员到乡镇开展肉牛肉羊生猪养殖、水稻栽培、蔬菜种植等技术培训班，在学校、社区和村屯广泛宣传普及防灾减灾、营养与健康、火灾现场紧急救援、科学安全用盐、大棚种植、近视防控、糖尿病治疗等科普知识，在中国农民丰收节活动中免费发放印有“科普中国”手机App二维码图案的2022年科普挂图、环保购物袋、科普签字笔等宣传品。

【科技交流】 2021年12月，市科协邀请有关方面10余名科技专家召开扎兰屯地区大豆丰产丰收种植技术交流座谈会和科技助力乡村振兴建言献策咨询会。在大豆丰产丰收种植技术交流座谈会上，专家们就现阶段扎兰屯地区大豆种植中存在的问题进行分析，对引进新品种、新技术的种植收益进行介绍，对增产增收的好方法和好经验进行交流，为农业产业结构调整和推进农业现代化、产业化、规模化发展方面提出合理化建议。在科技助力乡村振兴建言献策咨询会上，专家们建议要紧紧抓住产业振兴这一关键，发挥乡土人才的作用，因地制宜选择适合本地区发展的产业。

9月14日，扎兰屯市全国科普日活动启动

【青少年科技教育】 2021年，市科协通过举办“科学活动营”等主题活动，累计接待1万余名青少年到科技馆参观、体验和开展研学活动，举办4期共500余人参加的科学体验活动营。与市兴华小学联合举办“百年再出发，迈向高水平科技自立自强”主题演讲比赛，在呼伦贝尔市示范性综合实践基地举办青少年心理健康讲座，在全市中小学开展防控儿童青少年近视科普宣传活动，联合市繁荣小学拍摄的科学微电影《连心桥》在呼伦贝尔市青少年科学影像节活动中获得一等奖。“全国科普日”期间与市实验小学联合举办青少年科技创新机器人大赛；在第二届呼伦贝尔市青少年创意编程与智能设计大赛活动中市实验小学3名学生分获得三等奖和优秀奖。组织全市中小学生参加呼伦贝尔市儿童科学幻想绘画比赛，获得一等奖1名、二等奖7名、三等奖6名、优秀奖3名，11名教师获评优秀辅导老师，扎兰屯市参赛的65个作品均被呼伦贝尔市科协推荐参加自治区科技节。

【科普综合实力】 2021年，市科协争取上级科普专项资金，争取到自治区科普信息员队伍建设项目资金5万元、呼伦贝尔市科协科普示范社区建设扶持资金5万元，获得2021年度中国科技馆科普大篷车车载资源更新配发名额(每套总价12万元，其中中央财政支持9万元、地方配套3万元)。巩固提升科普品牌创建活动，市科协推荐的呼伦贝尔市示范性综合实践基地等4家单位被自治区科协命名为2021—2023年内蒙古自治区科普教育基地(扎兰屯市命名数量居呼伦贝尔市各旗市区首位)，推荐中东铁路博物馆参评全国科普教育基地，扎兰屯市2021年“全国科普日”启动仪式被中国科协评为“全国科普日优秀活动”，市科协获评自治区科协“全区优秀组织单位”，市民族小学王迪获评全区优秀科普信息员。

（于杜旸）

扎兰屯市工商业联合会

【概况】 2021年，扎兰屯市工商联有会员企业194家，常委18人，副主席31人，副会长31人，执委114人。与工商联沟通联系的商会有4家，即女企业家协会、青年企业家商会、企业家商会、茶文化协会。

【桥梁纽带作用发挥】 2021年，扎兰屯市工商联组织全市100余名企业家到呼伦贝尔东北阜丰生物科技有限公司学习绿色发展的公司理念，并观摩企业智能化、标准化、现代化设备和先进的管理方式；联合市企业家商会、上海御尚会服务有限公司主办的“聚合区域资源，打造共赢平台”首届百家中小微企业商品展销会在扎兰屯市天拜山广场开幕。与青岛市呼伦贝尔市商会开展经贸交流活动，缔结友好商会，为两地商会和企业优势互补，实现互利共赢创造条件。配合市工信局推动呼伦贝尔鑫难农副产品有限公司出口的野生食用菌完成海关双备案，获得食用菌出口资质，进入欧洲市场，实现呼伦贝尔食用菌首次规模化自营出口，内蒙古野生食用菌第一次真正意义上走出国门。

【扶贫助困】 2021年，扎兰屯市工商联组织引导非公有制经济人士弘扬“致富思源、富而思进、扶贫济困、乐善好施”的事业精神，履行社会责任，参与家乡建设和社会慈善事业。国森矿业公司捐款4.2万元资助25名贫困大学生，呼伦贝尔金马公司党委“爱心助学”捐款1万元；市永兴百货党支部捐款社区困难户1万元；呼伦贝尔松鹿制药党支部向社会捐赠款物7万元。开展“百企兴百村”活动，组织全市100家民营企业与100个行政村结成乡村振兴对子，实施结对项目32个，建设特色产业基地21

7月1日，市非公有制企业庆祝中国共产党成立100周年文艺演出

疫情防控期间，市工商联组织企业家捐款捐物活动

个，筹集产业振兴资金4750万元。向鑫难农副产品有限责任公司等8家民营企业发放产业发展资金1302万元。

【商会工作】 2021年，扎兰屯市工商联健全完善党组议事制度、主席议事制度、会员发展和管理制度等民主规范的议事决策规则。发挥企业家主体作用，兼职副主席（副会长）的企业家直接参与市工商联（总商会）工作决策和日常事务管理，出席重要会务活动，增强企业家的归属感和荣誉感。

【疫情防控】 2021年，市工商联发布《致全市广大民营企业家的倡议书》，号召民营经济人士紧携手、合众志、同努力、克时艰，以“国家有难，匹夫有责”的强烈社会责任感和担当意识，踊跃捐款献爱心。民营企业捐款捐物97.85万元，由市红十字会统一发放到全市12个乡镇7个办事处，各商会成立“抗击疫情志愿者突击队”，招募志愿者参与全市疫情防控。

（王兴佳）

扎兰屯市文学艺术界联合会

【概 况】 2021年，市文联所属文艺协会9个，即作家协会、书法协会、美术协会、摄影协会、音乐协会、曲艺协会、戏剧协会、民间艺术协会、舞蹈协会；学会1个，即诗歌朗诵学会，会员500余人。

【文艺惠民】 2021年，市文联组织书法家协会、美术家协会的会员到浆纸公司，开展以“新春送祝福，文化进万家”为主题的“迎新春、送春联”基层惠民活动。联合市关工委、呼伦贝尔市（根艺）石艺美术学会，开展“共克时艰 战胜疫情”根艺、书法、美术作品交流会，到库堤河小学，展出作品70余件。在疫情防控期间为华驿宾馆、惠丽明珠、鑫港酒店等隔离宾馆赠送《布特哈》杂志360余本。

【文艺创作】 2021年，市文联组织各个协会及会员创作优秀的建党百年作品，举办庆祝建党100周年主题画展作品研讨交流会——暨“吴厚斌教授讲座”。征集抗疫作品，其中李鑫《抗疫小憩》油画、高振海《坚守》钢笔画在《呼伦贝尔日报》12月27日6版“文化视点”刊发。邀请齐齐哈尔市书法家协会、美术家协会、齐齐哈尔市书画院书画爱好者到浩饶山—柴河采风并进行文化交流，创作书法、绘画作品20余幅，促进两市的文化交流与传播。

【文艺交流】 2021年，市文联组织书法家协会、美术家协会、摄影家协会及民间艺术家协会，在呼伦贝尔根艺

6月28日，庆祝中国共产党成立100周年扎兰屯市书画摄影综合艺术展

美术学会展厅，举办庆祝中国共产党成立100周年书画摄影综合艺术展，展出书画、摄影、剪纸、根艺、雕塑等各类艺术作品200余件。联合繁荣办事处胜利社区举办“共筑强军梦　翰墨书怀情”暨庆“八一”走进消防队主题活动，为战士们带去100余幅书法、绘画及摄影作品。联合呼伦贝尔市根艺(石艺)美术学会、扎兰屯市文化产业办公室，在成吉思汗机场举行书画摄影综合艺术展。

【文艺阵地】 2021年，市文联编辑《布特哈》文学期刊4期；在新城社区设立文艺活动中心1处；征集抗疫作品，举办网络展览，发挥网络阵地宣传优势，筛选优秀的文学艺术作品在美篇进行刊登和转发，扩大文艺宣传覆盖面。

（王鑫宇）

扎兰屯市残疾人联合会

【概况】 2021年，扎兰屯市有各类持证残疾人14713人，其中一、二级重度残疾人5039人；享受残疾人护理补贴4438人(每人每月100元)，享受残疾人困难生活补贴7016人(每人每月100元)，同时享受两项补贴的残疾人有2874人。争取扶残助学补贴，累计资助贫困残疾学生5名，发放助学金7000元，其中专科学生3人、本科学生2人；扶持残疾人就业创业，建立残疾人就业扶贫示范基地3个，带动残疾人就业18人；推荐残疾人托养中心为扎兰屯市辅助性就业机构，集中安置残疾人就业8人；落实机动轮椅车燃油补贴，开展政策宣传、摸底调查、严格申报审核，全年拟发放残疾人机动车燃油补贴300人，共7.8万元。争取“阳光家园”项目，以政府购买服务形式，通过“12349”服务平台等托养机构，为213名贫困智力、精神、重度肢体等残疾人提供基本生活照料和护理、生活自理能力训练、社会适应能力训练、职业康复和劳动技能训练、辅助就业及支持性就业服务，发放托养补贴每人1500元，累计31.95万元。争取该项目资金63万元，为扎兰屯市180户贫困残疾人家庭进行无障碍改造，帮助残疾人补偿功能，改善生活环境，从根本上提升贫困残疾人家庭配套设施及出行条件。

【残疾人康复】 2021年，市残联发挥指导监管作用，依托扎兰屯市残疾儿童康复中心，为16名残疾儿童进行康复训练。开展残疾人精准康复家庭医生签约服务工作，帮助残疾人足不出户就能享受到健康咨询、巡诊等服务，解决残疾人的生活困难。以中医心身健康技术为引领，开展残疾预防和康复服务，到村、社区，为残疾人及其亲友进行心理疏导和健康调理，帮助他们获得健康心理和阳光心态，推动实现“人人享有康复服务”目标和残疾预防工作的开展。

【残疾人技能培训】 2021年，市残联结合疫情防控工作，在各基层工作群开展线上农村实用技能、城镇职业技能培训；在洼堤乡、哈多河镇等举办“残疾人脱贫攻坚实用技术培训班”6期，城镇残疾人职业技能培训1期，培训贫困残疾人230余人；按照规定协调税务部门开展残保金审核、清缴工作，营造良好残疾人就业环境。

【残疾人数据动态更新】 2021年，市残联组织采集全市15790名残疾人的基本信息、住房、就业、社会保障、基本医疗与康复、无障碍、文化体育等方面基本状况及需求，为精准服务残疾人提供依据。

【残疾证到期换证】 2021年，市残联为让疑似重度残疾且有办理残疾证意愿的残疾人以及残疾证即将过期的残疾人及时办理（换发）残疾证，享受到国家相关扶贫政策，推进精准脱贫进程，市残联会联合定点医疗机构开展“残疾评定、办理残疾证、更换残疾证”服务，为全市1430名残疾人办理残疾重新鉴定和换证业务。

【残疾人合法权益】 2021年，市残联加强残疾人证核（换）发管理工作，严格工作流程、严格工作标准；结合精准扶贫动态管理，确保符合条件的残疾人困难户享受各项政策；继续加大残疾人法律援助服务，引导残疾人依法表达合理诉求，成立“扎兰屯市残疾人法律救助（援助）工作站”依法维护残疾人合法权益；创新残疾人信访工作机制，推动信访信息化，及时解决残疾人最关心、最直接、最现实的问题，维护残疾人合法权益。

（倪瑞雪、东鹏文）

7月25日，慈善草原行扎兰屯市残疾人轮椅捐赠仪式

扎兰屯市红十字会

【概况】 2021年，扎兰屯市有红十字会基层组织261个，团体会员27个，个人会员7318个。

【公信力建设】 2021年，市红十字会发挥监事会作用，参与捐赠款物收支、“三重一大”审议事项、项目招投标、采购物资验收、“博爱送温暖”回访等工作。建立健全《制度汇编》。完成2020年度捐赠款物管理工作审计，无违规违纪问题并逐级上报和公示；完成第三方2017—2020年度审计，获得内蒙古自治区财政厅、国家税务总局内蒙古自治区税务局2021—2023年度公益性捐赠税前扣除资格。每季度对“博爱一日捐”收支和项目建设情况公示，全年公开公示10期。

【人道主义文化传播体系】 2021年，市红十字会在第四

3 月 3 日，全国爱耳日宣传暨义诊活动

中学建成人道文化传播点，打造红十字文化走廊。开展“5·8”世界红十字日等主题宣传活动 13 场次，参与干部群众、师生 2 万余人；制作、发放折页、宣传兜等宣传品 1.9 万余份，调用宣传车 8 台，与乡村大喇叭同步集中播放应急救护知识和《中华人民共和国红十字会法》相关内容。选派 3 名优秀教师参加全国《国际人道主义法》培训班，并将《国际人道主义法》纳入学校校本课程；开展讲座 4 期，培训 900 余人。印发简报 136 期，各级各类媒体采用 184 篇次。征订“一报” 49 份、“一刊” 26 份。

【人道主义资源动员体系】 2021 年，市红十字会完成中和镇水甸沟村博爱家园创建，为该村翔丰养殖场投入生计金 5 万元，无息循环使用 3 年。完成第四中学自治区级红十字示范校创建。开展红十字文化传播讲座 1 期，开展生命健康安全体验活动 1 次。新注册志愿者 35 名，新定制志愿者和应急救援队服装、鞋帽 118 套。召开志工委培训暨工作部署会，召开专项培训班 4 期，完成志工委资金管理第三方审计和年度备案。发起“寻找红十字爱心妈妈”倡议活动，为 138 名留守困境儿童结对爱心妈妈；组织开展“春赏杜鹃　我帮你”、敬老助残、心理咨询、专家义诊、暑期防溺水警示宣传等志愿服务活动 81 次，参与志愿者 403 人次，服务时长 2531 小时。筹集 2021 年“博爱一日捐” 171.75 万元，定向捐款 20.54 万元，疫情专项筹资 101.27 万元，筹集防疫物资价值 41.11 万元，“99 公益捐” 网络筹资 2.75 万元，位列呼伦贝尔市第一。接收捐赠大型医疗设备血样分析仪价值 110 万元。

【救援救护救助体系】 2021 年，市红十字会修订完善《扎兰屯市红十字会自然灾害和突发公共事件应急预案》。全面清理备灾物资库，做到账实相符、管理规范。储备救灾物资 66 万元，备灾基金 140 万元。在兴华街道青松社区加挂红十字应急备灾服务站牌，投入资金 2 万元为 3 家博爱超市投入米面等物资、制作货架。与文化小学联合开展校园防暴演练，参与全市新冠肺炎疫情防控演练 2 次，重新招募整建应急救援队员 18 人，选派市医院两名专业医务人员参加国家、自治区应急救护师资培训班。投入资金 15 万元建成应急救护角、点 3 个，购置 AED 机 2 台。举办应急救护员培训班 11 期 674 人次，普及性培训班 7 期 3959 人次。投入资金 43 万余元，开展“红十字博爱温暖送万家”、疫情防控和大病等临时救助活动，受益群众 1.2 万人次。为 264 名贫困患者实施“光明行” 免费白内障复明手术。向 63 名应届贫困大学生发放助学金 15.3 万元。为市应急救援大队发放运动鞋、运动裤，为受灾生活困难家庭发放家庭救急箱、棉被等，总价值2.74万元。为水毁房屋残疾户筹集定向捐款0.5万元用于房屋重建。成功申请小天使救助基金2名6万元，申请先心病救助基金1名。为155名家庭贫困中小学生免费配近视镜，价值4.65万元。为10名学前贫困儿童发放价值0.3万元的运动服和书包。

【关爱生命体系建设】 2021年，市红十字会完成4个年度412人份入库造血干细胞血样采集者回访工作。开展无偿献血、造血干细胞、人体器官捐献宣传动员7次。人体器官捐献志愿报名265人，登记眼角膜志愿捐献者213人，登记遗体志愿捐献者123人，采集造血干细胞血样26人份，无偿献血23人份8000毫升。2名志愿者首次机采血小板成功。

【开放共享建设】 2021年，市红十字会在扎兰屯职业学院成立由近300名师生组成的红十字会志愿服务队，利用寒暑假开展疫情防控、环保宣传、义务劳动、孝老爱幼、民族团结、红色精神宣讲、乡村振兴等志愿服务40余次，服务时长632小时。

【创新工作】 2021年，市红十字会完成五个方面的创新工作。

“红十字”助力乡村振兴 为高台子五一村蒙东食用菌厂等4家合作社投入生计金26万元，无息循环使用3年，带动贫困人口年均增收0.5万元以上。自主投入资金72万元在中和镇四道沟村等4个村建设红十字桥4座，解决1万余名贫困村屯老百姓出行难、春种秋收难的实际问题。

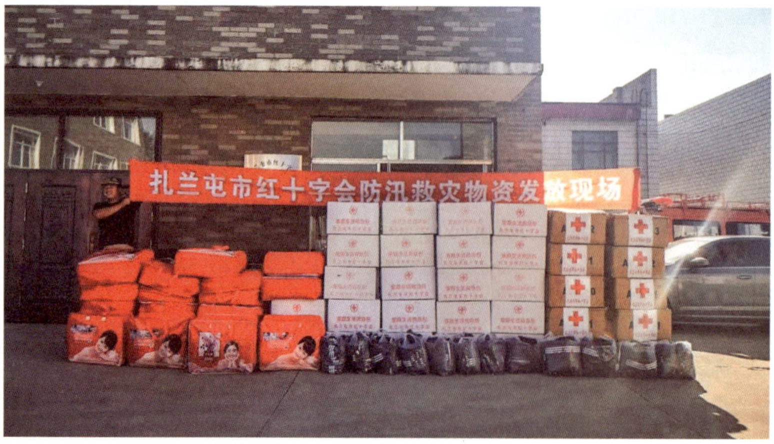

7月30日，市红十字会发放防汛救灾物资

“小桔灯”搭建安全防火墙 作为呼伦贝尔市首家、自治区第二家专业化开展女童保护公益活动的市红十字会“小桔灯”“童行·女童保护”团队，走进24所学校开展少年儿童防性侵公益讲座，发放防性侵手册8163册，受益师生8069人，参与志愿者183人次。在青松社区成立红十字心理工作室，面向不同群体开展心理健康线上线下公益讲座9场，受益学生家长3893人；开展留守儿童线上线下心理关爱活动45次，受益儿童2489人。

“救在身边”推动全民学急救 争取财政资金10万元，用于购买培训教材等用品。联合市应急局、卫健委、教育局印发《关于印发扎兰屯市开展应急救护培训工作实施方案的通知》。投入资金2.1万元购置应急救护培训设备，在职业高中成立红十字应急救护培训基地，面向全市开展应急救护培训。2021年，在基地开展救护员培训班3期，参加培训157人。在金龙山青少年素质教育基地成立红十字青少年素质教育基地，投入资金1.5万元打造应急救护体验馆和培训教室。对每期参加素质教育实践活动的中小学生进行安全教育、体验和应急救护培训，成为宣传红十字文化、核心业务、安全教育、应急救护培训为一体的红十字青少年综合性服务平台。为537名中小学生开展应急救护知识等相关培训。

4月25日，市红十字会组织“生命的乐章”人体器官捐献缅怀纪念及宣传普及活动

“群众身边的红十字会”夯实基层组织体系 印发《关于加入红十字会员的邀请函》，在2020年11家会员单位的基础上，新增红十字团体会员16家共计27家，个人会员达到1045人，收缴会费15.4万元，设立会费管理专户。规范统一会员档案管理，精心设计活动载体，丰富会员单位共建活动。

“暖心直通车”贡献红十字抗疫力量 满洲里疫情发生期间，第一时间发出疫情防控志愿者招募令、疫情防控倡议书，招募志愿者125名，志愿开展人员密集场所佩戴口罩监督、居家隔离人员监测、驰援满洲里等防控工作；组织专业心理咨询师志愿者20余人成立心理疏导团队，每天线上推送疏导咨询课程并通过融媒体推送8节空中心理讲堂，为隔离人员和工作人员舒缓紧张心理压力；与团市委组建志愿者“爱心”车队并成立临时党支部，在交通管制期间累计出车4916.8公里；围绕市委提出的“四品四送”暖心服务，先后5次为14家隔离点送去特色美食和300余件生活必需品。

（隋建新）

法治

政法与综治

【概况】 2021年，市委政法委加强重点人员、重点单位监管监控，组织开展重大决策事项社会稳定风险评估13项、开展反邪教宣传活动30余次。结合教育整顿工作，排查出新收涉法涉诉信访案件42件，完成上级移交的112件涉法涉诉案件线索核查，查实33件，查实问题全部整改，并追究相关人员责任；收到中央平台举报重点线索6件，签订息诉罢访书化解2件，依法终结4件，对未化解线索做好教育疏导和稳控工作。开展社会稳定风险评估，共性指导各单位完成16重大决策和项目的社会稳定风险评估工作，有效预防不稳定事件的发生。

【市域治理试点创建】 2021年，市委政法委成立以市委书记、市长为双组长的“平安扎兰屯建设工作领导小组”“扎兰屯市落实呼伦贝尔市创建全国市域社会治理现代化试点合格城市工作领导小组”，发挥党委统揽全局作用，落实好平安建设领导责任制，量化共性工作目标为17类41大项88小项任务，特色工作目标3项7个任务。结合平安建设工作，不断加强社会治安防控体系建设，开展社会治安重点地区排查整治，推进重点公共区域和重点行业领域视频监控系统全覆盖。落实实名登记备案、人证核验、信息采集共享、人脸自动识别技术监测预警等措施，对重点单位、重点场所及重点交通部位安装视频监控探头、一键式报警器；重点强化网络意识形态阵地管控，监测网络舆情157条。

【社会治安综合治理】 2021年，市委政法委建立健全联防联治机制，组建基层联防联治队伍171支，队员1400余名，配置标准化办公场所150处，在疫情防控中发挥重要作用。面向社会公开招聘30名社区专职网格员补充力量。举办全市网格员队伍专业知识培训班，对各乡镇街道300余名网格员代表开展业务知识培训，提升网格员工作能力和水平。建立“农村治保110”联动机制，加强“农村110瞭望哨工程”建设。提高科技防范水平，密织视频技术防控网。推动旅馆业、机动车修理业、娱乐服务业信息化管理，落实实名登记备案、人证核验等技术监测预警措施。

【政法队伍教育整顿】 2021年，市委政法委开展政法队伍教育整顿，政法各单位先后组织召开专题学习会50余次，组织专题研讨会、心得交流会、组织生活会61场次。围绕“七大顽瘴痼疾”（违反防止干预司法“三个规定”；违规经商办企业和配偶、子女及其配偶违规从事经营活动；违规参股借贷；有案不立、压案不查、有罪不究；违规违法减刑、假释、暂予监外执行；法官检察官离任后违规从事律师执业、充当司法掮客；办“金钱案”“关系案”“人情案”，执法不严、司法不公）开展核查，查找出七大顽瘴痼疾151个，其他顽瘴痼疾57个，均完成整治，整治率100%。开展教育整顿上级移交和扎兰屯市自收线索办理工作，办结上级移交线索112件，自收线索20件。全市自查干警150余人，被查干警50余人。落实“自查从宽、被查从严”政策，对问题干警做出处理210人。政法各单位充分结合工作实际，深入研究、了解群众的急难愁盼问题，制定新制度78项、修改完善制度101项，推出便民利民举措88项。

3月28日，市政法队伍教育整顿专题党课

【扫黑除恶专项斗争】 2021年，市委政法委加强扫黑除恶专项斗争的组织领导，召开工作会议3次，研究部署扫黑除恶整体推进、线索倒查、机制建设等相关工作。办结“12337”平台举报线索6条，呼伦贝尔市交办线索5条。统筹市公安、交通、住建、自然资源、生态环境等行业部门在网络信息、交通运输、工程建设、自然资源、生态环境、房地产领域开展专项整治。印发《关于进一步做好扫黑除恶专项斗争常态化行业领域长效机制建立完善工作的函》，实行各行业领域部门与上级领导部门定期对接机制，建立各行业领域长效机制。

【执法制度机制建设】 2021年，市委政法委结合第一、二批教育整顿工作，针对“顽瘴痼疾”和其他执法中容易发生问题的关键岗位、关键环节，推动政法各单位制定和完善制度、规定、办法220项，提升执法规范化水平。开展执法检查4次，对公检法窗口单位、派出所进行明察暗访；开展异地专项交叉评查2次。结合教育整顿，组织政法各单位开展案件线索办理情况复查2次，协调纪委监委和检察机关开展线索评查2次。对发现的问题提出整改建议，督促其全部整改完成。

【法律法规宣传】 2021年，市委政法委开展法治文化基层行活动35次，法治宣传助力扶贫扶志用法治保障助力脱贫攻坚52次。开展法治文化进校园活动15次，民法典普法宣传讲座活动3次，“防控疫情、民法典宣传、法治同行”系列宣传活动8次，民法典、扫黑除恶、保护野生动物等法律法规大型宣传活动13次，发放不同种类宣传品约1500余份。开展“12·4”国家宪法日和“宪法宣传周”等宣传活动。依照《中华人民共和国传染病防治法》等法律法规全力维护防疫秩序，坚决依法打击各类违法犯罪。依法平等保护民营企业产权和企业家权益。切实提高为民营企业发展的诉讼服务水平，建立涉企诉讼的“绿色通道”。

（于博萍）

公安

【概况】 2021年，市公安局立刑事案件985起，破获年内案件466起。发命案3起，全部告破，破命案积案2起，抓获命案逃犯2人。抓获网上逃犯29人，抓获库存逃犯2人，抓获外省逃犯14人，抓获本地上网在逃25年以上命案积案逃犯2人。发现受理行政治安案件1658起，查结治安案件1165起。破获毒品案件1起，与19个乡镇签订禁种铲毒责任状，开展毒品踏查工作24次；开展禁毒宣传20次；青少年毒品预防教育平台注册率100%。查处涉黄涉赌案件162起，其中刑事案件13起，治安案件149起，刑事处罚16人，治安处罚888人，破获厅督办聚众淫乱案件1起。成功侦破内蒙古自治区“云剑—2021”团圆行动首起厅督办拐卖儿童案件，开展“打拐”集中宣传5次，累计破获涉拐案件2起，打处涉拐嫌疑人7人，成功解救被拐儿童1人，解救被拐妇女1人。破获生态环境立刑事案件6起，破获刑事案件4起，移送起诉刑事案件2起，打击处理涉嫌犯罪人员6人，侦破涉嫌生产销售假冒伪劣种子案1起；开展涉林违法犯罪打击工作，立刑事案件32起，破案24起，撤销案件6起，采取刑事强制措施27人；受理治安案件4起，结案4起，行政拘留4人。办结林业行政案件101起，打击处理违法人员101人次，行政罚款53.08万元。

6月26日，市公安局民警进社区宣传反诈App

【政法队伍教育整顿】 2021年，市公安局围绕政法队伍教育整顿“三个环节”，举办专题讲座、组织集中学习40余次，发放学习资料1300余册，累计参学达1.9万余人次；组织召开违反“三个规定”宣讲大会、典型案例通报会、“开门纳谏”征求意见座谈会；制定整改方案及任务分解表，细化57项整改措施，出台涵盖党建工作、队伍管理、正风肃纪、执法司法、业务服务、监督制约、岗位交流、素质提升等8类、78项工作规范及工作制度，用制度补短板、堵漏洞、固根本，深化巩固政法队伍教育整顿工作成果。做好交管队伍教育整顿“大补课”工作，落实各项工作措施。

【维护稳定】 2021年，扎兰

屯市市社会大局稳定，未发生危害国家安全和社会稳定的行动性、破坏性活动，未发生造成影响的大规模宣传煽动破坏活动，未发生因社会矛盾引发的个人极端行为。完成春节、元宵节、全国全区“两会”、建党100周年安保、十九届六中全会、上级领导调研视察工作警卫等一系列重大活动节日的安保工作。

【反电诈】 2021年，市公安局建成反诈中心，采取7×24小时轮流值班工作制，提升反诈侦防工作的能力水平。立新型电信网络诈骗案件408起，破案91起，打处犯罪嫌疑人125人，破获涉案金额50万元以上的重大案件5起，止付金额数5156.98万元，冻结金额数618.93万元，挽损发还58.63万元。累计发放反诈宣传单15万余份，张贴宣传海报3000余张，开展反诈讲座90余次，拨打预警劝阻电话3.5万余次，通过自媒体、公众号发布反诈文章150篇，推广安装使用国家反诈App13万余人。

【疫情防控】 2021年，市公安局严格落实“外防输入、内防扩散”的总体要求，各派出所制定疫情防控五级防控网格，责任落实到每个网格员，每个辖区制定防控预案，对隔离场所进行24小时管控。制定蒙黑交界新冠肺炎疫情联防联控警务合作机制，筑起疫情防控防火墙。满洲里疫情期间，组织100名干警驰援开展为期31天的疫情防控工作，完成满洲里隔离人员转运任务。

【交通安全管理】 2021年，市公安局排查整改各类交通安全隐患16处。受理道路交通事故4636起，未发生重大交通事故。查获各类交通违法行为84477起，同比下降20.9%。查获酒驾547起、醉驾73起，刑事拘留96人次，行政拘留63人。办理驾驶证补换业务9986笔，驾驶证审验业务3456笔，小型汽车落户业务3683笔，摩托车落户业务209笔，制作牌照17221副。

【监所安全管理】 2021年，市公安局突出防隐患、保安全，确保全年监所安全无事故。未发生在押人员自杀、自残、脱逃等责任事故。

【户籍管理】 2021年，市公安局坚持发展新时代“枫桥经验”，推动“两队一室”建设。持续推进“1+1+N+X”社区警务运行模式，出台多项便企利民服务措施，临时身份证办理权限下放至派出所，办理身份证实现就近办、一次办，公安户籍办理实现“互联网+”网上办理预约咨询服务，户口迁移实现跨省通办。全年办理身份证10588个，全国异地身份证519个，军人身份证15个，居住证138个，临时身份证1081个。全市常住户167367

12月20日，市公安局成立疫情防控突击队

户，同比减少813户；户籍人口396980人，同比减少4291人。其中城镇人口176140人、乡村人口220840人，出生1877人、死亡3712人，迁入2666人、迁出5122人。

【出入境管理】 2021年，市公安局持续倡导"非必要、非紧急不出境"，受理公民因私出国（境）申请135证次，护照17证次，往来港澳通行证件67证次，单独澳门签注48证次，往来台湾通行证2证次，港澳居民来往内地通行证1证次，劝阻2089人非必要出国（境）活动，推进维护正常出入境秩序，防范境外疫情输入。

【扫黑除恶】 2021年，市公安局实行扫黑除恶常态化运行工作机制，保留原有扫黑除恶专项斗争领导小组及线索核查专业队伍，保持打击涉黑恶违法犯罪的高压态势，力争彻底铲除滋生黑恶犯罪活动的土壤。累计核查全国平台线索5条、公安部督办线索1条、公安厅督办线索5条，呼伦贝尔市级线索4条，办结14条，办结率93.3%。

【"放管服"改革】 2021年，市公安局设立政务服务分中心（交警大队车管所大厅、户政外事业务大厅），保证人员、事项全部进驻政务服务分中心实体化运行。153项行政审批服务事项，除网吧备案、刻章备案2项事项，其他151项事项及均入驻扎兰屯市政务服务中心分中心集中办理，单办事项涉及部门开设专职窗口；联办事项涉及部门完成人员、事项进驻政务服务分中心开展服务工作，并选派"一次办"代办员，使用统一显著标识进行服务工作。落实"12345"政务热线工作。受理群众咨询、建议、投诉等各类工单92件，办结92件。在卧牛河、柴河、南木实施派出所与交警中队"两警合一"警务模式，在蘑菇气、哈多河、大河湾、柴河4所进行车驾管11项业务试点工作。落实出入境证件"全国通办"、出入境证件降费、取消护照加注收费等便民利民新措施。缩短办证时限，内蒙古自治区区内居民申办出入境证件时限缩短为5个工作日（不含邮寄时间）。推出免费照相复印、免费手机充电等8项免费服务，启动老年人办证"绿色通道"、简化老年人办证照片采集流程等6项新举措。开通出入境证件办理多元化缴费服务，提升出入境管理服务科学化、便利化水平。

7月15日，市公安局刑事侦查党支部荣获"自治区公安系统先进基层党组织"称号

【公安改革】 2021年，按照公安厅统一要求，扎兰屯市森林公安局与扎兰屯市公安局食药环犯罪侦查大队整合，设立扎兰屯市公安局生态环境食品药品犯罪侦查大队。市公安局现设机构13个，派出机构26个（其中派出所19个，机场派出所1个、森林

公安派出所6个),监管场所2个。所属副科级单位6个,即刑事侦查大队、治安管理大队、交通管理大队、扎兰屯市看守所、政治安全保卫大队、生态环境食品药品犯罪侦查大队。行政编制450人,民警472人(其中事业编48人),辅警420人,党员占全体民警辅警的47.2%(421人),大中专以上民警占全体民警的96.2%(454人),刑侦体制改革全部完成,刑警大队由以往的责任区工作模式转变为探组制工作模式,下设“6+1”探组,由派出所承接部分刑事案件,确保进一步发挥刑事侦查打击专业化职能作用。

【亮点集群】 2021年,市公安局推进“情指勤舆一体化”警务运行机制建设,构建“点对点”式指挥结构,实现运用各类数据开展日常警情、各节点维稳工作、大型安保活动等案事件的指挥调度,实现与派出所综合指挥室和大数据大厅的联动。在各重大案事件、专项行动及疫情防控期间,指挥中心发挥职能优势,将最优资源用于一线指挥,确保指挥体系高效运作。

(林　颖)

检察

【概况】 2021年,市人民检察院受理审查逮捕102件153人,批准逮捕86件120人;受理审查起诉322件468人,经审查,提起公诉285件404人;适用认罪认罚从宽制度办理案件267件308人,提出确定刑量刑建议263人。

【公益诉讼检察】 2021年,市人民检察院发现案件线索132件,立案119件,发出检察建议102件。

【职务犯罪检察】 2021年,市人民检察院受理监委移送职务犯罪3件6人,起诉3件6人,全部提前介入侦查,制发检察建议2份;对民事、行政执行活动监督案件70件,对审判人员违法行为监督30件,发出检察建议104件。

【刑事执行检察】 2021年,市人民检察院清查扎兰屯市看守所在押人员档案2500余册,清查暂予监外执行18人次;发出检察建议11件,纠正违法16件,审查暂予监外执行案件1件。

【监督检察】 2021年,市人民检察院监督立案4件8人,监督撤案6件18人。追诉漏犯8人,追诉遗漏罪行4人,提出刑事抗诉7件,检察长列席审委会2次。

【信访工作】 2021年,市人民检察院接待群众来访30人次,收到群众来信4件,均在7日内进行程序性回复。

【综合业务】 2021年,市人民检察院导出案件程序性信息471条、重要案件信息发布6条、公开法律文书239份,“12309”辩护与代理预约查

9月29日,市人民检察院干警庆祝中华人民共和国72岁华诞

询31件次;接待律师37人次,提供电子卷宗光盘61张。

【未成年人检察】 2021年,市人民检察院受理批捕未成年人案件2件2人,均不批准逮捕;受理批捕侵害未成年人权益案件6件6人,受理起诉未成年人犯罪案件4件4人。

（包佳宁、王显孟）

法院

【概况】 2021年,扎兰屯市人民法院受理各类案件9225件,同比上升44.21%,结案8120件,同比上升36.29%,综合结案率95.50%,法定审限内结案率100%。

【刑事审判】 2021年,市人民法院受理刑事案件360件,审结339件,结案率90.40%。审结故意杀人、故意伤害等各类侵犯人身安全犯罪37件67人,抢劫、盗窃等各类财产安全犯罪63件77人;突出打击涉众型经济犯罪,审结非法吸收公众存款犯罪案件2件2人;审理的"信和联谊"社会影响较大的涉众型非法集资案件,为受害人挽回了大部分损失;严惩贪污、受贿类职务犯罪案件7件7人。

【民事审判】 2021年,市人民法院受理民事案件4910件(含旧存301件),同比上升28.10%,审结4356件,同比上升23.29%,结案率95.50%,民事案件调撤率41%。妥善审理各类涉民营企业案件,审结案件14件,涉案标的金额2300余万元,为维护民营企业合法权益、促进民营经济健康发展提供司法服务和保障。

【行政审判】 2021年,市人民法院行政庭受理各类案件468件(含执行异议案件83件),审结437件(含69件执行异议案件),综合结案率76.93%。其中行政案件审结61件,民事案件审结307件,司法救助案件审结1件,执行异议审查案件审结69件。行政庭参与参加环资案件的审理审查61件。行政庭负责破坏草原林地违规违法行为专项整治行动,对2010年以来审结的159件环境资源案件进行复核审查。行政庭审理的原告徐国芳与被告扎兰屯市水利局等案件均是在扎兰屯市拆迁、社会保险、扶贫、营商环境打造等行政管理领域疑难复杂,影响较大,与群众利益密切相关的行政案件。

【执行工作】 2021年,市人民法院旧存案件116件,新收案件3216件(其中截至11月30日新收3048件,12月1日至31日新收168件),合计3332件,已结2838件,未结493件,结案率85.17%。不含12月新收案件结案率93.11%。自4月20日,自治区高院整治执行领域顽瘴痼疾"百日攻坚"行动的工作开展以来,通过一案一账号系统发放案款6194.7万余元。采取多项措施,防范化解金融风险,明确审理和执行涉金融案件的具体要求,与金融等相关部门建立联动机制,全力确保金融案件的审理提档升级、高效有序,审理涉金融借款纠纷案件222件,结案标的金额259.36万元。

【司法公正】 2021年,市人民法院严格落实立案登记制,坚持"有事必登、有诉必理、有案必立",当场登记立案率98%以上。以信息化建设为依托,开通"12368"诉讼服务热线、电子屏滚动播出开庭公告,为群众诉讼提供便利;推广巡回审判和案件繁简分流机制,发挥好巡回办案点和诉讼联系点作用,让群众真切地体会到司法的公正高效,目前巡回审理案件210余件,通过多元纠纷解决机制诉前化解纠纷289件;开展司法救助工作,设立法律援助工作站,完善司法救助制度,规范诉讼费减、缓、免申请和审批程序,为64件案件当事人减、缓、免诉讼费用28.27万元,保障困难群体的诉讼权益;深化司法公开。在中国裁判文书网公开文书率100%,在中国庭审公开网公开案件率100%。建立诉调对接中心,加强与行政机关,人民调解组织,行业调解组织及工、青、妇等部门的对接工作,整合力量,实现诉讼与非诉讼纠纷解决方式在程序安排、效力确认、法律指导等方面的有机衔接,建立多元化解纷机制,最大限度化解矛盾纠纷,维护社会和谐稳定。

【教育整顿】 2021年,市人民法院组织召开动员部署会议4次,召开党组会议研究部署队伍教育整顿工作15次;队伍教育整顿领导小组召开工作推进会议27次;到基层法庭指导督导25人次;“一把手”带头讲党课2次;开展谈心谈话5轮,250人次。举办、参加各类轮训班、党课、专题讲座等50余期次,参加、参训干警3400余人次。排查影响制约法院司法的深层次问题,排查案件线索69件,办结69件,办结率100%,查实23件,查否46件,查实率33.3%。针对“7+2”顽瘴痼疾,排查出存在问题12项,涉及7类顽疾,涉及干警28人,涉案46件,要求相关庭室、涉及干警立行立改,整改完成率100%。新制定及完善制度31项(其中新制定制度11项,完善已有制度20项),印制《扎兰屯市人民法院队伍教育整顿制度汇编》,形成建章立制台账。在正风肃纪方面,围绕廉政风险防控、家庭廉洁自律和领导干部个人重大事项报告等内容建立长效机制12项;在执法司法制约监督方面,围绕顽瘴痼疾整治反映出的堵点、难点问题,建立长效机制12项;在干警素质提升和政法干部交流轮岗方面建立制度3项。为规范日常学习、严控意识形态管理,修订完善相关制度4项。

【涉林草案件倒查】 2021年,市人民法院制定《扎兰屯市人民法院关于破坏草原林地违法违规行为专项整治行动工作方案》,案件排查组对2010年以来审结的涉草原林地的刑事处罚、公益诉讼、生态环境损害赔偿三类案件进行全面梳理排查,认真复核刑事处罚是否存在处罚不当、降格处理、以罚代刑,公益诉讼、生态环境损害赔偿案件是否存在不予立案、判决不当、不予确认等问题情形。涉及草原林地的行政公益诉讼案件2件,刑事附带民事公益诉讼案件6件,刑事案件159件。上述案件,按照一案一档的排查工作要求,均排查完毕,除1件案件退回检察机关外,不存在处理不当的情形。

(王嘉琪)

司法行政

【概况】 2021年,市司法局举办全面依法治市委员会第三次会议,建立全市党政主要负责人述法工作制度。制定中央依法治国办督察反馈问题整改措施107项,完成法治建设突出问题年度整改,对26部法规规章和规范性文件进行征求意见并及时反馈。繁荣司法所获得“全国模范司法所”称号,正阳、成吉思汗、繁荣、卧牛河、中和司法所被评为“自治区一级司法所”。深化两所联动，与全市19个公安派出所建立联建工作机制，联合调解153次，联合摸排172次，信息资源共享310次，有效整合“两所”职能，维护社会和谐稳定。

【政法队伍教育整顿】 2021年，市司法局开展政法队伍教育整顿，围绕“四进四专题一实践”开展学习教育，围绕线索排查、“自查从宽，被查从严”政策落实、“七大顽瘴痼疾”“三个规定”等内容开展查纠整改，组织谈心谈话4轮，涉及干警210人次，在编在职干警56人完成两轮次自查表填报，填报问题25个，召开专题民主生活会和组织生活会。围绕上级督察内容和反馈问题推进整改，建立整改销号制度、顽瘴痼疾工作推进机制等27项制度，推进总结提升。对系统内15名干警和29名律师给予提醒谈话、通报批评、诫勉谈话，依法依纪从宽处理。

【行政复议】 2021年，市司法局以办案为中心，受理行政复议案件29件，办结24件(其中撤销9件，终止1件)，正在办理5件，召开论证会24次，妥善办理行政应诉案件15件。完善办案机制，通过电话回访等方式跟踪评查行政复议决定执行情况，对行政机关不履行行政复议决定的，责令限期改正。及时向行政机关反馈当事人提出的合理化建议。推进行政复议体制改革，制定《扎兰屯市行政复议体制改革实施方案》，协调相关部门落实人员编制、办案场所和有关复议装备保障，积极推进行政复议庭建设工作。推动各行政机关负责人出庭应诉，发出行政机关负责人出庭应诉情况通报11期、行政机关负责人出庭提示函8份。

【行政执法协调监督】 2021年，市司法局优化法治化营商环境，到重点领域部门开展专项检查，对全市74家单位进行测评，发放测评票6800份，梳理需整改问题5个。协调解决执法工作难题，有效凝聚部门合力。推动落实行政执法“三项制度”，组织协调推动市本级行政执法公示平台信息数据录入工作，纳入考核指标。厘清市直部门与乡镇街道职责关系，为基层减负，组织编制“市直部门与乡镇(街道)共同承担事项责任清单”，协调市直部门7家，完成33项共同承担事项的公布工作。严格行政执法人员资格管理，审核通过新办证人员344人、换证人员481人，完成行政执法人员资格认证考试，电子证件已申领完毕。组织开展行政规范性文件清理，确定各部门继续有效的规范性文件6件，废止5件。强化执法监督，组织相关单位制定并报送执法检查计划。开展市政府行政执法义务监督员换届工作，聘请新任执法监督员30人，聘期3年。开展行政执法案卷评查，印发行政执法检查通知书13份，行政执法监督通知书1份，要求相关单位限期整改，并报送整改报告。推行证明事项告知承诺制，组织各单位清理证明事项，梳理证明事项告知承诺制目录。保留市本级证明事项86项、实行告知承诺制证明事项30项。组织开展综合行政执法业务培训。组织市林草、自然资源、住建、城管、水利等单位，集中和到乡镇开展指导培训，培训执法人员180人次，请专业机构培训新申领执法证人员120人次，规范执法程序和行为，提升执法能力和水平。

【普法依法治理】 2021年，市司法局制定印发扎兰屯市“八五普法规划”。推动国家工作人员学法用法工作，落实领导干部任前法律知识考试制度，组织领导干部、法官、检察官任前法律知识考试7场次。以“百场法治宣传教育”活动为抓手，宣传中国特色社会主义法治体系。以《民族团结进步条例》实施、民法典颁布纪念日、宪法宣传日等重要时间点为契机，开展“全年百场”法治宣传教育活动151场次，发放宣传资料7.2万份。组织开展“美好生活·民法典相伴”普法夜市、外卖送‘典’进万家”等活动，有奖问答113人次。开展《中华人民共和国民法典》系列宣传活动，通过以案释法、咨询问答等形式开展现场宣传，运用新媒体推送民法典知识、以案普法文章，发布《中华人民共和国民法典》宣传系列短信1.2万条。制作《公职人员法律知识自测题集》《政法队伍教育整顿党史1000题》在全市范围内发放。结合市乌兰牧骑馆建设项目，推动法治文化广场、法治文化长廊建设，制作普法宣传标牌2座。实施农村“法律明白人”培养工程，加强对村“两委”成员、村务监督委员会委员法治培训。开展“民主法治示范村(社区)”创建工作。满都村、繁荣村、红旗社区荣获“自治区民主法治示范嘎查村(社区)”。

【公共法律服务】 2021年，市司法局公共法律服务中心整体入驻政务服务中心，现有乡镇街道公共法律服务工作站19个，村居法律服务工作室173个，建成率100%。完善“村(居)法律顾问”制度，组建律师团队，在春秋两季，按照“定期+按需”的原则，开展村居“法律巡诊”服务，惠及240人次，举办法治讲座52场次，受益群众3000人。国明律师为农村合作社订立合同、提供咨询的事迹受到呼伦贝尔、扎兰屯市两级媒体报道。建立值班律师工作制度，配合相关政法部门开展认罪认罚从宽制度落实工作，见证被告人签署认罪认罚具结书491件。年内，办理法律援助案件297件(其中刑事206件，民事91件)，接待来访群众869人次。市公证处共办理公证2304件(其中国内业务2135件，涉外业务167件，涉港澳台2件)。

【人民参与和促进法治】 2021年，市司法局提升人民调解工作水平，建立调委会194个(其中专业性、行业性调委会3个)，现有人民调解员657人。开展“维护和谐稳定 喜庆建党百年”矛盾纠纷排查化解专项行动，为建党100周年营造安全稳定的社会环境。各级调委会共调解纠纷420起，调解成功408起，调解协议涉及金额676.31万元，调解率100%，

7月13日，市司法局开展中国政法大学青年普法志愿者《民法典》进社区讲座

调解成功率达97%。推进“人民调解App”使用，实现案件录入率为100%。邀请到呼伦贝尔学院法学院张星、呼伦贝尔学院教育学院杜春娟等讲师，为全市调解员进行封闭式培训，推动提升业务能力。做好安置帮教工作，排查并对接释放人员102名，向自治区以外司法行政机关邮寄刑满释放双列管函7次，到机场、监狱等地直接与监狱民警对接刑满释放人员8次。按照一人一档的工作要求，建立安置帮教档案，实行规范化管理。

【社区矫正】 2021年，市司法局社区矫正对象全部安装“正行通”手机软件，建立文书档案和电子档案，成立矫正小组，严格落实请销假制度，定期开展集中点验，确保不脱管、不漏管；落实重大敏感时期安全维稳工作，开展全市社区矫正对象集中警示教育活动。强化案卷评查，通过社区矫正大队专项评查和司法所互查两个环节，对评查出的19个问题进行通报并制定整改措施。对司法所日常监管情况进行专项督查，针对存在问题及时下达整改通知单，督促限期整改。充实社区矫正工作力量，加大社区矫正队伍教育培训力度，开展业务培训2次。累计接收社区矫正对象2261人，累计解除2014人，现有在矫人员247人(其中缓刑244人，假释1人，暂予监外执行2人)。对138例拟宣告缓刑、假释、保外就医案件进行调查评估，为审判机关、监狱等部门提供合法有效的意见。下达训诫28人次，警告3人次，批准跨区域活动14人次，居住地变更12人次，办理7天以上外出请假26人次，提请收监执行1人次。

【科技信息化】 2021年，市司法局根据工作需要，确保视频会议室、指挥中心、政务内网、JIPad等科技信息化设备全天候平稳运行，随时进入最佳运行状态。运用远程探视开展便民服务。根据群众申请，主动与监狱联系对接，实现面对面会见，受理远程探视25次，为公、检、法提供远程提审5次。执行三审制度，严格把控信息宣传质量，编发司法行政工作简报121期。

（梁　颖）

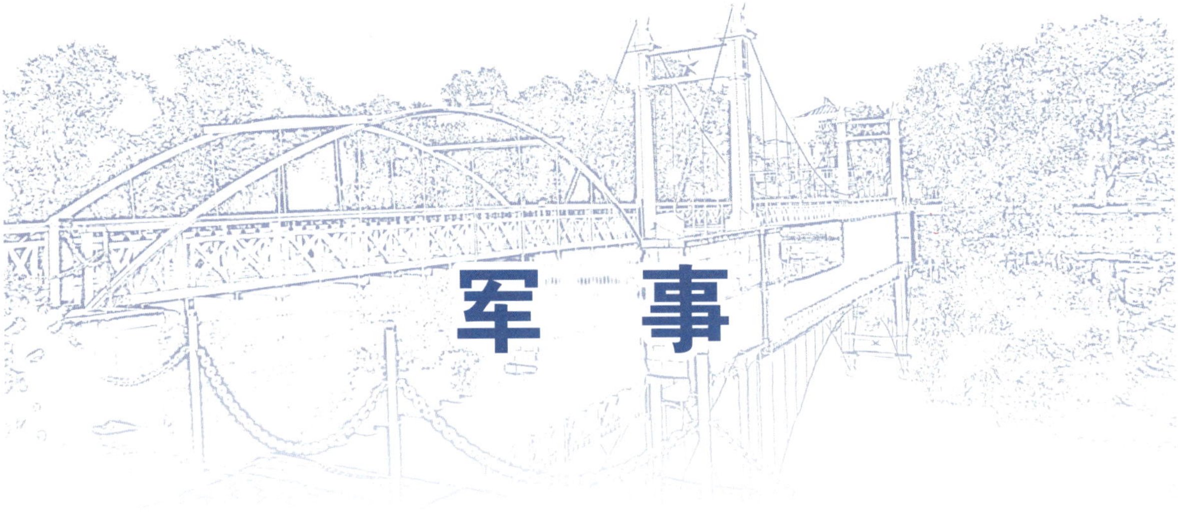

军 事

人民武装

【概况】 2021年,市人武部加强民兵组织建设和武器装备管理,组织民兵开展冬季适应性训练、应急行动演练、抗疫备勤分队拉动演练。加强基干民兵组织建设,提升民兵综合素养。协同教育部门组织开展国防教育进校园活动。协同有关部门做好退役军人的安置和烈军属的优抚工作。

【民兵工作】 2021年1月,市人武部以疫情防控(外防输入)应急行动组织与实施为课题,组织全体干部、文职人员、职工及部分民兵在国道出入口、居民区、商业区等重点部位,开展疫情防控演练,结合实际对民兵参与疫情防控的职能、任务、岗位、方式等进行调研和研讨。2月,组织干部、文职人员和民兵应急分队人员,以应急处突、疫情防控行动为牵引,组织快速集结、紧急出动、编组行进、卡口执勤等为主的应急行动演练,现地对维护卡点秩序、查验车辆人员信息、登记汇总上报等任务进行预演,有效提高民兵分队冬季遂行应急任务能力。11月,组织民兵抗疫备勤分队拉动演练,动用民兵40人。紧盯防疫形势、紧扣任务要求、紧贴驻地实际,明确指挥和行动流程,围绕人员集结、物资装运、机动行进、社区封闭管理、病毒消杀、服务群众、边界卡口执勤7个科目,练流程、练指挥、练技能,明确指挥和行动流程,熟悉防控基本技能,时刻做好应对辖区和周边突发疫情各项准备,确保第一时间发挥作用。

9月18日,组织国防教育进校园暨市军民共建民族团结示范校活动

【国防教育进校园】 2021年，市人武部、国防教育办公室联合退役军人事务局、教育局、兴华小学，共同开展国防教育进校园暨扎兰屯市军民共建民族团结示范校揭牌活动，宣传国防知识，普及国防教育，使关心国防、热爱国防、建设国防、保卫国防成为全社会的思想共识和行动自觉。其间，举行兴华小学军民共建民族团结示范校揭牌仪式。参加活动的人员缅怀革命先烈，观看兴华小学六年级学生的军训展示，为兴华小学学生发放国防教育相关宣传资料、普及国防知识。

【疫情防控专项排查】 2021年，市人武部研究调整疫情防控工作领导小组成员，修订完善疫情防控处置方案，制定应急预案；清点并补充防疫物资，对营区进行全面消毒，坚持“体温日监测、日消毒常通风、疫情日报告、工作人员分室分餐、营门出入登记”等制度，确保疫情防控要求有效落实。

（尹　楠）

经济综合管理与服务

发展和改革

【概况】 2021年，扎兰屯市地区生产总值完成165亿元，增长4%；固定资产投资完成19亿元；一般公共预算收入完成5.36亿元，增长10.9%；城镇常住居民人均可支配收入完成38701元，增长3%；农村常住居民人均可支配收入完成21357元，增长6%；社会消费品零售总额完成28.6亿元，增长8%；节能减排等约束性指标完成呼伦贝尔市下达的目标任务，经济综合实力稳居呼伦贝尔市第一方阵。

【重点项目完成情况】 2021年，市发改委研究国家产业政策和项目资金的投向投量，做好项目前期工作，及时上报项目材料，全年从上级发改渠道共争取中央和自治区级项目资金7477.9万元，其中中央资金6638.9万元，自治区资金839万元；审批政府投资项目14个，总投资6.05亿元；备案企业投资项目29个，总投资32.27亿元。2021年，全市计划实施重点项目96个，总投资251.72亿元，当年计划投资33.77亿元，其中新建项目52个，续建项目44个，预计全年可开复工82个，完成投资19.3亿元。计划实施呼伦贝尔市级重点项目21个，总投资168.06亿元，当年计划投资28.58亿元，其中新建项目9个，续建项目12个，预计全年可开复工20个，完成投资15亿元。重点推进扎兰屯职业学院校区综合建设、呼伦贝尔市传染病医院住院楼、人和农牧科技公司奶牛养殖场等项目竣工并投入使用；阿扎公路补充工程（阜丰段改造）、金龙山滑雪场升级改造、映山红生态公园、新区小学、乌兰牧骑馆等项目开工建设。履行开发区以案促改专项督导组工作职责，组织财政、工信、住建等相关部门，针对开发区项目建设、违规审批、违规招标、发包工程项目等方面存在问题进行全面核查。

【"十四五"规划编制】 2021年，市发改委有序推进"十四五"规划编制工作，经多次修改完善，《扎兰屯市国民经济和社会发展第十四个五年规划和2035年远景目标纲要》于3月24日通过扎兰屯市第九届人民代表大会第五次会议并正式印发实施，为开启扎兰屯市现代化新征程的五年创造巨大空间。

【能耗"双控"】 2021年，市发改委建立《扎兰屯市节能双控工作推进台账》，对全市相关市直部门、12个乡镇、7个街道全面开展日调度工作，实时掌握全市节能工作总体情况。定期发布《关于近期能耗双控工作开展情况的通报》《扎兰屯市各乡镇能耗控制情况通报》。编制《2021年度扎兰屯市能耗预算管理方案》，完成重点用能企业的基础数据收集，以上级下达能耗增量指标为基础，深挖节能潜力，实行能耗总量预算平衡，强化能耗强度管理，定期进行动态调整，6家重点用能企业完成在线监测系统企业端建设工作，实现能耗在线监测系统数据接入。2021年，扎兰屯市全社会能源消费量完成112.74万吨标准煤，同比下降4.4%，单位GDP能耗同比下降9.0%，成功实现"双绿"，完成呼伦贝尔市下达的目标任务。开展以"蓝天碧水·节能降碳"为主题的节能宣传活动，发放宣传单2000份，为群众答疑及科普节能常识1000余人次。通过广播、电视、网站、微信平台等媒体对"能耗双控"工作进行全方位全领域宣传报道，发布《蓝天碧水·节能降碳——扎兰屯市节能降耗倡议书》。

【能源、基础产业】 2021年，市发改委全力支持中国铁路建设集团开展齐海满客运专线前期工作，配合提供扎兰屯市区域经济发展、规划等相关资料。2021年11月末，扎兰屯资料收集工作结束，中国铁路建设集团设计团队将扎兰屯市相关资料报至集团总部。为改善扎兰屯交通环境，消除水泥厂道口处的安全隐患，畅通道路运输，市发改委与哈尔滨铁路局就水泥厂道口平改立项目建设事宜多次进行对接，协调市交通、自然资源等部门配合对接项目前期土地规划选址等相关工作。立足产业基础、资源特色和区位条件，着力发展扎兰屯市新能源产业，总投资9100万元的呼伦贝尔绿能能源科技开发有限责任公司扎兰屯13兆瓦分散式风电项目有序推进，于2021年11月底建成并网发电。中核扎兰屯市49.5兆瓦风电清洁供暖项目，项目总投资3.5亿元，于2020年12月末完成核准，获取航空评估批复、项目用地预审与选址意见书、水资源批复、职业三同时及安全评估的批复。华能蒙东伊穆直流外送岭东100万千瓦风光项目纳入《国家发展改革委办公厅 国家能源局综合司关于印发第一批以沙漠、戈壁、荒漠地区为重点的大型风电光伏基地建设项目清单的通知》（发改办能源〔2021〕926号），扎兰屯30万千瓦风电工程为其子项目之一，该项目总投资15.8亿元，资金来源为企业自筹。截至2021年，项目完成可研编制、地形图测绘、微观选址、勘测定界、风资源评估及主设备选型专题报告的编制、社稳备案，土地初审意见报至呼伦贝尔市自然资源局，待呼伦贝尔市自然资源局办理完土地预审后，上报至呼伦贝尔市发改委完成项目核准。组织开展2021年保障性并网集中式风电、光伏发电项目竞争性配置申报。按照自治区能源局竞争性配置优选结果，扎兰屯市中核汇能有限公司中核扎兰屯20万千瓦风电项目纳入自治区2021年度保障性并网规模。该项目总投资12.68亿元，资金来源为企业自筹。按照呼伦贝尔市发改委公布的2021年度呼伦贝尔市分散式风电、分布式光伏发电项目优选结果，扎兰屯市纳入2021年度呼伦贝尔市分散式风电、分布式光伏发电项目15项，总装机规模32.0812兆瓦。其中分散式风电项目3项，总装机规模23兆瓦；分布式光伏发电项目有12项，总装机容量9.0812兆瓦。

【社会事业与高新技术】 2021年，市发改委权限内审批项目11个，总投资24340万元，争取上级资金948万元，其中中央预算内资金148万元，即家园养老中心项目，通过项目争取激发社会资本参与养老服务积极性，持续扩大普惠性养老服务供给，项目开工；自治区预算内资金800万元，即乌兰牧骑馆建设项目，通过项目争取促进扎兰屯乌兰牧骑事业持续健康发展，项目开工。依据国家发改委陆续印发的各专项实施方案做好"十四五"时期项目谋划储备，谋划储备项目33个，总投资112253万元，其中完成可行性研究报告批复项目4个，即扎兰屯市新区幼儿园项目、扎兰屯市道东小学幼儿园项目、扎兰屯市新区小学项目、扎兰屯市中和幼儿园项目。为发挥自治区预算内投资的引导带动作用，做好2022年自治区本级预算内基本建设投资建议计划草案编制工作，申报项目4个，总投资16347万元。为有序组织实施"十四五"时期文化保护传承利用工程，加强与文旅局紧密联系，做好"十四五"文物保护利用工程储备项目入库工作。进一步激发社会力量参与积极性，促进养老产业高质量发展以及着力增加3岁以下婴幼儿普惠性托育服务有效供给，储备2021年应对人口老龄化工程和托育建设项目。进一步加强普惠性、基础性、兜底性民生建设，提高社会服务兜底能力和水平，会同市民政局、退役军人事务局、残疾人联合会，做好"十四五"时期社会服务设施兜底工程项目储备工作。进一步推进科技创新工作，加强政策宣传，将关于科技创新方面的政策文件汇编转至各企业，并对各相关企业建设计划要求情况进行摸底，提高项目申报的质量和成功率。梳理有意愿进行国有企业、培训疗养机构转型养老的情况，争取国家资金。

【粮食和物资储备】 2021年，市发改委开展粮食收购许可证年检审核工作，全市粮食收购许可企业56家，取消不具备粮食收购资格的企业4家。做好粮食大清查，先后到扎兰屯岭东国家粮食储备库、扎兰屯市兴盛粮贸有限公司、扎兰屯市腾达粮贸有限公司、中谷成吉思汗扎兰屯市粮食有限公司对政策性粮食库存5家政策性粮食承储库点粮食进行全面检查，经过检查，库存粮食数量账实相符、质量良好、储存安全，管理制度健全，政策性粮食购、销、存、出库、轮换制度完善，监管到位。每个季度派出工作组深入收储企业检查安全储粮和安全生产工作，对12家粮食企业进行3次安全大检查，出动检查人员80余人次。组织开展粮食购销领域腐败问题专项整治，按照上级《粮食购销领域腐败问题专项整治工作方案》要求，成立自查自纠工作领导小组和基层国有粮食企业全面清查工作领导小组，分别制定《关于落实粮食购销监管职责自查自纠工作实施方案》《扎兰屯市基层国有粮食企业全面清查工作实施方案》《市发改委本级落实粮食购销监管职责自查自纠工作方案》。专题研究部署，组织相关政策性粮食存储企业、农发行等9家单位，传达学习粮食领域腐败突出问题专项整治排查文件精神，配合呼伦贝尔市委第九巡察组完成各项工作。物资储备方面，为做好抗旱防汛工作、防患于未然，加强救灾应急保障能力，采购铅丝笼1.8万片、编织袋17万条、铁丝3吨、救生衣700件、雨衣雨裤700套、雨靴700双等防汛抢险应急物资。市发改委同时承担疫情防控物资采购、接收、保管、发放供给工作，为做好疫情防控工作，用于采购医用防护服1.28万套、隔离衣0.76万套、护目镜1.78万个、KN95口罩1.24万个、头戴式N95口罩2万个、一次性靴套1.68万套、医用一次性手套3.84万副、医用一次性脚套2万副、体温枪500把、防护面罩0.8万个、医用垃圾袋23.4万个、普通垃圾袋3.6万个、热成像测温一体机2台、84消毒液200箱、免洗凝胶3800瓶、捆扎带18万个等疫情防控物资，累计金额588.87万元。在保障物资方面，每天安排专人开展防控物资的发放、清点、储备等工作，实现防控物资供应和储备的有效结合，在确保一线人员尤其是医护人员自身安全的同时，保证有充足的防控物资储备来应对突发紧急情况。

【价格收费管理及监测】 2021年，市发改委开展城镇非居民用水超定额（计划）累进加价制度、农业综合水价、千人以上供水价格调研。抓好灌区价格管理工作，调研扎兰屯市灌区价格政策、资金投入等方面情况，完成对扎兰屯市古里金灌区、红光灌区、济沁河灌区和苇莲河灌区的政府定价工作。根据定价目录要求，进一步营造良好的城市环境，维持正常运营秩序，对城市垃圾运营成本进行调研，为做出合理价格提供保障；供暖期来临之际，与当地供热企业、市住建局、政府部门协商沟通，协商相关部门不断完善对低收入群体的补贴政策，确保困难群众基本生活不因供热价格的调整而受到影响。为加强市场监测预警，每10日常规监测米、面、油、肉、禽、蛋、奶、蔬菜等65项具体品种。满洲里发生疫情以来，及时启动价格日监测工作，对全市各大超市生活必需品价格、蔬菜批发商店等农副产品价格进行巡视检查，监测内容涵盖米、面、油、肉、禽、蛋、奶、蔬菜等46项具体品种。从整体情况来看，重要民生商品价格平稳，市场货源供应充足。面对严峻的疫情，实行价格联动机制，按照呼伦贝尔市困难群众价格补贴联动机制协调领导小组办公室文件《转发关于启动社会救助和保障标准与物价上涨挂钩联动机制》要求，对相关单位进行督促，确保资金及时、足额发放到位。全年受理涉案财物价格认定协助77起，出具的287万元价格认定结论书均无复议，为司法机关和行政执法部门办理案件提供价格依据。

【社会信用体系建设】 2021年，市发改委加强政府职能部门诚信体系建设，不断提高政府职能部门的公信度，发挥部门监管和行业监管作用，开展“屡禁不止、屡罚不改”严重违法失信行为和信用服务机构失信问题专项治理，对内蒙古信合财富投资管理有限公司、扎兰屯市鑫马房地产开发有限责任公司、内蒙古宏裕科技股份有限公司3家企业进行严格治理，营造良好社会环境。配合呼伦贝尔市聘请第三方评估机构对旗市区营商环境开展评估，各项综合指标位列呼伦贝尔市第二。为加强社会信用体系建设宣传，提升社会知晓度和公众参与度，将“公共信用信息管理条例发布”“守信激励措施”“失信惩戒措施”为主题的3套宣传海报在政务服务大厅、税务办事大厅、车站和商场等公共场所广泛张贴宣传。邀请自治区发改委领导线上进行信用专题授课，“信用大讲堂”“双公示”、信用修复等活动先后12次。落实行政许可和行政处罚信用信息公示工作，全年累计上传信用信息平台共享数据双公示信息处罚906条，许可4037条。为更好地运用信息化手段为广大民营企业提供诉求解决、政策推送等优质服务，完成平台建设及应用准备工作，将数据对接到自治区“蒙企通”平台，各部门开通“蒙企通”账号24个。

【水库移民和易地扶贫搬迁后续】 2021年，市发改委落实国家大中型水库农村移民后期扶持政策，完成2021年中央水库移民补助人数1089人，补助资金65.34万元；通过“一卡通”发放跨省水库移民补助人数2433人，补助资金145.98万元，全面完成全市水库移民后期扶持补助资金绩效任务。2021年建设大中型水库移民后期扶持项目3个，总投资339万元。加强全市水库农村移民动态管理，完成2021年中央水库移民人口、2020年跨省水库移民人口年度核定。完成《扎兰屯市大中型水库移民后期扶持“十四五”规划》申报审批，为“十四五”期间移民后期扶持项目的实施奠定基础。完成2016—2020年度易地扶贫搬迁资金形成资产核对。指导易地扶贫搬迁乡镇持续做好搬迁群众产业发展、就业扶持、社区融入、社区管理等后续扶持工作，制定印发《扎兰屯市发展和改革委员会关于切实做好易地扶贫搬迁后续扶持工作巩固拓展脱贫攻坚成果的实施意见》。主动配合自然资源局完成易地扶贫搬迁安置住房不动产登记工作。

【东北振兴】 2021年，市发改委编制完成扎兰屯市2020年度参照资源枯竭城市转型工作自评报告；完成扎兰屯市代木能源项目储备工作；完成“十四五”时期大兴安岭林区生态保护与经济转型行动方案编制工作。

【易地扶贫搬迁和以工代赈】 2021年，市发改委完成易地扶贫搬迁各级督导检查；完成2016—2020年度易地扶贫搬迁资金形成资产核对工作；指导易地扶贫搬迁乡镇持续做好搬迁群众产业发展、就业扶持、社区融入、社区管理等后续扶持工作；制定《扎兰屯市发展和改革委员会关于做好易地扶贫搬迁后续扶持工作巩固拓展脱贫攻坚成果的实施意见》；建立易地扶贫搬迁群众后续扶持台账，并定期调度；配合自然资源局完成易地扶贫搬迁安置住房不动产登记工作；制定扎兰屯市农业农村基础设施建设领域推广以工代赈方式工作协调机制。

【区域协调发展】 2021年，市发改委完成新时代推进西部大开发形成新格局工作开展情况、“呼兴”区域协同发展2021年重点合作事项、中俄蒙合作先导区规划实施建设情况等报送工作。

【国家新型城镇化和特色小镇】 2021年，市发改委完成内蒙古扎兰屯市新型城镇化试点示范典型案例以及各项总结工作；按照《关于开展特色小镇规范健康发展相关工作的通知》要求，完成除“初步纳入自治区特色小镇清单管理之外”的特色小镇排查。

（王靖纯）

项目引进研究

【发展研究】2021年，市发展研究中心紧紧围绕市“十四五”规划经济发展定位及第九次党代会精神，以如何加强产业链招商和绿色食品发展为调研课题，完成调研报告2篇；上报经济社会热点、难点、重点和堵点发展动态信息6篇，被呼伦贝尔市发展研究中心采纳1篇；完成呼伦贝尔市发展研究中心所需提供材料的调研分析工作。

【招商引资】2021年，市发展研究中心围绕“十四五”规划开展面向全市征集招商项目活动，编制出符合全市当前经济社会发展项目28个，其中重点项目12个(预计投资额度36.75亿元)，制作线上、线下招商项目手册和招商推荐PPT。全年实施招商引资项目18个，到位资金8.59亿元。其中区外项目17个，到位资金4.09亿元，区内项目1个，到位资金4.5亿元。受邀请到扎兰屯市考察的招商项目35个，重点对接项目7个，招商签约项目3项。扎兰屯市协合风力发电有限公司协合扎兰屯市49.5兆瓦风电清洁供暖项目，计划投资3.6亿元。扎兰屯市汇智新能源有限公司中核扎兰屯市49.5兆瓦风电清洁供暖项目，计划投资3.6亿元。中升乙源颐居科技有限公司城企联动颐养安居工程项目，计划投资18亿元。

（张晓丹）

财政

【概况】2021年，扎兰屯市一般公共预算收入完成53596万元，完成年初预算的105.64%，同比增加5278万元，增长10.92%，其中税收收入完成41858万元，同比增加7005万元，增长20.1%，占一般公共预算收入比重为78.1%；非税收入完成11738万元，同比减少1727万元，下降12.83%，占一般公共预算收入比重为21.9%。收入总额列呼伦贝尔市第五位，增速列第六位。全市一般公共预算支出完成358543万元，同比减少62418万元，下降14.83%。支出总额列呼伦贝尔市第二位。

全市政府性基金预算收入完成24150万元，完成年初预算的35.99%，同比减少15582万元，下降39.22%。全市政府性基金预算支出完成26744万元，同比减少39170万元，下降59.43%。

【重点工作保障】2021年，扎兰屯市巩固脱贫攻坚成果，支持乡村振兴战略。入库乡村振兴项目365个，总投资4.83亿元，已批复项目156个，资金18716万元，均开工，并录入全国防止返贫监测信息系统；各级共投入全市乡村振兴衔接资金22444.70万元，全年拨付资金20734.39万元，资金支付率92.38%。年初预算安排环境污染防治和生态保护专项资金3793万元，生态环保资金投入32559.70万元，其中地方投入4751.04万元、专项资金投入25130.22万元、盘活存量资金13万元、地方债券投入2665.44万元。累计化解政府隐性债务55004.24万元，完成年初任务55000万元的100.01%。在金融领域，多次组织各乡镇办事处、各成员单位开展防范打击非法金融活动宣传工作，先后3次到乡镇、相关单位和投资理财公司开展非法集资风险排查整治和督查活动。召开专题调度会，研究推进高风险社摘帽事宜，起草拟定《扎兰屯市清收处置地方法人银行业金融机构不良贷款专项行动工作实施方案》。

【金融运行】 2021年,扎兰屯市各项存款余额181.19亿元,同比增加10.39亿元,增长6.08%。各项贷款余额134.14亿元,同比增加4.61亿元,增长3.56%。剔除农发行因国储粮政策的影响的数据,全市各项贷款余额133.03亿元,同比增加5.90亿元,增长4.64%。农发行贷款余额56.24亿元。拓宽农牧业发展融资渠道,争取到建行发放土地抵押贷款9000万元,农担公司融资担保贷款6000万元。制定并印发《扎兰屯市优化营商环境获得信贷工作实施方案》。年末,各金融机构中小微企业及个体工商贷款余额22.91亿元,比年初减少0.93亿元,降低3.89%。

【民生保障】 2021年,扎兰屯市民生支出完成28.98亿元,占一般公共预算支出比重80.82%。5月30日前完成城乡低保、特困供养项目的提标政策工作,补发提标资金357.54万元。上级下达各项养老保险、卫生、救助补助等直达资金27730.46万元,支出25708.17万元,支出进度92.71%。为各企业、机关事业单位43531名符合调整养老金条件的退休人员补发1—6月调待资金3600万元。年初预算安排教育支出47901万元,完成支出46507万元,完成预算的97.09%,发放各类学生资助补助资金1234.75万元、受助学生16026人次。全年科学技术经费投入709万元。本级创建科普示范市专项经费支出43万元。档案专项经费投入173.19万元,用于档案馆建设及档案事业的发展。投入资金5536万元,用于文明城创建、改善基层公共文化体育服务设施条件等方面。年初安排预算270.34万元补助资金,全面推进县级公立医院综合改革并加强基层卫生服务体系建设。全市通过财政补贴资金管理和支付"一卡通"系统累计发放各类补贴资金11.82亿元,惠及74.54万人次,发放"实际种粮农民一次性补贴"资金4273.96万元。拨付疫情防控资金2101.75万元,其中地方安排资金2071.33万元、上级专项资金30.42万元。

【厉行节约】 2021年,扎兰屯市一般公共预算"三公"经费安排2085万元,同比减少291万元,下降12.25%。实际三公经费支出1467.74万元,同比减少206.41万元,减少12.33%。全市盘活存量资金2303万元,及时调整统筹用于全市民生和急需支持重点领域。全年政府采购345个项目,政府采购预算金额11848.82万元;实际采购金额11392.93万元,节约资金455.89万元,节约率为3.85%。评审各项目建设单位工程结算、招标控制价项目共计82项(其中委托中介机构审核30项),送审金额5162.12万元,审定金额3942.13万元,核减金额1219.99万元,核减率23.63%。

【财政改革】 2021年,扎兰屯市非税收入缴款入库11738万元,同比减少1727万元,下降12.83%。市财政局指导全市194家预算单位进行编制预算,统筹组织各资金使用单位在线完成2020年度扶贫项目资金绩效自评。6月,"全区一张网"政府采购云平台系统全面上线后,督促公共资源交易中心将采购必须具备的交易设备配备齐全。对全市的预算单位及各政府采购当事人开展多种形式的业务实操培训,并不定期在"云平台”中对预算单位的政府采购活动进行监督检查。推进国有企业(全民)改制,完成2家公司企业改制,其余6户清产核资工作完成,审定公司章程,根据各企业改制方案有序进行。制定出台扎兰屯市国有企业《业绩考核办法》《业绩考核细则》《国有企业改革任务清单》《扎兰屯市属国有企业改革三年任务清单》。

【财经纪律】 2021年,市财政局研究制定《扎兰屯市人民政府财政资金使用审批管理办法》,明确财政资金审批流程和权限,严管预算执行。对全市2017—2021年全部公务员的基本工资、津贴和补贴进行核查。全年申报一般债32个项目,金额97994.91万元;专项债项目4个,金额43920万元;上级下达新增一般债券额度10300万元。年末一般债券支出8600万元,专项债务支出1789.31万元,剩余资金按项目进度及时拨付。

（鞠鸿雷）

审计监督

【概况】 2021年,扎兰屯市审计局完成审计项目23个,在审项目3个,未启动项目1个,其中财务收支在审项目1个、经济责任在审项目1个、决算在审项目1个、专项审计上级部门暂未启动项目1个。完成临时受组织部委托的领导干部经济责任审计项目1个、离任交接项目15个,完成跨年度房屋征收管理处经济责任审计项目1个、配合呼伦贝尔市审计对扎兰屯市供销社专项资金进行审计。出具的审计报告中,查出主要问题金额278951.54万元,其中违规问题金额5144.81万元,管理不规范金额273806.73万元;审计处理处罚2038.10万元,整改落实金额1252.58万元,移送案件线索11件次,提出审计意见和建议26条。

【预算执行审计】 2021年,扎兰屯市审计局组织实施市本级2020年度财政预算执行情况审计,对兴华街道办事处、教育局、哈多河镇人民政府和残疾人联合会4个部门2020年财政预算执行和其他财政收支进行现场审计。按照上级要求,对70家预算单位的2020年财务数据进行采集,选取10家单位财务数据进行核实,对审计发现的问题从加强预算管理和绩效管理等方面提出审计意见,对后期整改落实情况进行跟踪督查。

【经济责任审计】 2021年,扎兰屯市审计局完成市残疾人联合会、兴华街道办事处、房屋征收管理办公室6个部门经济责任审计项目;完成15名领导干部经济责任事项交接。通过审计,帮助被审单位进一步规范财务运行、完善内部管理,促使领导干部进一步增强法纪意识,较好地发挥经济责任审计的惩治和防范作用。

【固定资产投资审计】 2021年,扎兰屯市审计局贯彻落实《审计署关于进一步完善和规范投资审计工作的意见》及相关通知要求,停止单一工程造价审计,注重并强化对项目报审、资料接收等方面精确把控,有效防范各类风险和漏洞。继续对法院业务用房竣工决算项目和司法局办公用房工程造价项目进行审计;完成人社局公共实训基地、中蒙医院新区病房楼建设项目稽察。

【专项资金审计】 2021年,扎兰屯市审计局完成全市社保资金专项现场审计，此次审计延伸8个部门，核实疑点数据4356条；完成第一季度国家重大项目落实（乱收费）及优化营商环境审计；配合呼伦贝尔市审计局完成扎兰屯市2018年保障房专项审计整改落实；督促相关部门对2020年全市优化营商环境项目、扎兰屯市脱贫成效巩固和2018—2019年乡村振兴项目进行整改落实并撰写整改报告；对过往年度审计发现问题未整改完毕的林草局等3个部门下达督促整改函并到现场进行督促整改。

（王 谦）

税务

【概况】 2021年，国家税务总局扎兰屯市税务局持续推行“1+1+N”运行模式，发放“背靠背”电子调查问卷形式收集纳税人、缴费人的意见建议；设置与市场监督管理局“面对面”办理新办税务登记；利用协同平台知识库，协同热线接通咨询电话797通，及时解答和反馈问题，日常工作中解决并收集业务问题232个。全年累计完成灵活就业职工基本养老保险缴费17467人，2021年度城乡居民基本养老保险缴费80598人，灵活就业职工基本医疗保险缴费8590人。

【纳税服务】 2021年，国家税务总局扎兰屯市税务局与市工商联召开“春雨润苗”专项行动联席会议，搭建小微企业诉求联动响应机制，精准获取小微企业信息，有针对性地提供服务，助力小微企业茁壮成长。建立首问责任制台账，在导税台摆放“一次性告知卡”，提供“套餐式”服务，收集纳税人关注的税收疑难问题，对普遍性问题集中回复，个性化问题一对一沟通解答。建立联系反馈机制及新办纳税人“回访制度”，调整与响应纳税人“非接触式”办税缴费服务需求。

【一窗受理】 2021年，国家税务总局扎兰屯市税务局设立“解决不动产权证历史遗留问题”涉税绿色通道，提高办税效率和服务质量，提升纳税人满意度。设立综合受理窗口，实现“一窗受理，并行办理”。形成“前台由不动产登记窗口受理出件，后台税务部门共享资料，前台不动产登记窗口统一收缴税费”的服务管理模式，解决纳税人“资料重复提交审核、资料审核环节复杂、缴费多头跑”的问题，落实信息资源共享，发挥出“集成式”服务优势，实现涉税资料一次受理、自动分发、并行办理、联合联办的需求，提高办税效率。

【税收执法】 2021年，国家税务总局扎兰屯市税务局建立健全“一单两库”，内部抽查和联合抽查计划全部如期完成，依托“双随机、一公开”抽查机制，强化减少对市场主体正常生产经营活动的干预，减轻企业负担，增强市场主体信用意识和自我约束。

11月5日，市民在税务局一窗受理窗口办理业务

定期对执法信息公示平台的公示情况进行检查，对公示不及时、不完备的事项及时督促责任部门进行整改；新购置执法记录仪5台，实现执法记录仪使用全覆盖；持续加强对重大执法决定事项的审核，全年审核事项24件，做到应审尽审。定期开展普法进社区、进机关、进农村、进校园等工作，除税法宣传外，适应统筹发展和安全的需要，宣传总体国家安全观和国家安全法、反分裂国家法、国防法等。与市教育局联合开展青少年税法宣传教育基地建设工作，在市民族中学举行挂牌仪式，聘请该校教师和学生担任税法宣传辅导员、宣传员，定期开展税法宣传教育活动。

【社保非税】 2021年，同市人力资源和社会保障局、市医疗保障局召开联席会议4次，加强部门协作，统一业务衔接规则，促进部门间信息化建设和信息共享，为参保人员提供更加便捷、高效、安全的参保缴费服务。全年完成非税收入划转工作8项，开展非税收入疑点数据核查比对工作，确保非税收入优惠政策应享尽享，保障国家减税降费大礼包送到纳税人缴费人手里。推广城乡居民医疗保险费线上缴费方式，与市医保部门沟通，联合开展基层调研和宣传工作，听取基层意见和建议，宣传推广线上缴费方式，由网格员下沉到乡镇办事处社区、村屯开展宣传辅导，让缴费人少跑路，让数据多跑路，有效地减少人员接触。

【财产行为税】 2021年，国家税务总局扎兰屯市税务局成立财行税合并申报领导工作小组，组建具体实施工作组5个、合并申报测试小组1个和师资团队1个，制定下发工作组任务清单及职责。通过“税务之声”广播访谈直播，提高财行税合并申报群众知晓度。面向纳税人开展培训辅导6期，总计参加883人次。专家团队进驻办税服务厅，现场进行政策辅导、及时解决疑难问题。制定并下发舆论引导、办税服务厅应急预案等工作方案9个，全方位防范舆情发生。

【风险分析和风险应对】 2021年，国家税务总局扎兰屯市税务局利用“一户式”应用2.0版、决策二包、增值税发票电子底账系统、增值税发票税控系统等系统为抓手，对其存在的不同风险点进行综合分析；在完成上级下发风险任务的同时，对日常征管过程中可能出现的风险点进行提前预防，提升日常分析质效，剖析原因，优化征管，堵塞漏洞，以日常风险分析促长效风险防控；加强对风险事后监督，由法制股牵头，通过对各系统、风险任务应对等工作开展事后核查，对责任人员易发的高风险问题重点进行关注，并在日后的工作加以防范。

【“电子专票”推行】 2021年，国家税务总局扎兰屯市税务局成立增值税专用发票电子化试点工作领导小组及职能组6个，制定实施方案及专项方案13个，本级88个事项确定实施部门、人员、岗位。辅导办税厅落实新办纳税的票种核定标准，督促网格员做好首票的辅导、发票风险任务的监控、核实。做好全电发票局内辅导等准备工作，按照区局统一工作安排，组织专人监控试点盟市开票信息，及时做出相应的应对。

（王春芬）

统计管理

【概况】 2021年,市统计局发布统计分析、信息100余篇,根据2020年人口普查数据撰写统计调研1篇,每月召开经济运行分析会议1次,每季度撰写经济运行分析1篇,每月按时向党政领导提供统计月报,编印《统计指标解释手册》等统计资料手册。全市19个乡镇街道均被评为1类达标乡镇。

【统计常规工作及统计调查】 2021年,市统计局完成旅馆业调查、投入产出、文化产业调查等统计调查,完成2021年人口抽样变动调查,协助市妇联完成妇儿两纲监测。

【统计执法】 2021年9月,市统计局邀请呼伦贝尔市统计局人员到扎兰屯市讲解《中华人民共和国统计法》及其相关法制文件。利用全体干部职工大会、党员大会学习、中心组学习和班子会议学习相关文件精神8次以上。各级统计机构到扎兰屯市开展统计执法4次,对60家企业、项目单位进行执法检查。

【统计服务】 2021年,市统计局撰写统计分析、信息、统计调研,75%以上被各类网络媒体和报纸杂志采用。在统计法职责范围内为市党政领导和社会各界提供统计数据咨询近1000笔,完成自治区年鉴资料收集整理,统计公报发布,2020年统计资料手册、年鉴编印等工作。首次邀请清华大学经济管理学院教授,中国统计学会副会长许宪春教授到扎兰屯市授课,提升全市各级干部的统计意识和统计知识。成立由市分管统计副市长牵头的扎兰屯市统计联席会议工作领导小组,加强部门数据共享和部门统计基础工作,坚持协作联动、形成合力。

【统计督查整改】 2021年,市统计局按照上级下发的关于统计督察反馈意见整改方案,认领督察反馈指出的4个方面26个问题,制定整改措施34项,完成包括统计违法案件警示教育、统计基层基础建设专项督查、统计执法监督检查在内的各项任务。

【城调工作】 2021年,市统计局统计中心组织完成小微企业调查、工业品价格调查、消费品价格调查、畜禽监测调查、2021年畜牧业普查、农畜产品加工企业调查、扎兰屯市粮食产量全面调查、城市年报调查、内蒙古自治区新型城镇化进程统计监测工作、2021年玉米大豆生产者补贴播种面积核查工作、农户基本情况调查,并按要求完成县域经济统计数据收集、审核、汇总、上报工作任务。

【"八有八化"规范化建设】 2021年,市统计局成立工作专班定期下基层对各乡镇(街道)统计人员进行一对一、面对面指导;编印《扎兰屯市统计基层基础规范化建设资料汇编》,做到培训教育全覆盖;协调各方面资金近15万元,为所有乡镇(街道)配备电脑等各种设施。于11月25日完成自治区统计局通过"钉钉"远程视频方式对19个乡镇街道的"八有八化"(有机构、有人员、有场所、有经费、有制度、有台账、有设备、有网络;统计人员专业化、统计工作规范化、统计台账标准化、统计管理制度化、统计手段现代化、统计服务优质化、统计质量档案化、统计宣传经常化。)规范化建设工作进行达标验收。

(刘　辉)

国家统计调查

【概况】 2021年，国家统计局扎兰屯调查队定期到企业、个体工商户进行调研，严把源头数据质量关；做好新设立小微企业季度报表填报工作，做实做细小微企业联网直报工作，累计完成总队、市队下达的专项调查和临时调查20余项。撰写各类调查分析报告、信息、调查风采等100余篇，其中5篇被国家统计局采用。《一季度扎兰屯城乡居民收支实现较快增长》《扎兰屯市发展高效生态畜牧业　助力产业兴旺农民增收》等分析报告、政务信息被地方党政和媒体采用；《扎兰屯调查队三个“抓紧”全力提升住户调查水平》《学习航天精神　展现统计风采》政务信息、调查风采被国家统计局内网上采用。

【调查业务建设】 **住户类调查**　执行《内蒙古住户调查实施过程数据质量管理工作规范实施细则（试行）》，完成居民收支调查电子记账推广，确保做到成熟一户、开通1户、成功1户；完成居民收支调查，召开全市住户调查工作培训会议。

农牧业调查　坚持执行国家调查方案，遵守各项技术规范，完成15个样本村45个样本地块的农作物面积遥感测量工作；完成每月、每季度的报表填报工作以及按时下乡访户工作；开展业务抽查，杜绝漏户漏指标现象；承办呼伦贝尔市农业调查工作现场培训会议。

劳动力调查　利用网络新媒体，部署疫情期间劳动力调查，全年召开劳动力调查工作培训会议3次；规范数据采集过程，定时对辅调员进行督促、检查和指导。

5月10日，国调队工作人员入户开展统计调查

【调查数据质量】 2021年，国家统计局扎兰屯调查队树立国家队意识和调查队意识，加强现场调查，确保直接调查到位，严格数据采集过程。加强与调查网点的联络和沟通，每月20日对各专业调查网点、辅调员、调查对象进行实地走访、入户调查、电话回访，及时利用各专业微信群督促调查工作。开展统计法治知识竞赛活动，增强依法统计的自觉性和坚定性。组织“赓续红色血脉　奋进统计未来”统计开放日活动、“12·8”法治宣传活动，促进调查对象树立依法统计观念。

【统计法治建设】 2021年，国家统计局扎兰屯调查队组织开展统计法律法规“双月”宣传教育活动，联合市委党校开展“统计法律法规进基层”宣讲活动。各专业个性化开展普法宣传，制作《统计法二十六不得》宣传卡片，在入户慰问品上印制统计法宣传标语。实现《中华人民共和国统计法》进党校，开展《中华人民共和国统计法》宣传进社区活动，制作党史知识、统计法治展板，组织辅助调查员、调查户在“真实统计　为民调查”条幅上签名活动，利用单位微信公众号进行普法宣传，拓宽统计法治宣传的受众面，提高全社会的统计法治意识。

（潘 超）

市场监督管理

【概况】 2021年，扎兰屯市市场监督管理局（挂知识产权局牌子）构建安全监管长效机制，检查食品经营主体12614家次，检查药械经营使用单位736家次，检查特种设备使用单位73家次，检查钢铁经营户23家次，食品抽检1352批次，检定计量器具8876台（件），累计出动执法人员16361人次，确保扎兰屯市市场监管领域未发生系统性、区域性安全风险和安全事件。行政处罚案件一般程序132件、简易程序58件，罚没款668481.72元。全年接到并处理“12345”热线“市长信箱”群众来访等投诉纠纷602件，为消费者挽回经济损失120余万元，申诉举报案件的办结率为100%。全市市场主体36915户，其中新增3508户。全年申请商标179件，授权商标146件，注册商标总数1286件，年末全市专利拥有量达每万人1.67件。全年组织各类骨干参加各级各类培训15054学时，取得执法证件121人。

【优化营商环境】 2021年，市市场监督管理局规范企业登记注册管理。统一企业登记注册标准，执行《扎兰屯市商事主体住所（经营场所）登记管理办法实施细则》要求的“一址多照”的相关规定，落实“审核合一、一人通办”制度，减少办理环节、压缩审批时限，对办理事项申请材料齐全且符合审批条件的，即时办结；对办理事项申请材料不齐备的，做到“一口清”告知、全程透明化，优化企业开办环节营商环境。设立企业开办服务专区窗口，实行“一门、一网、一窗、一次”办理。依托“蒙畅开”企业开办一网通平台，推行企业设立登记“键对键、零见面”全程电子化办理。做好“跨省通办”工作，依托全国或者自治区一体化政务服务平台“跨省通办”服务专区、自治区市场监督局综合政务服务平台“跨省通办”服务平台及政务服务大厅线下“跨省通办”窗口将企业开办市场主体登记等审批事项纳入专项，为申请人提供多渠道、多路径办事渠道。开展年度双随机抽查，制定《市场监管领域部门联合抽查事项清单》，在35个抽查领域确定72条主要抽查事项，全市16个部门建立“一单两库”，“一单两库”维护录入抽查事项清单1749条，执法人员586名，抽查对象名录库4.7万户，规范抽查流程，做到从计划上报、组织实施、结果录入公示全程留痕，责任可追溯。全市制定部门联合计划38起，开展29起检查主体122户；部门内部计划33起，开展32起检查主体370户，16家成员单位全部参与开展“双随机、一公开”监管工作，基本实现监管常态化，监管领域全覆盖。

【重点领域安全监管】 2021年，市市场监管局行政处罚案件一般程序132件、简易程序58件，罚没款668481.72元。

食品药品安全监管 开展保健食品市场、低氟砖茶、食用盐、冷库、特殊医学用途配方食品、婴幼儿配方乳粉、保健食品、冷链食品、海鲜及畜禽肉类，重点场所农贸市场、重点时段等15项专项整治行动。出动执法人员13846人次，累计检查食品经营主体12614家次。组织协调相关部门及各市场监管所开展重点领域智慧监管(风控平台)知识培训,完成“风控平台”阶段性录入工作。开展“年夜饭”暨餐饮行业疫情防控、网络订餐、入网经营企业资质、春季开学校园(托幼机构)、校园食品安全守护行动、中高考食品安全、“校外小饭桌”、建筑工地食堂、养老机构食堂等食品安全专项检查,开展学校托幼机构食堂风险等级评估工作,“两会”和其他重大活动食品安全保障工作。强化抽样检测工作,按上级要求,有序推进食品抽检1352批次。

药品监管 开展新冠病毒疫苗质量安全、零售企业含兴奋剂药品经营情况、中药饮片、药品流通环节质量安全等专项检查,要求药械经营使用单位认真落实管理制度,把好药品、医疗器械“采、验、销”关,检查药械经营使用单位736家次,出动执法人员2350人次,对药械经营使用单位的监督检查达到全覆盖。

特种设备安全监管 开展特种设备节前检查,确保节日平安,加大危化品企业执法检查,制定《扎兰屯市特种设备2021年度监察计划》强化专项整治,提高监察质效。出动执法人员165人次,执法车辆95台次,检查特种设备使用单位73家,检查锅炉81台,压力容器173台,电梯203部,索道3条,场内特种车辆39台,起重机械28台,压力管道40315米,发现特种设备安全隐患26个,整改闭环26个。下达特种设备安全指令书3份,全部整改完毕,进入闭环管理。

工业产品质量安全监管 完成2020年度未完成的农药、化肥等21个批次产品抽检,抽检结果合格。开展专项检查。元旦、春节期间开展重点行业安全生产检查、重点消费品节日市场检查,检查检测机构3家、危化品企业3家、鞭炮店7家、社区医疗卫生中心3家、眼镜经营户6家。完成全市钢铁经销行业排查工作,检查钢铁经营户23家,全部建立档案。开展认证监管,组织全市13家检验检测机构参加全区检验检测机构能力提升“每月一课”4期,对淳江油脂等4家企业开展质量体系认证监管监督核查。开展检验检测。推进全市在用加油机、压力表、砝码、血压计、天平、台称、电子汽车衡、电子秤、出租车计价器等强制检定计量器具的周期检定工作,确保量值的依法溯源和准确传递。检定计量器具8876台(件)。

【消费维权】 2021年,市市场监管局执行经营异常名录管理制度,完成纸质审批和综合业务系统网上审批两套流程,依市场主体申请将5家企业移出经营异常名录。加大对“失联”企业、“僵尸”企业清理吊销力度,将列入异常名录2年以上企业进行实地核查,依程序吊销营业执照,规范企业经营秩序。规范网络经营主体资格,督导美团、饿了么网络餐饮服务第三方平台严格落实入网经营者资质审查信息公示等义务,要求餐饮单位及平台配送人员必须具有合格的体检报告,检查网络交易第三方平台16次。畅通举报投诉受理渠道,开展“我为群众办实事”活动,接到并处理“12345”热线、“市长信箱”群众来访等投诉纠纷602件,为消费者挽回经济损失120余万元,申诉举报案件的办结率为100%。开展“衣食住行”专项整治,以消费市场、食品安全、服务领域消费维权为重点,采取督查督办、明察暗访、实地走访等形式开展打击假冒伪劣力度,推进精准监管和严格执法。“衣食住行”专项整治共出动执法人员 13014 人次，检查市场主体 1.5 万余户，行政处罚案件立案 82 件，结案 48 起，罚没款总额 174846 元。

【知识产权保护】 2021 年，市市场监管局开展知识产权保护“铁拳”行动、专利代理机构“蓝天”专项执法行动和“4·26”世界知识产权宣传日活动，加大对侵权假冒行为打击力度，依法查处各类侵犯专用权的违法行为。推进地理标志商标工作，落实“扎兰屯黑木耳”地理标志商标注册，推动申报工作。继续推进国家知识产权强县工程试点县工作，组织参加呼伦贝尔市知识产权会议。推进商标申报注册发展和服务工作，全年申请商标 179 件，授权商标 146 件，注册商标总数 1286 件。

【疫情防控】 2021 年，市市场监管局制定印发《扎兰屯市市场监督管理局新型冠状病毒肺炎疫情防控工作行动方案》等各类工作方案，采取各队所日常巡查、股室抽查、多部门的联合检查的方式严格管控。出动执法人员 19320 人次，检查食品经营单位 20980 家，排查全市第三方冷库 19 家、食品加工企业自建备用冷库 10 家、大型超市自建备用冷库 1 家。开展全市冷链食品专项监督检查，严格落实“三专、三证、四不”管控措施，配合卫健委对 860 个批次产品及 1080 个批次环境和人员进行核酸采样，检测结果均为阴性，保障食品质量安全。向全市药品经营企业印发《扎兰屯市新型冠状病毒肺炎流行期间药店卫生防护指南》《扎兰屯市药品零售药店疫情期间实名登记工作流程》等 20 余个文件，召开药品经营企业线上疫情防控工作部署会和培训会，督促全市零售药店落实防控社会责任，确保市场供应，发挥“哨点”作用。持续加强药械质量监管，开展疫情防控药品销售情况登记上报工作，各零售药店上报推送每日销售信息 5000 多条。

（赵井龙）

3 月 15 日，市场监督管理局销毁假冒伪劣产品

商贸 电子商务

供销合作

【概况】2021年，扎兰屯市有基层供销合作社16个，其中乡镇14个，村级2个。

【服务能力】2021年，市供销社推进构建联合社机关主导的行业指导体系和社有企业、基层合作经济组织为支撑的经营服务体系。通过社有资产管理委员会和社有资产经营管理公司，探索由“管资产”向“管资本”转变。通过聘请第三方机构对合作企业、基层社进行清产核资，摸清底数，按实际情况完成持股主体和出资额度的变更，加快供销合作社规范运营奠定基础。经考察，依托扎兰屯市消费扶贫生活馆建设为农服务中心，并借助消费扶贫生活馆建成农民专业合作社产品直销店、“供销e家”体验店和日用消费品超市，发挥服务功能。对所属14个乡镇基层社进行调研，结合各自实际确定主营业务和发展方向，完成符合条件的6个基层社的改造提升。分别在向阳街道向阳村和蘑菇气镇惠风川村建设村级基层社，按现代公司制度完成村级基层社的注册手续，推进乡镇为农服务综合体建设试点，打造卧牛河镇为农服务综合体。配合相关部门清理整顿农民专业合作社“空壳社”，清理整顿“空壳社”“僵尸社”120余家。

【巡察整改】2021年，市供销社制定《扎兰屯市供销合作系统腐败问题重点整治实施方案》，成立专项工作组3个，对重点整治中的管党治党、资金使用、对外投资、企业改制、经营管理、问题处置等9个方面开展自查工作。自查自纠梳理出“新网项目”专项资金未足额拨付到位问题4个，立行立改。配合呼伦贝尔市委第十轮巡察第二巡察组和呼伦贝尔市审计局专项审计组进驻开展工作，制定“三项”清单、“整改台账”及整改措施94条，查找2000年以来11家基层社、5家企业破产、转制资产处置等资料；成立专门调查组4个，到原21个乡镇和街道办事处对破产解体基层社和企业相关资料进行调查；对2000年以来破产解体11家基层供销合作社和5家企业破产解体情况进行调查并形成报告和卷宗。成立专项工作组推进巡察组转办的信访件及原达斡尔乡基层社职工信访工作。

【事业单位改革】 2021年，市供销社根据《扎兰屯市深化事业单位改革试点实施方案》《扎兰屯市深化事业单位改革试点工作的实施意见》，研究上报《扎兰屯市供销合作社深化事业单位改革试点工作实施方案》《关于报送扎兰屯市供销合作社联合社机构设置、职能配置和人员编制规定的请示》，经市委批复，由理事会副主任担任专职监事会主任，基本完成由理事会、监事会并行的治理结构。

（李成煜）

烟草专卖管理

【概况】 2021年，扎兰屯市烟草专卖局明确市场监管主体，聚焦市场检查，严厉打击卷烟违法行为，提升零售户守法经营、规范经营意识，夯实基层专卖管理基础，查获2万元以上大要案8起、5万元以上大要案9起。市烟草专卖局将专卖、内管、营销联合治理，做到事前、事中、事后监管到位，坚持惩治与处罚相结合方针，主动作为、扎实推进，以加大对真烟异常流动重点客户和卷烟敏感品牌监管为突破口，不断提高监管的科学性和精准性，有效遏制真烟异常流动情况发生，全力遏制真烟外流。全年新增接收脱贫户25户，机关全员结对帮扶，脱贫不脱手，推动向乡村振兴转型。将疫情防控作为第一要务，落实疫情防控各项工作要求，定期进行安全检查和隐患排查，确保全年无事故。

（李文士）

盐业管理

【概况】 2021年，内蒙古呼伦贝尔市盐业有限公司扎兰屯市配送中心销售总量4119吨，同比增长1156吨。联合市科协、卫生等部门，对学校、部队、办事处、社区、国企进行安全科学用盐的宣传，采取“宣传＋团购”的方式促销盐品。对全市乡镇及街道办事处所辖商超、酒店、小餐桌、大中院校的用盐情况进行登记与宣传。加强与市工信局、市场监督管理局的沟通，对市场上销售的盐品进行调查、宣传、登记。相关节日前夕，走访阜丰集团，纸浆厂、松鹿药厂，以多样化的方式开展盐品宣传。

（杜　斌）

电子商务

【概况】 2021年，扎兰屯市电子商务发展中心推进机构改革，谋划电商基础设施建设和产业园项目，重点巩固电商扶贫成果接续乡村振兴建设，探索“园区建设＋农村直播”模式，推进“互联网＋”农畜产品出村进城工程，以新业态新模式引领新型消费。2021年，实现电子商务交易额11.9亿元，同比增长42.69%，农产品上行交易额1.5亿元，同比增长47.43%，全市快递物流吞吐总量完成1473.2万件，同比增长25.21%。（其中上行182.4万件，同比增长26.75%，下行1290.8万件，同比增长24.98%）。

【电商助农活动】 2021年，市电子商务发展中心通过直播带货、企业帮扶、市场带动3种模式联动，拓展线上销售渠道，助力农产品上行。举办电商助农直播活动3次，线上销售5000单优质农特产品，“智惠网”电商平台全年销售农机、生活物资8.4万件，实现交易金额超3247万元，“E农贷”授信3.549亿元，服务农民9886户、贫困户

541户，充分降低农民、贫困户生产生活成本，提升线上消费积极性。“村长大姐合作社”直播间，累计销售额103.03万元，带动周边10余个村35户贫困户，增加收入15.66万元。

【电商产业项目】 2021年，市电子商务发展中心电商产业项目收尾与谋划深度融合，重点打造适应新时代发展需要的新型电子商务应用示范园区。“2015年电子商务进农村综合示范项目”通过自验、复验及验收复核；启动电子商务产业园区建设，调研考察区内2次、区外2次，方案设计11稿，函邀走访美团平台及10余名本土正能量网红入驻合作，谋划扎兰屯市正能量网红直播基地、创新创业孵化园区、智能化冷链物流仓储配送中心、大平台电商集中采购选品基地等重点电商产业项目。

【电商扶贫接续乡村振兴】 2021年，市电子商务发展中心制定《2021年扎兰屯市电商扶贫接续推动乡村振兴专项资金使用方案》，资金投入20万元电商产业扶贫资金。举办干部大讲堂，聘请权威专家进行专题讲座，增强干部队伍电商意识，帮助传统企业增强线上渠道建设推广能力，培育农村电商人才；开展9期直播电商扶贫培训，累计培育420人，其中贫困户130人，挖掘培养农产品直播带货能手，拓宽特色农产品销售渠道，带动村民共同增收致富；支持4家企业开发网货产品6款，开展线上、线下营销推广，加强农产品推广宣传，助推农林产品上行；搭建村级“直播窗口”5个，实现直播间乡镇覆盖率50%，通过直播带动农户增收，促进庭院经济发展。

10月13日，市电子商务发展中心在成吉思汗镇举办电子商务普及培训班

【创新工作】 2021年，市电子商务发展中心建设扎兰屯市电子商务抖音官方账号，完成作品拍摄30部，拥有粉丝1500人，点击量突破50万次，成功搭建扎兰屯市电商政策宣传、电商产品推介、电信诈骗预防、直播电商知识培训，正能量声音传播等线上宣传推广平台。

（张　晶）

农 业

农牧业和科技

【概况】 2021年，扎兰屯市农作物播种面积400.26万亩，粮食播种面积392.42万亩，实施标准化生产行动任务面积280.67万亩，粮食产量稳定在12.25亿千克以上。全市拥有大小规模养殖场(户)1436家，牲畜存栏150万头(只)，其中牛存栏20.9万头，羊存栏120.1万只，猪存栏9.22万口。动力农用机械保有量3.4312万台，总动力86.04万千瓦，机耕水平96.44%，机播水平96.44%，机收水平96.65%，综合机械化水平88.4%。

【种植业】 2021年，扎兰屯市粮食播种面积392.42万亩，调运春耕所需优良种子1.078万吨、化肥5.55万吨(折纯量计算)、农药504.3吨、柴油1.5万吨，投放涉农贷款5.8亿元。实施免耕播种112万亩、耕地轮作11万亩、测土配方施肥技术应用310万亩、施用有机肥120万亩、秸秆综合利用80万亩，实施绿色防控162万亩、专业化统防统治面积164万亩。高标准农田建设任务4.8万亩，完成项目施工及监理招投标。对2019—2020年建设任务5万亩进行验收，其中2019年3万亩通过呼伦贝尔市验收和自治区抽查验收，1万亩通过呼伦贝尔市初步验收;2020年1万亩建设任务通过呼伦贝尔市级验收。组织开展耕地土壤墒情监测10次、虫情监测5次、田间定点监测9次，联合气象部门发布中短期天气预测信息30余期。提前组织完成抗旱设施和农机具维修，开展抗旱水源井、蓄水池、小塘坝等抗旱水源设施维修清理，

10月18日，呼伦贝尔大河湾农牧场有限公司收割大豆

完成10.1万台(套)农机检修调试。组织农科系统技术指导员、科技特派员180余人陆续到乡镇村屯开展适用技术培训,累计发放技术手册等资料2.8万份,培训农牧民3.58万人次,完成高素质农牧民培训班3期,培训农牧民300人。

【畜牧业】 2021年,扎兰屯市发放液氮1.2万升,肉牛冻精0.5万剂,改良肉牛3600头。实施自治区良种补贴项目,投入资金50万元,补贴肉牛冷配站点10个。启动畜牧良种(种公羊)补贴项目,上级下达补贴资金340.64万元,可购入优质种公羊3000只左右。春季动物防疫工作于3月15日开始,4月30日结束,应免密度达到100%,成功防控非洲猪瘟。秋防工作于9月末全面开始,11月末全部结束。全年没有发生重大动物疫情。投入2020年中央农业发展资金114万元,提升改造3家中小规模奶牛养殖场。人和牧业申请实施2021个中央、自治区中小规模养殖场提升改造项目,获得60万元资金投入,安装犊牛岛248套、购买TMR拌料机和秸秆粉碎机各1台。完成2600亩饲草料基地保障项目,主要种植燕麦,每亩补贴资金100元。完成2020年粮改饲项目验收工作,实际完成验收25.17万吨,补贴资金1258.898万元。启动实施2021年粮改饲项目,计划投资1200万元,收储青贮玉米24万吨。加快推进畜禽粪污资源化利用整县推进项目验收进度,2019年73个建设主体,验收完成71个,国投资金拨付2117.9万元。2020年拟建设33个建设主体,均开工,有15个项目主体完成建设内容。

赛科星呼伦贝尔牧场并列挤奶车间

【农牧业产业化发展】 2021年,扎兰屯市农牧和科技局推进“三品一标”认证工作,打造有影响力的品牌,完成3个农产品申报为绿色食品前期工作,申报材料已上报呼伦贝尔市。推荐的扎兰屯黑麦面粉、扎兰屯沙果干、扎兰屯白菜3个品牌获得农业农村部农产品质量安全中心颁发的全国名优特新农产品称号。2021年呼伦贝尔市级以上龙头企业增至32家,农牧业产业化示范联合体增至12家,龙头企业与农民建立利益联结关系的比例87%,同比增长3%;争取2020年自治区农牧业产业化发展项目奖补资金100万元,并向上级申请产业化发展若干政策项目资金532万元,增强扎兰屯市玉米、特色中草药等产业附加值,引导沙果、黑木耳培育种植,加快扎兰屯市特色果蔬产业发展进程。农产品转化率75%,农民人均从产业化得到的纯收入4690元,带动农民6.5万户,初步形成“市场牵龙头、龙头带基地、基地连农户”的产业化经营格局。

2021年农牧业产业化联合体名录表

表8

序号	单位	级别
1	呼伦贝尔东北阜丰玉米产业联合体	自治区级
2	蓬勃中草药产业化联合体	自治区级
3	惠龙农牧业产业化联合体	自治区级
4	扎兰屯市森宝食用菌种植联合体	自治区级
5	金禾公司关门山基层社水稻产业化联合体	呼伦贝尔市级
6	蒙东牧业农牧业产业化联合体	呼伦贝尔市级
7	扎兰屯市蓝林农产品农牧业产业化联合体	呼伦贝尔市级
8	扎兰屯市惠农农牧业产业化联合体	呼伦贝尔市级
9	龙翔现代农业联合体	扎兰屯市级
10	小霞现代农业科技发展联合体	扎兰屯市级
11	扎兰屯市蒙之源农民合作联合体	扎兰屯市级
12	扎兰屯市小东河花卉果蔬种植协会	扎兰屯市级

2021年产业化重点龙头企业名录表

表9

序号	单位	级别
1	呼伦贝尔东北阜丰生物科技有限公司	国家级
2	呼伦贝尔市冰海肉业有限公司	区级
3	内蒙古薪璐边境贸易开发有限责任公司	区级
4	呼伦贝尔长征饮品有限责任公司	区级
5	扎兰屯市蓝林食品有限责任公司	区级
6	扎兰屯市天利原农副产品购销有限公司	区级
7	呼伦贝尔市金禾粮油贸易有限责任公司	区级
8	扎兰屯市蒙东牲畜交易市场有限责任公司	区级

续表9

序号	单位	级别
9	呼伦贝尔市傲林山珍食品有限公司	区级
10	呼伦贝尔市惠龙现代农牧业开发有限公司	区级
11	呼伦贝尔鑫难农副产品有限责任公司	区级
12	呼伦贝尔市泰极粮食购销有限责任公司	区级
13	扎兰屯市惠农农业生产资料有限责任公司	区级
14	呼伦贝尔市赛优牧业有限公司	市级
15	呼伦贝尔哈日嘎海肉业有限公司	市级
16	呼伦贝尔满都原生态菜盐渍有限公司	市级
17	内蒙古民程种业有限公司	市级
18	扎兰屯市丰禾源农畜产品有限责任公司	市级
19	内蒙古和丰现代化农业发展有限公司	市级
20	呼伦贝尔市满都盛达生物菌有限责任公司	市级
21	呼伦贝尔森宝黑木耳种植有限责任公司	市级
22	扎兰屯市龙翔现代农业科技发展有限公司	市级
23	扎兰屯市森通食品开发有限责任公司	市级
24	呼伦贝尔市中林粮食购销有限公司	市级
25	呼伦贝尔市木生源林科技有限公司	市级
26	扎兰屯市鑫草中蒙药种植有限责任公司	市级
27	扎兰屯市满都拉农产品开发有限责任公司	市级
28	呼伦贝尔喜润现代农业发展有限公司	市级
29	呼伦贝尔松鹿制药有限公司	市级
30	呼伦贝尔市百丰润田牧业有限责任公司	市级
31	呼伦贝尔市万晟牲畜交易市场有限公司	市级
32	扎兰屯市成吉思汗金丝猴乳业有限公司	市级

链接

扎兰屯黑麦面粉

扎兰屯黑小麦生产基地位于扎兰屯市浩饶山镇，远离城市，没有任何污染，生态环境优良，雨热同季，雨量充沛且集中在7—8月，土壤肥沃，有机质含量高，光照充足，该地区气候冷凉，病害轻，生育期短，农药施用量极少。

扎兰屯黑麦面粉营养价值高。它含有丰富的矿物质，含有多种人体所需的微量元素，扎兰屯市政府调整种植业结构，加大黑小麦种植管理及政策倾斜，以扶持中小型企业为抓手，以蒙古牧香为龙头，形成“耕”“种”“收”一条龙服务形式，带动浩饶山及周边乡镇黑小麦及普通小麦百余户农户提供“从种到收”的全方位农机服务，使黑小麦种植户得到保障。黑面面粉可以做成黑面馒头、黑面面条、黑面饺子及黑面饼干的产品，饱受人们青睐，自2017年开始，市政府保证产品质量，对黑面面粉开启产品溯源系统追溯，使产品从种植生产—田间管理—加工—销售都能全程追溯，保证产品的质量，黑麦面粉已销往北京市、黑龙江省、吉林省、辽宁省、河北省、陕西省等地。2021年，被纳入全国名特优新农产品名录。

扎兰屯白菜

扎兰屯白菜，其外观新鲜，外叶形状为宽倒卵圆形，其外叶浓绿，内叶鲜黄，口感鲜嫩。白菜结球结实，整修良好。

扎兰屯白菜无论冬夏都是人们喜爱的蔬菜。为推动全市蔬菜发展，扎兰屯市成立绿色蔬菜种植协会组织，通过协会组织引进新技术、新品种，带动会员“走出去，引进来”进而推动蔬菜的快速发展。白菜最大的优点是耐储，能够满足人们生活所需，在满都红、喜润等企业的带动下，农户种植有订单，销售有保障，推动全市白菜种植面积连年迅增，白菜除鲜食，还可加工成酸菜、酸菜馅、辣白菜、泡菜等系列产品，远销齐齐哈尔市、哈尔滨市、大连市、上海市、河北省等地。2018年被中国绿色食品发展中心认证为绿色食品，2021年，被纳入全国名特优新农产品名录。

扎兰屯沙果干

扎兰屯沙果干来自扎兰屯市绿色食品原料沙果标准化生产基地，扎兰屯沙果是地理标志产品。扎兰屯沙果干外皮呈红色，果肉为金黄色，果干平均直径约3厘米，果干肉质柔韧，有嚼劲，具有淡淡的果香味，口感酸甜可口，其沙果干红里透黄，色泽鲜艳诱人。

近几年，市委、市政府组织生产加工企业参加中国绿色食品博览会等，提升扎兰屯市的沙果加工业的品牌价值。通过电子商务平台，抖音、快手、天猫、淘宝、阿里巴巴等多方线上渠道销售产品，线下产品销往黑龙江、吉林、辽宁、江苏、山西、甘肃、北京、深圳、呼和浩特等省市区，同时进入华联、维多利等国内各大连锁

超市，部分产品进入北京奥运村。2013 年，经过中国绿色食品发展中心认证为绿色食品认证；2020 年，“塞外金庄园”牌沙果干获得第二十一届中国绿色食品博览会金奖；2021 年，被纳入全国名特优新农产品名录。

【农业农村经营管理】 2021 年，扎兰屯市农牧和科技局经过各乡镇审核推荐、市级评审确定土地托管服务组织实施项目 60 家，实施 2020 年中央财政支持农民合作社和家庭农牧场发展项目 30 个，计划推荐评选呼伦贝尔市级示范合作社 4 家、示范家庭农牧场 7 家。推进扶贫项目库建设与产业项目运行，全市各乡镇办实施的原有产业扶贫项目 49 个，总投资 1.17 亿元，完成项目 48 个、正在施工建设项目 1 个，其中产生运营效益项目 30 个，带动脱贫户 1502 户、2313 人稳定增收。指导各乡镇办对扎兰屯市 2013 年以来改造的 14951 户农村卫生户厕，完成改厕问题排查整改。

【农牧业监管体系】 2021 年，扎兰屯市农牧和科技局开展监督抽查 30 余次，定性抽检农畜产品 588 批次，合格率 99 % 以上；完成全市 13 个监管所检测室建设，增加农药和兽药残留等 20 余项监测参数。将农畜产品质量安全执法工作纳入农牧业综合执法，推行行政执法“三项制度”。联合公检法和市场监管等部门，制定《扎兰屯市食用农畜产品“治违禁 控药残 促提升”三年行动实施方案》，组织 24 家认证企业及其 92 个认证产品入驻自治区农畜产品质量安全追溯平台。对种子、肥料、农药、兽药、畜牧、饲料、农机、渔业的市场和经营主体进行全覆盖行政执法，出动执法人员 2405 人次，累计检查涉农经营单位和大型养殖场 868 家次，立案 23 件，结案 16 起，罚没款总额 223 万余元，未发生行政复议和行政诉讼案件。

【科技工作】 2021 年，扎兰屯市农牧和科技局组织企业申报国家、自治区和呼伦贝尔市市本级科技计划项目 13 项，通过审核并已下达项目资金预算 12 项；确定呼伦贝尔市科技成果转化服务机构 1 家；组织申报市本级科技特派员项目 9 个，年科技社会研发投入 3 亿元。开展科技特派员工作，培训 1640 人次，解答农民种植养殖难题 200 多条，农民朋友利用平台发布供求信息 30 多条；自治区新选派“三区人才” 18 名到扎兰屯市开展科技服务工作，指导服务 550 人次，召开技术专门培训班 23 期，与农民专业合作社或涉农公司签订技术合作协议书 33 份。

【事业单位改革】 2021 年，根据《关于市农牧和科技局深化事业单位改革试点工作实施方案的批复》（扎机编发〔2021〕40 号）文件要求，下设副科级事业单位 4 个，股级事业单位 2 个，即农牧业技术推广中心、绿色产业发展中心、农牧业综合行政执法大队、农村经营服务中心、动物疫病预防控制中心、科技事业发展中心。

（张　浩）

气象服务

【概况】 2021 年，市气象局与市农科局、水务局联合对全市有代表性的乡镇进行土壤墒情普查 6 次、重点乡镇及果蔬基地进行实地调研 4 次、联合开展服务需求调研 1 次。及时更新直通式服务用户信息库，制作发放直通式重点服务对象联系卡，建立直通式气象服务台账。通过微信群、短信、“扎兰天气”公众号、头条等渠道向新型农业经营主体与直通用户发布各类为农服务信息30余期。信息类型包括灾害性天气农用天气预报、农业气象灾害影响评估报告等，为农业部门和农户防灾减灾提供科技支撑。

【气象监测】 2021年，扎兰屯市多次出现大到暴雨天气，过程降水量级大、雨势急，给农业生产造成损失，针对极端天气过程，扎兰屯市气象局提前发布气象预报信息、重要天气报告、农用天气预报，指出由于前期降水频繁、土壤湿度大，低洼地段可能出现涝象，提醒广大农户提前开沟理渠、保持农田排水通畅，做好防范措施。灾后及时对未来天气进行预测分析，对大田作物下一步恢复灾后自救提供指导性的天气信息，预报预警信息通过短信、微信、网站等手段第一时间快速地对外发布，提醒相关决策部门及民众做好防范措施，最大限度地降低暴雨造成的损失。

【人工影响天气】 2021年，市气象局夯实人影安全监管机制，做好防灾减灾工作。落实人影安全责任清单，向扎兰屯市人民政府上报人工影响天气作业计划并获批；及时报送各类人影相关信息。截至2021年末，全市烟炉作业点11个、火箭作业点3个，基本实现所有乡镇人影作业点全覆盖。

【综合业务】 2021年，市气象局发布预警信号96期、重要天气报告15期，准确预报“7·18”等暴雨天气。

（缪丽颖）

工 业

综述

【概况】 2021年,扎兰屯市11户规模以上工业企业总产值累计完成117.2亿元,同比增长10%。其中,阜丰公司完成产值75.69亿元,同比增长16.1%;国森矿业完成产值22.9亿元,同比增长18.7%。工业重点项目开复工20个,开复工率为133.33%;完成固定资产投资40526万元,完成计划投资的115.79%。其中新建项目7个,完成投资15027万元;续建项目13个,完成投资25499万元。

【工业化与信息化融合】 2021年,扎兰屯市有4G基站788座,网络覆盖率达到100%。市区建设5G基站168座,实现核心城区和重点区域的覆盖。重点督促电信与联通2家运营商,强化电子政务外网基础建设,配合市政务服务局开展摸排工作。全市政务部门应入48个,接入48个,接入率100%;乡镇、街道办事处应接入19个,接入19个,接入率100%,实现政务外网全覆盖。

8月6日,呼伦贝尔鑫难农副产品有限责任公司工人挑选野生牛肝菌

【商贸经济发展】 2021年,扎兰屯市社会消费品零售总额完成260103万元,同比增长9.2%。限额以上社会消费品零售额15644.7万元,同比增长26.4%;零售业实现销售额14720.1万元,同比增长29.6%;住宿业实现销售额2890.1万元,同比增长17.2%;餐饮业实现销售额217.2万元,同比增长75.9%。全市外贸出口额3.61亿美元,同比增长39%,其中呼伦贝尔鑫难农副产品有限责任公司0.75万千克野生牛肝菌直接出口至意大利,实现菌

类产品直接出口创汇45万美元，成为自治区首家野生食用菌出口企业，标志着扎兰屯市野生食用菌正式打开欧洲市场，有效促进扎兰屯市出口商品多元化。

【疫情防控与安全生产】 2021年，市工信局派出5组检查组每日对规上工业企业、重点规下企业、商贸服务企业、外贸企业、通信及电力企业进行指导检查，落实疫情防控及安全生产各项工作要求。结合安全生产专项整治三年行动工作要求，做好复工复产期间、全市安全生产大排查大起底大整治大提升集中攻坚期间、建党100周年期间、11月安全生产综合督导期间、12月"防高处坠落、有限空间中毒窒息"和规模以下企业生产安全事故专项整治；完成消防安全隐患排查整治、燃气安全专项整治及疫情防控工作。

【冬季取暖用煤】 2021年，市工信局落实企业包保责任制，每月调度工业企业运行情况，重点解决企业运行困难和问题，签订合同量278万吨，帮助企业解决冬季煤炭缺口，保障工业企业原煤供应。摸清农牧民冬季煤炭需求户20329户、40411吨，与2家供煤企业协商，谋求增大日供应量，畅通运输渠道，保障取暖用煤及时足额发放到农户手中。

【生活必需品市场供应】 2021年，市工信局对粮油、肉类、蔬菜等生活必需品市场运行进行日监测，协调推动大型商超、蔬菜批发市场与农产品生产基地加强对接联系，建立稳定可靠的产销合作关系，加大对蔬菜等市场价格波动较大商品的采购力度，提升供给能力。截至年底，扎兰屯市市场保供主体超市储备大米13.6吨、面9.85吨、食用油7.8吨、方便面3.12万袋/桶、瓶装水1.68万瓶，农产品批发市场日存蔬菜量在106.3吨左右（蔬菜销售量为60吨左右），生活必需品物价平稳、市场供应情况稳定。

【服务中小企业工作】 2021年，市工信局加大服务力度，全力支持中小企业发展。完成吉安化工1.36%国有股权（41.1733万元股份）依法转让，增值210.88%。完成伊利乳业公司企业变更工作，配合城投公司推进原伊利乳业资产处置工作，完成房屋及附属设施鉴定和机器设备评估工作。会同市人社局社保服务中心及就业服务中心对原纸浆厂破产失业期间下岗失业人员进行核定，应享受领取失业救济金1988人，经扎兰屯市新闻媒体及网站进行公示，每人应发失业救济金标准为3060元，总计资金为608.3万元。

（杨洪杰）

工业园区

【概况】 2021年，呼伦贝尔岭东农畜林产品开发区学习贯彻扎兰屯市第八次党代会精神，围绕"绿色崛起、富民强市、共享繁荣"发展主题，全面加强党的建设，着力构筑循环工业体系，以转型升级为主线，以创建绿色、低碳、循环、可持续发展工业园区为目标，全力推动园区绿色转型、动能转型、高质量转型，园区规模总量不断扩大，主导产业逐步形成，转型升级步伐加快，平台支撑更加明显，为推动全市循环经济高质量发展奠定坚实基础。

【规划编制】 2021年，呼伦贝尔岭东农畜林产品开发区以全区园区整合和全市国土空间规划调整为契机，加快推进园区总体规划编制调整，按照自然资源部门要求完成整合后的产业园区边界划定和四至坐标确定工作审批工作，划定面积为11.61平方公里。加快推进开发区区域评估工作，完成环评规划和水资源论证、水土保持利用方案、洪水影响评价、地质灾害危险性评估、压矿报告、环境区域评估等编制工作，气候影响评估报告正在编制中。完成开发区化工集中区边界划定工作，划定范围为400公顷。按照环保整改要求，完成开发区排污口方案拟定和申请上报环保部门审批。完成富民东街道路、沃丰连接路、富民西街、沙里沟防洪渠等园区基础设施项目规划和初步设计工作。

【经济运行】 2021年，呼伦贝尔岭东农畜林产品开发区园区立足区位优势和资源禀赋重点发展农畜林产品加工和生物科技2个主导产业，做大做强玉米精深加工，园区总量规模不断壮大。1—11月，园区入驻企业27家，其中工业企业14家、规模以上工业企业6家、规模以下工业企业8家，商贸物流企业13家。实现工业总产值81.51亿元，同比增长7.31%；实现工业增加值24.45亿元，同比增长7.31%；营业收入85.18亿元，同比增长9.10%；销售收入80.85亿元，同比增长7.76%；上缴税金1.88亿元，同比下降15.69%；实现利润2.67亿元，同比下降26.04%；出口19.12亿元，同比增长32.20%；安置就业7224人，同比下降0.47%。除利润和就业有所下降外，其余指标均较2020年同期有所增长。

【项目建设】 2021年，呼伦贝尔岭东农畜林产品开发区依托园区现有产业基础和条件，不断提高招商引资质量，扩大招商引资规模。重点围绕呼伦贝尔东北阜丰生物科技公司以商招商，围绕玉米加工上下游产业链进行增链补链强链，建设加工产业集群。全年组织实施项目13个，完成投资约1.51亿元。其中新建项目3个，完成投资约0.5亿元。百业成公司真空闪蒸膜式塔吸收节能装置技术改造项目完工，呼伦贝尔东北阜丰生物科技有限公司新型谷氨酸钠连续育晶技术研究项目和谷氨酸钠提质改造建设项目正在建设中；续建项目10个，完成投资约1.01亿元。内蒙古翔丰化工有限公司改造项目、呼伦贝尔东北阜丰生物科技公司的高附加值发酵制品智能化高效绿色制造关键工艺集成示范、铁路专用线新建工程、电力设施35千伏改造、阜丰氨基酸及其配套产业链综合技术改造项目5个项目现已完工。岭东工业开发区中小企业创业服务中心建设项目和呼伦贝尔东北阜丰生物科技有限公司的年产20万吨谷氨酸钠母液回收利用技术改造、12万吨淀粉糖提质改造、阜丰公司烟气深度治理、苏氨酸及其配套产业链综合技术改造、氨基酸及其配套产业链综合技术改造等项目均在建设中。

【基础设施】 2021年，呼伦贝尔岭东农畜林产品开发区统筹规划园区公共基础设施建设，配套建设道路、防洪等功能性基础设施。加大政府资金投入力度，园区建成道路网28公里，呼伦贝尔东北阜丰生物科技有限公司铁路专用线建成运营，固体废物处置场建成投入使用，污水处理场及管网运行使用，防洪渠改造完成，中小企业创业服务中心主体工程完工，园区出口路提标改造工程开工建设。沃丰连接路桥、富民东街道路和防洪渠改造（沙里沟段）工程完成土地规划调整、项目勘察和初步设计，正在进行土地转用等其他项目前期工作。

【优化营商环境】 2021年，呼伦贝尔岭东农畜林产品开发区开展“点对点”服务企业活动，构建“亲”“清”政企关系。帮助堉丰公司等企业解决原材料运输、项目入园、手续办理、跟踪服务等方面的实际困难问题，加快重点工业项目前期手续办理进度，尽快落地开工。重新梳理整顿园区各项优化营商环境工作，完成开发区企业入园禁设目录清单，保证企业顺利入驻。多措并举，化解历史债务1800万元，兑现政府承诺事项，园区营商环境持续优化。

【安全生产】 2021年，呼伦贝尔岭东农畜林产品开发区成立安全专项整治3年行动领导小组，制定《呼伦贝尔岭东工业开发区管理委员会安全专项整治三年行动实施方案》。开展安全生产检查，强化危化企业、涉粉尘企业隐患排查治理，督促企业落实整改。开展安全生产大检查75次，提出整改意见59条，均整改完成。完成呼伦贝尔岭东工业开发区化工集中区整体性安全风险评估，组织编制完善园区安全生产应急预案，开展化工集中区申请认定工作，取得阶段性成果。开展安全生产月活动，制作《安全事故警示教育片》光盘和《习近平总书记关于安全生产工作重要论述读本》分发至各企业，有效提升企业职工的安全生产知识水平。年内无重大事故发生，园区安全生产形势稳定。

【环境保护】 2021年，呼伦贝尔岭东农畜林产品开发区严格入园企业环保准入关，严格执行环境准入门槛，对不符合要求产业定位、规划环评等项目一律不予批准入园。加强园区固废渣场运行管理，完成排污许可申报审批，努力提高工业固废物综合利用率。加大对园区重点排污企业污水管理，确保达标排放。联合市生态环境保护局、市污水处理厂开展环评论证，完成环保反馈问题整改工作。

（张斌斌）

重点企业

【呼伦贝尔东北阜丰生物科技有限公司】 2021年，呼伦贝尔东北阜丰生物科技有限公司实现工业总产值75.69亿元，上缴各类税金1.67亿元，出口创汇3.3亿美元，占呼伦贝尔市出口创汇的95%以上。企业拥有年生产能力为谷氨酸70万吨、淀粉180万吨、结晶葡萄糖15万吨、苏氨酸15万吨、肥料60万吨、单饲料50万吨。产品畅

呼伦贝尔东北阜丰生物科技有限公司生产车间

销全国，并出口北美、欧洲、非洲、东南亚和澳大利亚等国家和地区。企业拥有多个国家级科研平台和荣誉称号，是“国家级高新技术企业”“国家级企业技术中心”“国家博士后科研工作站”“国家认可实验室”“国家知识产权优势企业”“国家技术创新示范企业”“国家级绿色工厂”“国家工业产品生态(绿色)设计试点企业”“农业产业化国家重点龙头企业”等。公司已完成投资110亿元，企业年精深加工玉米已达到220万吨，有600万亩玉米得到就地加工增值，安置就业5800人。

社会公益 2021年，呼伦贝尔东北阜丰生物科技有限公司为贫困村捐赠肥料、煤炭等生活必需品。12月，满洲里疫情发生后，公司再次捐款60万元助力地方疫情防控。

循环经济 2021年，呼伦贝尔东北阜丰生物科技有限公司主要以玉米为原料，经过加工生产出淀粉，淀粉进一步加工成葡萄糖，葡萄糖经过发酵(通过添加不同的菌种)生产出苏氨酸、赖氨酸、谷氨酸，在谷氨酸的基础上再添加一个钠离子形成谷氨酸钠，就是味精。生产过程中，会产生部分母液，母液是高浓度废水，经浓缩后制造成生物发酵肥，用于玉米等农作物的种植。浓缩产生的冷凝水经过厌好氧处理、深度净化后，一部分回收用于生产过程中，一部分达标排放，形成一条完整的绿色循环经济产业链。

科技创新 截至2021年末，呼伦贝尔东北阜丰生物科技有限公司依托自建的国家级企业技术中心以及博士后科研工作站、国家认可实验室等多个重要平台，逐步构建自己的研发体系，企业研究课题60余项，完成就地转化43个，专利55件，其中发明专利46件，实用新型专利8件。企业获奖9个，其中自治区科技进步一等奖1个，自治区科技进步二等奖1个，自治区科技进步三等奖2个，呼伦贝尔市科学技术奖3个，中国轻工业联合会科技进步二等奖1个，粮油学会科技进步三等奖1个。科技创新驱动企业发展，为产品的市场开拓奠定良好的基础。

产业扶贫 2021年，呼伦贝尔东北阜丰生物科技有限公司形成年处理220万吨玉米加工能力，建立一条完整的玉米生化产业链，使扎兰屯市及周边地区近600万亩玉米实现就地加工转化，促进本地种植业结构的调整，玉米种植面积由原来的60万亩发展到270万亩，带动农户6.9万户(其中1.1万户贫困户)。为体现对贫困户的关爱，公司采取系列的优惠政策，节省运输成本、提升收购价格，每千克玉米价格至少比市场价格高0.16元，每亩可增加收益80元，带动农户增收1.92亿元，带动贫困户增收3061万元，户均增收2783元。

就业扶贫 2021年，呼伦贝尔东北阜丰生物科技有限公司推行本地化用工战略，公司现有员工本地化率达到85%以上。其中建档立卡贫困户659人，解决易地搬迁建档立卡贫困户16户16人就业，年人均工资收入达到5万余元。为助力脱贫攻坚，公司在员工招聘方面，针对建档立卡贫困户采取开辟绿色通道、降低用工标准等方式，除极特殊情况基本全员接收，使贫困家庭当年就摆脱贫困，实现“一人就业、全家脱贫”。通过上下游配套加工、工程项目外包、建设沿街商铺、物流运输等产业带动就业近万人。

（曲晓伟）

【大兴安岭浆纸有限责任公司】 2021年,内蒙古大兴安岭浆纸有限责任公司生产51265吨比上年少5469吨,销售47231吨比上年少11686吨,产值29551万元比上年少1656万元,销售收入27225万元比上年少5183万元,上缴税金1334万元。

生产工艺 2021年11月,内蒙古大兴安岭浆纸有限责任公司进行“商品木浆+牛卡”生产复合纸试验并取得成功。使用生物质燃料拌烧产气发电取得成功。利用树根、树皮、锯末和秸秆颗粒等生物质燃料产气发电,是重要的节能降耗措施,抵顶能耗双控指标。通过对2号炉、3号炉技术改造,成功进行树根削片等生物质燃烧产气发电,全年累计燃烧生物质16339吨,其中外购生物质3507吨、自产生物质12832吨。生物质拌烧能力超过200吨/日,相当于每天可节约燃煤200吨,有效降低能耗。强化两机两炉运行管控,热电车间夏季开好两机两炉,抓好水电气平衡,减少浪费,节约能源。强化工艺管控,制浆车间高度重视黑液质量,确保波美、浓度达到要求;化学车间针对黑液浓度低、碱炉不好烧的问题,加强设备巡检巡护,采取应对措施。制浆与造纸建立“沟通机制”,在解决浆料均匀和白度不稳定、工艺和原料配比等方面下功夫,减少返料,减少损失。改纸种时,生产、销售、质检和造纸等单位现场研究和解决问题。强化检修管控。严格执行小修制度,完成大修工作。

原料采购 2021年,内蒙古大兴安岭浆纸有限责任公司抓原料,商品木浆等原料多品种采购有进步。累计采购木浆和废纸2.3万吨。其中商品浆8385吨、废纸1.47万吨,比上年多4479吨。累计采购木片15.7万层积立方米比上年减少12.1万层积立方米,累计采购木材7.23万立方米比上年增加1.8万立方米,采购单板木芯1449立方米比上年同期少1.32万立方米。原料采购主要措施是,开辟直接进口加拿大木浆采购渠道;加大美国GP木浆、新印迪浆、卷筒浆、牛卡,俄罗斯乌本针等商品木浆采购;加强满洲里地区木片采购,开辟榆木柳木采购渠道等。另外,全年采购生物质燃料4085吨。

市场销售 2021年,内蒙古大兴安岭浆纸有限责任公司抓销售,落实一厂一策开辟市场有进步。实施片区改革,由北方、南方2个片区划分为东北、华北、西北和南方4个片区。用好一厂一策,抓大户、开发新用户、带动中小用户。强化订单与合同管控,严格管控生产订单下达,严禁随意更改标准,深入车间完成订单生产、完成装车发货,回款率100%。根据市场行情,价格随行就市,全年进行涨价4次。4月,防锈原纸、高强模板纸、胶带原纸价格达到7300元/吨。

技术改造 2021年,内蒙古大兴安岭浆纸有限责任公司抓技改,环保治理提质增效上有进步。投资1251万元,进行污水提质增效技术改造;投资251万元,进行碱炉脱硫塔技术改造;投资120万元的4000平方米白泥暂存库区地面硬化项目5月27日完工,并在10月底由设备检修部完成400平方米暂存棚安装,在西墙安装长380米、高5米防尘网。投资200余万元,建设生物质发电项目,先后对热电2台35吨锅炉和一台75吨锅炉系统进行改造,成功实现生物质产气发电,实现环保运行和降低能耗。投资7.5万元新上能源在线监测设备,24小时实时上传数据。进行4号汽轮机大修，3500纸机压光机维修改造、2850纸机系统升级改造，生产适合纸机特点的“新、特”产品，对3500纸机厂房进行修缮、对职工宿舍房盖进行修缮。

企业管理 2021年，内蒙古大兴安岭浆纸有限责任公司抓管理，234管控机制有进步。签订责任状，在一届六次职代会上，公司与备木、制浆、造纸、化学、热电五大车间签订生产经营责任状，全年工作达到标准的车间奖励2万元。完善制度，职代会通过《生产运行岗位交接班管理基本要求》《修旧利废管理规定》《物资严肃入库管理规定》等10余项制度，191项制度重新修缮并装订成册。将漏水、漏气、漏油和尘埃4项问题列入周三大检查项。11月，公司ISO质量管理体系通过再认证。把好物资验收关，实行木片、木材、废纸、生物质燃料、化工辅料、煤炭等进厂物资和备品备件三方联检机制，严把质量、数量关，废纸100%拆包抽检，累计对46车木片降等处理，对3车含有杂质的废纸扣罚。推行多家比价采购，降低大宗材料采购成本，针对柴油、配件、中性胶、湿强剂等大宗材料涨价，对没有涨价的或疫情影响运输困难的等化工辅料进行备货采购。提升能耗双控水平，公司成立能耗双控工作应急指挥小组，总经理担任组长，能耗双控指标纳入绩效工资考核，编制《能耗双控工作应急预案》，制浆、化学、造纸等重点耗能车间错峰开机、降低负荷、减少消耗；热电投入高压加热器系统，节约能源；安装射水器，提高汽轮机真空度，降低煤耗；维修维护蒸汽管道保温，降低热量损失；停用和更新高耗能电机设备，采用LED绿色照明，多烧生物质降低煤耗。提高用水循环管控力度，热电车间机封水、冷却水集中回收再利用，灰浆池净化水用于水膜除尘器和脱硫系统，每小时减少排水量70立方米；制浆车间封闭地沟，利用地坑泵回收地沟水，利用闲置的喷放锅，把气浮水沉淀净化后溢流送往蒸煮锅、黑液槽、漂白系统，减少了八变用水；化学车间蒸发温水送冷却塔，所有泵冷却水、碱炉冷却水集中回收再利用，每小时减少新鲜水30立方米。强化气浮运行，邀请专家进行加药指导，重新完善工艺操作规程；安装溶气罐系统，确保用水连续、药物反应时间充足，技术部、生产、企管等职能部门加大对气浮运行情况督查。加大劳动纪律，职能部门加大夜间劳动纪律检查力度，真抓真管真严，查处违反劳动纪律人员200人次。

安全生产 2021年，内蒙古大兴安岭浆纸有限责任公司抓安全，确保“两个不出事”有进步。以查促改，强化大检查大排查大整改。推行周二车辆专项检查、周三安全防火卫生检查、周五仪表电气设施运行情况等专班检查，检查力度加大，有奖有罚，处罚单位154个次、奖励126个次。以案促改，强化应急处置机制。重新修订和完善设备设施安全事故和消防事故应急处置预案、重新编制《安全生产手册》并人手一册，开展《安全生产手册》、劳动纪律制度等学习活动，将考试成绩和绩效工资挂钩。热电车间还将以往事故汇总成册，集中开展预案、规章制度学习和考试，提升职工事故应急处置能力和安全操作意识。班组每月1次夜间消防演练和事故应急处理演练已成常态化。以制度管事，强化防火和有限空间作业管理。坚决执行明火作业证、有限空间作业证“两票”制度，落实电气焊、清理槽罐、高空作业等现场监护制度，专人监护、责任到人，抓实抓细，确保不发生设备、人身事故和火灾事故。坚持进行部室24小时防火巡查和消防车定时巡查制度。以活动带训，强化安全生产宣传培训。各车间高度重视安全生产月活动，开展案例警示通报会、开展“安全在我心中”演讲活动，120余名班组长以上人员参加安全生产培训；克服资金困难，组织接触有毒有害因素的402名职工进行职业健康体检。

（高俊海）

【呼伦贝尔松鹿制药有限公司】 呼伦贝尔松鹿制药有限公司是以中药为主、中西药结合的综合性民营制药企业，国家高新技术企业，国家知识产权优势企业，国家科技型中小企业，内蒙古自治区农牧业产业化重点龙头企业，内蒙古自治区科技名牌企业。“松鹿牌”商标为中国驰名商标，松鹿品牌为内蒙古自治区老字号。企业拥有发明专利3项，外观设计专利3项，实用新型专利1项，注册商标39件。

经营情况 2021年，呼伦贝尔松鹿制药有限公司资产总额21006.73万元，企业全年实现销售收入8032.50万元，实现利润395.84万元，上缴税金484.9万元。成立电子商务部，恢复和拓宽二终端市场，增加OEM产品生产。

生产情况 2021年，呼伦贝尔松鹿制药有限公司合剂产量2532.75万支，蜜丸3148.70万丸，水丸、水蜜丸28.30万盒，散剂2.96万盒，片剂5836.28万片，硬胶囊剂989.95万粒，一次性使用医用口罩99.96万个，与2020年相比，合剂产量仍有下降，蜜丸、片剂产量有较大幅度提升。

项目建设 呼伦贝尔松鹿制药有限公司继续实施《养阴清肺口服液创新成果产业化扩能改造项目》。完成《小儿咳喘灵口服液技术研究》《呼伦贝尔市2021年重点人才项目“揭榜挂帅”》自治区《北苍术标准化体系建设》的项目申报，完成自治区级企业技术中心创新诊断认定、自治区研发机构（组织）备案、国家科技型中小企业申报工作，通过2021年知识产权贯标年审。

（郭红梅）

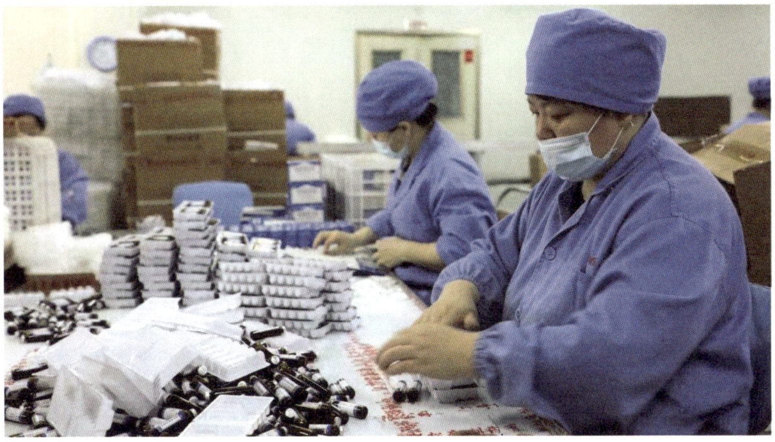

呼伦贝尔松鹿制药有限公司包装车间

信息服务业

广播电视网络

【概况】 2021年，中国广电内蒙古网络有限公司扎兰屯市分公司总营业收入1700多万元。建成市区、乡镇贯通的光缆干线，总里程279公里，建设各类型光传输基站3个，覆盖全市4乡、8镇、44个行政村、290个自然村，并与周边阿荣旗、海拉尔、兴安盟实现互联互通，网络承载能力显著增强。

【多元化合作经营】 2021年，中国广电内蒙古网络有限公司扎兰屯市分公司跳出传统的广电经营模式，与华林家电、北京小米科技有限公司、南京物联传感科技有限公司等多家品牌企业进行产业合作，推行多元化经营，形成多渠道、多领域、多广角的商业运行格局。其中，与南京物联公司合作，利用USB Dongle的方式，把4K智能机顶盒扩展为智能家庭网关，实现智能家居普及和应用。

【网络建设】 2021年，中国广电内蒙古网络有限公司扎兰屯市分公司完成涉及10个小区的接入网、管道、皮线光缆敷设和支干线建设。完成扎兰屯市新一代信息基础设施完善工程6段支干线，工程覆盖涉及8个乡镇的村组。完成南木杜鹃小区、建设团结新村、惠风川胜利村前端支干线用户接入网工程。中标扎兰屯市机要局38万元能力提升项目，303万元的信创项目。政企及宾馆大客户业务安装完成5个学校热成像设备，6个宾馆和1个单位信号接入。

【网络传输】 2021年，中国广电内蒙古网络有限公司扎兰屯市分公司完成重要节目安全传输和保障防范工作。扎兰屯分公司建设标准化播控平台和传输核心机房，监控大屏幕、机柜布线、安防设备、操控平台、动环监控等都采用行业先进设备和材料建设，成为扎兰屯广电网络分公司数据传输的“大脑”和“心脏。”在全国两会前夕与本地电业局、公安局、辖区派出所建立应急协调预案并发送重要播出保障期协助函。聘请第三方（扎兰屯市气象灾害防御中心）测试两基站的接地电阻，均符合规范要求，取得检测报告。组织全体值机人员进行各项安全教育及应急演练,确保重要播出期安全传输。

（沈 岩）

邮政

【概况】 2021年,扎兰屯市邮政分公司设置邮政支局(所)20个,市区投递线路22条,农村投递线路62条,城区投递线路周长约500公里,农村投递线路约2100公里;每日一班,投递交通工具有汽车、电动车。全市乡镇、村、组全部通邮;全市现有汽车邮运线路3条,即扎兰屯—成吉思汗—大河湾—达斡尔、扎兰屯—柴河、扎兰屯—南木。开办业务包括函件、包件、电子汇兑、集邮、报刊发行、邮政储蓄、电子商务、代办保险、代发养老金等。

【业务目标】 2021年,扎兰屯市邮政分公司业务收入完成2879万元,超预算16万元,同比增幅14.13%,绝对值增收357万元。结合战略绩效指标,对惠农合作社缺少资金、销售渠道单一和运输难等问题,以邮银协同、邮乐网、四级物流体系等方式为切入点进行惠农合作社的走访和开发。金融业务实现由“单一产品销售”向“综合资产配置”转型,为客户提供一站式综合金融服务。网点发挥寄递、报刊、电商等协同优势开展获客,强化与客户的纽带联系,实现客户服务向综合化转变,与其他商业银行开展差异化竞争。

【数字化营销】 2021年,扎兰屯市邮政分公司以“中国邮政企业微信号”为基础平台,推进BSC数字化营销模式在金融、寄递、文传、渠道等专业应用推广工作。在邮政企业、员工与客户之间建立起扁平化、智能化、便捷化的链接渠道;搭建邮政线上平台营销空间,支撑邮务板块全业务的线上线下协同发展。为网点和邮政员工提供更加高效、实用的数字化营销管理工具,为基层营销赋能。

（杨丽霞）

移动

【概况】 2021年,中国移动通信集团内蒙古有限公司扎兰屯市分公司(主要经营移动话音、数据、IP电话、信息点播、集团产品、宽带业务等,开通网号134、135、136、137、138、139、150、151、152、157、158、159、178、182、183、184、187、188、198。

【服务业务】 2021年,扎兰屯市移动公司在网用户数22.68万户,市场份额达66.74%,宽带用户达2.2万户。营业厅客户满意度98.98%。

（徐 姚）

电信

【概况】 2021年,中国电信扎兰屯市分公司主要经营基础电信业务,即在本市范围内经营800兆赫兹CDMA第二代数字蜂窝移动通信业务,CDMA2000第三代数字蜂窝移动通信业务,LTE/第四代数字蜂窝移动通信业务(TD—LTE/LTE FDD),第五代数字蜂窝移动通信业务,卫星移动通信业务,卫星固定通信业务,卫星转发器出租、出售业务;信息服务业务(仅限移动网信息服务),即在全国经营国内甚小口径终端地球站通信业务、互联网数据中心业务、内容分发网络业务;利用信息网络经营音乐娱乐产品,游戏产品(含网络游戏虚拟货币发行),演出剧(节)目、表演、动漫产品、从事网络文化产品的展览、比赛活动；经营与通信及信息业务相关的系统集成、技术开发、技术服务、技术咨询、信息咨询、设备及计算机软硬件等的生产、销售、安装和设计与施工等。公司有支局4个，即社区支局、政企支局、乡镇支局、自营厅支局，在卧牛河、洼堤、蘑菇气、成吉思汗、柴河、大河湾、中和及市区主要地段设立20多家合作厅。

【业务指标】 2021年，中国电信扎兰屯市分公司围绕电信的“光网城市”“光网无忧”活动，开展小区网络建设、补点建设、5G基站建设、延伸建设等工程，加大光纤宽带接入能力，为广大市民免费提速。内部严格的分工、合理的业务流程、严谨的考核机制，贯彻“用户至上、用心服务”，保证公司诚信运营。全年电信固定电话用户500户，移动电话用户2万户，互联网接入用户100户，移动用户2万户、宽带用户2006户。

（海　亮）

联通

【概况】 2021年，中国联通扎兰屯市分公司下辖大型综合性营业厅1个、综合网格2个、分支机构11个。建成以光缆为主、数字微波和卫星通信为辅的大容量、高速率的传输网络；各种现代化的网管监控系统，进一步提高网络运行效率和安全性，促进网络智能化水平的提高；奠定信息化建设和网上应用项目拓展的基础，为扎兰屯市的信息化发展和社会各界开展丰富的信息应用提供有力保障。

【服务能力】 2021年，中国联通扎兰屯市分公司通服业务收入累计完成7000万元，移动用户11万户、宽带用户5万户、固定电话用户1万户。市区、乡镇、行政村宽带网络100%通达；自然村覆盖率达到97%以上；市区4G网络全覆盖，完成5G基站建设57个，城区5G网络基本全覆盖，乡镇镇区包括行政村4G网络全覆盖，自然村4G网络覆盖率达到95%以上；市区宽带及无线网络达到3000兆。

（顾庆彤）

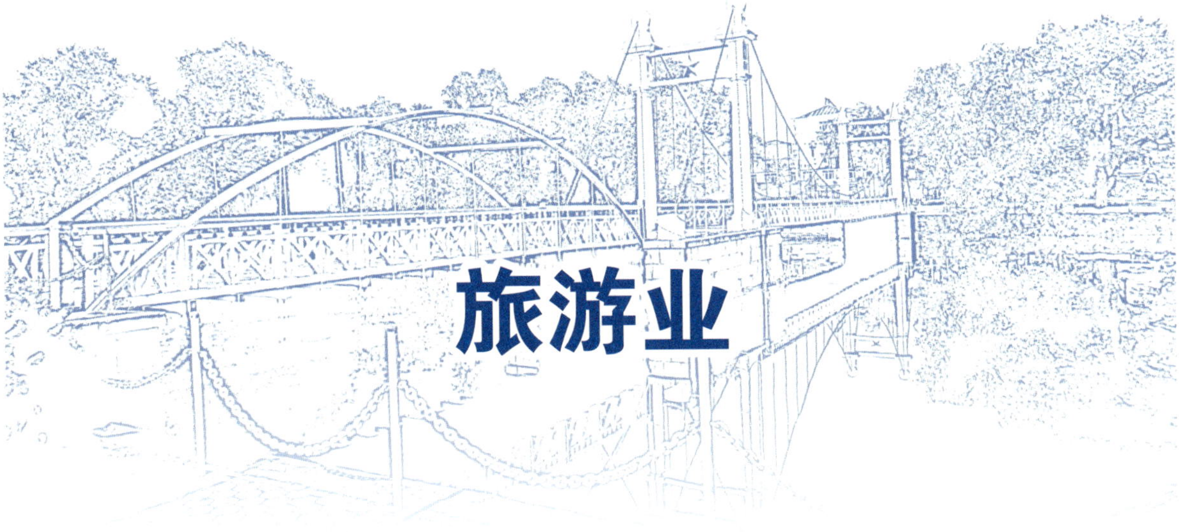

旅游业

综述

【概况】 2021年，扎兰屯市接待旅游人数约199万人次、同比增长6%，收入17.7亿元、同比增长7%。其中五一赏花季接待旅游人数25.1万人次，旅游收入1.43亿元；2020—2021年雪季，金龙山休闲度假旅游区接待游客3.5万人次。编制扎兰屯国家级生态旅游度假区总体规划，推进“四山一河”旅游品牌创建。依托扎兰屯市杜鹃花花期早、集中连片优势，打造映山红生态公园，一期建设项目投资5206万元，建设杏花谷、荷花池等生态景观，完善景区大门、木栈道等基础设施，完成总工程量的90%，预计2022年4月完工。2021年，扎兰屯市申报首批国家级滑雪旅游度假地，依托金龙山滑雪场国家队单板、双板U型场地，自由式滑雪空中技巧、自由式滑雪雪上技巧、坡面障碍、大跳台6项运动训练基地，盘活现有休闲运动设施，打造金龙山四季运动主题乐园。统筹扬旗山水库、庙尔山林场，打造扬旗山水上乐园、庙尔山国家森林公园。依托阿柴AAAAA级旅游景区，提升柴河月亮天池基础设施，激活旅游吸纳和辐射潜力，树形象、创品牌、提档次，打造度假休闲旅游目的地，让全域资源成为全域风景。秀水国家湿地公园通过国家验收组的验收，为扎兰屯市再添一张“国字号”生态名片。

【策划规划】 2021年3月，组建扎兰屯风景名胜区管理局，将市林草局所属市地质公园管理局、市秀水国家湿地公园管理中心划转至扎兰屯风景名胜区管理局，分设保护中心2个，集中力量有效推进资源保护工作，下设扎兰屯风景名胜区综合执法局。推进《扎兰屯风景名胜区管理委员会公共设施管理服务项目》系列规划设计的编制工作，在规划编制团队完成初稿内容补充考察的基础上，4月召开初稿内容征询意见和建议会议，进一步增强规划编制的针对性和可行性。

【项目争取】 2021年，扎兰屯风景名胜区管理局系统梳理上级林草、生态、文旅等对应行业部门的政策指向、发展导向，主动沟通衔接，切实抓好项目谋划、储备、转化工作，实施总投资1586万元景区基础设施项目3个，推进已落实资金来源的总投资2800万元的项目3个，争取到上级林草局补助资金410万元，在发改部门储备一批总投资概算为43.6亿元的中远期项目。

【景区执法】 2021年，扎兰屯风景名胜区管理局实现编制内全员持执法证上岗，成为全自治区首个具备执法主体资格的自然保护地管理机构。在阿尔山景区东门设立“扎兰屯·柴河执法审批服务站”，执法队伍首先进驻开展管理和执法工作。联合镇政府、森林消防大队等单位，开展覆盖景区全域的环境卫生综合整治大会战4次，出动执法人员、工作人员800多人次，车辆100多台次。重点整治清理景区、镇区乱摆乱放、乱拉乱挂、乱圈乱建、乱堆乱倒等环境卫生问题，其中柴河景区清理旅游线路沿途两侧长达105公里，秀水景区清理各类垃圾21车200多吨。

（沈立杰）

旅游景区

【吊桥公园景区】 吊桥公园位于市区北部，占地68万平方米，修建于1905年。吊桥即悬索桥，两根巨大的铁索高悬于空中，黝黑的锁链从四尊高大的汉白玉柱顶端孔口穿过，牢系在深插于地下的铁环上。铁索自高而下，中部呈弧形，上面系有42根细铁索，将1座乳白色雕花栏杆木板桥吊悬于碧波上空，造型极为壮观。紧与吊桥相连的，是1座由12根钢筋吊起的拱桥桁桥。吊桥公园既有北方的豪放粗犷，又有江南水乡精巧细腻，除吊桥等建筑外，吊桥公园还具有浓厚的文化色彩，先后有党和国家领导人来到此观光游览，众多的文人墨客驻足流连，留下大量充满激情的诗句墨宝。著名作家老舍先生的《辛丑夏访扎兰屯》：“诗情未尽在苏杭，幽绝扎兰天一方。深浅翠屏山四面，回环碧水柳千行。牛羊点点悠然去，凤蝶双双自在忙。处处泉林看不厌，绿城徐入绿村庄。”

吊桥公园

吊桥公园初建时，只有悬索桥和桁桥。悬索桥桥头两柱之间曾横置铁纱1块，上书“日光浴场”4个字。桥北侧是露天游泳场，附近竖1米多高的日晷1块，半径约50厘米，供游人掌握时间，现已不复存在。吊桥公园连年修缮，近几年陆续添设一柱亭（原望湖亭）、三角亭、环心湖、月形拱桥、九曲桥、动物区、花卉区、儿童游乐场、花鸟鱼馆、垦石园、晨练场等。

苏联红军烈士纪念碑 1945年8月8日，苏联政府对日本帝国主义宣战，苏联红军出兵东北，打击日军。日本关东军驻大兴安岭部队凭借大兴安岭天然屏障，顽强抵抗。8月13日，苏联红军先头部队通过扎兰屯继续向南进军，其后续部队在大兴安岭岭顶和岭东同日军发生激战，先后解除驻守博克图和扎兰屯两地的日伪军武装。在这2场战斗中，有5名苏联红军官兵壮烈牺牲。8月16日，苏联红军第7军第202师进驻扎兰屯，接管扎兰屯地区的日伪政权，建立城防卫戍司令部，维护地方社会安全。1945年10月，进驻扎兰屯的苏联红军将在扎兰屯、博克图两地战斗牺牲的5位苏联红军官兵尸骨进行安葬。安葬地点在扎兰屯火车门前广场的苍松翠柏之下，同时修建纪念碑1座。纪念碑为钢筋水泥砌成，宽3米，高2米，正面镌刻有俄文碑文，碑文写着“这里安葬着在同日本帝国主义者战斗中牺牲的红军战士”。1957年夏，布特哈旗人民政府决定将火车站广场的苏联红军烈士纪念碑移到吊桥公园，重建纪念碑。重建后的纪念碑位于吊桥公园东侧，通高15米。东侧碑文写的是“这里安葬的是在同日本帝国主义者战斗中牺牲的苏联红军战士”，西侧碑文写的是“中国人民将以你们的名字——解放战士的名字感到光荣”，南面的碑文写的是“光荣，属于为我们苏维埃祖国而牺牲的英雄”，北侧则镌刻着牺牲者的姓名、职务、出生时间、牺牲时间。整个纪念碑被挺拔苍翠的青松所掩映，庄严而肃穆。每到清明节和重大节日，当地各族人民群众都到此扫墓祭奠，并举行各种凭吊纪念活动。

【柴河风景区】 柴河风景区是扎兰屯市国家级名胜风景区的核心景区，距扎兰屯市区西南175公里，距兴安盟阿尔山市170公里，位于呼伦贝尔—阿尔山—黑龙江旅游区中部，是内蒙古阿尔山—柴河风景区重要组成部分。柴河风光气势博大，雄浑壮观。火山喷发造成典型的玄武岩河谷，沿河两岸多处山麓被切割成悬崖峭壁，汹涌的绰尔河以及济沁河、柴河、哈布气河等众多河流沿山奔流，青山叠翠，草木葱茏。大自然的造化，形成多处自然景观，构成雄伟、瑰丽的自然景象。柴河景区内以天然森林、火山、天池为主，其中河流、湖泊丰富，野生动植物种类繁多。这里拥有世界罕见的高山天池群、原始森林、高山湿地、火山峡谷等神奇地貌。境内分布有15座火山口，其中7座海拔在1000米以上的火山口形成7处高山天池。这7处高山天池的分布与天上的北斗七星相对应，满月姿容的月亮天池，形似同心的卧牛天池，这一心一月一星，诠释出柴河小镇独特的月亮文化。柴河风景区通过对柴河景观资源的梳理和整合，将人、自然、小镇、月亮、心等元素有机结合起来，依托独一无二的火

柴河月亮天池

山天池群和月亮文化元素集成，打造以休闲度假和健身养生为主题的世界级旅游目的地，打造最具有国际兼容性、开放式的月亮文化体验的“月亮小镇”。

月亮天池(基尔果天池) 月亮天池即基尔果天池，位于柴河镇区以西37公里的基尔果山山顶。月亮天池为一火山湖，其形状如一轮满月，因此得名月亮天池，当地人称月亮湖。海拔1278米，水深7米，水面直径约200米，面积3万余平方米，为高山火山湖天池，喷发于百万年前的早更新世。这里丛林茂密，沼泉如织，车不能行，人迹罕见，长年为鹿、獐、狍所拥有。中央电视台曾将柴河火山湖作为大兴安岭奇观播出，中国社会科学院数位专家对月亮湖进行科学考察。

同心天池(卧牛天池、卧牛湖) 同心天池即卧牛天池，卧牛天池也称卧牛湖，学名鄂内湖，由于其形态恰似一卧牛，故当地人称之为卧牛泡。又因为它的形状犹如人的心脏，“心月相映，天人合一”，因此专家们又赋予它“同心天池”的美称。卧牛天池位于柴河镇北1.5公里处，湖水深不可测，水面180公顷，一侧略大而圆，一侧略窄而长，湖面呈心脏形。这里群峦环翠，奇峰竞秀，怪石嶙峋，古木参天，宽阔的水面犹如一面巨大的镜子平卧在群山之中。湖内盛产鱼类，以本地鲫鱼、白鱼、鲇鱼为主，并引进达赉湖鲤鱼、南方草鲢、白鲢等，游人可垂钓并遍尝鱼宴。湖东有一泉，味道怪异，当地人称“硫磺泉”。

驼峰岭天池 驼峰岭天池距柴河镇区72公里，距扎兰屯市与兴安盟边界仅700余米，同兴安盟阿尔山风景区相接壤，因位于海拔1314米的驼峰岭上，故得名驼峰天池，为典型火山湖天池。驼风岭为中国内陆典型的高山玛珥湖也就是高山上的海。火山口呈北西走向，长条状分布，长约800米，面积约30万平方米，为柴河风景区天池群中湖水面积最大也是海水最深的天池。池水中植物茂盛，隐约可见成片的水下森林，景色奇特而神秘。从高山俯瞰，驼峰岭天池犹如人类的一只左脚形状，静静地俯卧在高山绝顶，为“北斗七星”湖中一颗璀璨的明珠。

同心天池

布特哈天池 布特哈天池位于柴河镇区以西72公里九龙泉景点南侧，为“北斗七星”最北部的一颗星，也是海拔最低的火山天池，因位于布特哈旗林业外站以西4公里而得名。布特哈天池为典型火山湖，呈不规则圆形，海拔1278米，长约400米，宽约300米，面积约12万平方米。布特哈天池被群山所环抱，森林茂密，草木葱茏，池水清澈，水色呈青绿色，犹如一颗青绿色的橄榄果镶嵌在高山上。

杜鹃天池(兴安杜鹃天池) 杜鹃天池即兴安杜鹃

天池，位于柴河镇区以西驼峰天池南侧，与双沟天池遥遥相对，为“北斗七星”最南侧的一颗星，距阿尔山景区著名的景点达尔滨湖3公里。杜鹃天池海拔1472米，湖面略呈圆形，直径约100米，面积约9万平方米。天池周围植被茂盛，湖岸遍布杜鹃花，每到春夏之际，杜鹃花和各种野花竞相绽放。杜鹃天池被原始森林所环抱，人迹罕见，常有驼鹿出没，因此得名杜鹃天池。

火山熊岩(熊瞎子洞) 火山熊岩，当地人称熊瞎子洞。火山熊岩群位于柴河镇区西南去往水帘洞景点途中，为火山岩自然堆砌而成，距月亮小镇柴河镇区20公里。洞口呈椭圆形，高约3米，宽1.2米，略可进人。洞深4米，宽5米许，顶高丈余，上有气孔如泉。洞口出入处圆润平滑，酷似熊瞎子进出摩擦而成。洞穴周围堆满嶙峋怪石，或似飞鹰，或如恶犬，各具情态，栩栩如生，为火山熔岩自然堆砌而成。

柴河大峡谷 柴河大峡谷也称基尔果山大峡谷，位于柴河镇区西南50公里处的原始森林中，由南向北呈W状，长约11公里。峡谷底宽30~150米，谷深30~130米，每公里落差20米。大峡谷主体为火山岩断裂带，峡谷两侧原始森林密布，两岸是更新世纪火山喷发形成的玄武岩流石堆。这里人迹罕见，原始生态保存完好，泉水在峡谷中流淌，谷底长长的溪水分为2种不同的颜色，上游水呈蓝色，清澈见底，中游以下溪水却呈褐红色，因此又被称为“红河谷”。火山大峡谷有着重要的科考价值和旅游探险价值，中国社会科学院的专家曾在这里进行科学考察。

山水岩壁画 山水岩壁画位于柴河镇区以南1.5公里，为火山岩喷发后自然形成的一处独特而极富魅力的神奇景观。高约70米，宽约300米的悬崖峭壁处，岩壁整体呈紫褐色，各种岩画自然天成，有的形如豺狼虎豹，有的如自然山水泼墨天成，有的如人岩相依，有的如万箭冲天，图案各异，栩栩如生，神秘莫测，令人叹绝。

【秀水国家湿地公园景区】

2015年，国家林业和草原局批复扎兰屯秀水湿地公园为国家级湿地公园试点。2021年，扎兰屯秀水国家湿地公园通过国家湿地公园试点验收。

扎兰屯秀水国家湿地公园地理坐标为北纬47°40′15″~48°05′59″，东经122°40′20″~122°50′37″，东至雅鲁河东侧防洪大堤，南至扎兰屯市行政区边界，西至雅鲁河西侧防洪大堤，北至扬旗山水库北部山体第一道山脊线，其范围涵盖扎兰屯市行政管辖范围内的雅鲁河、卧牛河、扬旗山水库和吊桥公园，总面积10039公顷，其中各类型湿地面积8079公顷，湿地率80.48%。湿地公园内湿地资源分为

秀水风景区

河流湿地和人工湿地两个湿地类，包含永久性河流、洪泛平原湿地、库塘3个湿地型。根据湿地公园资源特征和分布情况，将湿地公园划分为生态保育区、恢复重建区、宣教展示区、合理利用区和管理服务区五个功能区。秀水国家湿地公园生态系统完整，湿地景观优美奇特，具有较高的美学及科普价值。湿地公园内野生动植物资源丰富。拥有植物67科，186属，366种。动物28目55科179种，包括国家二级重点保护植物野大豆，国家二级保护动物鸳鸯、大天鹅、红脚隼、花尾榛鸡、黑琴鸡、灰鹤等。

【扎兰屯金龙山滑雪场景区】 扎兰屯金龙山滑雪场位于扎兰屯市区西北8公里，卧牛河镇五星村境内金龙山上，由扎兰屯市人民政府和南木林业局共同投资5000万元建成，由芬兰贝利集团按照冰雪运动和休闲度假两大主题规划设计，占地面积100公顷。景区坐落于市区西北8公里处，距扎兰屯成吉思汗民航机场25公里，山体海拔582米，冬季平均气温零下12℃，存雪期5个月以上，有效滑雪期130天。经过一期、二期建设，总投资3.5亿元。雪场内设有2万平方米的大型停车场和北欧特色风情的5700平方米的游客接待中心。相继建成国际标准的U型场地、自由式滑雪空中技巧场地及雪上技巧场地，拥有滑雪道18条，总长度16公里。雪场内设有丰富多彩的冰雪娱乐区，尽享冰雪乐趣。2010年，国内最大的国际标准单板滑雪U型场地建成后，包括单板滑雪世界杯总冠军、世锦赛冠军刘佳宇，世界杯总冠军孙志峰和蔡雪桐在内的来自国家单板滑雪队和各省单板滑雪队一流滑雪运动员在此集训，被确立为“国家单板滑雪队训练基地”，连续8年成功举办全国自由式与单板滑雪U型场地冠军赛和全国自由式滑雪雪上技巧冠军赛等国家级滑雪赛事。2011年，获评呼伦贝尔市十佳旅游景区；在2012年全国单板滑雪U型场地锦标赛中，被国家体育总局和国家旅游局评为中国体育旅游精品项目。2013年，被国家体育总局评为“单板滑雪U型场地国家队训练基地”“自由式滑雪雪上技巧国家队训练基地”“自由式滑雪空中技巧国家队训练基地”。设置4条与滑雪道相匹配的索道和2条魔毯，丰富的儿童娱乐区，趣味性极强的雪圈和单板公园，让雪友尽享冰雪乐趣。游客接待大厅内设有雪具店、超市、咖啡厅、快餐厅等设施。

3月1日，呼伦贝尔学院冰雪专业师生在金龙山滑雪场训练

【翠屏山映山红生态公园景区】 翠屏山映山红生态公园位于扎兰屯市新区南侧，东临雅鲁河，西邻河西第二热源，属于南北狭长地带，南北长2000米，东西宽650米，海拔高度500米，杜鹃花占地11万平方米，周长1.6公里，密度较大。每年4月中旬至

北国第一漂——雅鲁河漂流

5月中旬的“北面杜鹃坡、南面杏花谷”花朵次第开放，是摄影采风、登山赏花的绝佳去处。2018年，修建木栈道和观景平台，使市民和游客登山赏花更加方便和安全。

【雅鲁河漂流景区】 雅鲁河漂流被称为中国北国第一漂，位于扎兰屯市鄂伦春民族乡境内。扎(扎兰屯)博(博克图)公路直通景区，距离扎兰屯市40公里。流经这里的雅鲁河海拔1000余米，相对落差400米，流域面积2万平方公里。雅鲁河漂流的景点分别为鹿鸣山庄、白桦猎村、石板(石佛)山庄、泓森度假庄园4个地点。雅鲁河漂流起点在鹿鸣山庄，终点在石板山庄，全长7公里。雅鲁河漂流现已成为集餐饮、住宿、娱乐、购物于一体的综合旅游项目，每年均接待国内外客人10余万人，美国、日本、澳大利亚、加拿大等国际友人纷至沓来，黑龙江、辽宁、吉林以及北京、上海等几十个城市和地区的游客成为常客，雅鲁河漂流成为本市旅游业发展的“黄金带”。

【中东铁路博物馆】 扎兰屯市中东铁路博物馆位于市区北部火车站西侧1000米，建筑始于1905年，属俄罗斯建筑风格，又称沙俄石头房。原为中东铁路沙俄护路军队兵营。2007年博物馆筹建，2008年施工并在年末建成。博物馆占地面积1000平方米，展览面积800平方米，陈列文物1000多件。馆藏文物分东省铁路时期、南满铁路和中东铁路时期、伪满铁路时期、中长铁路时期四部分，展厅内设计造型为整体火车车厢式，以3个历史不同时期的铁轨铺成铁道，供人们参观。两侧陈列实物、模型和图片，并通过现代化灯光显示不同的主题色调。给人以踏着铁轨，穿越时空感受历史的感觉。厅内火车铁道与馆藏文物浑然一体，布展成为设计形式最好、最有自身特点的历史博物馆，再现中东铁路从始建到回归的历史进程。扎兰屯中东铁路建筑群是中东铁路沿线保存最为完整、最集中、数量较多、最能体现俄罗斯民族建筑特征的建筑群，有百年历史，属自治区级文物保护单位，具有重要的历史、艺术、

中东铁路历史文化广场

文化价值和纪念意义。

【金界壕景区】 金界壕景区位于扎兰屯市成吉思汗镇南部，距市区37公里，碾—扎—博（碾子山—扎兰屯—博克图）公路在景区穿过。景区面积2平方公里，在著名的国家级重点文物保护单位——金长城（金界壕）北侧，与黑龙江省龙江县相毗邻。景区内建有地标柱、13座敖包群、呼伦贝尔版图、环形线路等旅游基础设施。可开展骑马、摔跤、射箭等民族体育项目，并可结合优美的自然风光开展生态旅游观光活动。

【呼伦贝尔地标广场(金长城遗址处)】 金长城遗址处位于扎兰屯市区南37公里的成吉思汗镇境内，是呼伦贝尔的南大门。广场南侧是横贯东西的金长城遗址，是内蒙古自治区与黑龙江省分界线，2001年6月25日，国务院将包括扎兰屯市区段在内的金长城全线列为国家级重点文物保护单位。广场上竖有呼伦贝尔地标界碑，西侧山顶是成吉思汗敖包群。金长城全长5000多公里，在扎兰屯市境内全长140公里，均为单墙单壕，目前城墙绝大多数湮没在沙草之中，残址一般高2米，高处有8米左右，墙外15～20米处为壕堑，高2～6米，深3～4米，墙内每隔10公里设有1个戍堡，为夯土筑成，周边长180米，呈正方形状，似城廓模样。扎兰屯市境内的金长城保存较好，规模轮廓依稀可见，曾出土金代陶片、箭等文物。

（年编）

交通运输

公路交通

【概况】 2021年，市交通局推进实施重点项目7个，总投资59.87亿元，本年投资1.12亿元。续建项目、新建项目均开工建设，谋划推进前期项目3项，均计划2022年开工建设。推进“四好农村路”建设，实现16个乡镇、130个行政村通硬化路、通客车目标。开通城乡公交线路16条，实现行政村通客货率和通邮率100%。

【重点项目建设】 **续建项目** 阿扎高速公路补充工程(阜丰段改造)项目，总投资1.33亿元，于2020年11月开工建设，本年完成投资0.8亿元，扎兰屯收费站、扎兰屯西收费站完工通车；国有林场道路硬化项目，本年完成投资2422万元，完成硬化路面73公里。

新建项目 扎兰屯市危桥改造项目，完成危桥6座、在建3座，完成投资843万元；扎兰屯市县乡道安防工程，共9条、106公里，完成工程总量的30%以上，完成投资100万元。

谋划推进前期项目 扎兰屯市岭北四队互通工程，估算总投资为5780万元，总占地面积163.8亩，申报财政一般债券5700万元，抽调自然资源局、河西办事处、交通局等单位人员组成工作组，开展土地征收工作，计划2022年4月初开工建设；国道232线紫沟至大兴一级公路，列入呼伦贝尔市财政专项债券库，争取国家专项债券资金，完成土地指标购买工作，计划2022年8月开工建设；省道308蘑菇气至阿尔山旅游公路，工可研报告编制完成，被列入交通厅“十四五”综合交通规划重点项目并上报交通运输部，推进争取纳入《国家综合立体交通网规划》，由省道提等升级为国道。

【安全生产】 2021年，市交通局制定工作制度13个，召开分析研判会议15次，强化客运站场、物流(危货品运输企业)检查260次。设立客运驻站办，严格落实各项安全规定和防疫措施，利用GPS对客运车辆实行全程定位监控，严禁客车“带病上路”。设立危化品运输管理办公室，常驻危化品运输企业，查处“三超一疲劳”等违法违规行为。严抓“打非治违”整治，打击无证营运、出租车拒载等违法行为，出动执法人员5310人次，执法车辆1755台次，查处违规经营及非法营运车辆90台，发放《安全出行 拒乘“黑车”》宣传单1.2万份。

【公路养护】 2021年，市交通局加大公路日常养护，修复里程碑及标牌83块，路边警示桩47根、更新标志牌11块，补坑槽3500平方米，使用沥青冷补剂351.75吨。推进自治区“四好农村路”示范县创建工作，对移交全市乡镇的农村公路进行重新划分变更，培训乡村两级养护工作人员并完成乡村公路路况评定2878.76公里。强化公路“保畅保通”工作，除雪22次，撒布融雪剂170立方米，处理涎流冰4356立方米，抢通公路水毁阻通路段23处。

【优化营商环境】 2021年，市交通局优化提升政务服务大厅“一站式”功能，加快推进“互联网+”服务方式，压缩窗口办件时限，有41项行政审批事项全部进驻政务服务大厅。“证照分离”涉及涉企经营许可事项6项，完成审批改为备案、实行告知承诺和优化审批服务改革，制作《交通运输行政审批告知单》。实施政务服务网上“好差评”工作机制，提升窗口人员综合素质，对差评和投诉问题进行核实、整改和反馈，提高服务效率。组织动员全体职工、道路运输从业人员、出租车司机下载“蒙速办”App并注册使用。投资开发“扎兰屯公交便民出行”小程序，在“蒙速办”App上线。推进“12345”政务服务便民热线和“12328”交通运输举报投诉热线工单办理工作，办结率及群众满意度达到100%。

金龙山旅游区硬化路

【能耗“双控”】 2021年，市交通局成立能耗“双控”专项工作领导小组，制定《扎兰屯市交通运输局能耗“双控”应急响应专项实施方案》。推行车辆报废制度，及时报废淘汰排放不达标的5台自卸养护翻斗车；利用检测线对柴油货车进行年检，对高耗能、超标排放柴油货车不予通过年度审验；根据线路实际客流情况，优化数量及循环时间，从各线路上共减少8台公交车发车，避免“空车跑”现象发生。

【“四好农村路”建设】 2021年，市交通局完善四级路长网络体系，出台专项政策性文件24个。全市16个乡镇（涉农街道），130个行政村实现通硬化路、通客车目标，20户以上自然村通硬化路730个，通畅率92.6%。构建完成县、乡、村三级农村公路养护管理机构148个，配备县乡村管护人员854人(贫困户705人)，农村公路列养率达到100%。提升交通运输服务水平，现有市级客运站1个、乡镇客运站6个、有长途客运企业4家。开通客运班线43条，营运客车108台；开通城乡公交线路16条，现有城乡公交67台，实现行政村通客货率和通邮率100%。

【疫情防控】 2021年，市交通局成立疫情防控组织机构，下设工作组12个，召开调度会11次，印发《主要工作提示》27期、《检查通报》7期。抽调精干人员70名，到7个检查卡站开展疫情防控执勤工作，并在防控一线成立5个25人的临时党支部，组建5支53人的党员先锋队。加强“两站一场”、物流企业、配货站和寄递业管理管理。派驻16名职工设立驻企工作组，建立日报告制度，制定《冷链食品物流新冠防控和消毒技术指南》《小件登记管理制度》。全年查处违章车辆90台，检查货站、寄递业795家、冷库19家，下达整改通知书5份。成立拥有应急保障车辆57辆应急救援车队，集中安排5台客车，运送飞机场、火车站滞留、劝返和集中隔离旅客，运送人员11959人次；满洲里疫情发生后，紧急抽调15台大巴车驰援满洲里，调配大巴车124台次，驾驶员137名参与满洲里疫情防控，运送人员3847名全年公交车消杀20.67万台次、出租汽车消杀26.7万台次、长途客车消杀18133台次。

（宋连冬、宋佳明）

铁路交通

【概况】 齐齐哈尔车务段扎兰屯站位于滨洲线415公里71米处，行政区域位于呼伦贝尔扎兰屯市，为齐东境内二等中间站，(也是齐车唯一的站管站)分为客、货、运三个班组及高台子、阿荣旗、红部站车站设有正线4条(其中Ⅰ、Ⅱ线为滨洲正线，Ⅴ线预留岭东正线，1线为扎阿正线)、到发线3条、编组线3条、货物线3条、牵出线2条(扎阿线为临时南牵)、专用线15条。日均图定接发列车84对，其中停车旅客列车12.5对，现开行5对。配备两台固定调车机，担当本站调车作业、东西货场、企业各专用线、卧牛河548军专线取送、阿荣旗站、高台子站、阜丰专用线取送对位及卧牛河至雅鲁间的流动调车作业。

【生产任务】 2021年，齐齐哈尔车务段扎兰屯站紧扣“强基达标、从严落实”工作主题，围绕集团公司“强局富工”远大目标，深化安全管理，强化客货营销和疫情防控，努力改善职工生产生活条件，实现安全生产平稳有序。2021年，运输收入完成15992.28万元，发吨完成150.28万吨，货物到达407.93万吨，旅客发送35.8万人。截至2021年末，车站实现安全生产11254天。

（刘　辉）

民用航空

【概况】 2021年，扎兰屯市民航旅客吞吐量达到152450人次，同比增长27.47%；货邮吞吐量完成35.6吨，同比增长122.5%。中航通用油料公司全年保障航班1096架次，航班销售量3712.91吨。

【机场及航线运营管理】 2021年，扎兰屯市强化成吉思汗机场运营管控，提升经营管理品质和服务水平，实现安全稳定运营。积极应对疫情，及时协调相关航司对北京大兴—扎兰屯、呼和浩特—扎兰屯—海拉尔、天津—扎兰屯航线航班进行调整优化，确保疫情防控、经济社会发展两不误。为保障飞行安全和人民群众生命财产安全，对机场净空保护区范围内家鸽进行治理。为进一步减轻财政补贴压力，经与各航空公司协商，将呼和浩特—扎兰屯—海拉尔航线补贴，天津—扎兰屯航线补贴由月平均单班限额7万元降至6.8万元，北京大兴—扎兰屯、航线补贴方式由保底补贴改为定额补贴，单班往返补贴标准为7.5万元，此航线调整后预计年可核减补贴额800多万元。

【临空产业发展】 2021年，扎兰屯市以成吉思汗支线机场为载体，支持内蒙古飞行学院和杰普逊国际飞行学院做大做强，构建临空产业发展新体系。

飞行学院训练水平全面提升 学院现有在飞训练机23架，全年组织飞行训练257日，完成飞行训练18099.97小时，同比增长5.9%，起落39047架次。7月，举办两岸青年飞行与客舱安全交流会。11月，随着内蒙古监管局完成对民航大学内蒙古飞行学院训练大纲中关于基于性能导航(PBN)训练的批复，内蒙古飞行学院成为我国首家开展PBN训练的CCAR-141飞行院校，填补国内飞行院校飞行训练空白。

杰普逊公司扎兰屯基地业务不断拓展 扎兰屯基地已获民航系统颁发的DA20、DA40D、DA40NG、DA42机型航线维修及1000小时(含)各级别以下定期维修以及DA20和DA40NG换发资质；2台模拟训练器取得中国民航局飞标司颁发的运行资质，维修定检和服务保障能力得到提升。

国航公司培训专属基地高效运营 自2020年10月国航公司内蒙古飞行培训专属基地落户扎兰屯市，两批72名学员全部完成入训前理论课程培训任务，通过结业考试，其中71名学员已注册开飞，各项培训业务正在有序开展。

拓展无人机培训业务 扎兰屯市职业高中于2019年开设无人机专业，2020年11月，与四川三足乌教育管理有限公司签订战略合作协议，联合开展无人机培训相关业务。年内，职业高中有42名学生取得民航无人机驾驶员执照；职业高中面向社会招收学员，集中开展民航无人机驾驶员执照、AOPA无人机驾驶员合格证培训等业务。10月19日，经民航局批准，职业高中组织第一次民航无人机驾驶员执照临时考试，参加考试学员53人，通过率80%。

中国民航大学内蒙古飞行学院飞行训练试飞基地

【柴河通用机场前期工作】 2021年2月，北京中航建研咨询公司出具《关于内蒙古柴河新建通用机场选址报告的评审报告》。3月，民航华北地区管理局出具《关于内蒙古柴河通用机场场址的审核意见》(民航华北函〔2021〕73号)，同意将柴河场址作为机场的建设选址。5月，北部战区空军参谋部在沈阳市组织召开柴河通用机场选址阶段空域规划军民航协调会，原则同意《扎兰屯柴河通用机场场址说明材料航行分析(报审稿)》。目前，将选址相关材料上报至北部战区空军参谋部，待北部战区空军参谋部审核后即可上报至中央军委空军参谋部，按照要求组建扎兰屯柴河通用机场有限公司，项目地勘及测绘报告、地震安全性评价、水质评价报告、社会风险稳定评估、地质灾害评估报告完成，可行性研究报告正在编制过程中。

【事业单位改革】 2021年3月，根据《关于市发改委深化事业单位改革试点工作实施方案的批复》(扎机编发〔2021〕28号)，更名为扎兰屯市民航事业发展中心，主要负责协助拟定民航事业、临空产业发展规划及年度计划、并组织实施；承担全市民航机场建设，专业工程建设的前期规划、调研论证等事务性工作；协助开展全市民航行业安全运营、应急保障等工作；承担临空产业基础设施建设、项目引进等事务性工作。

（朱瑞臣）

城市建设与管理

住房和城乡建设

【概况】 2021年，扎兰屯市拟建城建类重点项目20个，计划总投资45.9亿元，其中新建项目13个，总投资22.4亿元；续建项目7个，总投资23.5亿元，包括道路、供水、排水、老旧小区改造及房地产开发五大方面工程。年内，计划完成投资6.78亿元，其中新建项目3.14亿元，续建项目3.64亿元。完成固定资产投资8.0348亿元，比上年同期减少2.7604亿元，增速为-25%。

【城市建设】 2021年，市住建局鉴定C、D级609户，282户已纳入危房改造计划，其中90户竣工验收。改造老旧小区38个，49栋楼，1762户，总建筑面积13.82万平方米，石油公司家属楼、宣传部家属楼、运粮队家属楼、电杆厂家属楼，完成部分改造内容。城市道路建设新建项目10个（中东铁路历史文化街区道路修缮一期工程和二期工程，地勘利居小区外道路配建工程，旧城区道路整体改造工程，城东、城南和城西片区道路维修维护工河西新区小区外道路配套建设项目，2018年棚改片区道路工程取得建设项目，机场路路灯安装工程），续建项目3个（河西新区新建道路工程、南市大街及中央南路改扩建工程、2014年城市棚户区改造小区外道路配套基础设施项目），总投资7.35亿元，年内，计划完成投资6823万元，完成投资685万元。

河西新区北互通路

【城市供水】 2021年，扎兰屯市供水建设计划投资2000万元，完成投资1502万元。

其中河东区供水管网扩建及改造工程，完成布特哈路、成吉思汗路、向民街管网铺设3680延长米和路面恢复。

【城市排水工程】 2013—2017年度城市棚户区改造小区外排水配套基础设施项目 总投资1.748亿元，累计完成投资7000万元。2021年计划投资1000万元，已投资200万元，完成幸福西街桥梁翻建，玉带河清淤护砌8.5公里。住建局北侧、兴农街小桥以南二道河清淤护砌550米。

中水回用管网工程 总投资5986万元，累计完成投资4000万元。2021年计划投资1986万元，铺设中水管网11公里。

污泥处理工程 总投资4975万元，累计完成投资3200万元，2021年计划投资1755万元。已完成污泥除臭间、太阳能布置区、1～3号温棚、4～6号温棚土建。厂区地下部分及路面、路灯也已全部完工，1～3号温棚正在试运行中。

【房地产综合开发项目】 2021年，扎兰屯市房地产综合开发项目计划完成投资5亿，新建项目5个(水岸名苑一二三期、紫金家园、明佳花园、翰林苑一期二期、泊润水岸)，总面积预计42.15万平方米。续建项目9个(康鑫花园、红毛柳家园、百业优品、丽江雅苑、学子佳园、秀水华府A区、秀水华府B区、天福家园二期、桃李名苑)，总建筑面积52.54万平方米。

【住建领域第一次全国自然灾害综合风险普查】 2021年，扎兰屯市完成全国自然灾害综合风险普查平台政府灾害管理能力调查表，11月4日，完成招投标工作。

【历史文化名城保护规划编制】 2021年，市住建局联合哈工大城市设计院，提交街区城市设计方案，针对意见和建议对设计方案进行两次修改和完善，初稿编制完成，进行专家论证。

【城镇垃圾分类、海绵城市建设】 2021年，市住建局制定《海绵城市建设工作实施方案》，由内蒙古市政设计院编制《海绵城市专项规划》。因垃圾分类餐厨垃圾无收运体系和处理厂，《扎兰屯市城镇垃圾分类实施方案》暂不能制定出台。

【消防设计审查验收】 2021年，市住建局受理消防设计审查类25件，消防设计备案类118件，消防验收备案类34件，消防竣工验收类12件，其中历史遗留类40件，完成大部分已受理的建设工程消防审、验收。

【棚改收尾】 2021年，市住建局重点结转2017年、2018年棚户区改造项目、秀水华庭项目，其中2017年棚户区改造项目剩余241户，河西124户；2018年棚户区改造项目剩余106户，河西剩余64户；秀水华庭项目剩余9户。

【市政服务】 2021年，市住建局更换100瓦LED节能型灯具104盏，新建步道板1460平方米，雨水井3座，横向排水3道(共21米)。维修市区道路10余条，更换水箅子55套，更换井盖子4套，补铺步道板45平方米。累计采购垃圾桶29932个，垃圾车24台，闪蒸矿化处理器15台，930装载机(铲车)33辆，拖式清除机84辆。

【园林绿化】 2021年，市住建局在吊桥公园、道路节点、新区党政中心周边、北互通、中央街绿岛、雅鲁街、市区各广场、绿地等处种植玉簪、鸢尾、荷兰菊等花卉70余万株，栽植深秋红大果沙棘2000余株。培育垂吊牵牛、串红、孔雀草、马鞭草、百日草、鸡冠花等20多个品种50万株，主要用于市区各街道、广场、河西新区以及公园内的绿化美化。

【农村建制镇生活污水处理设施】 扎兰屯市有农村污水处理厂项目4个，中和镇福泉村污水处理厂建设完成，总投资460万元。蘑菇气镇污水处理厂立项和规划选址。柴河镇和中和镇福兴村污水处理厂正在准备前期手续。2021年，卧牛河镇、浩饶山镇、哈多河镇投资1725万元建设污水处理厂。

【生活垃圾分类】 2021年，扎兰屯市探索农村垃圾分类收集处理运行机制，选定中和镇、达斡尔民族乡为垃圾分类试点地区，以“垃圾分类、人人有责”“垃圾分类、从我做起”为主题开展农村生活垃圾治理的宣传教育。提高农村牧区可回收垃圾资源化利用率，推进易腐烂垃圾和煤渣灰土就地就近消纳，有毒有害垃圾单独收集、贮存和处置，其他垃圾无害化处理，减少垃圾出村处理量。

【优化营商环境】 2021年，市住建局公开服务内容、办事程序、申报材料，梳理行政事项529项，方便群众和企业办事。推进建设工程领域审批制度改革，依托工程建设项目审批管理系统，发放建筑施工许可证45件，竣工验收备案42件，实现与发展和改革、自然资源等部门联合审批、并行审批。按照“一网通办”“不见面”审批原则，实现用水、用气、用暖等手续零收费、窗口办和网上办，施工许可证实现电子证照发放。简化审批流程，压缩审批时限。用水报装业务办理环节压缩至3个，申报材料压缩至2件，办理时限压缩至3个工作日，扩容、改装及临时用水业务办理时限压缩至7个工作日内；用气报装业务办理环节压缩至3个，申报材料压缩至2件，办理时限压缩至4个工作日；用暖报装业务办理环节压缩至3个，申报材料压缩至2件，办理时限压缩至3个工作日，设立供水、供气、供暖咨询热线，开通微信公众号，提供政策、服务解答。建立投资项目“一站式”服务中心，配备“帮您办”工作专业代办员4人。

（高　枫）

城市供热

【概况】 2021年，扎兰屯市有供热企业16家，其中市区2家，乡镇14家。供热总面积760.6万平方米，其中市区688万平方米，乡镇72.6平方米，基本满足居民供热需求，多次对供热企业就燃煤保障、安全生产进行检查、排查。督促企业对供热设备设施进行维护检修，保障人民群众生产生活平稳有序进行。

【扎兰屯热电厂】 2021年，扎兰屯热电厂有12兆瓦汽轮发电机组2台，75吨/小时循环流化床锅炉3台，29兆瓦热水炉1台，58兆瓦热水炉1台。以创建本质安全型企业为重点，修订安全生产管理体系文件80个，落实全员安全生产责任制。开展“保两节、保两会、百日攻坚战”“安全月”、春查、秋查等活动以及设备评级、风险辨识和隐患排查等工作。承办蒙东公司“汽轮机润滑油系统火灾应急演练”“外包工程规范管理标准宣贯会”“两票”管理培训班，持续推进安全性评价。开展设备治理，完成4、5号机组检修，6～9

号炉防磨防爆检查。开展设备无渗漏治理及标准化检修,“检修质量提升年”活动取得实效,在做好安全生产工作的同时,深挖节能潜力,开展7~9号炉漏风治理,锅炉漏风率下降近3个百分点。实施9号炉二次风机变频及热网泵电机冷却方式改造,优化热源热网运行方式,年节约标煤57吨,减少厂用电15.9万千瓦时。加强环保指标调整,节约尿素115吨、石灰石粉1079吨。累计供热面266.47万平方米,年发电1亿余千瓦时,实现安全生产10327天。

经营管理 2021年,扎兰屯热电厂树立“卓越运营”理念,推进降本增效取得实效。加强生产运行参数调整,降低生产消耗。制定奖惩机制,加大失水治理力度,热网失水明显降低。实施“三位一体”供热管理模式,推行用户报修、维修及客服回访全流程闭环管理,提高用户满意度。完善基础信息台账,克服困难,开展陈欠热费清缴攻坚工作。开展闲置物资处置及固定资产报废鉴定工作,为进一步优化资产奠定基础。全面完成年度“减亏扭亏”目标。不断规范企业管理。成立全面深化改革领导小组,制定改革三年行动实施方案和工作台账,每月召开专题会,推进各项措施落实落地,全年完成改革三年行动任务总量的80.4%。

热力营销 2021年,扎兰屯热电厂营业收费面积266.47万平方米,其中居民164.41万平方米,非居民面积102.06万平方米。对热源7台热网加热器进行清洗,提高机组供热能力。发挥热网监控中心作用,通过供热精细化调整及热网失水治理,查治用户三级管网泄漏141处,供热质量及供热消耗显著改善。开展“冬病夏治”,安装45台补水泵及控制系统,更换部分腐蚀严重的管道,实施热网补水处理系统改造项目,解决14座换热站循环泵出力不足及热网水质不达标等问题。

发展建设 2021年,扎兰屯热电厂完成扎兰屯、阿荣旗两地各200兆瓦风电项目竞配报告编制,参与自治区项目优选,成功入选自治区项目储备库。申报7个共21兆瓦分布式光伏项目,完成可研及竞争性配置报告编制,与合作方签订开发框架协议。促进蒙东公司产业调整,推进新能源产业发展。

（龚　霁）

【扎兰屯市新城第二热源】

2021年,扎兰屯市新城集中供热有限责任公司有58兆瓦热水炉3台、116兆瓦热水炉1台;换热站73所、机组114套以及相应的附属设施。供热管网累计86.15公里(一级管网43.59公里、二级管网42.56公里),累计供热面积479万平方米,实现安全生产11个采暖季。

安全生产 2021年,市新城集中供热有限责任公司依法履行安全生产主体责任,完善全员安全生产责任制。主要负责人、责任人、安全生产管理人员依法履行法定职责,严格落实安全生产管理措施。有效管控风险、消除隐患,推进安全生产标准化建设,加强应急管理和应急演练。定期举办多样式的安全生产主题活动;利用夏季检修期,严抓锅炉等供热设施、换热站、供热管网、电气自动化及其他相关附属设备的检修维护保养,解决上一供热期运行中存在重点问题,完善不足、消除隐患;通过实际运行参数分析,制定供热负荷曲线,给定生产供热负荷,进行一、二网的调节工作,使得运行参数更加合理。公司调度中心独自设计完成分布式变频系统的改造工程，该工程解决水力不均的问题，使调节更加灵活、准确。为下一供暖季安全生产奠定良好基础，此项技改每年节约标煤上万吨。

经营管理 2021年，市新城供热公司以“争一流服务、送万家温暖”为服务宗旨，完善企业管理。为更好地完成供暖任务，公司要求窗口部门强化服务质量，及时解决群众信访诉求405件，用户满足度大幅提升。2021年，敷设供热管网10265米，其中一次网1507米、二次网8758米。为新增小区桃李名苑、学子家园、宝中药业、北方医药、百业优品、康鑫花园、水岸名苑、乌兰牧骑馆完成联网供暖。对热源厂、换热站、调度中心、稽查客服等部门提供检修计划进行整理并审核。对检修后的质量、管道保温进行验收及入网面积核查；对项目管理按照基本建设程序，审核完善工程资料，以确保供热工作安全稳定运行。

热力营销 2021年，市新城集中供热有限责任公司开通线上缴费功能，为用户提供多种形式的缴费方式，方便用户热费的缴纳，收费率达到90.1%，比上年同期提高3个百分点。公司供暖面积479万平方米，其中居民供暖面积占总供暖面积的52%。全年排查堵漏17处、爆管抢修38起；违章查处安泵、放水40起；面积普查冷阳台用热、私增面积3971平方米、核算供热面积60.2万平方米，检查报911户；完善89套换热机组及附属设施重做保温层及维护工以及成吉思汗小区等多个供暖区域地沟主管道保温工作。完成换热站改造55座。

发展建设 2021年，新城供热公司拟在扎兰屯市河东老城区，新建向阳街171平方米换热站1座、供热管网建设改造47.781公里（开沟长度23.89公里）及附属设施；改造换热站6座。总投资5778.88万元。项目可行性研究报告经内蒙古筑业工程勘察设计有限公司编制完成后，扎兰屯市发改委以扎发改行审字〔2020〕55号批复。

（惠景春）

城市供电

【概况】 2021年，国网扎兰屯市供电公司完成庆祝建党100周年及呼伦贝尔地区疫情防控等重大保电任务，实现安全生产11851天长周期。全年售电量累计完成6.03亿千瓦时，同比增幅5.29%，累计完成销售收入3.07亿元，同比增幅17.17%，售电单价完成508.06元/千瓦时，同比上升4.64%。综合线损率累计完成5.62%，同比上升0.12个百分点；0.4千伏线损累计完成4.83%，同比降低0.11个百分点，电费回收100%。

【安全生产】 2021年，国网扎兰屯市供电公司编制公司领导及管理人员“两个清单”，有效助力安全责任落实；按照辖区管理职责，对区域内配电线路开展特殊巡视及隐患治理，完成高考、国庆、庆祝建党100周年等保供电工作。持续强化班组安全日活动。组织公司领导班子参加班组安全日活动42次，对基层供电所、班组持续开展安全管理资料检查。提升生产人员专业技能和现场管控能力，组织开展安规培训，宣传贯彻《中华人民共和国安全生产法》，组织考试19次，参加824人次。成立公司安全管控中心，编制安全管控中心工作规程及值班制度，全年录入安全风险管控人员475人，完成11家外来施工单位备案工作及安全准入考试40次，未发生无准入人员进入现场事件。开展反违章自查自纠，根据公司作业现场特点，建立到岗到位人员储备库33人，成立反违章纠察队，截至12月，检修计划98条，远程查处一般违章1起，现场查处一般违章6起，同比减少9起，严重违章3起，同比持平，到岗到位人员自查自纠违章42起，保证了公司安全生产局面稳定。推进专项整治治理，完成上报国网4条问题隐患，及时完善佐证材料。联合扎兰屯市政府，对电力设施保护区内兴建建筑物、堆放可燃物进行隐患排查，加大宣传和隐患治理力度，保障电网的安全运行。针对中国移动等运营商通信线路搭挂电力线路的情况，对四大运营商函达四大运营商，限期对通信线路进行清理，保证公司配网线路改造工程按时进行。电网保持安全稳定运行，编制审核应急处置预案22项，开展应急演练9次，提升应急响应能力，应对雨雪冰冻等极端天气灾害，电网顺利迎峰度夏，正在平稳迎峰度冬。

【配网运维管理】 2021年，国网扎兰屯市供电公司“三高”线路同比降低53.85%；开展春检、秋查工作，加大各阶段保供电线路巡视、消缺力度，处理隐患1952处，确保线路安全稳定运行。推进配网改造升级，农网工程组立3274基，完成总进度的95%；架设10千伏线路47.96公里，完成总进度的70%，架设0.4千伏线路106.22公里，完成总进度的93%；安装配电变压器41台，完成总进度的75%。推进不停电检修作业，执行不停电检修作业19次，消除缺陷615处，减少停电次数、时间，进一步优化营商环境。强化网络信息管理，梳理完善网络及安全基础运维资料，全年未出现弱口令事件、违规外联事件。完成扎兰屯辖区内各变电站及扎兰屯公司本部(共13个站点)通信设备的春、秋检，全年通信通道运行率100%。配合信通公司完成通信大修技改工作。10千伏配电线路平均合格率95.45%，高损线路、负损线路全部清零，累计综合电压合格率99.928%。

【电网基建项目】 2021年，国网扎兰屯市供电公司完成扎兰屯“十四五”农村电网巩固提升规划编制，整理2021年“一图一表一清单”，梳理扎兰屯供电区域划分。按照扎兰屯配网实际情况，科学制定配电规划方案，使“十四五”配网项目更具有针对性，提高农网升级改造建设投资的效率效益，提高用电质量的同时，满足用户用电符合需求。按呼伦贝尔供电公司里程碑计划，将电网规划纳入扎兰屯市国土空间规划，完成2021年10千伏农网工程在发改委备案工作。完成属地6项基建工程环水保验收及“岭东220千伏接入500千伏变电站系统工程”和“滨洲铁路高台子牵引站220千伏供电工程”两项工程的征占林地手续工作。

【经营业绩】 2021年，国网扎兰屯市供电公司强化营销安全及服务管控。注重作业现场管控及线上服务渠道推广，各类投诉同比压降90.00%，未发生安全及重大服务事件。落实优化电力营商环境主体责任，主动促请扎兰屯市优化营商环境获得电力专项小组办公室出台《扎兰屯市优化电力接入营商环境实施方案》。落实客户新装投资界面，实施小微企业、电采暖及居民办电“三零”服务。开展台区线损核查治理，建立线损异常台区“一台一策”及日线损分析制度，重点帮扶市区高损台区进行反窃电专项检查，对具备条件的高损台区采取技术降损措施，高损台区数量较年初减少46个。完成2021年度星级供电所创建任务，全面开展标杆供电所创建工作，编制标杆供电所“一所一案”，成立标杆供电所创建领导小组，常态化指导、督促标杆供电所建设。组织开展配网感知台区验证及电能表轮换，验证台区2797个、报验线路63条，完成电能表轮换41636块。抓提职增效，执行年度预算执行进度，至12月末，累计完成3590.96万元，全面完成下达年度预算。

（刘新颖）

城市基础设施投资开发

【概况】 2021年，扎兰屯市城市基础设施投资开发有限责任公司在建续建项目4个，柴河代木能源项目用地批准书、建设用地规划许可证、建设工程规划许可证、施工图审查、施工许可证等基本建设手续均完成，锅炉、引风机等设备生产完成，工程设备、建筑材料入场，基槽开挖完成并且通过质监站检验，规划完成验线，各项施工工作均正常开展，截至年末完成投资2305万元。岭东铁路专用线项目完成自治区专项债券二次申报，正按程序继续推进履行项目建设手续。在成立东润青年旅馆有限公司的基础上，结合扎兰屯市市场前景和宾馆收益情况，在旅游黄金期到来之际，对宾馆两侧未租赁的空置房产进行设计装修，在原有29间客房的基础上，增加客房22间，提高住宿服务业务能力，发挥闲置资产的作用，降低公司支出，为社会提供就业岗位。持续推进房地产开发小区的不动产权登记办理工作，为2个小区办理不动产权登记593户，累计办理1190户。2021年，公司资产总额约81亿元，比上年度增长0.6%；销售收入约5753.41万元，比上年度增长102.83%；利润总额约178.77万元，比上年度增长约1.11%；缴纳税金199.96万元。

【国有资产保护及处置】 2021年，扎兰屯市城市基础设施投资开发有限责任公司对利亿乳业（原伊利乳业）厂区内的房屋及附属建筑、机器设备及低值易耗品等资产进行鉴定评估处置，完成各项鉴定评估工作，取得评估报告，并经市国资委、工信局批准对利亿乳业闲置资产依法依规进行拍卖出售。对原铁路疗养院破损院墙进行修复，悬挂“戴口罩、不聚集”等疫情防控宣传条幅和安全提示条幅，有效避免社会闲杂人员进入院内聚集。

（徐　宁）

城市管理

【概况】 2021年，市城管执法局规范商户占道经营，设置新摊位解决小巷乱摆摊位问题；规范商户牌匾广告；整顿城市道路违章僵尸车辆；与相关部门配合查处违法建筑、整治小区私搭乱建等事项。完善智慧城管平台建设；对建设工地环境进行标准化综合管理。按照文明城市标准，加强市容市貌综合整治。规范亮化牌匾，养成能耗双控的主管能动性。

【市容环境质量】 2021年，市城管执法局开展“强素质、转作风、树形象”专项行动，将城区所有主次干道划分为严管街、严控街、规范街三类，按照“主干道严禁、次干道疏导、小街巷规范”的原则，查处乱泼乱倒、乱堆乱放、乱贴乱画、乱扯乱挂、乱停乱靠、乱砍滥伐及油烟污染、噪声污染、扬尘污染、室外烧烤、流动售卖、占道经营、马路加工等影响城市市容卫生环境的违法违章行为。全年规范商家室外占道经营3200余起、教育治理占道经营流动摊贩1.1万次。在原有22处便民广告栏的基础上，新增城管便民广告栏3处，方便市民张贴广告发布供求信息。新设置摊位227个，有效解决背街小巷的治理难工作。排查高空牌匾广告设施106处，规范门头牌匾广告45块，没收立式灯箱33个，清理小广告1.35万处等。

【城市精细管理】 2021年，市城管执法局组建城市精细化管理联合执法队伍，处理“12345”平台和群众举报餐饮业噪声、油烟污染问题120余起，逐户督导监察排查餐饮内外排烟、健康证件、证照齐全及上墙等情况320家，责令整改完善42家，整顿城市道路违章僵尸车辆70台次，规范二手车、电动车经营行为170余次，查处汽车修理危险废物排放3家，配合办事处清理整治居民区卫生环境12次，配合文化市场执法整顿歌厅噪声7家，配合自然资源执法查处违法建筑20起，协助办事处整治小区私搭乱建、乱拉电线110起，整治废品收购乱摆乱放3家，整治临街屠宰7家，整治占道经营墓碑3家，整治批发市场周边环境规范占道经营42起，整治城市河道环境、放牧等。

【智慧城管平台建设】 2021年，市城管执法局发挥现有数字化城管监控系统作用，与公安部门共享资源20处探头，对监控发现及举报电话受理的问题，第一时间与片区责任人联系，及时处理相关问题并形成工作台账。利用非法小广告电话自动追呼系统，对非法张贴、设置的各种广告进行电话追呼，促其接受行政处理，改正违法行为，乱贴乱画小广告得到有效治理。主动协调智慧城管规划设计建设方即联通公司，完成智慧城管规划建设方案。

【建设工地环境综合管理】 2021年，市城管执法局对施工工地出入口硬化、施工物料堆放、工地施工车辆撒漏扬尘污染等方面进行不定期检查，促进施工现场标准化管理。运输车辆必须加盖篷布，实行封闭运输，严禁运输车辆带泥出入城区，遗撒渣土，污染城市道路，引导运输车辆按照规定的路线、时间、地点运输、处置建筑垃圾，严禁随意倾倒建筑垃圾，严禁在道路上堆放建筑垃圾，违者重罚。

5月20日，扎兰屯市召开2021年自治区文明城市复查测评工作推进会

【区级文明城市复查】 2021年，市城管执法局组织执法人员在时间上做到全天候、无空档，在空间上做到全方位、无缝隙；在方位上做到横向到边，纵向到底，不留死角，集中整治向城市道路及其两侧排放污水、倾倒垃圾、抛掷污物、占道经营、占道修车、占道生产等影响市容市貌的突出问题。引导流动摊点就近进入市场经营，沿街门店不得向店外延伸，摆放其他物品，不得占用人行道。对未经批准擅自在道路两侧设置的广告牌、标牌、霓虹灯及过期破损广告牌、标语牌进行彻底清除。规范管理沿街商铺牌匾广告，更新或拆除商铺多余和陈旧破损的广告牌匾，统一建筑的广告牌匾，要求高度统一、色调和谐、风格一致。同时运用“呼、刷、罚、查”等多种方式，对乱贴乱画“野广告”加大整治力度，取得明显成效。

【生态环境污染治理】 2021年，市城管执法局进一步巩固创建全国文明城市餐饮业油烟污染治理成效，推动大气环境治理，减少油烟排放对空气质量的影响，强化部门联动，整合执法力量，对市区所有餐饮经营单位进行宣传引导。对未安装油烟净化装置的，要求在规定时间内安装完成，防止对周边群众的正常生活造成影响。清理室外烧烤等，加大对露天烧烤经营行为的监管力度，对违规经营行为坚决予以取缔。

【安全生产】 2021年，市城管执法局全面落实安全生产工作责任制，开展安全生产大检查和隐患排查治理。加大安全生产宣传力度，发放安全生产宣传单，抓住户外牌匾广告、小吃摊点、早市夜市、市政环卫、建设工地、安全施工等重点区域及点位的安全生产专项治理，解决职责范围内的安全生产工作存在的突出问题，有效控制事故发生。

【信访工作】 2021年，市城管执法局主动排查并妥善处理各类矛盾纠纷、群众信访问题，确保遇到突发事件能及时上报和有效处置。认真做好群众来访接待工作，争取在最短时间内给予解决和答复。年内，涉及城管执法局人大建议4件和政协提案10件。受理电话举报349个，接待来人来访、受理网络信访投诉、上级转办件19件，接到“12345”平台举报112件，均在规定时限内答复。

【疫情防控】 2021年，市城管执法局加强防控宣传引导，向流动商贩、商户和过往市民发放疫情防控宣传单，利用移动音箱、宣传条幅、电子屏等宣传疫情防控内容。督促商户、商贩在经营中佩戴口罩，养成良好生活习惯，督促按时进行核酸检测和疫苗接种。强化日常巡查管理，加大对市场周边及市区主次街道乱摆乱卖、占道经营、活禽宰杀售卖等行为的整治力度，并对密集人员聚集进行劝导疏散。加强防护排查统计，在局机关设立疫情防控应知应会知识和办公场所发热人员应急处置流程图，落实体温监测、绿码通行等防疫要求，严格落实早发现、早报告、早隔离、早治疗措施。全年向流动商贩、商贩和过往市民发放口罩4000余个，发放疫情宣传单1.3万余份。

（李春来）

生态建设

环境保护

【概况】 2021年，呼伦贝尔市生态环境局扎兰屯市分局统筹推进自治区环保督察问题整改，认领整改任务21项，完成并销号18项；提升效能，服务绿色发展，审批建设项目18个，建设项目环境影响登记表备案系统自行备案项目174个；强化监管，打击环境违法行为，行政处罚案件立案3件，下达处罚金额30.6万元；严查严控，规范危险废物管理，排查5家危险废物产生单位；联合岭东工业园区、辖区乡镇街道、工信、公安等部门对全市"散乱污"行业进行大排查、大整治，以零容忍出重拳打击无证排污、无环保审批手续、无治污设施等"散乱污"企业；应检尽检，组织完成21个点位的城市道路交通声环境质量监测、100个点位的区域声环境质量监测、8个点位的城市功能区声环境质量的昼夜季度监测；全员行动，坚守疫情防控一线，驻厂监督医废处置中心，24小时值班值守，全程跟踪医疗废物转运，组织专人每日对隔离宾馆污水消毒处理情况进行检测。

【环境质量】 2021年，全市$PM_{2.5}$平均浓度13微克/立方米，环境质量优良达到97.43%。雅鲁河成吉思汗断面水质达到《地表水环境质量标准》(GB3838-2002)Ⅲ类水体标准。全市土壤环境质量趋于低风险，土壤环境质量总体保持稳定，无违规开发利用地块情况。全市无重大环境应急事件及重大环境污染事故；工业固体废物、危险废物(含医疗废物)全过程管理，产生、收集、贮存、运输、处置固体废物的单位实现工业固体废物可追溯、可查询。

【自治区环保督察问题整改】 2021年，呼伦贝尔市生态环境局扎兰屯市分局针对自治区环保督察反馈的问题召开专题会议分析研判、研究认领问题，认领整改任务21项，其中共性问题10项，个性问题11项；完成督察期间交办的46件信访案件，案件办理过程中专项工作组到涉事地点开展调查处理，并由媒体全程跟踪，接受社会监督，均办结完毕；两办督查室组织开展督查检查，督促指导问题整改责任单位落实主体责任，确保各项问题整改措施落实落细，如期完成整改任务。

【大气污染防治】 2021年，呼伦贝尔市生态环境局扎兰屯市分局先后印发《关于持续加强秸秆禁烧管控工作的紧急通知》《扎兰屯市秸秆禁烧工作方案》《关于禁止露天焚烧农作物秸秆的通告》《关于对近期扎兰屯市露天焚烧秸秆情况的通报》等文件，出动秸秆禁烧专项检查人员44人次，公安机关依法重拳打击违反禁令、私自焚烧秸秆行为，行政拘留25人、罚款50人、训诫65人。对上级通报境内火点进行现场核查取证，对乡镇秸秆禁烧工作进行现场巡查，对部分乡镇不断发生秸秆露天焚烧现象进行通报批评。定期调度工业窑炉整治、VOCs治理、无组织排放等大气污染防治重点工作完成情况，每月向呼伦贝尔市上报进展情况，完成火电机组超低排放改造情况基础调查。开展2021年度自治区第一批大气污染防治项目储备库申报工作，上报呼伦贝尔蒙源乳业有限公司内蒙古民族特色奶制品技术改造项目，总投资3045万元。

【水污染防治】 2021年，呼伦贝尔市生态环境局扎兰屯市分局开展自治区第一批水污染防治项目储备库申报工作，做好全年水污染防治项目储备。逐步开展入河排污口基础调查工作，扎兰屯市入河排污口2个，即排水公司污水处理厂、呼伦贝尔东北阜丰生物科技有限责任公司，完成2个排污口的基本信息调查。对可能影响水源地安全的项目拒批，禁止在饮用水水源地保护区内审批可能造成水源污染的项目，从源头上有效防止水污染；推进河西新区水源地保护工程建设，按照《呼伦贝尔市贯彻落实自治区生态环境保护督察反馈意见整改方案》要求，扎兰屯市人民政府于12月31日对水源地关停请示进行批复。向涉水企业下发通知，要求认真总结化冰期、汛期水污染防治经验，确保水污染治理设施稳定高效运行。组织开展农村黑臭水体排查，坚持实事求是，不瞒报、不漏报，确保再次排查工作收到实效。编制《扎兰屯市农村生活污水治理专项规划》，完成中和镇福泉村污水处理厂项目主体工程建设，正处于验收阶段；南木鄂伦春民族乡大兴村人居环境整治生活污水治理项目已采购一台移动式污水处理车。

【土壤污染防治】 2021年，呼伦贝尔市生态环境局扎兰屯市分局开展污染地块土壤环境详细调查及风险评估，完成核实地块信息工作及全国污染地块信息系统前期创建。按照《内蒙古自治区受污染耕地安全利用与严格管控总体方案》要求，组织完成相关部门编制本地区受污染耕地安全利用与严格管控实施方案，完成溯源排查和涉镉排查等相关任务，明确完成目标任务的具体措施。对3家重点监管单位土壤污染隐患排查，要求企业将土壤法21条的3个法定义务纳入本企业排污许可证中，完成各项自行监测要求。

【服务能力】 2021年，呼伦贝尔市生态环境局扎兰屯市分局严格项目审批，源头防控污染，审批建设项目18个，建设项目环境影响登记表备案系统自行备案项目174个。对不纳入《建设项目环境影响评价分类管理名录》范围，对环境影响小的建设项目，符合国家有关环保政策，免于办理环评审批手续。主动帮助企业开展选址布局、环评编制、环保验收等方面工作，支持和配合企业做好项目审批核准的各项前期工作，促进项目顺利批复。落实环评审批告知承诺制度，经企业申请、承诺，生态环境部门不再组织技术评审、评估，在收到环评文件后1个工作日内下达批文，为项目落地提速增效。严格执行排污许可管理制度，完成呼伦贝尔蒙源乳业有限公司、内蒙古翔丰化工有限公司等19家企业排污许可初审。

【执法监管】 2021年，呼伦贝尔市生态环境局扎兰屯市分局组织开展破坏林地草原违规违法行为专项整治工作，排查、梳理2010年至2020年全市环境违法案件50余起，无因违法排污造成污染林地、草原的案件。推进排污许可证证后执法监管工作，对已明确纳入排污许可管理的重点企业开展执法检查，认真检查核实企业审批、生产实际情况与申报内容是否一致，落实排污许可证提出的污染物排放控制措施和其他各项环境管理要求，确保污染物排放种类、浓度、总量等指标达到许可要求。定期开展重点排污单位自行监测检查，全市管理的内蒙古自治区污染源监测数据管理与信息共享平台有46家，其中重点污染源11家、一般污染源35家，均按排污许可证自行监测要求编制自行监测方案。加大对机动车排放检验机构的检查频次，禁止出现“冒黑烟”车辆上线检验、故意中止检验、检验工位停放非待检车辆、检验区设置多余取样管、非检验人员进入检验区等行为。推进移动执法系统使用，在编在岗13名执法人员共录入执法信息52条。

【危险废物管理】 2021年，呼伦贝尔市生态环境局扎兰屯市分局排查呼伦贝尔东北阜丰生物科技有限公司、扎兰屯市国森矿业有限责任公司、扎兰屯市人民医院、扎兰屯中蒙医院、呼伦贝尔市传染病医院5家危险废物产生单位，不存在非法排放、倾倒、违法处置危险废物违法行为；对扎兰屯市祥龙废旧机油收购有限公司，呼伦贝尔昆腾再生资源回收有限公司，扎兰屯博华环保科技有限公司3家危险废物处置重点单位常态化日常现场检查，督促企业对产生危险废物的类别、转移量及接收地建立管理台账并与自治区固废管理系统对应完善，杜绝发生违法问题；对汽车维修行业开展突击性检查，产生的废机油、铅酸蓄电池交有资质的第三方公司回收处置，建立转移台账。

【排查整治】 2021年，呼伦贝尔市生态环境局扎兰屯市分局下发《关于做好全年重要期间环境安全防范工作的通知》，督促企业提高防范意识，组织开展自查。联合岭东工业园区、辖区乡镇街道、工信、公安等部门对全市“散乱污”行业进行大排查、大整治，以零容忍出重拳打击无证排污、无环保审批手续、无治污设施等“散乱污”企业。组织开展信访矛盾隐患大排查，建立工作台账，摸清底数，有针对性地开展排查化解工作，避免引起缠访、闹访、越级访等情况发生。对群众反映强烈的重点污染信访案件，专人负责案件的处理、结案、回访等工作，确保让群众满意。全年受理各类环境信访案件15件，信访案件的处理率持续在100%，处结率在99%以上。

【监测能力】 2021年，呼伦贝尔市生态环境局扎兰屯市分局结合具备检测资质的项目，组织完成21个点位的城市道路交通声环境质量监测、100个点位的区域声环境质量监测、8个点位的城市功能区声环境质量的昼夜季度监测。完成大兴安岭浆纸和排水公司污染源监督性监测。完成电子天平和噪声仪的仪器检定工作，完成原子吸收、紫外分光光度计和pH计的核查工作。申请自治区生态环境保护对下转移支付专项资金483万元。包含入河排污口、污染源、地表水、地下水和基本监测仪器。

（办公室）

国土资源管理

【概况】 2021年，市自然资源局按照“出让一批、收储一批、谋划一批”工作思路，多措并举做大做强土地储备管理，加大土地资源整合，提升土地利用效益，制定编制《扎兰屯市2021年度土地储备计划》《扎兰屯市土地储备三年滚动计划(2020—2022年)》。全年，全市国有建设用地供应宗地总数151宗，供应总面积52.92公顷，土地出让金收入2.33亿元。

【城镇低效用地开发】 2021年，市自然资源局会同相关部门对主城区范围内的低效用地(含工业仓储等)、开展全覆盖调查摸底，牵头拟定《扎兰屯市低效存量建设用地盘活实施利用方案》，明确低效存量建设用地现状与权属调查、盘活利用土地收购储备、储备方案编制、土地收购价格确定、土地收购协议签订、收购土地前期开发、盘活利用土地供应以及土地出让价格确定、挂牌出让等9个方面的细化工作措施，年内，为市财政创收2.9亿元。相继开展扎兰屯市旺通机动车驾驶员培训学校、大修厂、乳品厂等地块收购前期准备工作。

【设施农业用地管理】 2021年，市自然资源局规范设施农业用地管理，全市备案设施农业用地320宗，对正在经营且已备案的历年设施农用地取得用地、设施建成和变更三个阶段全部信息上图入库，实现设施农业用地管理信息化。将设施农业用地使用情况纳入日常动态巡查范围，掌握全市设施农用地使用的情况，不定期组织开展专项检查，严禁改变设施农业用途。严格控制耕地转为林地、园地等其他类型农用地，坚决遏制耕地“非农化”、防止“非粮化”。

【自然资源行政执法】 2021年，市自然资源局综合执法大队创新执法手段，加大打击力度，开展执法巡察445次，查处违法案件116件，罚没款90.29万元，维护全市自然资源开发利用的良好秩序。

【不动产登记历史遗留工作】 2021年，市自然资源局按照“以函代证”“容缺受理”“费证分离”“事证分离”等原则解决制约和瓶颈问题，及时回应群众诉求，列入整改范围的62个小区涉及的27557户“办证难”问题中，完成转移登记22240户，转移登记率80%(剩余20%中包括未销售房屋3943户和居民办证意愿不强644户)。

【生态修复】 2021年，市自然资源局坚持节约优先，保护优先，自然恢复为主的方案，全力做好矿山地质环境恢复治理。针对待治理地区地形地貌和生态环境破坏现状，统筹规划，因地制宜，采取宜林则林、宜草则草、宜耕则耕等综合治理措施，达到恢复治理的目标，将符合条件的临时废弃沙(石)坑纳入森林植被恢复项目。年内，完成治理174处，治理面积

239.27公顷。

【农牧民住宅用地占用农用地转用审批】 2021年，市自然资源局出台农村牧区宅基地建设农用地转用审批流程图、农村牧区宅基地农用地转用审批服务时限办事指南。在编制国土空间规划时，因地制宜编制实用性的村庄规划，预留不超过5%的建设用地机动指标用于农牧民居住等用地需求，确保农牧民农村宅基地农用地转用工作实施。全市2021年农村建房需求人口为1422人，需求户数为485户，宅基地用地标准为每宗地600平方米，农村村民住宅用地需求358.373亩，其中拟使用存量建设用地256.56亩，拟使用新增计划用地101.813亩，报送至自然资源厅。

【国土空间规划编制】 2021年，市自然资源局构建以国土空间规划为纲领、各类专项规划为支撑、详细规划为实施操作依据的空间规划体系，《土地节约集约利用专题研究》《国土综合整治和生态保护研究》《城镇化与人口变化趋势专题研究》《城市定位与区域协调专题研究》4个专题研究初稿完成。

【划定生态保护红线、永久基本农田、城镇开发边界三条控制线】 2021年，扎兰屯市生态保护红线评估优化成果面积8152.86平方公里，占全市总面积48.58%；完成扎兰屯市中心城区和8个一般建制镇城镇开发边界划定工作，全市集中建设区和弹性发展区划定65.29平方公里；完成永久基本农田核实整改补足工作。整改补足后扎兰屯市永久基本农田面积为245154公顷(367.73万亩)。依据第三次国土调查数据，全市基本农田保护任务在上轮规划任务189511.46公顷(284.27万亩)基础上增加55642.54公顷(83.46万亩)。基本农田保护率达到90%以上。

【国土空间规划】 2021年，市自然资源局坚持因地制宜，突出地方和民族特色，开展扎兰屯市市域村庄布局规划及产业规划评估完善工作，明确全市31个行政村"多规合一"村庄规划编制和82个行政村先行推进村庄建设用地布局规划工作，保障民生类基础设施类项目优先落地。

【第三次全国国土调查】 2021年，市自然资源局完成全市内业图斑矢量化及外业实地调查，矢量化图斑数411191个，外业举证图斑数7181个。编制完成县级土地利用挂图、城镇土地利用现状图、图幅理论面积与控制面积接合图表等各种图件。所有成果均完成并通过市政府审批，等待上级验收。

【"房地一体"】 2021年，市自然资源局集体建设用地使用权确权登记发证登记数613宗，登记面积171.55公顷，登记率100%。宅基地使用权确权登记数35887宗，登记面积4888.05公顷，登记率95.77%。全市易地扶贫搬迁安置户不动产登记率100%。

【"放管服"改革】 2021年，市自然资源局成立行政审批办公室，负责自然资源权责内41项行政审批工作并进驻政务服务大厅。进一步优化、简化、审批流程，出台并联审批、合并办理等工作办法，推进规划用地"多审合一、多证合一"。全年受理办结规划、土地等审批事项共608件，受理办结"12345"热线82件，跟踪帮办扎兰屯市重点建设项目21件。审批效率提高近50%；优化办理流程，减少办事环节，缩短办理时限，不动产查封、注销登记实现即时办理，不动产首次登记、转移、变更、抵押登记全部压缩为4个工作日。推进“一窗办”服务，二手房交易申请资料由不动产登记窗口统一收取，二手房转移登记实现水、电、暖、气、有线电视协同办理。全年发放不动产登记证书24591本，证明5318份；推进不动产登记信息系统建设，开展存量数据整合项目建设，不动产登记机构信息共享系统在金土网实现公安部门身份核查、民政部门婚姻登记及社会组织信息查询、银保监局、中编办、法院部门司法判决结果获取页面和司法判决请求页面查询的端口已接通，正常运行；推进“互联网+不动产登记”工作，克服资金、技术等困难，采购网闸、摆渡机等相关硬件设备，完成不动产登记数据“内网外迁”工作的调试且上线运行，实现政务外网办理登记业务。

【地质灾害防治】 2021年，市自然资源局制定《2021年度地质灾害防治方案》，完善地质灾害防治网格化管理体系，成立地质灾害防治工作指挥部，设立排查值守组13个，巡回督导组2个，设立综合协调组、专家评估组、信息报送组。组织应急车辆21台、抽调局机关骨干人员72人，分区分片到降雨集中区，开展地质灾害全覆盖式再排查，对山体崩塌、滑坡等易发地带实行不间断地巡查排查。排查中发现新增隐患点27个，迅速采取应急防范措施，落实防治责任人和隐患点监测人并建立台账。发布地质灾害黄色预警3次，预警信息700余条。

【机构改革】 2021年，经过事业单位改革，市自然资源局有事业单位5个，公益一类4个，将扎兰屯市土地征费稽查站（扎兰屯市土地储备交易中心）、扎兰屯市土地整理中心整合为扎兰屯市自然资源保护和发展中心（扎兰屯市土地收购储备交易中心），将扎兰屯市规划局测绘队、扎兰屯市城乡规划设计室整合为扎兰屯市国土空间规划技术保障中心，将扎兰屯市不动产登记中心更名为扎兰屯市不动产调查登记中心，将13个扎兰屯市乡镇自然资源管理所整合为扎兰屯市乡镇自然资源中心所。

（李　岩）

林业和草原

【概况】 扎兰屯市林业和草原局辖林场8个，即成吉思汗、庙尔山、根多河、济沁河、伊其罕、新立屯、哈多河、杨树沟；企业3家，即扎兰屯市成吉思汗国有苗圃、呼伦贝尔市岭东林业服务有限责任公司、扎兰屯市蒙森森林食品开发有限责任公司。施业区总面积85.59万公顷，其中林地面积57.2万公顷，草地面积28.2万公顷，森林覆盖率55.09%，草原植被覆盖度84%。纳入国家级森林生态效益补偿公益林面积311.74万亩，地方级60.7万亩，非天保工程区停伐天然商品林管护面积209.93万亩。

【生态建设】 2021年，扎兰屯市完成营造林2.3万亩、义务植树6万亩。实施森林保险灾后实施项目，完成理赔5.55万亩，理赔金额179.91万元。完成森林抚育外业调查1万亩，实施自治区级绿化示范村12个，村庄绿化覆盖率30%以上。

【林长制】 2021年，市林草局成立林长制办公室，制定林长制实施方案和相关制度，完成市、乡、村三级林长制组织体系建设，全市设立总林长2名、副总林长7名、乡镇级林长43名、乡镇级副林长117名、村级林长163名、村级副林长178名。

【森林草原防火】 2021年，市林草局按照“常年防火、重在两季”防灭火理念，多措并举、标本兼治，坚持“预防为主、积极消灭、防消结合”的防火方针，丰富预警手段，分层次建立“大、中、小、网底”四级管理网格，实行网格化精细管理，按照“属地管理、条块结合、群防群治、综合促管”的原则，采取“点、线、面”相结合的管控方式，实现“全覆盖、无盲区”的森林草原防火网络化管理机制，提高森林草原火灾防控能力。呼伦贝尔市各地结合本地实际，推广扎兰屯市森林草原防灭火网格化管理模式。

【林业有害生物防治】 2021年，市林草局强化全市涉林企业监管，严控调运检疫，切断运输传播途径，产地检疫率100%；落实草原鼠害预防调查及防控、松材线虫普查以及其他林业有害生物监测防治工作，有害生物成灾率控制在0.3‰以内，无重大林业有害生物灾害发生。

【依法治林】 2021年，市林草局设立公益林管护站76个，管护人员1220人，国家级公益林311.74万亩、地方级公益林60.7万亩、非天保工程区停伐天然商品林管护面积209.93万亩；受理审核林业征占用项目28个，占用林地面积22.6157公顷；严格执行木材凭证运输制度，凭证运输率100%；严格执行保护与发展森林资源目标责任制，推进破坏草原林地违规违法行为专项整治，编制工作方案，全力配合各工作小组完成排查梳理。排查涉林涉草行政许可事项、案件、图斑、信访事项1783宗，经集中梳理，在进入整改阶段后扎兰屯市共存在问题图斑案件204个，全部销号；加强野生动物保护，开展野生动物宣传保护和疫源疫病监测预防，加强对辖区内野生动物养殖场所监管，禁止和惩治食用野生动物行为，依法打击非法猎捕、交易、运输野生动物案件，救助国家三级保护动物白腰朱顶雀活体3只、国家二级保护动物雕鸮1只，无伤害及损害野生动物事件发生，野生动植物资源得到有效保护。

【草原管理】 2021年，市林草局编制《扎兰屯市草原保护与建设规划》，建立基本草原禁牧制度，开展草原监测，完成人工种草任务5.07万亩，草原鼠害防治面积2万亩，草原综合植物覆盖度达到自治区任务要求。建立健全三级草原管护网络，实行网格化落责，加大对草原禁牧制度落实情况的监督检查力度。

【林业产业】 2021年，市林

4月16日，市林草局开展春季森林防火宣传活动

草局执行外来林木种苗“两证一签”审批制度，普查抽检林木种苗生产经营单位33，全市所有的生产经营单位，苗批质量均达到合格标准，林木种苗质量检测项目全部合格，平均合格率为96.5%。推进成吉思汗苗圃现代林业示范区建设，与呼伦贝尔林业集团公司合作，在圃苗木60余种，1000余万株，完成当年投资500万元，初步建成呼伦贝尔市苗木资源圃和自治区林木种苗示范基地。发展榛子、沙果、林下经济、森林旅游等绿色产业，野生榛子归户管护面积40万亩，产量稳定在300万千克，沙果经济林面积稳定在10万亩，产量稳定在1000万千克。绿野山珍榛子生产基地、成源沙果种植生产基地等林业产业化项目和金秋沙果贮藏冷库建设集体林改补助项目全面实施，带动全市林业产业发展。

【生态扶贫】 2021年，市林草局使用财政专项扶贫资金174.4万元，在15个乡镇办选聘建档立卡贫困户545人生态护林员，参与生态保护、森林防火等日常巡护预警工作，享受生态扶贫补助政策，每人年度增收3200元。

（张　旭）

水利

【概况】 2021年，市水务局各项任务指标全部完成。新增水土流失综合治理面积9.45万亩，完成9.45万亩；国家水土保持工程项目资金和任务完成率80%，已完成85%。河流治理项目完成下达资金的100%，已完成100%；用水总量考核目标用水总量小于3.895亿立方米，完成1.1555亿立方米；万元工业增加值用水量考核目标值为较2020年不变价计算下降3.5%，万元工业增加值用水量同比下降10.41%；万元GDP用水量较2020年不变价计算下降3%，万元GDP用水量同比下降6.26%；农田灌溉水有效利用系数考核目标0.58，经测算达到0.58。

8月22日，扎兰屯市成吉思汗镇和平村工人采收杨树林地大球盖菇

【水利重点项目】 2021年，市水务局实施项目7个，其中续建项目2个，新建项目5个。工程总投资4444.9万元，完成投资4233.9万元。

务大哈气河治理工程项目　总投资1855.4万元，完工。

2020年东北黑土区侵蚀沟治理工程　项目总投资1340万元，完工。

水库维修养护工程　项目总投资120万元，完成投资80万元。

中央水利救灾项目　项目总投资60万元，完工。

中央水利抗旱救灾项目　项目总投资100万元，完工。

侵蚀沟治理项目　项目总投资875万元。完成投资744万元。

农村饮水安全工程维修养护项目　总投资94.5万元，完工。

【河长制】 2021年，市水务

局发布总河长令，落实河湖长动态调整，完成公示牌维修、更新118块。各级河湖长全年使用“河长通App”巡河6663次。联合市检察院等各部门开展2021年河湖管理保护“春季”“秋季”行动。落实督查暗访机制，完成问题整改。完成主要河湖重点工作台账审核。落实“四乱”问题清理常态化，清理河道垃圾约2345吨、拆除违建2处。完成《扎兰屯市河道采砂规划修编(2020—2024年)》修编工作。完成116条河流和1个湖泊的管理范围划定审批程序。完成扎兰屯市重要河段及敏感水域采砂管理责任人公示。获得水利部授予的“全面推行河长制湖长制工作先进集体”荣誉称号。

【水资源管理】 2021年，市水务局完成自治区环保督察整改任务，并报呼伦贝尔市水利局申请销号；到柴河镇、百业成酒精制造有限公司等取水工程现场开展取水工程核验，开展取水许可审批自查自纠，做好取水许可审批；开展取水口整改提升和违规取水专项整改。基本完成取水口整改提升和取用水管理专项整治行动；做好2021年度最严格水资源管理制度考核各项准备。

【水土保持】 2021年，市水务局完成2020年水土保持监测资料整编和上报，五一监测站安装自动监测设备开展监测；完成2022年侵蚀沟治理项目实施方案编制；开展水土保持建设项目检查，严格落实水土保持“三同时”制度，配合税务部门做好水土保持补偿费征收；完成违规航片整改。水利部下达第一批、第二批、第三批违规航片37处，完成查处。

【防汛工作】 2021年，市水务局做好水库各项预案技术审查、批复备案。督促各水库管理单位、水利行业进行防汛抗旱预案、计划、方案编制等工作，组织专家审查并上报市防汛抗旱指挥部批复备案；对山洪监测预警、数据接收平台，简易预警预报设备进行检修及运维，发挥防治系统效益；发布水雨情公告80期；成立盯防组现场24小时盯守，进行水库应急抢险及水库下游人员转移演练；组织对险工段抢修、清淤疏浚，保证2021年安全度汛。

【优化营商环境】 2021年，市水务局推进行政审批“三集中、三到位”改革，所有行政审批(22项)和公共服务事项(15项)全部进驻行政服务中心，规范行政审批和公共服务等工作事项，减少审批环节，优化审批服务；对行政审批全部向社会公开公示，压缩办理承诺时限，将法定时限缩减至原办结时限的50%以上；截至年末办理行政审批86件，审批工作正常有序推进。

【依法治市】 2021年，市水务局结合实际制定《2021年扎兰屯水利局依法治市工作要点》。完成法治政府建设任务。建立健全水利与河长制、自然资源、公安、乡镇、街道办事处等联合执法机制，推行行政执法“三项制度”。水事违法案件立案7起，结案2起。开展日常巡查240余次，出动人员500余人次，累计巡查河道长度约280公里，水域面积约80平方公里。

【机构改革】 2021年，事业单位改革后市水务局设事业单位3个，公益一类3个，将扎兰屯市水利工作站、扎兰屯市水利工程管理站、扎兰屯市堤防工程管理站、扎兰屯市古里金灌区管理所、扎兰屯市抗旱服务队整合为扎兰屯市水利工程建设运行中心，将扎兰屯市水资源管理站、扎兰屯市水土保持监督工作站整合为扎兰屯市水资源服务中心，将扎兰屯市水行政综合执法大队撤销组建扎兰屯市水利局综合保障中心。

【乡村振兴】 2021年，市水务局做好巩固拓展脱贫攻坚成果同乡村振兴有效衔接，召开党组会5次，局务会3次，建立完善责任体系，制定并颁发《扎兰屯市农村饮水安全工程运行管理办法》《扎兰屯市农村饮水安全应急预案》，将饮水安全工程运行管理经费2020—2021年列入财政预算且支付到位，财政投入资金22.8万元用于安全饮水工程管护，76.4万元维修养护资金用于保障农村饮水安全运行，开展自来水工程的水质检测；对10个乡镇办正在运行的75处自来水的10项内容进行检查并建档，对存在问题督促乡镇办领导尽快落实整改。争取乡村振兴资金347.8万元对集中式饮水工程进行维修改造。

（王金蕊）

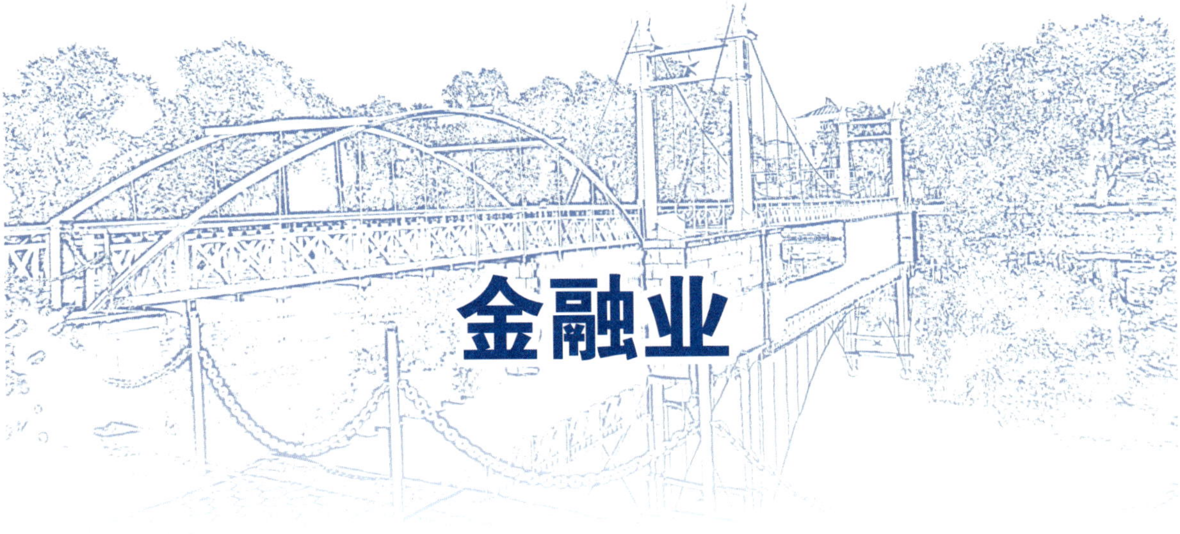

金融业

综述

【概况】 2021年，中国人民银行扎兰屯市支行通过面向政府、地方法人金融机构、企业、社会公众进行宏观审慎管理、金融扶贫、金融市场基准利率、汇率等货币信贷政策的宣传解读，合理引导社会舆论和市场预期。学习并贯彻落实总、分行及上级中支召开的工作会议精神，及时将人民银行执行货币政策的情况、主要工作思路及工作重点进行传达，开展党史学习教育，发挥履职效能，为稳健货币政策及金融宏观措施在扎兰屯市地区的有效落实奠定良好的基础。2021年，全市存贷款余额实现双增，其中存款余额181.19亿元，比上年同期增加10.39亿元，增幅6.08%；贷款余额134.14亿元，较上年同期增加4.61亿元，增幅3.56%。

【金融服务】 2021年，中国人民银行扎兰屯市支行加强窗口指导，发挥组织协调作用。协调市财政局组织扎兰屯市14家企业代表、9家金融机构召开政银企对接座谈会2次。组织召开扎兰屯市金融支持个体工商户发展专项行动推进会，搭建银企对接平台，对接个体工商户3378户，对接金额16.38亿元。引导金融机构优化信贷结构，传导稳健货币信贷政策，对2家法人金融机构应延尽延的106笔业务进行现场核查，金额1.37亿元，按期收回委托蒙银村镇银行发放支小再贷款756万元，利息19万元，为企业节省利息55.41万元。引导建设银行开办土地抵押“裕农快贷”“地押云贷”业务，评定农户1833户、授信金额1.19亿元，发放0.98亿元。开展活体牲畜抵押贷款增量扩面工作，2家法人金融机构发放活体牲畜抵押贷款38笔、金额774万元。截至12月末，自助查询机查询个人信用报告14351笔，征信查询收费827笔、8270元；二代前置系统查询个人信用报告16笔、查询企业信用报告346笔。做好动产和权力担保统一登记平台用户审核工作，完成1家银行业金融机构、2家企业动产和权力担保统一登记平台常用户审核。组织协调辖区金融机构落实好金融扶贫政策，发放扶贫小额贷款1218.9万元。

【货币发行及反假币工作】 2021年，中国人民银行扎兰屯市支行调入发行基金38.41亿元，截至12月31日，投放发行基金14.67亿元，回笼现金10.24亿元，净投放4.43亿元，确保全市现金供应及现金回笼入库；回笼各券别残损人民币3.57亿元，有效维护流通中人民币的整洁度；投放10元券别及以下小面额人民币共计0.12亿元，满足市场对小面额人民币的需求，确保流通中人民币结构合理；收缴假币298张，金额25290元。

（李锡祯）

中国建设银行股份有限公司扎兰屯支行

【概况】 2021年，中国建设银行股份有限公司扎兰屯支行一般性存款余额270348万元，其中对公存款余额50252万元，个人存款余额220096万元。各项贷款余额193261万元，其中公司类贷款余额112237亿元，个人贷款余额81024万元；一手房贷款余额37400万元，二手房贷款余额25874万元；个人消费贷款余额1826万元，个人支农贷款余额3515万元；小微企业及个体工商户贷款授信客户138户，贷款余额3470万元。实现中间业务净收入984万元（含信用卡），实现利润6805万元。

【渠道建设】 2021年，市建行建成自助设备总量19台，离行式自助银行12个，物理网点内布放智慧柜员机11台，其中现金版智慧柜员机2台，综合版3台，标准版6台。“裕农通”服务点实现全市所有行政村覆盖，实现柜面业务的有效迁移，拓宽支付渠道。

【内控合规】 2021年，市建行落实反洗钱相关监管要求，按照“风险为本”原则，履行各项洗钱风险管理机制，加强对客户身份识别、洗钱风险评估和可疑交易监测的管理，提升反洗钱管理的合规性和有效性。市建行按照上级行要求构建合规管理长效机制，加强合规检查、业务督导检查、业务自查力度以提升规章制度执行能力，加大违规处置力度，强化警示教育，震慑违规行为，强化合规培训，提升员工合规意识，提高风险合规管理能力，杜绝产生金融风险。

【助力实体经济】 2021年，市建行为进一步支持中小微企业发展，优化营商环境，加大对实体经济支持，加大中小微企业的信贷投放，进一步满足中小微企业的融资需求，破解“融资难、融资贵”的难题，建行扎兰屯支行推出线上线下多种信贷产品以满足不同中小微企业的需求，多种措施服务企业发展。

（孙　伟）

中国工商银行股份有限公司扎兰屯支行

【概况】 2021年，中国工商银行股份有限公司扎兰屯支行储蓄存款时点余额271281万元，较年初增加39780万元，较同期增加10951万元，地区同业占比42.05%。个人贷款余额31646万元，较年初增加5363万元，本年累计投放9589万元，不良贷款余额为零。贷款67997万元，较年初新增1088万元，其中项目贷款64807万元，流动资金贷款3190万元。普惠金融贷款余额3920万元，较年初增加2745万元，任务完成率209%，系统内排名第四位。

【服务管理】 2021年，中国

工商银行股份有限公司扎兰屯支行加大活客、获客、黏客工作力度，筛选同业优质客户，通过各种渠道挖转，把工作执行力放在首位，同时加强服务管理，提倡有温度的服务方式。对呼伦贝尔东北阜丰生物科技有限公司实现2亿元的流动资金贷款投放，该笔流动资金贷款的成功发放，在巩固银企关系，带动国际业务、票据业务、供应链融资业务等方面发挥重要作用。1—6月，累计外拓营销89次，3个网点放弃休息时间，延伸各乡镇、学校和单位进行外拓营销，外拓社保卡新增6897张。三方绑卡净增16027户，三方绑卡实现中收193.59万元，私人银行客户成功签约19户，新增2户。

（耿兆明）

中国农业银行股份有限公司扎兰屯支行

【概况】 2021年，中国农业银行扎兰屯支行辖内营业机构8个（含7个二级支行、1个营业室）其中市区网点1个，乡镇网点1个；设有离行自助银行2个，其中市区1个，柴河镇1个。各项存款余额421921万元，比年初上升12891万元，同业增量市场份额占比13.44%；各项贷款余额160663万元，比年初上升55904万元，同业增量市场份额占比136.51%。实现营业收入8881万元，实现拨备前利润5465万元，实现拨备后利润4098万元。

【市场定位】 2021年，中国农业银行扎兰屯支行落实“乡村振兴”国家政策，加大服务“三农”力度，以乡镇为基础，实行城乡联动，挖掘现有农村金融资源，服务实体经济，发展普惠金融，开辟支农支小新途径，为服务乡村振兴、助推地方经济发展作贡献。坚持以服务客户为中心，依托庞大的电子化网络和多元化的金融产品体系，为客户提供集存、贷、汇等传统业务和新兴理财、托管业务于一体的产品组合服务，为客户资产保值增值提供新的工具和平台。围绕“建设一流现代商业银行”的远景，结合地区经济与社会实际，在服务地方经济发展的大局中，推进自身主体业务市场份额稳中有升、风险管理和效益指标稳中向好，实现健康、持续发展。

【风险防控】 2021年，中国农业银行扎兰屯支行开展业务经营的同时还将强化运营、信贷基础管理、防控操作风险和安保风险作为工作重点，为业务经营发展提供有效的基础保障。制定《运营管理专业考评办法》《运营质量考核方案》《柜员等级评定方案》等考核实施细则，注重创建过程和创建质量。加强贷后管理，慎防贷款风险。狠抓现场检查环节，消除贷后管理不深入现场、闭门造车、凭空想象的情况；全面加强信贷资金的监控，注重在风险暴露劣变前敏锐捕捉风险信号，把握风险变化趋势，主动遏制风险苗头。建立全方位、立体式的风险排查机制，主动发现风险，提前抓住风险化解最佳时机。磨尖案防“四支利箭”，压实“双线”管理责任，年初与各部门、各网点负责人签订《风险合规与案件防控目标责任书》，压实主体责任。开展案防治理工作，明确职责分工，督促相关部门将各项案防举措纵深推进。借助“三线一网格”案防模式，加强员工行为监督，提高发现、处置问题能力，做到案件风险隐患早发现、早处置。落实安保责任，提高风险防范意识。把安保目标管理放在首要位置，不留死角，层层签订目标责任书，并实行风险责任制约机制，强化领导责任和全员参与意识，一级向一级负责。

【社会责任】 2021年，中国农业银行扎兰屯支行对呼伦贝尔市重点项目、重大项目及重点企业、农牧业产业化重点龙头企业等多家客户进行对接营销，并为呼伦贝尔东北阜丰生物科技有限公司授信2.4亿元。对接普惠小微企业法人e贷客户，全年对接76户，成功14户，办理纳税e贷8笔，账户e贷4笔，抵押e贷2笔，首户e贷1笔。推进“三农”金融产品和服务模式创新，完成全年金融精准扶贫任务。推进金融支持脱贫攻坚与乡村振兴战略有效衔接，以农户信息建档和“惠农e贷+”综合营销活动为主线，持续推进服务“三农”及金融支持乡村振兴各项工作，全年完成建档917户，累计投放信贷资金10116万元。开展“服务升温工程”活动，打造有温度、人性化的客户体验，为网点配备轮椅、花镜、手机充电站、饮水机、应急服务箱等爱心服务设施，落实“爱心敬老”服务弱势人群活动，全年为行动不便及偏远山区农民客户提供上门服务181次。年内，经过测算、调研，决定在蘑菇气镇设立网点并获得批复。

（王子平）

中国农业发展银行股份有限公司扎兰屯支行

【概况】 2021年，中国农业发展银行扎兰屯市支行累计实现各项业务收入0.45亿元，累计各项支出0.08亿元，实现FTP利润0.37亿元。不良贷款0万元，不良贷款率0%。

【存贷款情况】 2021年，农发行扎兰屯市支行各项存款余额1.26亿元，其中企业单位存款余额1.12亿元，财政存款0.14亿元。存款日均余额2亿元，其中企业单位存款日均余额1.5亿元，财政存款日均余额0.5亿元。各项贷款余额56.24亿元，其中购销储贷款8.33亿元、挂账类贷款35.6亿元、中长期贷款12.27亿元、农业小企业贷款0.04亿元。

【客户服务】 2021年，农发行扎兰屯市支行累计投放支农支牧贷款3.71亿元，剔除政策性去库存因素，贷款投放同比增加0.31亿元。巩固脱贫攻坚成果同乡村振兴有效衔接，投放扶贫贷款2.7亿元，剔除市分行追加扶贫贷款投放任务因素，同比多投放0.48亿元；发起“爱心助贫、人人有责”的消费扶贫活动，购买帮扶产品及捐款金额0.95万元。加强粮食收购资金供应与管理，投放粮油贷款3.45亿元，支持企业收购粮食1.56亿千克，其中投放中央储备粮油贷款0.14亿元，支持企业收购粮食0.07亿千克；投放中央储备粮油轮换贷款0.41亿元，支持企业收购粮食0.17亿千克；投放地方储备粮油贷款0.6亿元，支持企业收购粮食0.23亿千克；投放购销企业粮油收购贷款2.3亿元，支持企业收购粮食1.1亿千克。坚持做好有关“六稳”“六保”工作任务，推进普惠小微企业发展，降低准入门槛，简化信贷流程，为企业提供优质金融服务；本年新营销小微企业1户，投放农业小企业贷款0.04亿元。发挥农业政策性金融“当先导、补短板、逆周期”作用，投放已批未放棚户区改造贷款0.22亿元，确保民生项目早投放、早受益。

（卢志超）

中国邮政储蓄银行股份有限公司扎兰屯市支行

【概况】 2021年，中国邮政储蓄银行股份有限公司扎兰屯市支行开办对外开办贷款业务、个人存款业务、公司存款业务、代发工资、个人网银、手机银行、网上银行、信用卡、借记卡、国内汇兑、代销基金、代理保险、贵金属、理财产品销售、POS机具、商易通、ETC等业务。内部主抓基础管理、案件防控、反洗钱管理、人民币收付业务、支付清算管理、资产保全、政风行风建设、精神文明创建、党建党廉、业务系统运维、后勤保障、金融消费者权益保护等事务。保障各业务条线的有序运行。

【经营情况】 2021年，中国邮政储蓄银行股份有限公司扎兰屯市支行贷款结余40433.27万元，小企业贷款结余4039.2万元。储蓄存款余额34443万元，单位存款3495.72万元。全年累计完成业务收入2865.07万元，其中个金业务完成582.3万元，信用卡收入完成323.04万元，网络金融业务收入完成32.6万元；公司业务收入完成48.03万元；个人经营性贷款收入完成1290.42万元，消费贷款收入完成404.91万元，小企业贷款收入完成161.09万元；交易银行收入14.84万元。快捷支付绑卡2128户，手机银行新增激活1424户，"千区万店"收单进件激活249户，共建成2个小区商圈，信用卡发卡1357张，理财保有量46887.1万元，信托资管销量6889.5万元，通过与市政府、社保局等相关部门对接，在区分行、市分行的指导下，正式开办"社保卡"业务，重点针对养老金、代发工资、农村达到享受补贴年龄的客户宣传"社保卡"业务，全年发卡601张。

【内部管理】 2021年，中国邮政储蓄银行股份有限公司扎兰屯市支行奉行"全员、全面、全程"的闭环风险防控理念，层层分解，压实责任，强化日常培训与警示教育。落实"内控合规管理建设年"工作，坚持内控、合规业务培训与案例分析相结合，将合规工作落到实处，防控结合，尽可能地防止道德与操作风险，执行行为排查制度，包括但不限于一把手上门走访、征信、经商办企业、个人所得税和法院被执行人查询等渠道交叉验证，将合规管理工作建立在不信任的基础之上，不断强化与完善发展；鼓励全员考取各类从业资格证书，严肃职业道德与操守。

【政府对接】 2021年，中国邮政储蓄银行股份有限公司扎兰屯市支行立足贫困地区资源禀赋、深挖当地产业特色，在产品推广方面，加大快捷类产品(线上小额极速贷、线上小微易贷、线下抗疫应急贷、线下快捷贷)推广力度，使扶贫企业便捷、快速获取扶贫资金；将快捷类线上产品与产业扶贫贷款相结合，坚持"线上化+线下化"，升级客户服务体验。"护老拓新"方面，引导存量、新客户吸收贫困人口就业、带动贫困人口增收，通过"金融+产业"增强贫困户造血功能。平台对接方面，对接市扶贫办，获取扶贫企业名单，达到精准对接、精准获客。通过支持贫困企业，将贫困户"粘"在产业链上，确保产业发展真正让贫困户受益。将持续跟进有融资需求扶贫企业，对其制定科学合理的融资方案，增加扶贫企业信贷支持力度。对受疫情影响无法偿还贷款的贫困户，办理展期业务2笔9万元；办理无还本续贷6笔23万元；办理延期还款11笔835万元；对于受疫情影响导致资金链紧张的扶贫企业，采取应贷尽贷原则，支持企业和贫困户复工复产。扩大农区畜牧业投资规模，强化信息共享和多方协同，创新贷款产品，与市农牧业局共同助推家庭农场大户贷款，解决农区畜牧业发展中的资金瓶颈，重点扶持规模养殖场（包括羊、猪、肉牛、奶牛、家禽）、规模养殖户、专业合作社等，2015—2019年累计发放种养殖家庭农场大户贷款1.2亿元，有效解决畜牧养殖户融资难题。

（姚青川）

扎兰屯蒙银村镇银行股份有限公司

【概况】 2021年，扎兰屯蒙银村镇银行股份有限公司（简称扎蒙银）实现资产总额125168.76万元，所有者权益17272.79万元，各项存款余额103442.45万元，贷款余额77131.69万元。开业以来，累计创利1.61亿元，累计纳税8716万元，累计缴费459万元，年人均创利30.25万元，年人均纳16.38万元，先后为96名青年创业者提供创业平台。

【市场定位】 2021年，扎蒙银坚守“立足县域、立足支农支小、立足基础金融服务、立足普惠金融”的市场定位，本着“服务‘三农’更加贴近农户、支持小微更加贴近个体、服务市民更加贴近社区”的宗旨，坚持小额分散的经营原则，服务实体经济，发展普惠金融，不断开辟支农支小新途径，为服务乡村振兴、助推地方经济发展作出贡献。为降低农民借贷成本，减轻农民负担，始终坚持“廉洁自律、送贷下乡”，实施“阳光信贷工程”。截至年末，农户和小微企业贷款余额占各项贷款余额比重95.01%，其中农户贷款余额69204.69万元，占各项贷款余额比重89.72%，户均贷款余额12.13万元，金融服务覆盖全市19个乡镇、办事处，覆盖率100%，惠及100多个行政村。

【金融创新】 2021年，扎蒙银开创“青年创业贷款”“农牧民五户联保类贷款”养殖联保贷款”“小微企业流动资金类贷款”“农副产品购销类贷款”“农用设备类贷款”“下岗失业再就业扶持贷款”“与涉农企业合作贷款”“光伏发电设备贷款”等信贷产品。开通“随薪贷”业务，为有资金需求的客户提供资金支持和差异化、特色化金融服务。

（陈　晨）

扎兰屯市农村信用合作联社

【概况】 2021年，扎兰屯市农村信用合作联社有营业网点20个，其中营业部1个，信用社13个，信用分社6个；分布在市区网点5个，乡镇1网点5个。联社机关设职能部室13个。辖内布放ATM、CRS自助存取款机32台，自助柜员机8台，发展POS机、特约商户354户，建立助农服务点121个。资产总额517729万元，同比增加49752万元，增幅10.63%；负债总额503639万元，同比增加49746万元，增幅10.96%；各项存款余额491706万元，贷款余额194661万元，不良贷款余额8436万元，不良率为4.33%，各项收入21542万元，2021年累计上缴入库税款412.72万元。

【信贷投放】 2021年，扎兰屯市农村信用合作联社累计投放涉农类贷款205638

万元，投放小微企业贷款177275万元；累计延期还本、展期、无还本续贷、3日内还旧借新小微企业贷款16147万元，累计让利达731万元，减免评估费11.58万元，累计建档5.3万户，授信2.21万户，授信金额337133万元，支农支小，服务实体经济取得显著成效。

【风险防控】 2021年，扎兰屯市农村信用合作联社围绕建立健全内控合规管理体系，持续巩固自治区联社内控合规建设成果，推进以案促改工作。持续开展整章建制、制度后评价工作，夯实内部管理基础，加强风险管理体系建设，强化技术应用，抓好重点领域与环节的监测管理，开展各项业务合规检查、内部审计，发挥业务、风险、审计、纪检监察“四道防线”风控作用。强化从业人员管理，宣贯从业人员“十个严禁、十二个不准”，加大从业人员违规行为查处力度，建立健全正面有规范、反面有禁止、行为有考评、违规有处罚的员工行为管理体系，从业人员合规意识得到提升。坚持服务大局，强化担当精神，压实工作责任，持续推进案件防控和内控管理常态化，健全和完善消费者权益保护工作制度，提升金融知识宣传普及水平，着力打造“安全与发展并重、德治与法治并重、信仰与约束并重、信任与自觉并重”的合规文化，推进从严治社深入实施，实现全年“零案件”工作目标。

（皇甫雷）

中国人寿保险股份有限公司扎兰屯支公司

【概况】 2021年，中国人寿保险股份有限公司扎兰屯市支公司在“夺标创薪”项目中，完成首年标准保费190.55万元，理赔总件数1939件，理赔总金额超过2000万元。大个险业务：3年期任务指标750万元，完成603万元，完成任务指标的80%。10年期任务指标800万元，完成553万元，完成任务指标的69%。团险任务指标397万元，完成184万元，完成任务指标的46.3%。其中计划生育家庭保险全年完成21.2万元，学生险140万元，分散型业务及员福业务完成24万元。银保任务指标169万元，完成54.8万元，完成任务指标的32.42%。

（翟贵斌）

中国人民财产保险股份有限公司扎兰屯支公司

【概况】 2021年，人保财险扎兰屯支公司保费完成6523.64万元，其中车险保费2351.55万元、个人非车险保费125.29万元、农险保费2618.15万元、团体非车险保费1428.54万元，同比2020年总保费收入有所下降。公司竞标成功578.9万元的扶贫保险业务、防贫保险26万元、民政局团意外险21万元。

（张　鑫）

文化建设

综述

【概况】 2021年，市文体旅游广电局举办“舞动北疆”广场舞大赛、“扎兰好声音”歌手大赛、农民文艺会演等大型活动39场次，群众参与6000余人次；开展庆祝中国共产党成立100周年文艺演出系列活动，举办“永远跟党走·唱支山歌给党听”第十四届雅鲁河群众性文化艺术展演及“永远跟党走·奋进中的扎兰”美术、书法、摄影展系列活动；创作由2000余件艺术品组成的文创产品“百米展墙”；举办2021年呼伦贝尔市丰收节；举办扎兰屯市文化旅游创意产品交易大集，展示展销工笔画、羽毛画、固彩沙画、剪纸、根艺等30余类文创产品，总销售额110余万元，受众2万余人；举办“书香中国”及各类传统节日图片展、儿童绘画展、知识竞赛、全民阅读系列活动，全年接待读者5.3万人次；市图书馆“兰精灵”公益讲堂“阅读红色经典·发扬红色传统”被评为内蒙古自治区第三届阅读推广优秀案例；扎兰屯市文化馆晋升国家二级馆。

4月23日，市图书馆组织世界读书日活动

【文化工作】 2021年，扎兰屯市乌兰牧骑晋升为内蒙古自治区一类乌兰牧骑，被自治区党委宣传部授予“全区先进基层文艺院团”称号；创作文艺作品87部，复排评剧折子戏2部、传统武戏折子戏2部，开展《八女投江》《不灭的火焰》《忆·百年》等各类演出活动183场，观众累计17万余人次；开展“品读世纪扎兰——文化送餐”活动，为700名满洲里隔离转运人员精心准备含“致满洲里朋友的一封家书”、呼伦贝尔市及扎兰屯市旅游地图、书法美术作品集、地区书法家手书对联、非遗剪纸、钢笔画、金龙山滑雪票等内容的“文化抗疫资源包”；通过新华社现场云直播演出乐舞诗《忆·百年》，5.5万人在线观看，40余万人次点赞；制作推出《云游扎兰博物馆》系列微视频及《丹青流芳·翰墨传情》《画笔礼赞·抗疫英雄》《云上非遗·文化聚力》《山东快书·话说抗疫》等文化作品线上展；全市文化战线工作者创作抗“疫”主题文艺作品100余部。卧牛河镇被评为2021—2023年度“全区民间文化艺术之乡”（民间书画类）；都叶梅民间剪纸艺术工作室被评为2019—2020年度“全区十佳文化户（大院）”；5户文化户入选首批内蒙古自治区农村牧区示范文化户，为首批文化示范户采购扶持设备，支持指导文化示范户开展基层文化培训活动，促进民间文化艺术繁荣发展。

6月29日，市乌兰牧骑编排红色历史经典评剧音乐剧《八女投江》公演

【体育工作】 2021年，市文体旅游广电局举办全市“喜迎建党100周年”5人制足球赛、职工篮球赛、冬泳比赛，线上开展健身气功培训和赛事活动，参加内蒙古自治区第六届健身气功线上比赛、全国线上健身教学培训。国庆期间开展“奔跑吧·少年”儿童青少年主题健身活动暨扎兰屯市青少年田径足球训练营，完成扎兰屯市智慧体育公园部分器材的安装调试。市业余体校校长参加“加强体校建设，深化体教融合”全区体校校长专题培训班，提升教练员教学水平及教学质量。坚持“防疫情、保备战、抓训练”，队内组织开展个人高山滑雪测试赛，滑雪队10人到内蒙古冰上训练中心进行体能及蹦床专项训练，4名队员到成都尖峰旱雪四季滑雪场进行气垫、飞包等专项训练。内蒙古扎兰屯U型场地滑雪队代表内蒙古参加2020—2021赛季全国自由式滑雪大跳台和坡面障碍技巧冠军赛，队员杨昊

12月29日，扎兰屯市滑雪爱好者庆祝北京冬奥会召开

获男子大跳台第一名、男子坡面障碍技巧第四名，荣获“国家运动健将”荣誉称号。扎兰屯市业余体校参加2021年“体彩杯”呼伦贝尔市青少年田径锦标赛获得男子丙组铅球第一名，参加呼伦贝尔市青少年足球赛获得最佳体育风尚奖。

【文博工作】 2021年，扎兰屯市文体旅游广电局将中东铁路扎兰屯高级职工住宅(1—20号)、中东铁路职工住宅(1—2号)、乌兰夫同志工作旧址修缮计划及方案上报并通过国家、自治区文物局批复。将沙俄小学、沙俄黄房、马厩、沙俄仓库消防工程项目计划上报至自治区文物局并取得批复。对金长城扎兰屯王家屯段进行保护维修，完成金界壕国家文化公园项目申报。完成扎兰屯博物馆可移动文物预防性保护工程项目的评审、招投标，将在2022年完成整体项目建设。进行扎兰屯市历史博物馆提升改造建设和前期选址以及布展大纲编撰，呼伦贝尔教育博物馆布展大纲撰写和评审，协助市政协完成政协文史馆建设；国际“5·18”博物馆日在扎兰屯历史博物馆举行宣传活动；申报内蒙古自治区博物馆小镇建设项目。2021年，市博物馆接待参观人数16万人(次)，全市开展党史学习教育以来接待234个单位和团体近2000人，64个单位支部党日活动在博物馆举行。第三次引进外展，与草原丝绸之路珍宝馆共同举办“日照红山”精品展，与市文化馆共同举办“奋进中的扎兰”书法、绘画、摄影展，吸引全市各界文化爱好者参观，得到好评。在自治区红色故事讲解员大赛中，扎兰屯博物馆2名讲解员获得三等奖和优秀奖。

（吕　莹）

5月18日，市文旅局在历史博物馆开展国际博物馆主题活动重温入党誓词

融媒体

【概况】 2021年，扎兰屯市进一步深化媒体融合，围绕中心，服务大局，强化基层主流舆论阵地建设，打造“新闻+政务+服务+商务”智能化综合平台，推动媒体融合向纵深发展。市融媒体中心开设《绿色崛起富民强市八届市委引领“十三五”发展迈上新的里程碑》《铸牢中华民族共同体意识》《奋斗百年路 启航新征程——学党史、悟思想、办实事、开新局》《迈好第一步 见到新气象》《请党放心 强国有我》等23个专栏。“绿色扎兰”App开设“奋斗百年路　启航新征程”专栏，是全市首家运用新媒体开展党史网络宣传教育的专栏，栏目以图文并茂的形式介绍扎兰屯市党史，内容重在地方特色和权威党史史实，广播、电视分别播发800余条新闻，“扎兰发布”推送新闻1500余条，“绿色

扎兰”发布新闻3200条，“扎兰融媒”抖音获赞近1000万个，粉丝数70余万人，在内蒙古新闻官方抖音账号粉丝量排名第四名，抖音直播10场，与中央电视台客户端互动直播5次，时长200小时，累计观众10万+。新媒体各平台在疫情防控工作中，及时准确发布风险提示、知识与政策解读的相关新媒体作品。其中抖音视频主播提醒20期、疫情通告158期、视频号30期、录制音频口号211条、疫情暗访视频10期，疫情抖音防控视频1110条，做到了正确引导舆情、回应社会关切、化解公众焦虑，持续振奋精神、凝聚力量的良好宣传效果，为打赢疫情防控阻击战提供有力舆论支持。

【对外宣传】 2021年，市融媒体中心继续强化选题策划、对外联络，推进外宣工作。在呼伦贝尔市级媒体发稿870条，自治区级媒体发稿329条，中央级媒体发稿66条，网络新媒体发稿435条。扎兰屯市作为中宣部的舆情信息直报点，2021年持续关注社会、网络、媒体舆情，报送国家及自治区内外干部群众关注度高的正能量热点话题，加强分析研判，向中宣部共报送舆情信息610条，综合采用14条。

【媒体融合】 2021年，扎兰屯市把媒体融合与智慧政务结合起来，整合党政部门信息资源，对接党政部门技术平台，打破信息壁垒、数据壁垒，直接面向群众提供服务。扎兰屯市融媒体中心政务服务端口已链接呼伦贝尔市政府政务服务中心，通过融媒体网上政务信息平台，向广大人民群众提供网上政务公开和政务服务。“扎兰融媒”App网上民生服务平台为群众提供网上办理就医、就学、就业登记，水、电、气、通信等服务费缴纳服务。利用平台资源提供商业服务，开辟了商业版块“扎兰商家”为各类商户提供服务，满足群众衣食住行娱游教等方面的服务需求，入驻商户100余家。“扎兰融媒”开办“我为群众办实事”问政栏目，对政务服务局等民生领域单位进行了媒体问政。全市累计通过“开门纳谏”上报问题建议1054个，梳理重点民生问题236个，解决问题196个，完成83.05%。媒体发布八批次“我为群众办实事”项目清单304项，接受社会各界监督。

（姜富彬）

4月22日，市融媒体中心对接央视直播杜鹃花盛开美景

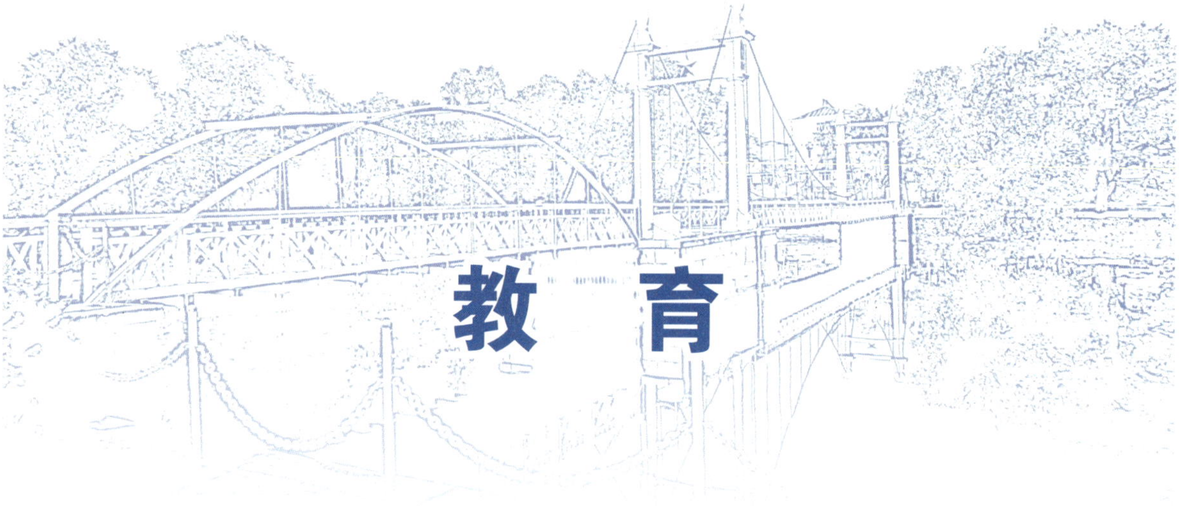

教育

综述

【概况】 2021年，扎兰屯市有高中3所，其中普通高中2所，职业高中1所。特殊教育学校1所，教育研修中心1个。义务教育阶段学校36所，其中小学17所，初级中学7所，一贯制学校12所，另有教学点30个。现有幼儿园72所，其中公办幼儿园21所，民办幼儿园51所。2021年，高考本科上线人数530人，上线率54.53%，专科上线率100%，中考优秀率排呼伦贝尔市第四名。7月，实施国家“双减”政策，秋季开学起，中小学校课后服务达到100%，99%以上的学生自愿接受课后服务，小学生作业基本在校内完成，中学生作业大部分在校内完成，减轻学生作业负担。交流轮岗教师115人，骨干教师交流轮岗28人。

“六一”儿童节，市幼儿园幼儿集体绘画百米长卷

2021年，扎兰屯市在校中小学生31227，其中小学17001人（市区7457人，乡镇9544人），初中8701人（市区4112人，乡镇4589人），普通高中4267人，职业高中1032人，特教学校226人（含送教上门94人）；校内住宿生7229人，校外住宿生2265人。全市有留守儿童608名，其中小学433人，初中175人；进城务工随迁子女165人。3～5周岁在园幼儿6570名，其中公办在园幼儿4041名，民办在园幼儿2529名。

2021年，扎兰屯市正式在编教职工2906人，其中职业高中96人，普通高中324人，市区初中、小学904人，乡镇初中、小学1469人，特殊教育学校31人，市幼儿园27人，第二幼儿园6人，教育事业发展中心44人，呼伦贝尔示范性综合实践基地4人，教育招生考试中心1人。

【学前教育】2021年，扎兰屯市有普惠性民办幼儿园10所，普惠性幼儿园覆盖率82.05%，且各园运行状况良好。公办园在园幼儿占比61.51%。学前三年毛入园率94.44%。年内，教研部门选拔评估扎兰屯市第二批课改实验园34所，园本教研工作得到推进。教育局在各级各类幼儿园打造4D(整理到位、责任到位、培训到位，执行到位)厨房的基础上，开展5常(常组织、常整顿、常清洁、常规范、常自律)6T(是指在实行"五常"管理后六个天天要做到的工作例行任务。那就是，天天处理、天天整合、天天清扫、天天规范、天天检查、天天改进)厨房管理模式，规范校园食品安全条件。全市各级各类幼儿园开展片区教研、跟岗学习、现场观摩等多种形式的培训和教研活动，进一步提升幼儿园课程改革新理念和探索适合幼儿园课程实施的新途径。

【特殊教育】2021年，扎兰屯市特殊教育形成以随班就读为主、特教学校为辅、送教上门为补充的特殊教育办学格局。以融合教育理念为指导，落实"一人一案"，实现零拒绝、全覆盖。扎兰屯市特殊教育学校有教学班10个，学前三年阶段入园率66.67%；义务教育阶段入学率100%；15~18周岁持证适龄残疾儿童入学率80%。在河西幼儿园和卧牛河明德小学新建特殊教育资源教室2间，预计2022年3月投入使用，全市各校均建设无障碍设施，为残疾学生提供必要的学习和生活便利。特殊教育学校开展常规的义务教育阶段教学以外，以"早干预 早治疗 早康复"的原则开设以康复为主的学前教育班，现有学前康复班级2个，学前儿童23名。与市职业高中联合办学，为学生打造一个培养生活生存能力、学习职业技能的平台。2022年有职业高中班级2个，学生28名。特殊教育指导中心为送教上门特殊儿童建立"一人一案"，由所在辖区学校负责定期开展对53名残疾儿童少年的送教上门工作，建立相关的档案材料。市特殊教育指导中心累计举办《扎兰屯市特殊教育家长培训》活动2次，全市随班就读部分学生家长累计参加培训78人。

【义务教育】2021年，扎兰屯市继续贯彻落实义务教育适龄儿童少年免试就近入学政策，市教育局印发《关于印发〈扎兰屯市义务教育学校作业管理实施方案〉的通知》(扎教发〔2020〕250号)《转发〈中小学生课外读物进校园管理办法〉的通知》(扎教基字〔2021〕10号)《转发关于中小学生睡眠管理的通知》(扎教发〔2021〕77号)《转发教育部中小学教育惩戒规则(试行)的通知》(扎教基字〔2021〕3号)《关于印发〈扎兰屯市中小学生手机管理工作实施办法〉的通知》(扎教发〔2021〕28号)

4月23日，市第七中学举办"从小学党史 永远跟党走"红色经典诵读活动

等文件，结合文件制定检查细则于每月对全市中小学校的“五项管理”工作进行督导检查，强化各项工作的落实。2021年，完成呼伦贝尔市语言文字规范化示范校1所；旗县级语言文字规范化示范校6所；达标校(园)29所。落实“双减”政策，开展课后服务，市教育局草拟《扎兰屯市中小学生课后服务实施方案(暂行)》，全市33所义务教育学校按照“一校一案”要求，均制定并上报本校的实施方案。秋季学期开学后，33所义务教育学校均开展课后服务，达到全覆盖，全市1924名教师参与课后服务，义务教育学生课后服务接受率99.78%。

【高中教育】 2021年，扎兰屯市2所普通高中积极尝试教学改革，第一中学推行小组合作教学，第二中学基于生源情况在普文、普理学生中进行适当的分层教学，均收到较好效果，高考质量稳步提升。2021年本科上线人数616人，上线率63.37%，专科上线率100%。

【职业教育】 2021年，扎兰屯市推动职业教育特色发展，制定《扎兰屯市职业高中内蒙古自治区现代中等职业教育质量提升工程“改革发展示范学校建设计划”建设方案》，投入资金376万元更新职业高中全部实训设备。职业高中生源由2018年招生287人升至2021年招生320人。推进教育教学改革，实行模块化教学和准军事化管理，践行“小师徒制”，成效显著。在2021年单独招生考试中，机电专业1名学生考入一本重点院校——天津职业技术师范大学，实现区外单招考试中一本院校录取零的突破。有50名无人机专业的学生考取中国民航局颁发的无人机驾驶执照。

6月7日，市第一中学高考考点

【民族教育】 2021年，扎兰屯市推进发展民族教育，7所少数民族学校自2013年累计投入资金9070万元，新建校舍25648平方米，改建教学用房1600平方米，新建室内足球馆2560平方米塑胶运动场6个。开展第三十八个民族团结活动月主题活动，9月24日，各校开展“加强中华儿女大团结，铸牢中华民族共同体意识”校园民族团结日主题活动，用主题班会、主题文体活动等形式，将中央民族工作会议精神与主题活动紧密结合。

【校外培训机构治理】 2021年，扎兰屯市学科类培训机构清零，完成注销或“学转非”，压减率100%。建设全国校外教育培训机构监管与服务平台，有41家校外教育培训机构完成平台信息录入。设立多种举报渠道，对于举报信息和举报电话，第一时间进行受理和核查，力求反馈内容的时效性、准确性。通过对非学科类培训机构预收费监管，完善风险防范机制，采取联合执法、设立举报电话、聘请“双减”工作社会监督员等方式加大对非法培训的打击力度，根治校外培训非法办学行为。

【素质教育】 2021年，扎兰屯市开展影视教育、法治教育、生态文明、心理健康、民族团结、网络安全等主题教育，完善家庭、学校、社会三位一体的青少年教育网络。开展学校传统体育项目的普及与提高，与体育艺术2+1项目相结合，艺术课程开课率100%。参加或举办多种主题活动，2名选手获得呼伦贝尔市知识竞赛三等奖、优秀奖。在呼伦贝尔市教育局主办的2021年呼伦贝尔市“市长杯”校园足球三级联赛中，扎兰屯市获得高中女子组亚军、高中男子组第五名，初中女子组冠亚军、初中男子组亚军，小学女子组冠亚军、小学男子组第三名的好成绩。劳动教育课程因地制宜，通过增加学校浇冰场数量、与金龙山滑雪场合作开设全市中小学生滑雪课等方式开展冰雪运动进校园活动。通过开展入学新生军训活动加强爱国主义教育，培养学生吃苦耐劳精神。全年做好新冠肺炎疫情常态化工作，督促各校继续保持高度重视，严格按照“三案十二制”进行疫情防控，不定期对各校进行检查。

【研学实践】 2021年，扎兰屯市校外教育由呼伦贝尔市示范性综合实践基地、扎兰屯市青少年活动中心及各乡村学校少年宫三部分组成。开展市区小学四年级，初中一、二年级全体学生两轮两期每期2天综合实践活动和研学实践活动；承接为期3天的呼伦贝尔市民族少年宫“追踪母亲河——雅鲁河”研学实践活动；完成海拉尔区国家研学营地委托研学实践活动任务5000人次天；完成本市中小学生研学实践活动1.2万人次；开展劳动实践教育活动800余人次。

【教师队伍建设】 2021年，扎兰屯市公开招聘中小学教师74名，招录农村义务教育“特岗教师”93名，为2018年44名服务期满并考核合格的农村特岗教师办理转正入编手续；第一中学、第二中学、第四中学、民族中学、民族小学计划引进专业人才22名；“鸿雁计划”回引人才25名；申请2021年度事业单位招聘计划24名用于招聘学校财务和卫生专业技术人员。建立教师定期交流制度，符合交流条件教师517人，实际交流教师115人，达到符合交流总数的22.24%，其中骨干教师交流28人，达到交流总数的24.34%。组织教师参加各级各类培训，参与次数达到479人次。组织小学教师继续培训1269人次，新考录教师岗前培训74人次，全市幼儿园保育员技能培训300人。开展心理健康教育线上培训，组织中小学心理健康教育培训887人次。中学教师继续教育培训346人，中小学教师STEM教育理解与STEM能力提升培训114人。初中信息技术教师Python课程专题培训19人。全市2800名教师采取业务校长讲课、集中备课、教材分析、评议、同课多人上、课件制作、多媒体、滚动备课、课题研讨交流等多种形式开展校本培训。全市校领导、学科教师、机关全体干部1271人参加华师教育研究院培训房涛等知名专家13名亲临指导培训。276人参加“国培计划”教师培训等研修项目19个。

【教育信息化】 2021年，扎兰屯市推进教育信息化转段升级与融合创新，促进城乡教育均衡发展。完成带宽升级，市区所在地学校班均出口带宽不少于10兆，乡镇学校班均不少于5兆；教学点互联网出口100兆，推进“无线校园”建设工作，完成11所规划学校无线校园网建设，市区100%以上学校建成可管可控的无线校园网；为各校“校园网”（含无线校园网）、“智慧课堂”“创客教室”规划、建设提供技术支持；推进4所申报自治区整校信息技术示范学校建设，引领其他学校实施能力提升工程2.0；利用扎兰屯市同频互动平台、钉钉平台，探索利用“同频互动课堂”“钉钉平台”开展教学应用活动，采取1对1或1对2方式，在城镇优质学校和乡村薄弱学校（教学点）间开展远程同频互动教学和教研，师师、师生、生生间实时互动交流，课堂教学实况同步传送到资源平台上，供师生在线学习；探索基于信息化环境的教学与学习，促进教学方式与学习方式的变革，逐步实现“网络学习空间人人通”；结合学校网络学习空间建设，推进本校资源库建设，实现优质资源共建共享，有条件学校探索建设数字校园；推进已建成“智慧课堂”“创客教室”学校开展应用，发挥创客基地校的示范引领作用；加强同频互动课堂、智慧课堂、班班通的利用、培训指导、检查，做好“校本”培训工作，提高信息化设备利用率，优化教学手段。制定重要时期网络安全保障工作方案，定期开展网络与信息安全检查和自查。开展第三届教育信息化技术支持人员实践操作技能竞赛初赛，推荐3人参加呼伦贝尔市第三届教育信息化技术支持人员实践操作技能竞赛决赛。

【安全工作】 2021年，市教育局印发《安全工作计划》《安全工作推进表》，签订《安全管理责任状》，落实校（园）长第一责任人责任。学校与教师、校外住宿点业主、校车车主层层签订《安全责任状》，各学校将功能库室、安全设施责任具体落实到人，形成“人人懂安全，人人管安全”的良好校园安全氛围。围绕校车和社会接送学生车辆、校园周边环境、消防安全、危化品使用与管理、食品卫生等，多部门联动，开展检查4次。学校“1530”安全教育活动形式多样，时时对学生进行安全教育。开展“5·12防灾减灾日”宣传活动和应急演练，提升师生应对各类突发事件的处置能力。加强新冠疫苗接种宣传引导，教育系统累计接种4043人，接种率91.3%。各学校开学初、重大节假日期间、每月安全隐患排查成常态化，落实整改措施。

【督导工作】 2021年，市教育局以《中小学校责任督学挂牌督导办法》为依据，贯彻执行《扎兰屯市责任督学经常性督导评估标准》，常态化开展基础性的随机督导工作，完成督导室对各学校开展常规督导检查6次；疫情防控开学复课专项督导2次；对全市义务教育阶段学校开优质均衡创建工作摸底性调查1次；春秋季开学初重点工作督导检查2次。不定期全天候监察校外培训机构办学行为，对校外培训机构和民办幼儿园实行年检制度。修订年终督导评方案和各类校（园）督导评估指标体系，使督学督导有章可循、有据可查。加强督导评估队伍建设，强化业务培训，提高督导水平。学校视导员、专兼职督学年培训平均72学时。

【关工委工作】 2021年，扎兰屯市教育系统有42个关工委组织机构和42个家长学校，家长委员会建成率100%，家长学校硬件设备健全，全市“五老”人员496人，参与家长学校的“五老”77人。各学校每周通过微信群推送讲师精选的家庭教育链接做为培训；举办“做智慧父母 引领孩子未来”大型家庭教育公益讲座，近5200名家长参加；搭建“三宽家长学校专业化建设”云平台，全年保障家长免费获取学习资源不少于50课时线上学习，教师不少于20课时线上学习。全市中小学、幼儿园2925名教师、33097名家长在平台上一人一账号进行学习、交流、讨论，截至年末，家长学习8节，教师学习2节，家长学习率98.2%，教师学习率100%；10月，开展“全区青少年学生、家长网上法律知识答题活动”，参与网上法律知识答题人数17190人（小学生4891人、中学生4680人、家长7619人），10—11月，家庭教育讲师应邀到30多所学校进行家庭教育咨询和讲座，听课家长1.4万人次。

【考试工作】 2021年，市教育招生考试中心完成27775人次的10次报名、5次大型考试、2次面试工作，包括普通高考、中考、学业水平考试、初二生地结业考试、教心学考试、特岗教师考录等。完成2022年普通高考2604人报名工作。教育局采购新型的作弊克、手机信号屏蔽仪、金属探测器等设备，为保证英语听力正常播放，避免出现设备不兼容等情况，购置新型爱歌Q70音箱50台。考试中心统一制作考点横幅、各项制度、考点平面图、考场分布及应急疏散示意图等各种标识，全市考点布置整齐划一。

【学生资助】 2021年，扎兰屯市应发放学生资助补助类资金（含生源助学贷款）2332.16万元，受助学生21169人次。落实各项资助资金1470.16万元，受助学生20269人次。以上资金均是直接发放到受助学生的补助类及贷款资金，不含高中阶段两免及免住宿费资金。利用微信群、“扎兰屯市学生资助中心”公众号等平台介绍资助办理流程、实时跟进进展情况。将诚信教育、感恩教育纳入各级各类学校日常工作，定期开展各项主题活动，通过学生带动家庭成员，引导群众摆脱依赖思想，真正将教育扶贫同扶智、志相结合。

【依法行政、政务公开】 2021年，市教育局贯彻落实《重大行政决策程序暂行条例》《内蒙古自治区重大行政决策程序规定》，建立健全重大行政决策事项目录公开发布机制。在政府网站发布信息253条，主动公开文件6份，以图文形式发布政策解读信息10条，建议提案办理答复信息11篇。通过扎兰屯教育在线微信公众号发布信息795条，订阅人数4623人。公开行政许可596条，无行政处罚。成立扎兰屯市教育局“12345”政务服务热线领导小组，明确具体分管领导和承办人员，制定出台办理工作制度和考核实施细则，确保流程规范、及时响应，受理解答群众热线工单46条，满意率100%。

【信访监察审计】 2021年，市教育局接待群众各类问题来信、来访及政策咨询等32人次，收到来信、来电、网络举报210件，其中市纪委转办2件、市委督查室转办5件、信访举报5件，各件均按期办结，网上信访及时受理率、按期办结率和群众满意率均100%，维稳工作有序开展，未发生越级上访事件。

【布局建设】 2021年，市教育局按照整体规划、分步推进的原则，第一中学迁入新校区，第二中学计划搬迁至新校区。新区小学于10月1日开工建设，计划于2023年9月开始招生；稳步推进五中迁址原二中、文化小学迁址原五中、在文化小学原址再增设1所小学等工作，届时可增加小学学位供给1800个，解决全市小学入学难及部分学校的大班额问题，为教育均衡高质量发展奠定坚实基础。对第一中学新校区建设及教学仪器投入资金近2亿元、第二中学新校区改建投入资金近3000万元，改善普通高中办学条件，满足普通高中高考改革走班教学的办学需求。

（陈如月）

教育教学研究培训

【概况】 2021年，扎兰屯市教育事业发展中心学科教研员承担本市业务研究讲座43人次，音乐与英语学科承担呼伦贝尔市级讲座2人次；指导在呼伦贝尔市学科工作坊活动或其他研讨活动中出示展示课教师10名、出示自治区视频录制课教师2名；初中语文教研员在自治区视频录制课出示示范课2节；命制中考训练题69套、模拟考试题27套、期末试题33套；组织初中模拟考试3次，召开教学质量分析会3次。举办中考学科教师暨中考策略培训讲座30余次。

【教育教学研究】 2021年，扎兰屯市教育事业发展中心开展教学常规视导工作，教研员到初中常规视导27次、小学30次，听评课1468节，检查教师教案600余本，检查学生作业（含检测试卷）2000余本。形成学校调研反馈30份、学科常规检查反馈150余份，进行业务专题讲座30次。

【学科教研】 2021年，扎兰屯市教育事业发展中心组织小学语文等7个学科“送教下乡”，160余名教师参与活动；美术学科书画展，80余幅优秀作品被选送到呼伦贝尔市美术馆展览；音乐学科开展庆祝建党100周年“全市中学生文艺展演活动”，录制文艺节目22个，参评呼伦贝尔市教育局组织的庆祝建党100周年“全市中学生文艺展演活动”；召开体育等8个学科中考研讨会，学科教研员、全市九年级相关学科教师272人参加交流研讨，呼伦贝尔市教育事业发展中心教科室相应学科教研员应邀参加活动，7个学科12位教师展示复习课12节，19位教师进行经验分享，盟市两级教研员开展讲座14场。

【学科技能培训】 2021年，扎兰屯市教育事业发展中心举办中小学15个学科培训16场次，参训教师1300余人次。教师教学技能竞赛，包括小学英语、数学、道德与法制及初中英语、理化生、地理、思政等学科教学基本功、说课竞赛，3名教师获呼伦贝尔市级奖，37名教师获扎兰屯市级奖；初中班主任基本功展示，育人故事、带班方略、主题班会3个版块的文本方案和实际运行评比，6位初中班主任分别获得一、二、三等奖，其中推荐参加呼伦贝尔市级比赛1名。

【优质录像课评比】 2021年，扎兰屯市教育事业发展中心提交23个学科录像课62节，遴选11节报送呼伦贝尔参评；劳动与技术学科录像课和教学设计评选，录像课提交22节、其中获奖18节，教学设计提交26篇、其中获奖22篇；

理化生、机器人、创客、小学科学实验说课比赛,23名教师参加比赛,20名教师获奖,4名教师推送参加呼伦贝尔市级竞赛。中小学思政一体化建设主题系列教研活动,征集优质录像课50节、教研论文93篇、教学设计144篇、教学课件110个、教学案例20个、共同体材料2个。呼伦贝尔市思政课现场会,征集评选优质录像课小、初、高各2节,教学课件小、初、高各3节,教学案例小、初、高各3节。

【区域教研共同体建设】 2021年,扎兰屯市中小学8个教学共同体开展活动14次,104名教师出示公开课。体育锻炼、近视防控、家务劳动、心理健康、艺术教育等内容纳入在线课程,实现全科教学停课不停学的教育目标,同时对教师进行线上教学指导,录制优秀视频课交流到各学校并推送到呼伦贝尔,年度推送优质课到呼伦贝尔市、自治区62节。

【师资培训】 2021年,扎兰屯市教育事业发展中心暑期举办新一轮中小学教师继续教育培训,外聘的呼伦贝尔教育事业发展中心小学部主任、呼伦贝尔教科所所长、西沃电教设备讲师3名专家承担部分讲座任务;历时5天,完成624名中小学教师72学时/每年的培训任务。通过听课、座谈、查阅资料、问卷等方式了解教师对培训工作的意见、建议及教师培训需求,8所学校的1760名中小学幼儿园教师参与并提交有效问卷;建立全市优秀教师、骨干教师(特级教师、正高级教师、教学能手、骨干教师、名师、获呼伦贝尔市级教学基本功一等奖及以上教师)数据库;确定《“双减”政策下的学生作业管理与设计》《提高课堂教学实效的有效途径》2个专项研修主题,6课时计入教师校本研修课时;建立全市中小学、幼儿园教师培训课程资源库,入库课程资源68节。完成全市中小学、幼儿园72名心理学科专兼职教师继续教育培训。组建扎兰屯市党史学习教育“理论学习轻骑兵小分队”宣讲团队,到乡镇村屯、街道社区、委办科局开展党史知识讲座34场次,接受学习培训党员干部1000余人。

【教育科学研究】 2021年,扎兰屯市教育事业发展中心立项呼伦贝尔市级课题8项,自治区级课题5项,课题结题6项,参与学校22所,参与教师47人;小学数学《思维导图在小学数学解决问题教学中的应用》正在研究中,参与学校2所,参与教师7人。《初中语文统编教材阅读写作一体化策略研究》、初中英语的《单元话题写作课有效教学策略研究》、学前教育的《团体辅导对改善中学生学习动机的应用研究》课题均立项成功并开始研究。

【教育信息技术】 2021年,扎兰屯市中小学网络学习空间建设,实现“一人一空间,人人用空间”的建设目标;普及网络学习空间应用,开展空间建设经验交流,提升各学校信息化建设水平;对学校、教师、学生空间建设、使用内蒙古教育公共服务平台进行检查指导,提升平台空间的建设水平和使用频次;推进同频互动课堂使用支持力度,探索利用同频互动课堂开展教学应用活动,通过同频互动课堂平台和宽带互联网络,联通主讲教室和互动教室,采取1对1或1对2的方式,在城镇优质学校和乡村薄弱学校(教学点)间开展远程同频互动教学和教研,师师、师生、生生间实时互动交流。利用同频互动课堂丰富“专递课堂”“名师课堂”“名校网络课堂”资源，逐步实现优质资源班班通。年度利用同频互动平台开展直播、录播、互动教研、共同体建设、送教下乡、名师工作坊、观摩、网络研修、专题讲座、校本培训等活动523节次，同频互动平台作用得以真正发挥。完成14节语文、历史、道德与法治3科统编教材优质教学课程资源呼伦贝尔市教育云平台、呼伦贝尔市同频互动平台上传工作。举办教育信息化技术应用与管理培训一期，接受培训教师286人。师生各级各类竞赛，获奖教师10人、获奖学生129人。

【学生资助】 2021年，扎兰屯市教育事业发展中心落实各项资助资金1212.5万元，受助学生15941人次。其中办理大学生生源地助学贷款有效合同287笔，贷款金额256.92万元，本息合计金额271.66万元，回收率100%，贷款业务管理水平位居自治区第一位。中央彩票公益金教育助学项目滋蕙计划，用于普通高中及中等职业学校应届毕业考入全日制高校的家庭贫困学生，年内，下达资金5万元，资助学生65人；普通高校家庭经济困难学生入学资助，通过教育、民政、乡村振兴3部门审核，上报普通高校家庭经济困难学生923人次，受助学生比例为在校生30%。中等职业教育助学金，高一、高二涉农学生及家庭经济困难学生（约占学生总数的20%）2000元/人·年，其他学生1500元/人·年。义务教育阶段学生生活补助，受助学生11983人次，补助分3类，即寄宿生生活补助范围为寄宿生总数的60%，标准为小学1000元/人·年、初中1250元/人·年；蒙语授课寄宿生生活补助范围100%，标准为小学1350元/人·年、初中1620元/人·年；建档立卡四类群体非寄宿生生活补助，补助范围为建档立卡家庭学生、低保家庭学生、特困供养及家庭困难残疾学生，补助标准为小学500元/人·年、初中625元/人·年；学前教育资助，年度公办及普惠性幼儿园有低保、建档立卡、特困等户儿童508人，下达资助资金76.2元，补助标准1500元/人·年。

【机构改革】 2021年，根据《中共中央办公厅国务院办公厅印发〈关于党政机关和国有企事业单位培训疗养机构改革的指导意见〉及相关配套文件的通知》（中办发〔2016〕60号）、《内蒙古自治区党政机关和国有企事业单位培训疗养机构改革联合工作组办公室关于印发〈内蒙古自治区关于推进党政机关和国有企事业单位培训疗养机构改革工作实施方案〉及相关配套文件的通知》（内培疗联组办字〔2020〕2号）和《呼伦贝尔市关于推进党政机关和国有企事业单位培训疗养机构改革工作实施方案》（呼培疗联组办字〔2021〕5号）有关要求，2021年4月，原扎兰屯市教育教学研究培训中心正式更名为扎兰屯市教育事业发展中心，内设机构在原有基础上，将教育局学生资助中心整合到教育事业发展中心，同时增设教育科学研究办公室、教育督导研究办公室。改革后，教育事业发展中心内设机构7个，即党政、教育教学研究、师资培训、教育科学研究、教育督导研究、教育信息技术、学生资助办公室。

【结对帮扶和志愿服务活动】 2021年，扎兰屯市教育事业发展中心成立党员志愿者服务队伍，到21所学校，授课160节，受益学生6337人次；留守儿童关爱行动线上讲座2次，课程直播时间1小时/次；留守困境儿童关爱行动24次，志愿者参与服务44人次，受益学生1584人次。心理健康教育及培训服务9次，累计受益11593人次；接待心理健康问题个案咨询35人次。参加自治区红十字会志愿服务项目大赛，获得总分第六名；女童保护自愿服务培训师到达斡尔学校、文化小学、实验小学、纸浆街小学、团结小学、道东小学进行女童保护知识宣讲6场次。

（李　平）

扎兰屯市第一中学

【概况】 扎兰屯市第一中学是全市唯一重点高中，呼伦贝尔市级示范性普通高中，内蒙古自治区级示范性普通高中，国家级校园足球特色学校，内蒙古自治区排球项目特色学校，是呼伦贝尔市传统体育项目学校。2021年，有教学班58个，在校学生3017人。在岗教师198人，其中中学正高级教师3人，中学高级教师（副高级）75人，中学一级教师（中级）74人，高、中级以上教师职称人数占专任教师数的75.3%。专任教师中硕士学位19人，本科学历179人，师资合格率100%。自治区级学科带头人1人，呼伦贝尔市级学科带头人6人，扎兰屯市级学科带头人5人。自治区级教学能手2人，呼伦贝尔市级教学能手12人，扎兰屯市级教学能手38人。自治区级骨干教师1人，呼伦贝尔市级骨干教师37人，扎兰屯市级骨干教师24人。呼伦贝尔市级名师3人，扎兰屯市级名师5人，扎兰屯市级教书育人楷模1人，呼伦贝尔市教育研修学院特聘高中试题组成员2人。

【高考成绩】 2021年，市一中一本上线86人（呼伦贝尔市教育事业发展中心制定一本指标为10人，超额完成76人），上线率11.78%，提高约6%；二本上线489人，上线率66.99%，提高约10%。艺体特长生高考上线保持50人的上线规模。

【教学】 2021年，市一中聚焦课堂，创造高效课堂。加强教师队伍建设，做到师德师风与专业素质同步提升，与教师签订师德师风承诺书，组织教师学习新课标，探索提高课堂教学质量的教学模式、教学方法及手段。深化课堂改革，开展好小组合作学习教学模式的推广，组织青年教师开展汇报课和第一届骨干教师示范课，邀请金太阳专家讲小组合作学习示范课。加强教研教改，举办研讨课、展示课，讨论解决教学中的问题。注重课题研究工作，鼓励和帮助老师进行课题申报和结题工作。坚持集体备课，对作业、测试的布置和批阅重视质量，保证数量。发挥好各种功能库室

10月21日，市第一中学秋季运动会开幕式

的教学辅助作用，教务处协调各功能库室，保证图书馆全天开馆，为学生和教师阅读提供保障；协调理、化、生、计算机实验室，保证学生实验和实验考查正常进行，积极探索理、化、生实验室的正规化管理。搞好学生职业生涯规划教育，组织好学生职业生涯规划。发挥好全员育人导师制作用，为各年级各班级制定目标任务为各年级成绩优秀学生和多批次临界生、边缘生开设增强补弱的辅导班、成立理科精英班、文理宏志班、文理冲刺班，效果良好。确保高考一本、二本以上上线人数和上线率提升。

【德育管理】 2021 年，市一中坚持“立德树人，全面发展，培扎兰精英，育国家栋梁”的育人目标，开展德育工作。落实学校常规管理制度，按照《扎兰屯市第一中学学生操行管理细则》要求学生，培养学生养成良好的行为习惯和学习习惯。学校和年级部组织开展“讲规矩，知礼仪，立志报国”主题教育活动、“强意志，严律己，筑梦校园”大合唱比赛、“传承文化，立志报国”主题诗朗诵、“尽己责，勇担当，圆梦扎兰”成人礼等形式多样、丰富多彩的德育教育活动。班主任教师是德育工作的重要力量，以年级部为单位组织班主任经验交流会，为新任班主任选配老班主任当师傅并制定相应的培养计划，帮助新班主任成长提高。重视家校合作，将学校各种规章制度、家校合作等向家长详细宣讲，利用“三宽家长学校”（宽厚、宽容、宽松）的学习平台，加强家校合作工作。

【体育卫生艺术】 2021 年，市一中抓好特长生的训练，保证“每天锻炼一小时、每周一节特色体育课”。培养学生掌握一定体育知识与技能技巧，保证报考高校体育专业特长生专业技能课质量及课外体能技能训练质量。落实《学生体质健康标准》，制定“体质达标奖励方案”，对学生测试后上报教育部体质测试网站。校女子足球队在呼伦贝尔市“市长杯”足球比赛中获得第三名、获得 U18 比赛第三名；校男、女排球队代表呼伦贝尔市参加自治区第十五届中学生运动会，女子获得第六名，男子获得第七名；男子排球队参加“体彩杯”内蒙古自治区青少年排球锦标赛，获得第三名。以健康教育为中心，加强食品卫生安全管理，以新冠肺炎疫情防控和防治传染病为重点，落实好“三案十二制”，搞好应急性演练，做好每天的测温、通风、消杀，要求师生配戴好口罩，做好核酸检测工作，强化卫生管理制度化、规范化。健全学校卫生突发事件监测系统和传染病疫情报告制度，每两周对教室及寝室做一次彻底消毒。以《学校艺术教育工作规程》为指导，上好艺术鉴赏课和报考高校音、美专业特长生的专业基础课，为学生参与艺术活动和音、美特长生高考奠定坚实基础；开展形式多样的群众性艺术活动。

【校园安全】 2021 年，市一中对全校宿舍、食堂、教学楼等消防安全设施和用电进行检查并整改，确保消防和用电安全。定期对教学楼和宿舍进行消毒，确保卫生安全。加强对门卫的管理，明确门卫工作职责，对进出人员做好详细记录，把好学校安全的第一道关。开展禁毒安全教育、防溺水安全教育、预防校园欺凌、心理教育等安全教育。抓好各种安全演练，包括消防安全演练、疫情防控应急处置演练等，针对发现的问题及时总结。

【后勤保障】2021年，市一中采购新桌椅710套，完成运动场续建、塑胶草铺设、塑胶跑道铺设；协调教育局升级看台台面及座椅；完成运动场护网安装及广播系统的建设，在运动场安装大屏幕，完成运动场南侧和整个东侧铁艺墙的护坡工程；改造西、北2个门卫的办公条件，对2个门卫室进行装修；完成校园绿化工程的补栽。开展节水节电工作，在教学楼台阶安装太阳能路灯；完成校园餐厅文化建设，利用立柱、墙面制作展板，既改善学生就餐氛围，又提升学生对“文明就餐，节约粮食”的认知；校北门东侧将原有施工门进行改造，安装车辆识别系统，利用体育馆二楼的闲置空间，装修教工乒乓球室，兼容瑜伽室，丰富教工的业余文化生活。

（王维国）

扎兰屯市第二中学

【概况】扎兰屯市第二中学位于扎兰屯市成吉思汗路65号，占地面积26644平方米，校舍建筑面积10935平方米。2021年，市第二中学在岗教师中，高级教师38人，一级教师47人，二级教师18人，新招录教师2人。专任教师中硕士学位6人(其中全日制硕士研究生毕业1人，在职读研获硕士学位5人)，本科学历94人，本科以上学历人数占任课教师数的100%。呼伦贝尔市级学科带头人1人，扎兰屯市级学科带头2人；呼伦贝尔市级模范教师1人；扎兰屯市级教学能手19人；呼伦贝尔市级骨干教师11人；呼伦贝尔市级优秀教师8人，扎兰屯市级优秀教师23人。教学班27个，在校学生1240人。

【德育管理】2021年，市第二中学加强对学生的劳动教育，在劳动中锻炼学生分工合作能力。强化年级管理职能，基本的常规检查放权给年级组，分年段进行班主任例会制度。重点修订《扎兰屯市第二中学教育惩戒实施办法》，加强手机管理，对课堂玩手机和考试用手机作弊的学生予以开除离校处分，对携带手机未在课堂使用的学生予以留校察看处分。结合各种节日、纪念日，与团委共同开展社会主义核心价值观教育、合格公民教育以及“四史”学习教育。利用《中小学教师培训课程指导标准(班级管理)》加强对班主任的培养，开展班主任线上课程培训。利用“三宽家长学校”平台上学习，部署“三宽教育”学习内容，提高家长的教育水平。深入开展国学经典诵读活动，其中以高二八班的“国是我的国”为素材创作的美篇《此生不悔入华夏》，获得点击阅读5万次。

【教学】2021年，市第二中学开展高效课堂教研活动。3月、9月分别开展主题示范课活动，教师听课、评课效果突出。按计划隔周开展集体

8月2日，扎兰屯市第二中学新建操场投入使用

备课和业务学习1次，针对教学内容进行研讨。业务学习与研做高考试题相结合，洞悉高考出题走向。对教师的备、讲、批、辅、考等常规定期检查，结果及时公示。加强高三年级高考备考复习工作。组织学生参加两次全盟统一考试，采取多种措施开展备考复习，保证6月高考工作完成。加强青年教师培养工作和按要求完成教师各项培训学习任务。5月，组织14名青年教师参加"青年教师展示课教研活动"。

【高考成绩】 2021年，市第二中学高考报名人数总计306人，本科上线63人。普通文科类：一本上线1人，二本上线7人；普通理科类：二本以上上线共计29人；艺体类：本科上线26人，其中体育12人（一本4人），美术8人，其他艺术6人。

【体育卫生艺术】 2021年，市第二中学坚持上好体育课及音乐、美术欣赏课，坚持上好早操，利用大课活时间组织班级拔河比赛、跳大绳比赛和单人跳绳比赛，营造校园艺体活动氛围。在场地和基础设施严重不足的条件下克服困难开展男子篮球比赛和男女生排球比赛。到阿荣旗一中参加呼伦贝尔市高中阶段"市长杯"足球比赛。组织高一和高二年级学生进行以"铸牢中华民族共同体意识"为主题的现场硬笔书法大赛；4月27日组织高一和高二年级学生进行以"学党史、强信念、跟党走"为主题的现场硬笔书法比赛，组织参加"深情融笔墨、红心感党恩"2021年扎兰屯市中小学师生书画展。组织扎兰屯市第二中学高三毕业典礼暨第六届国学经典演出。

【新校区建设】 2021年，市第二中学完成1800套学生桌椅、现代化食堂设备、全覆盖网络监控广播、48台智能交互黑板、154套办公桌椅、195台计算机等价值800余万元设备的接收、安装和调试等工作。组织完成新校区院墙围栏维修、体育特长生力量房改造、食堂两层白钢隔断、入校电动伸缩门、校园路灯安装、污水管网改造、食堂设备水电改造、门牌班牌制作安装、校徽设计、食堂文化建设等附属工程，开展新校区校园杂草清理、树枝修剪、垃圾清理、玻璃保洁等工作。制定新校区大门改造设计方案，维修改造工程预计2022年8月完成。总投入资金480万元的风雨操场项目完成主体框架工程，预计2022年10月完工并投入使用。

【后勤保障】 2021年，市第二中学对老校区教学楼、学生宿舍房盖进行修缮，启用校园内水冲公厕。规范完成校内商店经营权公开招投标，注重加强日常运行管理。启动第二中学资产清查工作，印发《扎兰屯市第二中学资产清查工作实施方案》。按照食品安全"4D""五常""6t"管理模式，分类分区闭环和色标化管理的标准，对新校区食堂内部环境和设施进行设计。严格落实食品安全制度，规范执行食品留样、领导陪餐、索证索票、库房管理、日常消毒等制度要求，为广大师生提供安全、营养、优质的用餐保障。

（王　巍）

扎兰屯市职业高中

【概况】 扎兰屯市职业高中位于布特哈北路73号，占地面积1万平方米，建筑面积8750平方米，学校设有建筑设计、电工电子、财务电算化、学前教育、美工设计、计算机、旅游、现代农艺技术、畜牧兽医、无人机10个专业，在编教师97人，外聘教师48人，招收全日制新生325人，在校生1031人。

【高考成绩】 2021年，市职业高中高考对口升学45人，本科上线7人，其中一本上线1人，专科上线率100%。高考总分超过500分有5人，实现学校考取一本院校零的突破。单独招生143人参加考试，100%录取。

【教育教学】 2021年，市职业高中全面提高职业教育教学质量，呼伦贝尔市中等职业学校技能大赛中，承办建筑、财会、机电3个专业7项赛事。派出的125名学生在17个赛项中获个人一等奖4个，二等奖8个，三等奖17个；团体一等奖3个，二等奖8个，三等奖12个。29名学生将参加自治区中等职业学校技能大赛10个赛项的比赛，是呼伦贝尔市中职学校中参赛学生最多的学校。

【社会服务】 2021年，市职业高中下设的呼伦贝尔岭东安全生产培训中心面向阿荣旗、鄂伦春旗、扎兰屯市开展安全生产从业人员培训1277人，为区域经济建设助力。

【特色创新】 2021年，市职业高中无人机专业50名学生考取到中国民航局颁发的无人机驾驶执照。建成“1+X幼儿照护、宠物护理与美容两个证书考试站点，48名幼师专业学生考取到“1+X”幼儿照护职业技能等级证书，28名畜牧兽医专业学生完成“1+X”宠物护理与美容理论考试。

（高跃武）

11月13日，“1+X”幼儿照护职业技能等级证书考试扎兰屯职业高中考点

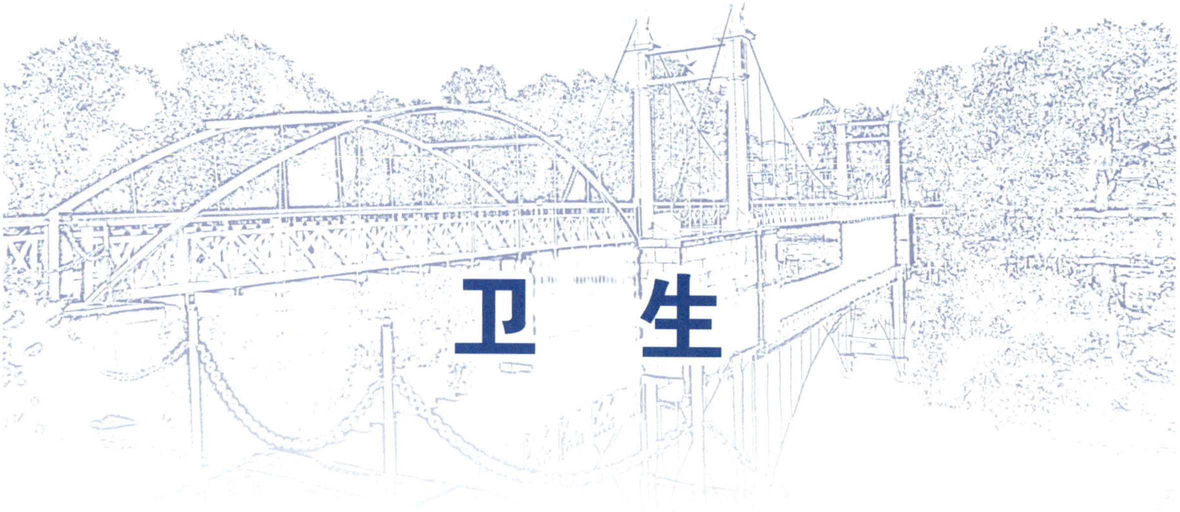

卫 生

综述

【概况】 2021年，扎兰屯市有各类医疗卫生机构250个，编制床位数1967个，实有床位数2141个。在岗职工3406人，其中卫生专业技术人员2806人。村卫生室137个，村医293人。个体诊所57个，门诊部9个。拥有价值100万元以上的医疗设备61台(件)，万元以上的医疗设备1805台(件)；救护车10辆。

【建设项目】 2021年，扎兰屯市南木鄂伦春民族乡卫生院业务用房完成主体建设及附属设施建设，正在办理竣工验收手续，争取2022年3月投入使用。完成团结卫生院、柴河卫生院旧房挂网拍卖交易工作。同时太平川卫生院、惠风川卫生院、库堤河卫生院旧房继续在呼伦贝尔市公共资源交易平台备案挂网拍卖。完成市人民医院传染病房建设项目，建筑面积3200平方米，投入使用。筹备疾病预防控制中心建设项目，拟选址河西新一中南墙外，占地面积3600平方米，建筑面积4620平方米，完成可研报告。

【疫情防控】 2021年，市卫健委重新调整细化新冠肺炎疫情防控领导小组，小组下设综合协调组、疾病防控组、医疗救治组等9个专项工作组，各专项工作组分工明确，责任到人。自满洲里市发生疫情以来按照呼伦贝尔市卫生健康委通知要求，先后分五批次驰援满洲里，累计派出核酸采样人员、核酸检测人员、流调人员及医疗救治人员117名。规范开展多点触发监测预警工作，按照《内蒙古自治区人员环境新冠病毒核酸检测应检尽检工作方案》《内蒙古自治区新冠肺炎疫情多点触发监测预警工作方案》要求，扎兰屯市扩大监测预警范围，加大对基层医疗卫生机构、个体诊所和药店的监测力度；对23类重点人群、7类重点场所、6类重点机构开展应检尽检，全市累计检测样本117269份，结果均为阴性。规范流调溯源工作开展，为确保流调溯源工作的高标准、高质量、高效率开展，根据“公安、工信、公卫”相融合的工作要求，按照“接阳即调、先快后精、先管后筛”的原则，市卫健委抽调39名业务骨干与市公安、工信部门组建专业化流调溯源队伍，确保4小时报送核心信息，24小时报送流调报告。组织开展全员核酸采样演练21次，其中真采真检4次，检测1650人。

【医疗救治】 2021年，扎兰屯市3家三级医院均具有新冠肺炎救治能力，建立治疗梯队。呼伦贝尔市第二人民医院为呼伦贝尔市级定点救治医院，先后于2020年疫情和2021年满洲里疫情期间成功救治呼伦贝尔市域内新冠肺炎患者5人，其中高龄患者为重症病人1人。市人民医院为扎兰屯市定点医院，新建的传染病房楼投入使用，有病房24间，负压病房16间。防护物资可满足救治3名患者1个月的需求。市中蒙医院为后备定点医院。3家医院配备4辆负压救护车，具备同时转运4名确诊病例、无症状感染者和疑似病例的能力。选定河西中蒙医院、蒙医医院作为临时改造方舱医院场所，改造完成后总计可容纳床位150张。定点医院制定并完善腾空方案，后备定点医院制定接收方案，确保发生聚集性疫情时，有序腾空定点医院，安全转移普通患者并确保普通患者必要的就医需求。

【院感防控】 2021年，扎兰屯市各医疗机构院感防控工作一把手负总责，关键环节一把手定期查看。严格预检分诊，发挥预检分诊“哨点”作用。规范就诊流程，严格一米线管理。对预检分诊发现的可疑患者，由专人经指定的转诊路线送至发热门诊就诊，急诊患者在缓冲过渡间进行隔离治疗，排除新冠后再转入常规急诊流程。严格住院患者及陪护人员管理。疫情期间扎兰屯市各医疗机构病房实行集中管理，所有入院患者及陪护人员均需进行新冠病毒核酸检测，结果阴性方可进入住院病区。非必要不陪护，必要情况下，1名患者仅限1名家属陪同，除患者治疗需要外不允许患者及家属离开病房，不允许探视。加强空气和物表消毒，停用中央空调，每日至少开窗通风2次，每次不少于30分钟，地面及墙壁消毒每日2次，经常接触或触摸的物体表面如门把手，电梯按钮，台面，座椅每日消毒2次。

【集中隔离管控】 2021年，市卫健委完善《集中隔离医学观察场所疫情防控工作指南》等相关制度及流程，在每个隔离场所设置“三区两通道”基础上，在具备条件的隔离场所增设垃圾处理通道。根据隔离人数启用隔离点，并备有储备隔离点。规范隔离场所运行，组建由政府派驻干部、医务人员、公安民警及宾馆工作人员组成的隔离宾馆工作队伍，储备工作梯队11个，110人，均经过院感、防控等业务知识培训。成立人文关怀组织机构，与隔离观察人员进行沟通联系，及时掌握其情绪和思想状况，开展疏导工作，鼓励隔离观察人员根据需要进行求助。宾馆工作人员经医疗机构感控专家培训、考核后，每日开展生活区2次、医学观察区3次和物资保障供应区2次、工作人员通道3次和隔离人员通道多次的消杀工作，并完善消杀登记记录，通过宾馆内线电话每日指导被隔离人员做好通风消杀。加强隔离场所垃圾处理。隔离场所内垃圾均按医疗垃圾处理，由专人及时进行清理、打包、转运至垃圾暂存处，由扎兰屯市博华医疗废物处置中心统一按医疗垃圾进行处理。

【新冠疫苗接种】 2021年，

市卫健委推进3～11岁儿童和加强针新冠疫苗接种工作。依托大型体育场馆、学校等设立预防接种点26个，3家三级医院按照“四有”原则(即有二级以上综合医院急诊急救人员驻点保障、有急救设备药品、有“120”急救车现场值守、有二级以上综合医院救治绿色通道)，提供医疗保障，市疾控中心科学提供技术指导和冷链配送，确保3～11岁儿童和加强针新冠疫苗接种工作任务顺利完成，实现应种尽种，快速建立群体免疫屏障。推进加强免疫接种，截至12月31日，扎兰屯市第一剂接种263858人，第二剂接种259010人。第三剂免疫加强针接种35864人。3～11岁儿童首针接种22486人、第二针接种18486人。

【全员核酸检测】 2021年，市卫健委强化人员培训，规范疫情处置。扎兰屯市现有新冠病毒核酸检测人员44人，采样人员1769人。3家三级医院分别承担3个片区采样点现场采样等工作，均与各自采样片区乡镇街道政府对接，根据采样点的数量、待采人数建立采样梯队，明确各采样点具体负责人和采样梯队，指导采样点合理布置采样流程，3家医院日常各储备1.5万管的试剂和配套耗材。制定采样人员个人防护、感染控制、医疗垃圾处置等相关工作制度。各采样医院设立应急采样队，负责对混采阳性结果进行复采复检。基层医疗卫生机构负责本辖区内卧床病人、老年院、福利院等行动不便人群的上门采样工作。核酸检测实验室能力建设情况，3家三级医院实验室和疾控中心单日最大检测量总计1万管(其中呼伦贝尔市传染病医院1080管、市人民医院2100管、市中蒙医院2100管、市疾控中心5000管)，根据各实验室论证情况，市政府紧急为各实验室购置核酸检测设备，包括3台96孔核酸提取仪、6台96孔PCR扩增仪和方舱检测车。核酸检测物资储存两轮全员核酸检测物资。第一轮全员核酸所需物资发放至各乡镇街道、各级各类医疗机构(其中防护服8000套、防护口罩8000个、外科口罩16000个、转运箱400个、试管架600个、消毒片2350瓶、免洗手消2350个、垃圾桶2000个和靴套、手套等)，确保发生疫情时，第一时间开展全员核酸检测。

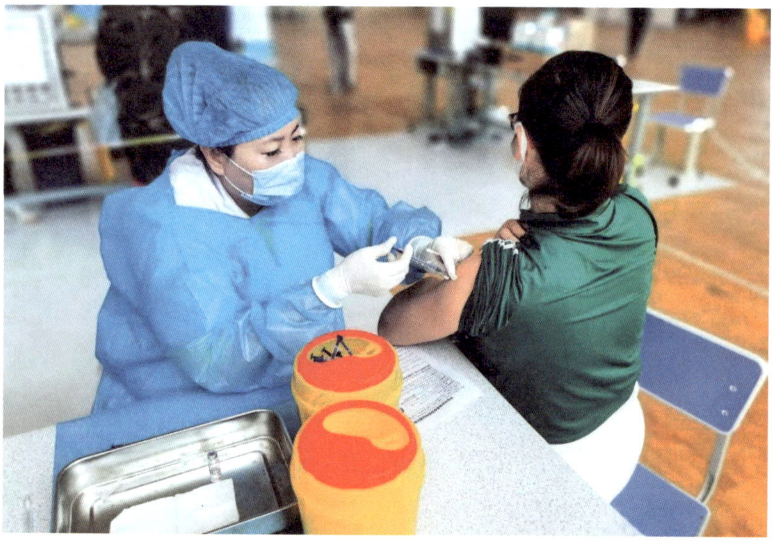

8月10日，市民接种新型冠状病毒疫苗

【公立医院综合改革】 2021年，市卫健委继续落实“三医联动”机制，由1名党政领导分管医疗、医保、医药工作。巩固破除“以药补医”改革成果，2021年，2所公立医院取消药品加成，让利患者1874万元。推进医保支付方式改革，年内，市人民医院、市中蒙医院等5所公立医疗机构，全面纳入全国异地就医直接结算系统。建立“基层首诊、双向转诊、急诊分治、上下联动”的分级诊疗模式，基本实现大病不出县的工作目标。推进医共体建设，组建医联体3个，全面推进网络化管理，并在医联体成员单位内开展医疗帮扶、远程会诊等活动，实现基层医疗卫生机构全覆盖，有效促进县级医院优质医疗资源和基层工作重心“双下沉”。

【医疗服务】 2021年，市卫健委加强医疗服务质量，将医疗安全工作纳入基层绩效考核中，对出现医疗责任事故的单位予以一票否决。强化对采供血及血液透析安全监管，输血事故和非法采供血事件保持为零。开展合理用药自查，扎兰屯市一级及以上医疗机构抗菌药物使用品种、级别及比例均达到相关要求。依法妥善处理医疗纠纷5起，通过第一时间主动介入，保护医患双方的合法权益，维护医疗秩序。推进社会办医。2021年，新设置口腔诊所5家、外科诊所1家。2021年，全市有西医和口腔私营医疗机构47家。提升院前急救能力。扎兰屯市“120”急救中心院前急救医护人员27人，配备先进的生命支持与抢救设备，为救治患者生命提供有力保障。巩固完善基本药物制度。国家基本药物全部纳入自治区医保目录，按医保甲类药品报销，纳入基本药物监测管理，通过以奖代补的方式对基层医疗卫生机构进行基药补助，基层医疗机构平均基药采购率均达到60%(40%)以上。

【中医药服务】 2021年，市卫健委为基层争取中医馆建设项目6个，全部建成；自治区第二批中医特色优势重点专科建设项目(中蒙医院的骨伤科、针灸推拿科)增加优势病种诊疗方案，购置专用设备投入临床使用并通过自治区专家组现场验收工作。包德刚全国基层名老中医传承工作室建成并完善相关制度，验收合格。加强中医药人才队伍建设，为基层医疗卫生机构争取西学中临床人才培养名额2个、中医全科医师培养名额1个；完成扎兰屯市2021年3名中医副高级职称评审、7名确有专长医师资格考核初审、21名中医师承审核备案上报。提升基层医疗卫生机构抗菌药物临床合理应用水平和医疗质量安全及突发公共卫生事件应急处置能力，全方位保障人民健康。组织开展全市中医私营医疗机构抗菌药物临床应用及中药注射剂、核酸标本采集和防护服穿脱流程等专项培训；对32名基层医疗卫生技术人员开展中医药适宜技术培训1周。完成《呼伦贝尔市卫生健康委员会关于印发振兴中医药(蒙医药)行动2021年重点任务推进实施方案的通知》(呼卫蒙中字〔2021〕13号)工作台

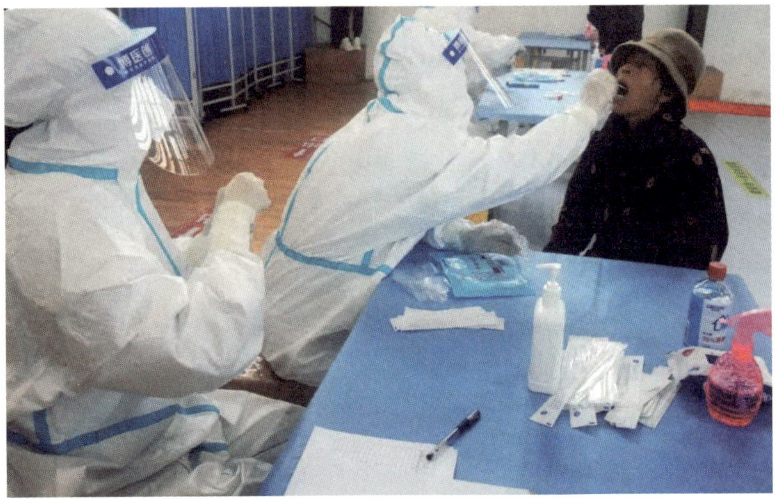

10月28日，扎兰屯市开展全员核酸检测演练

账中涉及扎兰屯市重点工作71项。

【公共卫生服务】2021年，市卫健委推进家庭医生签约服务。组建96个家庭医生签约服务团队，签约180482人，签约率为44.97%(30%)，其中重点人群签约58738人，签约率为60.4%(60%)。发挥内蒙古基层卫生培训平台作用，开展基层卫生人员培训，学习率达到60%(60%)以上。开展优质服务基层行活动，截至10月末，全市24家基层医疗卫生机构全部完成自评工作，其中8家基层医疗卫生机构通过呼伦贝尔市网上验收，正等待现场验收。按照国家基本公共卫生服务项目第三版规范要求，组织项目实施单位完成项目指标。

【疾控应急】2021年，市卫健委加强居民健康档案管理。现居民健康档案规范建档345348份，电子建档率94.3%(90%)。加强结核病和布病防治，接诊可疑结核病患者1402人，确诊322例，耐多药肺结核高危人群耐药筛查率100%，肺结核患者成功治疗率95%以上。对治疗管理的肺结核病人完成督导4轮，督导462人次。布病防治按要求落实三位一体模式，诊断治疗辖区病例，对522例现住址病例全部按要求建档随访，实施全程督导规范化用药治疗管理，对全部报告病例进行回访，建档率100%，规范治疗率95%以上，随访率95%以上，治愈率85%以上，慢性化率15%以下。加强卫生应急工作，继续巩固自治区卫生应急示范市创建成果；开展"全国防灾减灾日"和公民卫生应急素养条目宣传活动、秋冬季鼠疫和新冠肺炎疫情等重点传染病防控大培训大演练活动。

【卫生健康监督执法】2021年，市卫健委加大行政处罚力度，立案37起，罚款62.25万元。开展行业综合治理，围绕群众关注和反映强烈的突出问题，有效打击非法行医等各项违法活动，对医疗卫生、传染病防治、生活饮用水、学校卫生等方面进行监督检查591家次，下达卫生监督意见书1400余份，规范全市医疗服务市场秩序。开展完成传染病防控、公共场所卫生、医疗卫生等专项监督检查20余项，出动监督员1000余人次、车辆500余车次，总结上报率100%。开展国家"双随机"抽查，扎兰屯市"双随机"任务177家，完成率100%。

【健康扶贫】2021年，市卫健委持续落实健康扶贫医疗保障政策；落实大病集中救治政策、贫困人口先诊疗后付费和"一站式"结算政策；推动实施贫困儿童重大疾病及医疗服务保障；对重特大疾病贫困患者住院医疗费用予以兜底保障；对非重特大疾病贫困患者住院医疗费用予以合理保障。严格落实分级诊疗和转诊备案制度，提高县域内就诊率，确保健康扶贫保障资金得到合理利用；各级定点医疗机构要严格掌握贫困患者住院指征，严格控制基本医保目录外费用比例。对贫困常住人口实行建档立卡全覆盖，提供综合性、持续性服务。动态掌握建档立卡贫困人口中健康扶贫对象，建立工作台账，实现精准医疗、精确施治。年内，扎兰屯市贫困人口中患30种大病1262人，已入院或签约管理人数1262人，救治完成率100%。

【爱国卫生】2021年，市卫健委完成对农贸市场、机场、车站等人流较为密集区域的环境卫生、消毒、布控情况的检查指导；对餐饮场所、学校、物流、乡村、市区的背街小巷、公厕、老旧居民小区、垃圾中转站等重点区域的环境卫生开展强化督查，集中治理存在的问题，消除病毒传染隐患。完成2家自治区级卫生先进单位创建，完成全市党政机关无烟单位创建。继续向各乡镇办事处发放鼠疫防治宣传材料及灭鼠药品，完成国家卫生城镇复审，环境综合整治取得明显成效。

【“一老一小”照护服务】2021年，市卫健委落实生育登记服务制度，鼓励按政策生育，网上再生育审批办证42个。完善全员人口信息数据，指导乡、村两级核查纠正全员人口个案信息质量，全员人口信息覆盖率、及时率、准确率98.83%(95%)。实行出生人口动态监测和预警监控制度，出生监测核查1512人，实现出生人口信息共享，加强基层信息化建设，各村居已全部实现表、卡、册、单微机化管理。完善婴幼儿照护服务，在市区内两大医院、成吉思汗机场母婴室内按要配备相关设施，配置率100%。完成奖励扶助对象核实确认，经过本人申请，市、乡、村三级核查，审核确认奖扶2701人(国家奖扶2027人、呼伦贝尔市扩面奖扶663人、晚婚晚育提前奖扶11人)、特扶612人、独生子女伤残死亡一次性补助46人(32户)，奖金通过“一卡通”发放到人。

【老龄健康工作】2021年，市卫健委针对扎兰屯市65周岁及以上老年人口51096人(占现居住总人口的15.25%)需要生活照料、健康护理的实际难题，组织进行免费体检，建立健康档案，为老人提供健康随访、健康指导、家庭医生签约等服务。拥有民营医养院1家，养老服务机构23家，在建安宁疗护试点1家，均与辖区医院、社区卫生服务中心签订了医养合作协议。拥有医养房间105间，床位268张，入住服务对象139人，驻院医护人员19人，构建“以居家为基础、社区为依托、机构为补充”医养服务格局，为老人提供诊病、治病、保健、康复、养老等全方位周到细致的服务，完善老年健康服务体系建设。组织开展各类老年健康宣传及活动98次，义诊1300人次，免费体检612人次，走访慰问108人，发放慰问金5100元、赠送米面油80袋(桶)。为计生特殊家庭开展家庭医生签约服务，从养老照料及精神慰藉等方面为其解决实际困难。新增计划生育特殊家庭32户、46人(伤残家庭16户28人、死亡家庭13户18人)，按三倍标准发放一次性扶助金。为306名计划生育失独家庭成员办理意外伤害险、住院护理险。协调市人社局、财政局落实计生特殊家庭基本养老保险补贴111人，投入资金7900元慰问计划生育特殊困难家庭。

【人才培养】2021年，市卫健委派出三级医疗卫生机构赴上级医院进修学习12人。通过组织查房、手术示教、疑难病例讨论等各种临床带教形式培训基层卫生院医务人员87人，接收实习人员54人，进修人员18人。参加儿科医师转岗培训1人，全科医师转岗培训15人。组织医务人员业务培训70次，1.43万人次参加考试，合格率98%。持续加强重点专科建设，巩固市人民医院卒中中心建设成果，召开质量会议50次，完善卒中绿色通道建设。选派神经内科医生进修学习脑血管神经介入治疗，开展多例神经血管介入手术。市中蒙医院脑病科、心内科申报内蒙古自治区第三批中医(蒙医)特色优势重点专科。第三批自治区老中医蒙医专家学术继承工作完成跟师学习，待结业考核。

【信息化建设】 2021年，市卫健委加快信息化建设，推进居民电子健康码应用，推动医疗机构间诊疗信息共享，方便群众看病就医，卫健委严格落实限期取消“就诊卡”，开展“扫码”就诊服务，各医疗卫生单位电子健康码全部上线，市医院、市中蒙医院通过手机App和微信公众号共网络预约挂号1.77万次、缴费3.27万次、报告查询20.49万次，全市发放“电子健康码”21.33万张，用卡扫码324.32万人次。完成“全员核酸检测信息系统”线下培训及系统安装。完成内蒙古自治区疫情防控管理平台“隔离点/隔离人员信息管理系统”隔离点账号创建。印发各类新冠肺炎疫情科普小知识、宣传单、折页、海报、挂图40余种，防控宣传单33.78万张，利用电子屏播放宣传标语369条；悬挂条幅125条；宣传栏宣传健康知识和预防知识248条。

【行政审批】 2021年，市卫健委接收企业、群众电话咨询500余人次，现场咨询800余人次，开出一次性告知书279份。受理、办结各类行政审批及公共服务事项2586件，办结率100%。推进“证照分离”改革，取消部分医疗机构《设置医疗机构批准书》核发；公共场所卫生许可实行告知承诺制；饮用水供水单位卫生许可不再要求申请人提供从业人员健康体检合格证明；做好医疗机构婚前医学检查、产前筛查的母婴保健专项技术服务机构审批的承接工作。

【“放管服”改革】 2021年，市卫健委开展63项政务服务事项的情形化梳理、审查要点梳理，全部完成并发布；按照自治区数据共享责任清单完成13个事项数据共享，实现政务服务数据应汇尽汇。优化营商环境，持续推进“减环节、减材料、减时限、减成本、减跑动”工作。对无设定依据的申报材料一律取消，对无法定依据的审批环节进行优化简化；对行政审批事项时限进一步压缩，对于不需要现场验收、考试等特别程序的部分承诺件转为即办件，政务服务事项承诺时限缩减50%以上，即办件达20%以上，一次办达90%以上。按时完成“呼伦贝尔市12345”政务热线平台交办事项的办理和反馈等工作，共办理申请人咨询、求助、举报、投诉36件，平台转交办件及时办理率为100%。完成电子证照认领，认领目录9项，录入医疗机构执业许可证、护士执业证书等电子证照1236条。全面推进“蒙速办”工作，组织完成卫健系统内2300余人的蒙速办App注册。在市政府门户网站和卫健委美篇宣传号公布“蒙速办一次办”事项清单，加强宣传引导，提升社会知晓度。将医院信息、疫苗接种单位信息、老年人优待证办理3项查询服务接入“蒙速办”App小程序供群众查询使用。

【妇幼健康】 2021年，市卫健委加强孕产妇系统管理，不断提高服务水平。产前检查覆盖率99.17%，早孕建册率97.24%，产妇产后访视率98.42%，孕产妇系统化管理率96.27%，高危孕产妇分级分类管理率100%。按照高危孕产妇高危因素进行分级分类管理，及时反馈至辖区医疗机构，确保乡村两级妇幼医生掌握情况和跟踪随访。对全市各医疗机构的母婴安全工作进行督导检查，对发现的问题要求立即整改。为适龄妇女开展以预防宫颈癌检、乳腺癌为主的妇女病普查普治，筛查6954人次，其中宫颈癌癌前病变19人，宫颈癌1人；乳腺癌前病变0人，乳腺癌1人。完成消除艾滋病、梅毒和乙肝母婴传播项目。孕产妇艾滋病检测率99.58%，其中阳性率为0%；梅毒检测率99.58%，其中阳性率0.17%；乙肝检测率99.58%，其中阳性率为3.27%。对发现患病的孕产妇和儿童进行干预。完成儿童保健指标任务，无一例非法开具出生医学证明事件发生。加强出生缺陷干预，向育龄群众免费发放叶酸，投服率99.5%。

（裴　昱）

扎兰屯市人民医院

【概况】 2021年，扎兰屯市人民医院继续实施“五大中心建设”，于2月获得国家PCCM达标单位的认证，PCCM规范化建设正式被授牌；“创伤中心”完成建设投入运行；上榜《2020年县级医院500强》；在首届中国爱眼底日论坛上，获得国家级眼底诊疗规范化项目——“光明中心”中的一员，标志着医院眼科的诊疗水平和救治能力达到一个新的高度；新建3200平方米的传染病房楼及890平方米的扩增重症监护病区建设项目投入使用；新建传染病房包括门诊3个（发热门诊2个和消化传染病门诊1个），病房24间，配套设施设备包括负压净化系统，电梯系统，供氧、负压吸引系统，医疗废物处置及污水处理系统等，设有CT、检验科及核酸检测门诊；扩增重症监护病区均为负压病房，设计床位30张，医院突发传染病疫情应急救治能力进一步提升。

2021年，市人民医院门诊量259806人次，同比下降4.88%，其中急诊23792次，同比减少27.05%，出院人数15827人次，同比减少3.65%。手术例数4483例，同比减少4.4%。药占比28.43%，同比下降0.8%。平均住院日8.1天，同比下降0.4天，床位使用率61.2%，同比下降10.2%。

【疫情防控】 2021年，市人民医院落实市委、市政府及市卫健委的工作部署，坚持人民至上、生命至上，及时启动应急响应，超前谋划、科学防控，修订和完善各项工作制度、应急预案以及医疗救治组织，多次召开疫情防控工作调度会，针对更新的疫情防控要求进行细致安排部署。医院医务科、预防保健科、感染管理科等职能科室多次组织培训，内容包括诊

市人民医院门诊楼

疗方案、防控指南、防护服穿脱等内容。11月27日，满洲里暴发疫情，医院先后派出5批医疗队，42名医护人员支援满洲里疫情防控工作。满洲里转运人员到扎兰屯市隔离期间，医院将扩增重症监护病区改造为收治居家监测人员留观病区，收治患者17人。感染性疾病科收治住院患者71人，留观人数144人，门诊发热患者就诊348人。

【医疗质量和医疗安全管理】2021年，市人民医院加强自身建设和医疗管理制度建设，重新修订与完善各项医疗规章制度、诊疗常规和技术操作规范；建立健全新冠肺炎医疗救治及防控应急预案等一系列疫情防控期间医疗质量管理标准与措施；强化“三基三严”培训和继续医学教育，提高医务人员的业务水平；每周对运行病历、监管平台及终末病历进行抽查，检查运行病历近6000本。每月对科室管理、医疗核心制度执行情况、患者安全管理等进行全面督查，并进行全院通报，实施奖惩，促进医疗质量持续改进。

护理工作 2021年，进行病历监管平台质控10次，质控病历196份。进行终末病历质控18次，质控病历396份。落实危重患者每日上报制度，护理部针对护理安全、基础护理及分级护理要求督查危重患者的质量管理，上报并质控危重患者3651人次，护理部督查危重患者护理质量，适时改进护理中存在的问题，有效预防风险及纠纷的发生。每月召开护士长例会，每季度召开护理质量与安全管理委员会会议。总结护理不良事件管理、护理人员综合能力、疫情防控等方面存在的问题，提出改进方案，评价整改效果。对护士长进行目标管理考核，平时考核与季度考评、年终考评相结合，科室护理质量与绩效考核及护士长考评挂钩。

12月4日，市人民医院驰援满洲里医疗队在满洲里市隔离酒店

感染管理工作 2021年，新增制度、修订流程52项。每日对预检分诊，门急诊和发热门诊进行现场检查和巡查1次，严格落实感控要求，做好病区环境通风及消毒隔离措施管理。采取集中培训、专项培训、在线培训、现场培训、面对面培训、一对一培训等多种形式，进行分批培训和考核，全员覆盖。完成企业微信在线培训6次、课件培训22次，培训人次5114人次，考核22次，培训以巡回2～3次的方式，做到培训无疏漏、无死角，提高工作人员的新冠肺炎防控意识和防控技能。

临床药学工作 加强合理用药的监管，检查运行病历中用药合理性，对特殊级抗生素药物进行审批。落实处方点评制度，对处方实施动态监测及超常预警。加强麻醉、剧毒药品管理，落实抗菌药物分级管理制度，对不合理使用抗菌药物的医务人员严肃处理。每月对门诊抗菌药物处方和普通处方进行处方点评，点评处方22980张。

【新业务新技术】 2021年，市人民医院申请新技术、新业务项目41项。经医疗质量与安全管理委员会、学术指导委员会及医学伦理委员会联席会议讨论，同意在医院临床应用，各委员会充分发挥作用，要求各科室严格按照相关诊疗指南与技术操作规范开展工作，其中经皮内镜下黄韧带切除椎管扩大成形术、永久起搏器植入术、纤维支镜引导下清醒气道插管、急性脑卒中血管内介入取栓术等填补全市空白。

【中心血库】 2021年，受疫情影响，献血者数量减少，临床用血量与上年同期持平，临床用血严重偏型，应急突发事件频繁发生，血样外送需要时间，血液多次出现预警告急。中心血库加大宣传力度，把步行街外采由原来的不固定日期调整为每周二固定外采1次，基本保障临床用血。全市采集全血人数2876人次，采血量5326单位，外采血48次、886人次，采血量1636.5单位。7月12日，中心血库首次机采血小板成功，提高血小板原因引起相关疾病患者输血治疗效果，降低输血不良反应的发生率，同时减轻患者机体受血负担和经济负担。

【“120”急救中心】 2021年，市人民医院“120”急救中心出诊5758次，其中有效出诊4047次、疫苗保健512次、其他保健及演练80次、核酸采集546次、接送隔离患者76人、空跑497次。核酸采集及疫苗保健演练增多。胸痛中心、卒中中心工作流程规范高效运行，常规出诊增长19.9%；优化服务流程后使空跑率减少37.6%，减少急救资源的浪费。

【胸痛中心】 2021年，市人民医院胸痛中心先后完成造影手术627例，支架手术274例，永久起搏器8例，临时起搏器5例，作为抢救重症心脏病人应用的主动脉球囊反驳泵4例，通过胸痛中心绿色通道，新技术的开展，有效缩短救治时间及过程，患者死亡率有效降低，治愈率显著提升，医院胸痛中心建设水平也在稳步提高。

【卒中防治中心】 2021年，市人民医院累计完成溶栓602例，实现溶栓例数增长38.3%。9月，内蒙古自治区防治卒中中心综合排名第二；全国防治卒中中心800强综合排名第四十名。

【危重孕产妇救治中心与危重新生儿救治中心建设】 2021年，市人民医院收治新生儿180人次，均为重症监护病人，治愈率约95%，开展重症讨论20余次。产科分娩846例，其中双胎7例，完成剖宫产519例，自然分娩327例，剖宫产率61.3%，有创无痛分娩56人次，无创无痛分娩69例。共建册566人次，高危妊娠人数706人，无创产前DNA检查235人次。产科急救中心出诊5次，接回病人5人入院治疗。抢救危重病例10例，抢救成功10例。输血25人次。医护人员能熟练完成产前子痫急救、产后出血、新生儿窒息复苏、静脉置管技术、颈外静脉穿刺技术等急救技术，发挥危重孕产妇和危重新生儿救治中心的重要作用。

【呼吸与危重症医学科】 2021年，市人民医院呼吸与危重症学科（PCCM）开展新技术新业务5项，分别开展雾化综合治疗室、FeNO（呼出气一氧化氮测定）以及无创呼吸机、有创呼吸机、支气管镜、肺功能检查等，尤其对慢性阻塞性肺病、支气管哮喘患者的规范化诊疗实现显著提升。

【人才培养】 2021年，市人民医院通过校园招聘引进人才6人，通过网络公开招聘37人，其中研究生4人，本科生7人，专科生以下32人，为医院的人才队伍建设输入新鲜血液和人才储备。选送13名医护骨干去上级医院进修学习，选送57名医护人员外出参加培训学习。

【附属医院教学】 2021年，市人民医院为扎兰屯职业学院附属医院，承担医学护理系的教学工作，接收扎兰屯职业学院临床医学实习生33名，接收基层卫生单位来院进修2人，接收护理学实习生61人。依据扎兰屯职业学院教学大纲进行临床科室轮转学习及带教工作。

【对外协作】 2021年，市人民医院继续与北京、哈尔滨、内蒙古多家医院建立稳定协作关系。与内蒙古自治区远程服务中心建立合作关系，签订合作协议，开展远程教育、远程会诊工作。全年外请专家手术268例、远程视频讲座2次、远程会诊3次。

（姜　微　孙焕玲）

扎兰屯市中蒙医院

【概况】 扎兰屯市中蒙医院是一所以中蒙医为主体，具有综合医院特点的医疗机构。总建筑面积36324.99平方米，占地面积11675平方米。编制床位500张，实有床位500张。病区设置12个。医疗设备万元以上设备总价值17034万元，万元以上设备699台，其中10万～49万元设备146台，50万～99万元设备14台，100万元以上设备32台。实际开放总床日数187975日，实际占用总床日数137467日，出院患者占用总床日数138227日。2021年，总资产33210.8万元（上年33074.1万元），其中固定资产4875.2万元（上年49429万元），负债与净资产33210.8万元（上年33074.1万元）。总收入25935.6万元，其中医疗收入22136.1万元，医疗收入中门急诊收入10365.7万元，住院收入11198.9千元。总诊疗376721人次（不包含核酸检测人次数），其中门诊341684人次，急诊35037人次，入院15397人次。定编床位使用率73.13%，平均住院日8.91。住院病人手术6921人次，门诊826手术（包含急诊缝合）。门诊处方293387张，其中使用抗生素处方17459张。传染病和突发公共卫生事件136人次。

【中蒙医特色】 2021年，市中蒙医院病房设立中蒙医综合治疗室，每个科室均制定本科3种以上常见病的中蒙医治方案。门诊设立中蒙医综合治疗区，开展内、外、妇、儿、骨伤、皮肤、肛肠等临床科室的常见病、多发病的中蒙医院综合治疗。中医蒙医开展毫火针治疗，长龙灸、经络导引、悬灸、踩桥、放血疗法、茶酒疗法、喷酒按摩、火罐、耳穴埋豆等非药物治疗项目，开展“冬病夏治”“夏病冬治”“三伏贴”，中医治未病服务，开展中蒙医治疗技术60项。在吊桥公园内步道旁，树立48块印有中医养生、中医健康指南等内容的政风两面展板，诠释中华传统医学精粹。第三批自治区老中医蒙医专家学术继承工作完成结业考核，完成第四批自治区老中医蒙医专家学术继承申报。心内科、脑病科完成申报内蒙古自治区第三批中医特色优势重点专科建设项目。

【护理工作】 2021年,市中蒙医院实行护理目标管理,落实中医护理工作指南的要求,开展中医护理适宜技术22项,服务19599人次,护理适宜技术应用19599人次,应用171599次,临证施护对病人进行有针对性的中医健康指导。根据护理人员结构及实际情况,开展护理专业理论、护理技能培训考核,合格率100%。组织护士长、业务骨干参加线上学术会议培训、外出参观学习、护理专科进修等培训,开展护理新技术6项,护理新项目1项,护理新业务2项,全年住院患者平均满意度99.89%以上。

【医疗质量管理】 2021年市中蒙医院建立健全医疗质量管理与控制体系,落实医疗质量与医疗安全的核心制度。加强对医疗质量关键环节的管理,如危重病人管理,围手术期管理,输血与药物不良反应,有创诊疗操作,新技术管理等;重要部门和重要岗位管理,如急诊科、手术室、麻醉科、重症监护室、内镜室、血液净化室、产房、新生儿病房、供应室的质量管理、发热门诊的扩建等。加强医疗技术临床应用管理,建立并严格执行医疗技术准入制度,入医院申报执行冠状介入治疗技术,外周血管介入诊疗技术,高压氧治疗技术等。建立医疗技术风险预警机制,最大限度杜绝医疗事故发生,确保医疗安全。规范临床检查、诊断、治疗、使用药物和植(介)入类医疗器械使用行为,制度医疗器械临床使用安全管理制度。严抓医疗质量管理,加强归档病历、死亡病历、运行病历及门急诊病历管理,每月组织二级考核组专家对病历进行督导检查,发现问题,及时整改。全年督导检查病历722份,重视病历“3日归档率”。加强危急值管理,对危急值进行追踪式检查。加大对急诊急救绿色通道的管理力度,尤其是胸痛患者及急性脑卒中患者绿色通道使用情况的管理,按月核查执行情况。

【合理用药】 2021年,市中蒙医院完善处方点评制度,加强合理用药监测,规范抗菌药物的临床应用管理和临床辅助药物使用管理,严格执行特殊药品的规章制度,合理应用抗菌药物。设立临床药学部,配备本职人员,按照《医院处方点评管理规范(试行)的要求》,定期对处方(病历)进行评价,规范处方(用药医嘱)开具、审核、调配、核发用药指导等行为,对不合理处方,不合理医嘱进行干预。制定抗菌药物临床应用和管理实施细则,抗菌药物实行分级管理制度。逐步完成以电子病历为基础的信息化建设,HIS系统、LIS系统、PACS系统、临床路径、合理用药,门诊医师工作站,

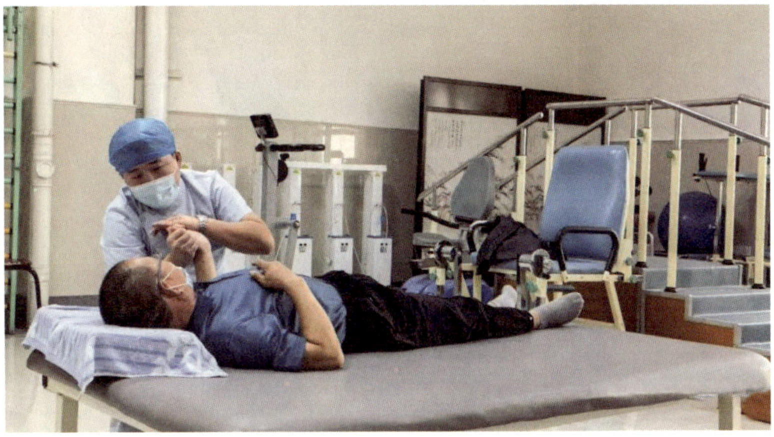

7月14日,市中蒙医院理疗医生为患者治疗

挂号系统，远程会议系统等全面推广使用，开启信息化医疗质控模式。

【新技术应用和中蒙医非药物治疗项目】 2021年，市中蒙医院脑超声引进新技术TCD发泡试验；脑外科成功完成显微镜下右额镰旁脑膜切除术；检验科新引进希森美康全自动血细胞分析仪检测血常规，让疾病无所遁形；肿瘤科开展新业务——靶向药物治疗，为肿瘤患者带来更多的选择与希望；影像科开展X线乳腺导管造影技术；重症医学科；血浆置换（人工肝、连续性肾脏替代治疗CRRT），纤维支气管镜下吸痰；7月21日，脑卒中筛查门诊挂牌开诊，对于脑血管疾病，做到早筛查、早发现、早治疗、早预防；12月，引进芬兰Planmeca公司生产的口腔颌面锥形束计算机体层扫描影像设备。该设备进行数字化口腔曲面体层影像的同时，还可以进行提供更加清晰的冠、矢、轴及横断面3D图像。该套设备在临床应用，此技术在本地区处于领先水平。超声开展子宫输卵管超声造影检查和心内科开展植入型心律转复除颤器。植入型心律转复除颤器手术的开展填补中蒙医院此项技术上的空白。

1月6日，患者在市中蒙医院使用“一站式”服务终端

【医德医风建设】 2021年，市中蒙医院完善医院监督机制的建设，制定反腐倡廉相关工作计划，细化工作目标和措施，将惩治和预防腐败体系建设工作纳入医院整体工作之中。并针对医院日常工作中“权、钱、人、项目”等重点环节制定完善的规定和实施细则，形成较为完备的制度体系。加强对医院服务行为的管理和自查，推广临床路径管理，每月对医疗质量进行分析，规范诊疗行为，促进合理用药，坚决纠正各种乱收费、滥检查、大处方等行为。做好民主评论和行风建设，主动接受社会监督，构建和谐医患关系。开展患者满意度调查各种，严格执行《医院投诉管理办法》。患者满意度均在92%以上，收到锦旗41面、表扬信29封，拒收红包金额6.82万元，对违反劳动纪律和医德医风管理规定的进行通报和扣款。

【扶贫助困】 2021年，市中蒙医院帮扶贫困户89户，院党委为贫困户开展免费体检，为库堤河村贫困户报销个人承担部分10%医药费，有363人享受该10%报销款约6.2万；收治大病患者145人，垫付费用153万元，其中患者1308人，垫付费用491万元。持续开展对口帮扶，针对市中蒙医院帮扶村的贫困户进行动态监测和入户调查，开展免费健康体检和义诊活动，受益群众100余名，脱贫攻坚成果得到巩固和拓展。驻派驻村工作队与脱贫攻坚工作有效衔接，全面推

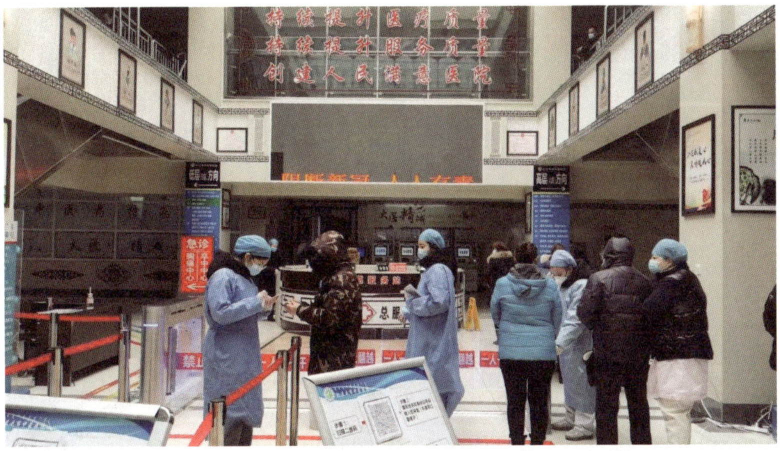

12月5日，市中蒙医院对入院患者进行扫码登记

进乡村振兴工作开展。

【感染控制】 2021年，市中蒙医院感控科承担新型冠状病毒感染肺炎防控工作领导小组办公室工作，修订完善《新冠肺炎疫情防控应急预案》，增加《院感防控日巡查制度》《感染防控巡查整改制度》《疫情防控每周例会制度》。

【规范化培训】 2021年，市中蒙医院开展院内临床技能培训13次，培训130余人次。9月，2018级规培学员完成结业考核，通过率66.67%。借助网络平台采取远程直播、录播回放形式，邀请上级医院专家来院实地讲座，开展临床指南、专家共识及常见病、多发病诊疗新进展等相关知识培训，远程培训19次，培训286人次，实地讲座16次，培训1142人次。为提高基层医疗机构医疗卫生服务能力和水平，根据卫健委要求，完成基层卫生人员培训21人。完成第六期基层医疗卫生机构中医药适宜技术培训工作，参加培训26人。通过华医网进行在线学习564人，申报自治区级继教项目7项，国家级中医药继续教育项目1项。派出医生外出进修学习7人次，短期培训学习25人次，接收进修人员16人，实习人员26人，见习人员12人。

（赵　娜）

扎兰屯市疾病预防控制中心

【概况】 2021年，扎兰屯市疾病预防控制中心审核传染病1629例。对全市37所小学和98所幼儿园的9172名儿童开展接种证查验工作，查验覆盖率100%，免疫疫苗接种率均95%以上。建立规范的居民电子健康档案34.62万份，建档率92%。高血压随访管理30664人，糖尿病随访管理7604人。对12个乡镇和市区内的26个出厂水和42个末梢水开展枯水期和丰水期监测；开展食源性疾病哨点医院督导。及时修订完善《扎兰屯市疾控中心突发公共卫生事件应急预案》《扎兰屯市疾控中心新冠肺炎感染控制消毒技术方案》，做好疫情防控等各项工作。

【传染病预防与控制】 2021年，市疾控中心24小时专人负责传染病疫情监测信息系统的信息上传和处理。对重点传染病进行监测报告，实行日监测“零”病例周报告制，审核传染病1629例。与辖区学校和托幼机构建立联防联控机制，疫情调查处理率100%。对医疗机构开展业务督导2次。

艾滋病与性病防控　检测咨询603人次，对滋病病人及感染者全部纳入管理，接受免费抗病毒治疗。进行重点人群专题宣教，抗体筛查青年学生200人，老年人和家政家务人员198人。

布病项目 完成人间布病防控春秋两季督导，对养殖户患者进行面对面防治指导，发放外科口罩、塑胶防护手套等宣传教育与行为干预用品3.02万份，完成行为干预1.7万余人，干预人数达到高危人群数的88.9%。布病病例建档率为100%，规范治疗率和随访率均为96.3%，治愈率为94.4%，慢性化率为4.8%。

鼠疫防控 28家发热门诊和21个出入境体温检测点全面启动鼠疫疑似病例日报告制度。预检分诊和出入境体温检测点排查263.9万人次，排查出体温高于37.5℃的866人，通过调查分析均排除患鼠疫可能。开展2次479人鼠疫防控培训，知晓率100%。

结核病防治 规范管理结核病患者328例，追踪疑似结核病患者241例，结核病和艾滋病患者双向筛查176人，未查出阳性病人。利用“易督导”平台对患者绑定微信、智能药盒，督促患者按时服药，提高服药质量，服药率95.3%。全市肺结核接受免费筛查的可疑症状者数量达到人口的2.7‰以上。报告肺结核患者和疑似肺结核患者的总体到位率96.3%，

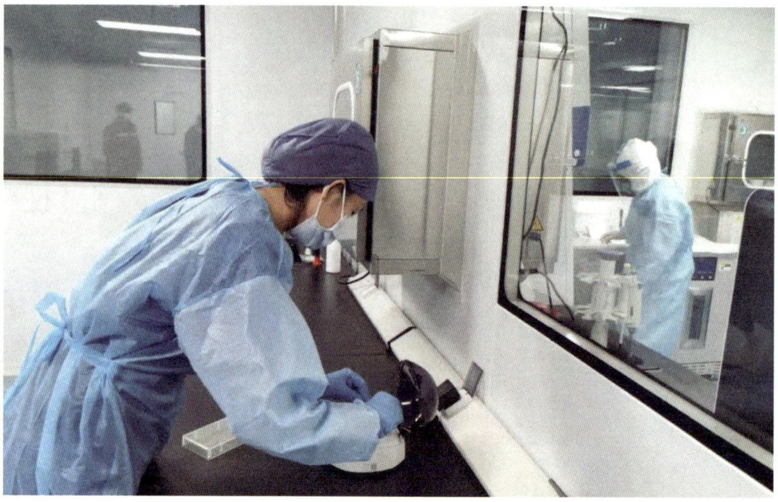

11月30日，市疾控中心工作人员在PCR实验室进行核酸检测

【免疫规划】 2021年，市疾控中心对全市各医疗机构预防接种人员开展现场及网络培训3次。开展免疫规划督导4次。对全市37所小学和98所幼儿园的9172名儿童开展接种证查验工作，查验覆盖率100%。免疫疫苗接种率均95%以上。规范冷链管理，为所有接种单位分别配备海尔医用冰箱2台、温湿度监控仪1台、带温控设备的冷藏箱2个、冷藏包2个、桌面小冰箱3个、扫码枪4个等冷链设备。使用疫苗专用冷藏车配送一、二类疫苗6.97万支，往返海拉尔、阿荣旗对全市24个新冠病毒疫苗临时接种点运输配送新冠疫苗62.18万剂次。

【慢性非传染性疾病预防与控制】 2021年，市疾控中心建立规范的居民电子健康档案34.62万份，建档率92%。高血压随访管理30664人，糖尿病随访管理7604人。管理严重精神障碍患者1684人，报告患病率5.11‰，管理65岁以上老年人38659人。全年与相关部门核对死亡病例1279例。报告死亡病例2993例，辖区粗死亡率为8.2‰。报告肿瘤发病病例863例，肿瘤死亡病例647例。完成1200人心血管监测项目和日常心脑血管事件网络报告、1142人心理健康基线调查。

【公共卫生与卫生检验】 2021年，市疾控中心完成自治区生活饮用水监测项目。对12个乡镇和市区内的26个出厂水和42个末梢水开展枯水期和丰水期监测；开展食源性疾病哨点医院督导4次；完成5个乡镇20个监测点、

100个农村环境、5个乡镇基本情况以及9个农村中小学校环境卫生调查:完成幼儿园及中小学儿童体检2190人,近视率47.61%。开展全民营养周暨“5·20”中国学生营养日和第26个全国“爱眼日”宣传,发放宣传单1800余份。

完成门诊患者HIV抗体筛查572人;布鲁氏杆菌病检测2287人,阳性195人;风疹、麻疹血清抗体检测15人份。按时完成HIV检测情况网络直报以及HIV实验室室间盲样考核工作。通过自治区和呼伦贝尔市能力验证项目。对市区包装餐饮具卫生采样及检验30份,采集检测生活饮用水样本167份、盐碘300份、尿碘300份。常态化多点触发监测采集核酸样本18.24万份,核酸检测结果均为阴性。

【地方病预防与控制】 2021年,市疾控中心对300份食用盐样进行监测,碘盐合格率93%,对200名8~10岁儿童进行B超甲状腺容积测定,未发现病例。对7~12岁儿童大骨节病监测14022人,无阳性病例;12岁以上成人大骨节病监测5926人,诊断阳性160人,阳性检出率16.4%。克山病搜索出心肌病病例844例,确诊12人。对柴河镇生活饮用水氟含量、128名儿童氟斑牙开展监测,饮用水氟含量达标,检出儿童氟斑牙可疑17人,检出率10.94%。

【疫情防控】 2021年,市疾控中心修订完善《扎兰屯市疾控中心突发公共卫生事件应急预案》《扎兰屯市疾控中心新冠肺炎感染控制消毒技术方案》及疫情防控人员梯队,更新新冠肺炎防控应急知识的学习,发布防控知识信息和宣传资料27500余条(份),对医疗卫生单位负责人及防保人员和高考期间疫情防控工作人员及监考教师、快递餐饮、冷链物流等工作人员培训7次2164人。流调6330人,填写流调表6330份,书写流调报告3611份,追踪密切接触者11381人。对各医疗机构、集中隔离点等场所进行疫情监测、指导47次,外地协查212人,完成满洲里隔离700人及其中2例阳性病例的流调、消杀、检测。11月和12月带领2批8人次驰援满洲里市和扎赉诺尔区开展疫情防控。消毒总面积3.5万平方米。

(焦义杰)

扎兰屯市妇幼保健计划生育服务中心

【概况】 2021年,扎兰屯市妇幼保健计划生育服务中心孕产保健门诊量6399人,儿童保健门诊5838人,妇女保健门诊7769人,中医康复科1432人次;全年发放口服避孕药210盒,避孕套3.3万只,完成全市5737人药具发放随访工作。全年总收入955.55万元,总支出839.55万元,中心万元以上医疗设备62台,其中10万元以下的设备31台,10万~50万元的设备26台,50万~100万元的设备1台,100万~300万元设备4台。

【妇女保健管理】 2021年,市妇幼保健计划生育服务中心以《母子健康手册》的规范使用为媒介,强化产科医生、妇幼医生和村医在高危孕产妇分级管理方面的各项职责。制定“产前检查和高危孕产妇日报告和反馈制度”“高危孕产妇月通报制度”“剖宫产率实名医生月通报制度”“孕产妇死亡责任追究制”“高危孕产妇分级管理制度”监督各级医疗机构的日常工作,提高保健工作质量。定期组织相关技术人员，对全市各医疗机构的母婴安全工作进行督导检查，对发现的问题及时上报市卫健委，并制定可行性整改措施。全年产前检查覆盖率99.43%，早孕建册率97.37%，产妇产后访视率98.66%，孕产妇系统化管理率为96.42%，全市剖宫产率为65.2%。

【儿童保健管理】 2021年，市妇幼保健计划生育服务中心免费筛查新生儿1558名，筛查率98.8%，其中甲状腺功能减退0例，苯丙酮尿症0例。印发“高危儿监测管理手册”，设专人负责监测各医疗机构的落实情况。对全市所托幼机构、早教机构进行卫生保健督导检查和评估，培训全市园长和保育员386人。9月，成立儿童保健服务工作队，对入园儿童做生长发育检查2745人、骨强度检查62人、龋齿防治56人、弱视筛查2745人、贫血筛查2745人、听力筛查2745人，完成在园儿童体检反馈单2745份，评估指导儿童2745人。2021年，7岁以下儿童保健覆盖率95.7%，3岁以下儿童系统化管理率为94.26%，新生儿访视率98.47%，5岁以下儿童血红蛋白检测率为55.96%，新生儿、婴幼儿和5岁以下儿童死亡率分别为3.83‰、4.47‰和6.39‰。

【出生证明管理】 2021年，市妇幼保健计划生育服务中心对各签发机构督导2次，发现问题及时纠正。全年使用出生证明1592枚，签发1575枚，废证1枚，废证率0.006%，首次签发率99%，补发62枚，其中市妇幼保健计划生育服务中心补发12枚。全年《出生医学证明》管理无丢失，符合自治区管理要求。

8月6日，市妇幼保健计划生育服务中心开展提高妇女自我保健意识宣传活动

【妇幼卫生项目及重大公共卫生项目】 2021年，市妇幼保健计划生育服务中心妇幼卫生及重大公共卫生项目有4项。

增补叶酸预防出生缺陷项目 2021年，全市投服叶酸率99.5%；依从率45.2%；知晓率94.7%。

宫颈癌免费筛查项目 2021年，筛查5405人，检出妇科疾病807人，其中宫颈癌癌前病变20人，宫颈浸润癌1人，低级别病变9人，宫颈癌患病率18.5/10万。

乳腺癌免费筛查项目 2021年，筛查1504人，检查早期乳腺癌1人例，乳腺癌患病率66.49/10万。

消除艾滋病、梅毒和乙肝母婴传播项目 2021年，孕产妇艾滋病检测率100%，其中阳性率为0%；梅毒检测率100%，其中阳性率0.44%；乙肝检测率100%，其中阳性率3.31%。对发现患病的孕产妇和儿童进行及时干预，新生儿乙肝免疫球蛋白接种率100%。梅毒孕妇治疗率100%,新生儿治疗率100%。

孕前优生健康检查项目 2021年,完成孕前优生健康检查任务数为500对,其中查出高风险220人,完成任务数86%,达标后保持。

【专科特色服务】 2021年,市妇幼保健计划生育服务中心运用中药方剂治疗脑中风、高血压、糖尿病、冠心病、肾病、甲状腺疾病等内科慢性病患者500余人次;中医适宜技术(包括针灸、推拿、远红外线、穴位埋线等)治疗风湿病、骨关节病及软组织功能退变等痛症患者200人次;荨麻疹、带状疱疹等皮肤病100余例,孕妇产前营养保健指导15例;产后康复指导17人次,妇科及乳腺病康复治疗、盆底肌康复治疗脏器脱垂症、尿失禁、鼻炎等203例;儿童消化及营养不良10例中药煎剂室共煎出汤剂7000余服。作为宫颈癌疫苗接种定点单位,采取网络、电话预约等方式,完成1203人的接种工作。

（高　鑫）

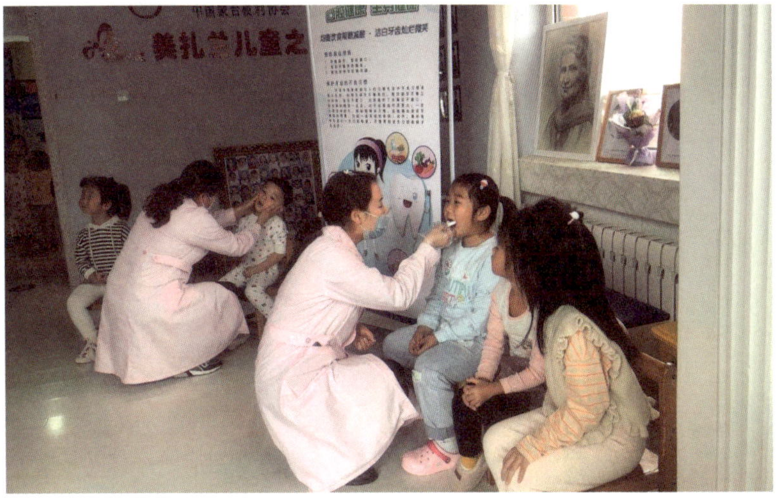

9月20日,全国爱牙日口腔健康宣传义诊活动

社会民生事务管理

民政

【概况】 2021年，扎兰屯市低保对象20125户，24258人，发放低保资金12786.7万元；特困供养对象2304人，发放供养资金1861.6万元，临时救助2552人，发放救助资金327.5万元。2021年，城市低保标准为710元/月·人，农村低保标准为5700元/年·人；城市特困供养标准为923元/月·人，农村特困供养标准为7410元/年·人，提标及补发提标工作5月末完成。建档立卡贫困户纳入农村低保109户，160人，发放资金5.7万元，纳入特困2户，2人，发放资金0.87万元，临时救助108人，发放资金13.8万元。对符合条件的重残人员、重病患者等特殊困难人员实施“单人保”，参照“单人保”纳入低保31人，发放资金1.324万元。

6月19日，市民政局在三角地广场开展“携手相助 让爱团聚”主题开放日活动

【分散供养】 2021，年，市民政局对全市分散供养特困人员全部签订《呼伦贝尔市照料护理服务协议》，对完全丧失生活自理能力和部分丧失生活自理能力的特困人员，每月上门走访探望；对具备生活自理能力的特困人员，每季度上门走访探望，确保探访有方向、有效果。将试点乡镇（街道）临时救助资金使用审批额度由原来的1000元提高至3000元。拨付急难救助金6.05万元，为乡镇办发放备用金119.5万元，与黑龙江省心铭远精神障碍治疗医院沟通，低保、特困人员中的精神障碍患者每年缴纳生活费5000元，每月再支付精神病医疗费100元

即可住院治疗。

【社会救助管理】 2021年，市民政局对申请社会救助对象、住房和城乡建设局一至四季度发放廉租房补贴对象、公租房补贴对象、建档立卡新识别人员17462人进行核对，以核对报告的形式将疑点数据2295条及时反馈给各相关业务部门。对自治区下发的预警数据18批次进行核对，清退不符合社会救助条件220人，对违规资金进行追缴。定期对在享低保对象进行核对，停发1285人。对全市157名低保经办人和村、居委会干部近亲属享受低保人员进行备案，分片区开展社会救助工作业务培训会。对备案的村居干部进行100%入户调查，对新增社会救助对象进行30%入户抽查，杜绝“人情保”“关系保”“错保漏保”现象发生。摸底排查1587户，3392人，符合低收入人口条件的有168户，427人。通过政府购买服务，12个乡镇(134个村居)和4个养老机构，2280名特困供养人员自理能力评估工作。

【养老服务】 2021年，扎兰屯市有公办养老机构1家，下辖城郊敬老院、蘑菇气敬老院、成吉思汗敬老院，床位870张，入住老人520人。民办养老机构27家(正常运营22家)，总床位2217张，社区日间照料中心9家，设有床位180张，农村互助养老幸福院21处401户，入住494人。养老床位总数达3668张，占老年人口的45.8‰。

丰富养老服务供给 普惠制养老——家园养老中心占地7000余平，建筑面积3000余平，设有床位233张，主体工程完工，预计2022年投入使用；利用现有服务场所完善服务功能建成5个街道级、11个社区级的养老服务中心；社会福利中心有护理型床位500张，占总床位57.5%，20家养老机构与邻近医疗机构签订合作协议，签约覆盖率87%。全市生活不能自理的特困人员556人，其中集中供养328人，集中供养率59%，有集中供养意愿的特困人员有531人，已集中供养531人，集中供养率100%。

扶持政策 为6956名80周岁以上老人和17名100周岁以上老人发放高龄津贴629.99万元，在安心养老平台优化申请和办理流程，同时每季度进行生存论证。完成养老机构建设、运营补贴政策以及责任保险支持措施申请工作，按时发放养老机构各项补贴。强化养老服务机构消防、食品安全、老年人防诈骗等重点环节安全管理，采取不定期的方式对养老机构进行督导检查，联合相关部门对养老机构进行抽查，下达限期整改指令书90份，存在安全隐患的机构全部在规定的时间内进行整改；各机构开展安全演练30余次。

【儿童福利】 2021年，市民政局为22名孤儿、49名事实无人抚养儿童发放供养金106.72万元，为符合条件的6名孤儿发放助学金6万元。与医疗机构协调，投入资金2.53万元为23名孤儿进行体检，做好健康状况评估工作。通过政府购买服务对234名困境留守儿童进行关爱保护，承接方采取线上与线下相结合的方式开展心理疏导、亲情陪伴、健康知识讲座、手工制作等活动，进行关爱服务74次。为116名留守、困境、孤儿、事实无人抚养儿童送去价值8.44万元的慰问金及书包、衣物和学习等用品。对6名困境儿童符合事实无人抚养儿童条件，及时纳入保障范围。配合公安部门成功解救1名被贩卖的5个月大的儿童。配备专兼职儿童督导员和儿童主任193人，投入1.17万元制作、发放督导员、儿童主任工作职责展板193块，未成年人保护宣传手册及宣传单(画)2万余册，开展未成年人保护政策宣讲及督导员、儿童主任业务培训10余次；完善困境儿童信息库。

【慈善事业】 2021年，中国移动爱“心”行动——贫困先心病儿童救助项目为35名困难家庭患儿进行筛查，符合手术条件的7名儿童于11月末进行手术；“胃”了你、“肠”相守早癌筛查公益慈善项目已有24人与医院进行对接，8名进行手术；对全市509名老人及贫困群众进行白内障筛查，168名符合手术条件，有70名老人进行手术治疗。

【社会工作】 2021年，在繁荣街道、向阳街道、南木鄂伦春民族乡成立社会工作站，形成以社区为平台、社会工作专业人才为支撑、社会组织为载体、社区志愿者为辅助、社会慈善资源为补充的“五社联动”公益生态圈，实现政府、爱心企业、社区、社会组织等多方资源的整合对接，提升基层社会治理和社会服务水平。对90余名报考2021年度社会工作师人员举行考前培训2次，有持证社工25人。

【社会组织管理】 2021年，市民政局对全市170个社会组织进行年度检查工作，开展“容缺受理服务”行动及教育“双减”活动，制定政务服务容缺受理目录清单，社会组织登记时限由原来的法定60日改为承诺办结时限12日；行业协会商会等四类社会组织取消业务主管单位前置审批，改为直接登记，行业协会商会登记注册资金由原来的3万元降低至1万元；对已登记的35家学科类社会服务机构开展自查工作，配合市教育局和市场监督管理局开展学科类校外培训机构业务活动情况检查3次。社会组织活动多彩，向阳义工和志愿者协会为55户社区群众修整巷道，修整脏水井和清运垃圾；晨曦之光公益协会开展慰问留守儿童和困境儿童活动；环保志愿者协会120名志愿者开展“同心向党、放飞梦想”为主题的公益环保活动；扎兰屯市蒙东肉牛协会与高台子街道五一村17户贫困农民2021年春季继续签订青贮饲料种植业务。开展社会组织年度检查“双随机、一公开”工作4次，接受行政检查和行政指导的社会组织62个，对其中存在问题的5家社会服务机构给予限期改正处理。建立与公安部门开展联合打击整治非法社会组织管理长效机制，共查处1起非法社会组织活动案件。7月开始在铁东街道党群服务中心建设社区社会组织孵化中心，面积310平方米，选择2家公益性社会组织参加自治区民政厅培训班，制定出台《扎兰屯市

12月28日，市民政局未成年人保护中心为留守儿童献爱心生活礼包

社区社会组织备案办法》，实行社区社会组织备案制度。

【社会事务】 2021年，市民政局印发《扎兰屯市开展违建墓地专项整治工作实施方案》的通知（扎政办字〔2021〕16号），对违建墓地的整治重点、相关部门的责任划分、工作措施及工作推进时间节点做明确的规定，78座硬化大墓硬化物及其附属建筑按要求全部拆除；对排查遗漏的册外违建硬化大墓27座一并拆除，拆除所产生的建筑垃圾均已深埋或运送到指定位置，恢复原有土地功能。细化对城乡低保户、特困人员等困难群众殡葬救助标准及程序，为227户政策内六类困难群体家庭减免各项费用28万余元，为96个购买公墓的经济困难家庭进行政策内减免约10万余元。将符合条件的残疾人及时纳入保障范围，不符合人员及时停退。及时足额2项补贴，困难残疾人生活补贴7016人，发放825.3万元，重度残疾人护理补贴4438人，发放524.22万元。全年受理离婚申请1473对，撤回申请792对，结婚登记2212对，补领登记证941对。清洗完善历史数据600余条，扫描上传档案1600余份，为公检法等单位出具协查函200余份，为各单位核实遗属500余人。做好流浪乞讨人员救助工作，接纳遣送回乡流浪乞讨人员12人；安置社会福利院1人、龙江县心铭远精神病医院2人。对安置未落户人员15人，公安部门办理户口11人。

【基层治理】 2021年，市民政局建立"一刻钟文体服务圈""一刻钟医疗卫生服务圈""一刻钟平安服务圈"，建立以社区服务大厅为基础的"一站式"服务平台"，为群众解决困难150余件。推行社区工作者职业体系建设试点工作，社区干部1—6月薪酬待遇按照3300元/人·月标准已及时下发。7—12月薪酬按照"三岗十八级"标准核定完成并发放。指导各乡镇街道及各村居录入完善全国基层政权建设和社区治理信息系统，完成2924条信息。全市130个村和43个社区完成村（居）赋码系统信息数据录入和社会统一信用代码证书的更换工作。印发《扎兰屯市全面推进村（居）务公开工作的实施方案》《扎兰屯市全面推进"村（居）务"公开工作实施细则（试行）》、村务公开目录，不定期开展"村（居）务"公开检查指导，对检查中发现的问题及时整改，开展自查自纠，建立"村（居）务"公开工作台账。全市有20人享受离任社区干部生活补贴，发放补贴资金16.8万元。

【区划地名】 2021年，市民政局推进市区设置、编排、安装院、楼门牌1.96万多块通过不定期排查对2处破损街路牌进行拆除更换。挖掘革命老区文化内涵，弘扬红色文化和光荣革命传统，编撰完成《蘑菇气抗日救国军》红色地名故事，应邀参加"庆祝中国共产党成立100周年呼伦贝尔市民政系统红色地名故事分享会"。与市自然资源局、发展改革局、住建局等部门进行沟通协调，实现4个新建小区先命名后办理规划等手续。完成2018年第二次全国地名普查后新建小区的实地采集、编辑文本、蒙文翻译、录入平台、标图落图工作；完成全国地名信息政务管理平台扎兰屯市地名数据中地名原读音1533条、地名设立时间78条，地名蒙文翻译18条、多媒体图片38张的采集、录入工作。创建平安边界，聘请专业人员，联合相关部门对大河湾镇与达斡尔民族乡行政区域界线，

（徐地营子）进行实地勘测，并设立木质界桩10颗。

（董宛莹）

人力资源和社会保障

【概况】2021年，扎兰屯市新增就业3155人，失业人员再就业1191人，就业困难人员就业1112人。城镇登记失业率4.04%低于4.5%的责任目标。农村劳动力转移就业24535人，其中稳定转移就业6个月以上的18200人。城镇劳动力技能培训324人，农村劳动力技能培训475人。创业培训112人，成功创业44人，带动就业服务150人，有青年见习基地41家，提供就业岗位420余个。参加城镇职工基本养老保险91965人（企业77162人，机关事业14803人），其中执行企业制度职工人数（不含离退休）38209人；城乡居民养老保险168393人。累计发放社会保险待遇178878.69万元。其中企业职工养老保险发放127817万元，机关事业养老保险待遇发放41894万元，城乡居民养老保险待遇发放7897万元。

9月18日，市人社局就业服务中心举办“金秋草原 就在北疆”就业创业推进会暨秋季招聘会

【失业保险】2021年，扎兰屯市参加失业保险职工人数18506人，发放失业保险待遇146.69万元。

【工伤保险】2021年，扎兰屯市参加工伤保险29105人，发放工伤保险待遇1124万元。

【劳动关系】2021年，市人社局开展常态化监督检查用工单位496家，下发责令整改意见书30份。审查企业集体合同61份，涉及职工7258人。工资专项集体合同61份，涉及职工7258人。女职工保护专项集体合同2份，涉及职工159人。

【劳动争议调解及仲裁】2021年，市人社局立案受理劳动争议案件122起，结案122起，涉及劳动者124人，其中25起为调解结案，97起为裁决结案。不予受理案件25起，涉及劳动者25人。各乡镇、街道基层调解组织调解案件135起。

【治欠保支】2021年，市人社局受理欠薪投诉案件406起，涉及1800余人，为劳动者讨薪2300余万元（其中群众来访171起，涉及1196人讨薪1601.8万元，处理国家欠薪平台线索166条涉及548名人讨薪674.63万元，受理处理“12345”转办线索69件72人讨薪12.5万元）。全市保障农民工工资支付工作总体平稳，解决拖欠农民工工资问题取得明显成效。

【人事管理】2021年，扎兰屯市推进事业单位招聘计划，全市83家事业单位申报公开招聘计划，设置招聘岗位186个，其中卫生专业技术岗位70个(含校医岗位18个),综合类岗位107个,多元化招聘岗位9个。按照市编委批复的各部门改革方案,对各涉改事业单位的划转(转隶)人数、划转(转隶)人员是否为在编职工、划转(转隶)人员档案基本信息、转隶前后工作单位是否准确等内容进行审核。办理改革后管理权限内51家事业单位875人的划转(转隶)手续,723人工资转移手续,其余人员为具有参公身份人员。

【人才服务】 2021年,市人社局推荐高校毕业生就业550人,组织70名毕业生参加就业见习。“三支一扶”、社区民生志愿者和人才储备期满高校毕业生62人,按规定及时办理期满高校毕业生的期满证书、失业保险发放工作。

【职业能力建设】 2021年,市人社局发放以工带训补贴发放2376.84万元,涉及企业92家,职工40487人。推荐呼伦贝尔市技能大师工作室1家,开展职业技能培训学校年检1次。

【机关事业单位工资福利】 2021年,为6312名2020年度考核合格的事业单位工作人员办理正常增加薪级工资;为268名事业单位岗位聘任人员办理工资变动手续;为212名机关事业单位工作人员办理转正定级手续;为3770名乡镇工作人员办理乡镇工作补贴手续;为186名机关事业单位符合退休条件的工作人员办理退休手续;完成2020年度全市机关事业单位工资统计汇总分析上报工作;完成120名机关事业单位已故职工办理丧葬费、抚恤金及遗属补助审批;为536名机关事业单位已故职工遗属办理增加遗属补助。

【专业技术人员管理】 2021年,市人社局受理专业技术资格申报252人,其中高级90人、中级60人、初级102人。10月,呼伦贝尔市农牧及卫生专家先后到扎兰屯市成吉思汗镇开展服务活动,义诊363人,免费发放17种药品。开展种植养殖技术培训1场,到种植、养殖场实地指导。

(高瑞卿)

医疗保障

【概况】 2021年,扎兰屯市医疗保险参保人数345088人。城乡居民参保人数294058人;城镇职工基本险本期实收21090万元,大病基金收入514万元,公务员基金收入443万元。城镇职工大病基金本期实收514万元。城镇职工基本险支出19963万元,大病支出822万元。城乡居民实收24384万元。城乡居民支出18821万元。

【医保关系转移接续】 2021年,市医保局完善限时办结、责任追究、同岗替代、服务承诺等制度,“快办、严管、便民、公开”的审批服务模式,推进异地就医直接结算。全年办理异地就医备案4783人次,住院直接结算1761人次。

【定点医疗机构协议管理】 2021年,市医保局与全市3家定点公立三级医疗机构、公立一级医疗机构25家,私立一级医疗机构2家,个体诊所36家、零售药店127家,村卫生室9家,签订2021年医疗服务协议。协议签订率100%。在全市范围内组织开展医疗保障定点医疗机构、定点零售药店、医保医师、医保护士、医保药师、网络安全、地理位置、医保协议等

10余项信息业务编码维护工作。

【医疗救助】2021年，市医保局开展医疗救助政策宣传，提高救助对象对医疗救助政策的知晓率，引导贫困患者正确把握政策科学就医，使有限的医疗救助资源发挥最大的救助功效。推行“一站式”结算，有效缓解困难群众医疗负担。全年资助重点救助对象参加城镇居民基本医疗保险27133人，补贴金额272.49万元。医疗救助15431人次，救助金额1885.93万元。离休老干部药费报销办理54人，“文革”伤残药费报销办理56人。

【建档立卡贫困人口参保】2021年，市医保局落实健康扶贫政策，围绕“两不愁三保障”展开工作，与市民政、残联、税务召开联席会议。开展特殊人员参保筛查，建立特殊人员参保台账，将未参保信息发至相关单位，催促未参保人员及时参保缴费。2021年10月，城乡居民基本医疗保险个人缴费部分给予每人每年补助100元，已支付287.41万元；11月，商业医疗补充保险给予每人每年补助200元，已支付578.9万元；合计支付866.31万元。完善“先诊疗、后付费”“一站式”结算服务机制，增强建档立卡贫困患者幸福感。建档立卡贫困人口患病在本地定点医疗机构住院治疗实行“先诊疗、后付费”“一站式”结算制度，确保建档立卡贫困人口能及时就医。自“先诊疗、后付费”“一站式”结算服务工作开展以来，减少建档立卡贫困患者就医垫付资金的负担，有效解决建档立卡贫困人口看病难的问题。

【药品耗材采购】2021年，国家谈判药品扩围采购工作实施后，扎兰屯市采购五批次，结合“八省联采”采购药品近品种400个。扎兰屯市27家医疗机构均正式签约。各公立医疗机构采购药品15930.39万元，入库药品14976.07万元，采购药品种类4222种，入库率94%。各公立医疗机构采购医用耗材19726.26万元，入库耗材19714.52万元，采购品规18305种，入库率99%。

【医疗服务项目价格管理】2021年，市医保局药采办负责对全市27家医疗机构药品及医用耗材采购监管，药采办负责组织25家一级医疗机构进行统一议价采购，组织实施议价会议4次，对各医疗机构上报的174个药品品种进行议价活动，经议价小组讨论通过对96个药品品种进入议价程序并议价成功。

【政策宣传】2021年，市医保局强化医保政策宣传提升知晓率。发放政策宣传折页1.1万份、宣传海报100份、印制宣传条幅278条，宣传做到无死角。让人民群众了解各项医保业务办理流程；通过微信公众平台等互联网平台宣传城乡居民医疗保险的缴费通知以及医保线上缴费二维码，做到家喻户晓，人人了解医保政策；进行慢性病宣传，提升群众对慢性病政策以及办理流程的了解。

【优化经办】2021年，市医保局加快推进服务事项网上办理，推动医保服务事项“掌上办、指尖办、随时办”，让数据多跑路，群众少跑腿，提供网上参保缴费服务171356人次，提供网上异地就医备案服务145人次。优化规范医疗服务流程，对所有政务服务事项逐项编制办事指南，制作业务流程图，明确设定依据、受理条件、办事材料、办理流程、办理时限、办理地点、咨询方式等内容；建立"好差评"制度，制作群众意见箱，以监督投诉方式提升医保服务；利用微信及柜台宣传单等多种渠道向社会公开，设立群众便民工具箱，以便提供相应的帮助。

【异地就医】 2021年，扎兰屯市有8家医药机构纳入全国异地就医直接结算系统。开展医保政策进社区、进医院活动。到社区及定点医院，开展异地就医政策宣讲和现场政策解答。利用广播电台、微信公众号（扎兰屯12333）宣传异地就医政策。制作异地就医宣传资料，在大厅服务窗口放置发放跨省宣传资料、办理流程等内容，提高群众对异地就医政策的了解。

【欺诈骗保专项监督检查与整治】 2021年，市医保局采取"定期检查、不定期抽查""网络后台监管"等工作方式，加大对定点医疗机构的监督检查力度，拒付医保基金21.46万元。行政执法立案1起，对涉及欺诈骗保行为定点医疗机构进行行政处罚。与市卫健委、公安联合发文，制定《扎兰屯市2021年打击欺诈骗保专项整治行动方案》（扎医保发〔2021〕21号），印发《关于打击欺诈骗保专项检查的通知》（扎医保发〔2021〕29号），于9月开始，聚焦"假病人、假病情、假票据"等违法行为，开展专项执法检查活动。抽查定点药店37家，抽查定点医疗机构48家，拒付医保基金16.01万元。全面启用医保智能监控系统，及时审核分析监控系统中违规数据，实现对医疗服务全过程的刚性监管，拒付5.45万元。

【城乡医疗救助】 2021年，扎兰屯市建档立卡贫困户动态调整3次。市医保局落实缴费补贴28741人，补贴资金287.41万元。实现"先诊疗后付费""一站式"结算，享受"一站式"服务3750人次，医疗救助金额470.7万元。

（杨　洋）

乡村振兴

【概况】 2021年6月，按照国家乡村振兴局、《自治区党委办公厅、政府办公厅关于调整自治区扶贫工作机构设置的通知》，扎兰屯市乡村振兴局举行揭牌仪式。市乡村振兴局贯彻落实市委"绿色崛起、富民强市、共享繁荣"发展思路，建设"三地三镇一中心"战略，按照"守成果、抓衔接、促振兴"的工作思路，坚决守住不发生规模性返贫底线，抓好乡村建设、乡村治理和农村社会事业发展3个着力点，坚持稳中求进工作总基调，注重统筹协调，优化政策措施，推进巩固拓展脱贫攻坚成果上水平、乡村振兴开新局。

【巩固拓展脱贫攻坚成果】 2021年，扎兰屯市制定《扎

11月23日，全市乡村振兴暨巩固脱贫攻坚成果后评估工作推进会议召开

兰屯市巩固拓展脱贫攻坚成果同乡村振兴有效衔接工作实施方案》《扎兰屯市健全防止返贫动态监测和帮扶机制工作方案》，严格落实“四个不摘”要求。

坚持做好“三保障” 教育方面，市本级投入资金400万元，确保已脱贫户家庭孩子不发生失学辍学；基本医疗方面，市本级投入资金1200万元，坚持落实落大病集中救治、慢性病签约管理、重病兜底保障“三个一批”政策，给予医疗保险补助，购买商业补充保险；住房安全方面，市本级投入资金500万元，针对已脱贫户、边缘易致贫人口住房安全，实施动态管理，累计改造危房90户；饮水安全方面投入资金370.6万元，维修维护安全饮水工程，保障脱贫群众饮水安全。

实施兜底保障与救助 强化对老弱病残等群体的低保保障与救助，坚持脱贫线与低保线有效衔接，确保已脱贫人口应保尽保；建立市、乡、村三级救助机制，针对临时、突出因素导致可能出现返贫或致贫，及时采取救助措施。

落实脱贫户小额信贷 针对已脱贫户、边缘户资金需求，继续实施金融小额信贷扶持，发放小额贷款521.6万元，各金融机构小额贷款余额5183.19万元。

积极引导就业务工 为创业就业提供岗位，促进贫困劳动力就地就近就业，通过各种渠道组织6269名脱贫人口、边缘易致贫人口外出务工就业，为跨省务工就业人员每人发放300元交通补助。同时，发挥扶贫车间带动作用，新认定扶贫车间7个。

发挥能人示范带动作用 连续开展农村致富带头人培训班3期，292名农村创业致富带头人参加培训。

推进消费扶贫 支持建设“扎兰屯市消费扶贫集采中心”，动员社会各界扩大扶贫产品购买和服务消费，促进扶贫产品销售，实现销售额35万元。坚持“线上+线下”并行，开展扶贫产品“五进”（农特产品进机关、进企业、进学校、进医院、进军营）活动，专区建设完成11个，销售金额115万元。

建立防贫保险工作制度 将29172名脱贫人口、148名边缘人口全部纳入防贫保险保障范围。根据自愿，为2万余人的一般农户办理防贫保险，做到应保尽保。

【农村低收入人口监测动态管理】 2021年，扎兰屯市制定《扎兰屯市2021年度巩固脱贫成果和防返贫监测动态管理工作方案》，开展分级培训，组织对已脱贫户、边缘户等10类重点人群进行摸底排查，确保不发生规模性返贫致贫。10月23日，召开市委农村牧区工作领导小组第三次会议，对全市防返贫监测动态管理工作和脱贫攻坚成果后评估工作进行专题部署。在现有社会保障体系基础上，对农村低保对象、农村特困人员、农村易返贫致贫人员以及因病因灾因意外事故等刚性支出较大或收入大幅缩减导致基本生活出现严重困难人口等农村低收入人口开展动态监测。利用民政、扶贫、教育、人资源社会保障、住房和城乡建设、医疗保障等政府部门现有数据平台，加强数据比对和信息共享，完善主动发现机制。健全多部门联动风险预警、研判和处置机制，完善农村低收入人口定期核查和动态调整机制，开展常态化帮扶。

【产业振兴】 2021年，扎兰屯市加快形成本地具有市场竞争力的优势特色产业体系，打造优势农产品区域公用品牌，发挥市场力量，搭建农产品电商平台，以农村产业融合发展助力脱贫攻坚。制定《乡村特色产业发展实施方案》明确各类产业发展具体目标措施，指导脱贫产业工作；利用“三到”资金、发展壮大村集体经济等资金发展村级产业和特色优势产业。结合各村产业实际和群众意愿，选择发展效益好、辐射带动能力强、群众参与度高的项目落实村集体经济资金；持续做强电商产业发展，重点是加强仓储物流、网络等基础设施建设，发展“互联网+农业”，培育“网货化”特色品牌解决农产品卖难问题；继续支持特色文化产业发展，打造特色文化产业，确保乡村群众不出村就可实现增收，相关行业部门需出台配套政策措施，支持文化产业发展；重点扶持南木乡鹿鸣山庄、蘑菇气镇宫家街村万晟山庄和野马河村农家乐、成吉思汗镇小东河现代农业科技观光园等乡村旅游项目建设，开发旅游资源，完善基础设施，力争旅游产业带动全市建档立卡脱贫人口持续稳定增收；扎兰屯市扶贫开发投资管理有限责任公司实现实体化运营，计划投入1000万元，通过购买或建设黑木耳菌棒生产厂，整合卧牛河镇、达斡尔乡、高台子街道等黑木耳菌棒生产厂，统一品牌，统一质量，提升规模，对接市场，实现“小木耳大产业”的初步形成。

【生态宜居】 2021年，扎兰屯市集中解决脱贫村基础设施和公共服务短板问题，稳步提升水、电、路、气、信等基础设施支撑能力，系统治理山、水、林、田、湖、草，实现农村生态治理，发展循环农业模式。分类有序推进农村厕所革命，严把模式选择关、产品质量关、施工质量关、竣工验收关。对于改造完成的村，配置运输工具，建立转运制度，推进无害化处理与资源化利用。因地制宜确定污水治理模式，建设小型污水处理设施探索推广就地就近建设单户或联户污水处理设施，采取工程措施、生态措施，进行综合治理。推进垃圾处理，在试点村积极开展简便易行的生活垃圾分类试点，推动实现户有垃圾桶，村有垃圾收储设施，乡镇有垃圾收集车和转运站，促进生活垃圾、人畜粪污，农牧业生产有机物，有机废弃物处理和资源化利用。整体提升村容村貌，以乡村振兴试点村为重点，开展人畜分离试点，推进三清一改和乡村美化绿化行动，引导群众对庭院进行美化绿化，发展庭院经济。

【乡村建设】 2021年，扎兰屯市按照国土空间规划编制，明确村庄布局分类，推进“多规合一”实用性村庄规划编制，对有条件、有需求的村庄尽快实现村庄规划全覆盖。建好农村小型生产生活基础设施，建设“四好农村路”，治理农村水系，修理沟渠、防洪沟、河道衬砌等小

蘑菇气镇易地搬迁安置区

型水利设施，防止水土流失。规范农房建设改造工作，完善建设标准和规范，提高农房设计水平和建设质量。继续实施农村危房改造和地震高烈度设防地区农房抗震改造。加强村庄风貌引导，保护传统村落、传统民居和历史文化名村名镇。加大农村地区文化遗产遗迹保护力度。提升村容村貌，坚持为农民而建的根本，因地制宜、稳扎稳打，把好事办好、把实事办实。

（鄂　鹏）

民族宗教事务

【概况】 2021年，扎兰屯市民族事务委员会根据《扎兰屯市人民政府关于同意调整扎兰屯市民族事务委员会委员单位及其职责和兼职委员的批复》（扎政字〔2021〕21号）批复意见，对市民委委员单位及其职责和兼职委员进行调整，将23个部门单位纳入管理，各委员单位以铸牢中华民族共同体意识为主线，全面贯彻党的民族理论和民族政策，召开民委委员联络会议，促进全市各民族共同团结奋斗，共同繁荣发展。

【少数民族发展任务项目】 2021年，市民委争取国家和自治区衔接推进乡村振兴（少数民族发展任务）补助资金1029万元，因地制宜发展优势特色产业和基础设施建设，投入6个乡镇，累计备案实施19个，其中基础设施建设类项目11个，产业发展项目8个。

【蒙古语文】 2021年，市民委对机关事业单位公章、文件头、标语（会标）的蒙文翻译及社会市面牌匾、室内牌匾、营业执照、许可证、户外广告进行翻译，审核牌匾128余块、审核公章300余枚、文件头120多种，纠正错误30余处，提高蒙文使用准确率，取得良好成效。按照呼伦贝尔市民委《关于开展政务网用文专项执法检查的通知》要求，开展政务网用文专项执法检查，检查政务网用文60余处、网站3个，蒙汉文并用情况良好，未发现蒙古语文翻译不准确、书写错误、前后顺序颠倒等不规范问题，网上各类宣传标语规范率100%。

【规范清真市场运营】 2021年，市民委多次协调相关部门，加强对清真食品生产经营管理和监督，针对经营的商品外包装"清真"标识是否按规范使用、有无清真食品与非清真食品混放情况进行检查，依法规范全市清真食品市场秩序，保护和促进清真食品行业的健康发展，有效地维护少数民族群众的合法权益及食品安全。

【民族团结进步创建】 2021年，市民委联合各委员单位开展"第38个全市民族团结进步活动月"活动及一系列"加强中华儿女大团结，铸牢中华民族共同体意识"主题活动，增强民族团结进步宣传创建工作的吸引力和感染力，在全社会营造民族团结一家亲的良好氛围。开展"民族团结进步进社区"活动，打造民族团结进步示范社区绿林社区，设置民族团结进步展示室1处。选树第七批全区民族团结进步示范单位1个。

【推进国家统编教材】 2021年，市民委通过舆情引导的方式，传达《全区民族语言授课学校推行使用三科统编教材全面加强国家通用语言文字教育教学工作实施方案》，倡导蒙古族代表发挥民族优势，加强推行国家统编教材的政策宣传阐释和思想引导。联合市委统战部制定印发《全市民族语言授课学校推行使用三科统编教材相关群众工作方案》，做好各领域代表人士特别是少数民族代表人士、党外知识分子的思想引导工作，发挥他们的积极作用，带动群众形成拥护支持使用三科统编教材工作的良好氛围。

（于开媛）

退役军人事务

【概况】 2021年，扎兰屯市进一步提升退役军人服务保障体系建设的规范化、制度化水平，打通服务退役军人“最后一公里”。打造以“军”为特色的“老兵之家”，为退役军人营造充满幸福感、获得感、归属感的良好氛围。示范性退役军人服务体系创建成果持续巩固，完成哈多河镇、浩饶山镇、萨马街鄂温克民族乡、洼堤乡、南木鄂伦春民族乡、柴河镇、高台子街道、繁荣、正阳街道民乐社区示范型退役军人服务站创建工作，实现基层示范型退役军人服务站建设全覆盖。

【移交安置】 2021年，扎兰屯市退役军人事务局投入资金47.08万元为退役士兵办理社保接续，投入资金15.62万元为退役士兵办理医保接续，投入资金690余万元为2020年度自主就业退役士兵发放地方一次性补助金。接收自主就业退役士兵，为2021年度退役士兵进行信息采集；为扎兰屯市符合公益岗上岗条件的退役士兵申请退役军人专项公益岗位，全部通过考试上岗；为退役士兵开具自主就业证明，用于提高学历享受补贴。组织2021年退役士兵参加呼伦贝尔市退役军人事务局局举办的适应性培训。接收符合政府安排工作条件的退役士兵，均已安置到扎兰屯市事业单位工作。

【优抚和褒扬】 2021年，扎兰屯市退役军人事务局为立功受奖的现役军人发放奖金4.05万元，为优抚对象发放生活补助金525万元，为现役军人家属发放优待金585万元，为60周岁农村籍退役士兵办理生活补助。为83名伤残人员完成换证核查，为2名伤残警察完成伤残鉴定，为带病回乡军人完成病情核查体检。完成两参（参战退役人员、参试退役人员）人员审核工作。将7名符合条件的优抚对象送入呼伦贝尔光荣院集中供养，解决困难退役士兵的养老问题。清明节期间，开展“缅怀革命先烈致敬百年征程”清明祭扫活动，各界党员干部群众1000余人参加纪念活动。在建军节和烈士纪念日等重要时间节点，开展走访慰问老兵、瞻仰烈士纪念碑和烈士墓群活动，营造尊崇军人、尊重退役军人的社会氛围。

【双拥、军休、军转】 2021年春节期间，扎兰屯市退役军人事务局走访慰问驻军和武警部队，发放慰问金、慰问品6万元；为重点优抚对象、军队离退休老干部、军工、复员干部、自主择业军转干部发放慰问品总计金额7.74万元；为企业军转干部发放慰问金5.8万元；社会团体、民间组织、企事业单位，慰问驻军和武警部队累计款物3万余元。“八一”期间，走访慰问驻军和武警部队、人武部、全市重点优抚对象、自主择业军转干部、军休干部、复员干部、军功人员、困难退役军人，为他们送去背包、图书、米面等物资合计22万元。

（施秋月）

住房公积金管理

【概况】 2021年6月4日，根据《中共呼伦贝尔市委员会机构编制委员会〈关于印发呼伦贝尔市住房公积金中心机构设置、职能配置和人员编制规定〉的通知》（呼机编发〔2021〕24号）精神，“呼伦贝尔市住房公积金管理中心”更名为“呼伦贝尔市住房公积金中心”。呼伦贝尔市住房公积金中心下设分支机构扎兰屯市业务部。2021年，归集住房公积金2.80亿元，累计归集26.78亿元，余额11.26亿元；新增缴存单位18户，新增缴存职工704人，职工当年提取住房公积金2.31亿元，占当年归集额的82.5%，累计提取15.49亿元；发放个人住房贷款1.82亿元，帮助514户家庭解决住房问题，累计发放7615笔，发放贷款总额15.26亿元，余额8.61亿元，回收资金1.15亿元。

【归集业务】 2021年，扎兰屯市业务部重点运用微信、网站、公众号等平台开展线上宣传，在专管员微信群里指导下载公积金表格100多次。按照市中心2020年下发的109号令，联系企业负责人建立公积金账户。全年新建单位账户18户，新增缴存职工704人。

【贷款业务】 2021年，扎兰屯市业务部建立个贷审批退回通报制度，针对每笔信贷科退回任务，在全体职工大会上通报，提醒柜员不犯类似错误，减少个贷录入的差错，提高录入贷款的准确率；加强个贷复核和主任复核的力度，针对每笔柜员录入的贷款信息认真核对、仔细复核、减少差错；重视逾期贷款的催收工作，将贷款逾期率保持为零作为一项重要的任务指标。在贷款初审时要求所有柜员认真审核借款人的征信和偿还能力，详细查看征信中是否有大额贷款、是否有不良债务，是否存在多笔担保任务等等，并与借款人详细面谈，充分了解借款人的工资及家庭情况，并设专人专责进行贷款逾期催收，发现问题及时处理，保证资金安全。全年电话催缴600多次，维护信息520条，回收本金4.4万元，利息1.1万元，罚息52.91元。

【扫黑除恶】 2021年，扎兰屯市业务部做好有关线索的排查工作，持续开展打击“骗提骗贷”工作，报道“扫黑除恶”简报1份。做好业务信息系统“失信人员”管理，加强对虚假材料的甄别，把“骗提骗贷”及法院扣划的职工纳入失信黑名单，发挥警示作用，全年查出利用隐藏婚姻状况及虚假征信骗提骗贷行为加入黑名单5份，协助法院扣划97人。印制发放扫黑除恶宣传单100余份。开展常态化警示教育，利用网络和房改导报上的信息在职工中广泛学习，提高警惕性，防范和打击公积金的骗提骗贷行为，加大力度打击非法黑中介，杜绝黑中介和代缴公司以各种名义开户及咨询。

（乔春莲）

镇乡 街道办事处

浩饶山镇

【概况】 浩饶山镇地处扎兰屯市西南，东与萨马街鄂温克民族乡和洼堤镇接壤，南与兴安盟扎赉特旗相连，西与兴安盟阿尔山市为邻，北靠柴河镇。浩饶山镇总面积631平方公里，行政区域面积555.4平方公里。耕地面积13.4万亩，林地面积27万亩，草地面积20万亩，牲畜存栏10.7万头（只），是典型的农牧结合乡镇。辖行政村3个，即浩饶山村、东平台村、西平台村，社区1个，即浩饶河社区。总人口1919户5008人，常住人口1374户3198人。

2021年，浩饶山镇地区生产总值达到3.33亿元，同比增长4%；社会消费品零售总额达到1.05亿元，同比增长4%；农村常住居民人均可支配收入23054元，同比增长7%。

【乡村振兴】 2021年，浩饶山镇开展春季村庄清洁行动，发动干部群众200人次，出动铲车、农用车等40辆，清理农村生活垃圾90吨，清

浩饶山汇合口

理村内沟渠4公里，进村入户开展人居环境宣传教育18次，张贴宣传条幅15条。3个村集体经济收入均超过10万元，实现全镇村集体经济总收入237.32万元。申请中央及自治区项目资金273.5万元，争取协调上级扶持资金496.3万元。加大对困难学生生活补助，申请“一杯奶”和雨露计划，为脱贫人口和边缘易致贫、突发困难人口设置公益岗位。

【疫情防控】 2021年，浩饶山镇党委按照市委、市政府关于疫情防控工作的相关部署和要求，坚持“外防输入，内防反弹”原则，镇村联动，新冠疫苗接种覆盖率达90%以上，设有核酸检测点4处，流动检测点1处。党组织牵头，成立疫情防控党员突击队，各级党组织和123名中共党员参与疫情宣传、排查、管控等工作，从严、从实、从细筑牢全镇免疫屏障。

【农牧业】 2021年，浩饶山镇落实上级农业部门农技推广任务，宣传科技兴农政策，引导农户科学种地、科学养殖。先后推广黑土地保护免耕设备安装28台、免耕播种累计3.1万亩。开展农业种植投保12万余亩、养殖业牛投保2000余头；推广倒茬轮作项目1.16万亩，鼓励养殖户引进优良种公羊65只；组织核实申报年度生产者补贴、实际种粮户一次性补贴任务。坚持防火防汛防疫全年部署、全年安排、全年落实，组织中心人员同其他职能部门、村居两委齐心协力、齐抓共管。完成防火、防汛任务，动物防疫密度均达到100%。开展村级财务检查3次，督促村级组织及时公开村级财务；把好涉农资金、扶贫资金的监管和审核关，坚持重大资金上会和政府“一支笔”审批制度，完成村干部离任审计，通过市财政监督所、农经站、呼伦贝尔市等部门有关检查。联合市农机部门开展农机安全培训1次、农机道路安全检查4次，办理农机驾驶证25本，检证换证37本，农机落户21辆；联合市场监管、派出所开展农畜产品质量安全监管2次，抽检农畜产品经销商4家，发放禁用瘦肉精宣传单300余份；开展汛前、汛中河道、堤防等险工险段排查4次，治理隐患6处。

【人居环境】 2021年，浩饶山镇推动“河长制”落实，及时调整镇村河长，更换河长公示牌5块，开展黑臭水体排查治理、“河湖四乱清理”、违建别墅排查专项行动；重点区域绿化、义务植树任务、退化林排查治理等常规性任务完成，林草专项整治行动中涉林行政案件4个、涉草刑事案件1个、涉草图斑10个，按照要求完成现地核查、问题上报、档案制作等规定动作；14个国家审计反馈草地变更耕地图斑完成核查整改；“大棚房”问题“回头看”6宗地排查、乱占耕地专项行动如期交卷。

【民生保障】 2021年，浩饶山镇对低保对象进行动态管理，应保尽保、应退则退，新增农村低保20人、死亡12人。实行三务公开接受群众监督，实行“一卡通”发放形式，达到管理规范化、程序合法化、制度正常化。办理各类残疾人新证、换发第二代“中华人民共和国残疾人证”218人，享受重度残疾人护理补贴58人，困难残疾人生活补贴87人，按季度打入“一卡通”发放。及时为城乡低保对象、贫困户、困难群众申请解决临时救助。全镇城乡居民社会养老保险参保3149人，城乡居民基本医疗保险费用征缴4251人参保，低保户、重残、贫困户等特殊群体全部参保。

（宋铠东）

柴河镇

【概况】 柴河镇距扎兰屯市区175公里，东与萨马街鄂温克民族乡相连，西与兴安盟、阿尔山市和鄂温克旗为临，南与浩饶山镇接壤，北与牙克石毗邻，交通发达。行政区域面积5688平方公里，其中耕地面积16.13万亩，林地面积664.75万亩，草场面积152.38万亩，城镇建设用地面积1.15万亩，河流湖泊面积4.09万亩，其他面积0.089万亩。柴河镇辖社区3个，即振兴社区、石桥社区、绰尔社区。常住人口5115人，其中城镇人口2046人，涉农涉牧人口3069人。由汉族、蒙古族、满族、朝鲜族、回族、达斡尔族、鄂伦春族、鄂温克族等11个民族构成，其中汉族户籍人口5738人，少数民族户籍人口1823人。

2021年，柴河镇农村居民人均可支配收入21941元，城镇居民人均可支配收入40129元，地区生产总值增长稳定在16.76%左右，城乡居民人均可支配收入增长6.8%，农村常住居民人均可支配收入增长在8.9%左右。

【策划规划】 2021年，柴河镇紧密对标AAAAA级旅游景区标准，在进一步明确柴河景区发展定位、功能布局、品牌塑造的基础上，对各类规划进行精准化设计提升，启动《扎兰屯国家级风景名胜区柴河景区总体发展战略》《扎兰屯国家级风景名胜区柴河景区核心区控制性详细规划》《柴河特色小镇城镇设计》《扎兰屯市柴河镇控制性详细规划》等规划编制和《扎兰屯市柴河镇总体规划(2011—2030年)》修编。通过公开招投标，北京绿维文旅科技发展有限公司中标，中标价777万元，规划大纲已原则通过市政府评审。

【项目建设】 2021年，柴河镇扶贫小型基础设施建设项目总投资122.35万元，新建水冲式卫生厕所1座，改造垃圾点22处，路面恢复900平方米，维修给水管道23处，已完工。肉牛养殖园区项目总投资732万元，新建养殖单元28个，已完工。水源地保护及自来水厂项目总投资1384万元，规划占地14610平方米，建筑面积829.15平方米，铺设给水管道1533米，新建水源井2眼，水源地绿化9440平方米，道路硬化3765平方米，砌筑护坡590米，进行质量验收，正在进行第三方评审。管网一期工程铺设供热管线3387米，给水管线3445米，污水管线2451米，路灯电缆3600米，

柴河镇全貌

通信光纤4100米，恢复路面24356平方米，恢复路缘石5733米。水利建设项目总投资186万元，完成河道疏浚563米，边坡整形护砌300米。同心天池综合治理项目一标段管理用房工程总建筑面积2029平方米，主体工程已施工完毕；二标段木栈道工程建筑面积2612平方米，长度930余米，已完工，涂刷木栈道步道警示线，为游客提供安全保障。

【旅游产业】 2021年，柴河镇开发柴河景区旅游新型业态，以独特的自然风光吸引各地游客赏景纳凉。截至10月，休闲度假、摄影写生、科普研学、户外运动等旅游项目逐渐回温，周边游客较往年明显增多。为解决与阿尔山边界旅游景区管理问题，专门成立由柴河镇政府、扎兰屯景区执法局、公安、交警、运管等部门组成的“扎兰屯·柴河执法审批服务站”，已组织人员入驻。

【民生保障】 2021年，柴河镇健全践行低保制度和政策，坚持长期公示制度，强化规范管理，做到依法纳保，应保尽保、重点施保，为确保低保政策真正落到实处，坚持问题导向，抓好部署推进开展好专项行动。按要求制定工作方案，组建调查、举报核实小组，开展培训、宣传工作。做好救灾救济，坚持“以民为本、为民解困、为民服务”的民政工作理念，以抢险救灾和灾民生活救助为重点，开展各项工作，保障受灾困难群众的基本生活权益，维护社会稳定。征收年城乡居民养老保险金13.69万元整，其中城乡居民养老保险180人续保，新参保4人，待遇领取人员169人，并对辖区内249名低保、重残、三无五保特殊群体人员进行未参保核查上报。城镇居民医疗保险缴费工作于4月20日结束，续保4061人，续保金额115.30万元，其中柴河镇建档立卡贫困户全部参保，完成目标参保率。劳动保障平台利用网格化全面宣传和落实国家就业促进政策，用好用活国家关于支持创业的财税、金融和培训政策，搭建就业桥梁，多渠道促进就业；开展各种培训活动，鼓励自主创业；开展就业援助活动，解决“4050”人员和零就业家庭再就业；培育创业主体，挖掘再就业人力资源，扩大就业渠道和容量。

【疫情防控】 2021年，柴河镇在疫情防控期间协调柴河林业局、卫生院、派出所、景区执法在镇区外围设立防疫工作检查站4个，从源头上保障镇内居民健康安全，加强人员、场所管控和督导检查，减少人员聚集及不必要流动，关闭社区内各类公共场所，做好公共场所消杀工作，对各项防疫工作督导检查10余次。开展入户排查工作，对从中高风险区抵返人员进行登记上报，上报285人，对其进行相应的隔离、监测等管控措施。完成12周岁以上疫苗接种4409人，接种率为现有常住人口的89.65%。

【环境整治】 2021年，柴河镇始终坚持保护第一原则，深度涵养景区生态根基功能。组织环境卫生综合整治大会战30余次，联合景区执法局、森林消防大队等单位，出动800多人次，车辆110台次，共清理商户严重占道摆放32处，清理小广告40余处，拆除破损牌匾30块，整治非正规垃圾堆放点7处，清运牛粪60车、生活垃圾40车160余吨，强制拆除违法圈占围栏6处1000余米，平整场地100余处5000多平方米，围封建筑工地3处978米，围封有碍观瞻物料存放场地15处341米，处理镇区水患路段3处，清理排洪沟1650延长米。将镇区划分为11个片区，明确责任领导和责任人，落实各部门工作职责，建立日常监督机制和综合调度机制，聘用环卫保洁员42人，增设垃圾桶240余个，做到全天保洁，日产日清垃圾20余吨，镇区环境卫生管理水平显著提升。

【城镇面貌】 2021年，柴河镇做好镇区及景点绿化美化工作，补植绿植3550平方米，其中碧玉簪2273平方米、串红634平方米、小丽花370平方米、红牵牛273平方米。维修镇区路灯80余盏。落实镇级“河长制”“湖长制”清除“四乱”，生态根基持续巩固。

【社会管理】 2021年，柴河镇协调柴河林业局和绰尔农场以及辖区派出所，实行“属地政府＋外驻事权单位”的长期包案包联工作专班。通过微信居民群转发安全生产常识80余次；集中发放安全生产急救知识宣传单300余份；制作宣传展板8块，宣传展架2幅；每天利用党群服务大厅显示屏滚动播放安全生产应急救援常识120分钟；发动国森矿业开展“安全红袖章、事故隐患大扫除”“争做安全吹哨人”等活动。开展联合检查4次，发现一般安全生产隐患6处，截至年末全部整改到位；发现重大隐患液化气销售点2处，要求其立即停止营业。

（赫英平）

卧牛河镇

【概况】 卧牛河镇地处扎兰屯市区北10公里处，东临达斡尔民族乡，南与扎兰屯市区相连，西与鄂伦春民族乡接壤，北与牙克石市巴林镇相邻。滨洲铁路、扎博公路从镇区穿过，辖区面积1580平方公里，耕地面积36.76万亩，林地面积9.59万亩，草场面积22.62万亩，林地属农牧林结合区。辖区内有扎兰屯农牧场有限公司及林业局所属庙尔山林场，是扎兰屯市重要的商品粮基地和农副产品集散地。境内拥有国家级风景名胜区秀水景区、冬季旅游胜地金龙山滑雪场、昂勒小镇、靠山水库、扬旗山水库等著名旅游景点。2021年度被自治区文化和旅游厅命

卧牛河镇全貌

名为“自治区民间文化艺术之乡”。辖行政村13个，即长发村、靠山村、大坝村、五星村、四道桥村、三道桥村、红石村、红旗村、红卫村、一心村、新立村、富裕村、扬旗山村；居委会1个，即卧北社区。常住人口24170人，其中农业人口19466人，非农业户口4704人。全镇人口由汉族、蒙古族、满族、达斡尔族、鄂温克族、鄂伦春族、回族、朝鲜族8个民族构成，其中汉族人口22958人，少数民族人口1212人。

2021年，卧牛河镇地区生产总值完成8.07亿元，同比增长2.5%，农村居民人均可支配收入21095元。

【乡村振兴】 2021年，卧牛河镇建档立卡户享受雨露计划项目补助学生24人，享受“一站式结算服务74人次，救助大病患者8人次，家庭医生签约服务管理1226人，脱贫人口纳入低保270人。巩固产业发展，逐步探索实体产业经济，培育落实秸秆转化利用、小米种植、食用菌种植等特色产业项目5个。全年脱贫人口外出务工就业368人，开发设置保洁员公益岗位84个，护林员公益岗位52个，实现脱贫人口稳定增收。优化以玉米为主体的种植结构，落实大豆振兴计划，完成玉米种植23万亩，大豆种植8万亩，规模经营面积达2.5万亩。抓好畜牧业生产，肉牛、肉羊存栏9.9万头（只），生猪存栏1.2万口，禽类养殖20万羽。开展各类农牧业科技培训班6期，培训农民群众200余人次。综合运用各类资金，采取“支部+”的形式，精准实施富裕村秸秆转化利用、一心村肉牛养殖、五星村小杂粮深加工、四道桥村野山珍加工、靠山村冷藏物流等村办产业项目，集体经济年度收入170万元，有10个行政村集体经济收入10万元以上。

10月15日，卧牛河镇邀请自治区级非物质文化遗产剪纸传承人都叶梅开展民族团结宣传活动

【社会事业】 2021年，卧牛河镇结合推进乡村振兴，完善市政基础设施，对镇区170余盏路灯进行维修，修缮镇区东山加油站至大坝村五组水泥路750延长米，大坝村、马场一连排洪沟清淤1300延长米。推动人居环境整治，配发铲车2台、扫路机7台，镇综合执法局整治店外经营14处、“游商浮贩”3处，责令拆除违章建筑12处。配合市住建局工作组和第三方鉴定机构完成2021年农村危房鉴定，改造农村危房16户，其中建档立卡户11户，五保、低保和残疾户等特殊群体5户。实施镇区集中供热供水项目，对供热供水管网进行升级改造，解决居民小区供热难题。发放城乡低保资金662.42万元，发放特困供养补助98.76万元，发放临时救助款18.7万元，发放各类优抚资金126.56万元。完成城乡居民基本医疗保险缴费，参保25540人，参保率超过

指定目标95%。新增计划生育奖扶特扶人员59人，发放独生子女奖励费7.5万元。

【生态建设】 2021年，卧牛河镇结合土地确权、生态保护等工作，发放《中华人民共和国土地法》《中华人民共和国环境保护法》等宣传资料1000份，提升群众生态保护意识。印发《卧牛河镇破坏草原林地违规违法行为整改通知》200余份，现场勘验违法图斑133个，制作问询笔录178份，完成清理整治图斑133个。加大绿化植树力度，完成重点区域绿化400亩、防护林工程200亩，全民义务植树6.5万株。实施河湖"清四乱"专项行动，对河道取砂和倾倒垃圾等问题进行巡查处理，清理河道垃圾200余立方米。

【其他工作】 2021年，卧牛河镇开展各项安全生产大检查19次，开展消防、防火、防汛等应急演练5次，全年无安全事故发生。调处化解各类社会矛盾纠纷80余起，受理上级转办群众反映事项15件，全部办理答复。各村居设置疫情防控网格102个，组建疫情防控党员突击队15个，参与疫情防控党员群众及网格员300余名，开展大规模排查3次，完成疫苗接种第一针17076人，第二针15276人，织严织密疫情防控网。

（孟凡蕊）

成吉思汗镇

【概况】 成吉思汗镇位于扎兰屯市南28公里处，地处北纬47° 45′，东经122° 49′，东与大河湾镇接壤，西与蘑菇气镇相连，南以金界壕为界与黑龙江省甘南县、华安区相连，北与高台子办事处毗邻。政府驻地位于镇区中心，辖区总面积1176平方公里（其中耕地面积46.5万亩，其中粮食播种面积45.1万亩，土壤肥沃，多为基带地壤黑土，主要种植玉米、水稻、大豆等农作物；林地面积20万亩，草场面积16万亩，适宜农牧林等产业发展）。成吉思汗镇辖行政村22个，即东德胜、西德胜、大甸子、新民、和平、红升、灯塔、立新、新站、繁荣、红光、古里金、朝阳岗、光明、马家、奋斗、河口、建设、大旗、长青、石桥、岭航村；居委会3个，即益民、友谊、永平居民委员会。成吉思汗镇户籍人口45605人。

2021年，成吉思汗镇城镇居民纯收入37574元，农民人均纯收入20148元，一般公共预算决算2748.32万元。

【农牧业】 2021年，成吉思汗镇持续优化调整种植结构，种植玉米37万亩、大豆5.65万亩、水稻1.37万亩。全年完成保护性耕作免耕播种15万亩。发展畜牧养殖，畜禽存栏34.39万头只羽，全镇畜禽出栏11.34万头只羽，全面落实非洲猪瘟日排查及

成吉思汗镇全貌

宣传等各项工作制度。采取“合作社引领+农户”的模式，形成指导全镇肉牛产业发展体系，重点发展肉牛重点村5个、养牛专业合作社3个，形成“种植、养殖、销售”为一体的肉牛产业化发展格局。截至年末，全镇实现肉牛存栏1.93万头，肉牛养殖已初具规模。谋划农业发展项目，依托成吉思汗小东河现代农业示范园区、成吉思汗林业园区及临空产业园区的显著优势，以“一村一品”为发力点，聚力发展特色产业，中草药种植面积突破1.5万亩，中药材交易市场等项目建设不断加快。

【涉农项目】 2021年，成吉思汗镇“党建+”产业发展迈出新步伐。呼伦贝尔市扶持的马家村肉牛养殖项目、中组部扶持的繁荣村农机专业合作社项目已取得收益，立新村大米加工项目基本建成，实现村级集体经济发展水平再提升。红升村秸秆综合利用，和平村黑猪养殖，建设村食用菌冷藏、加工、物流，呼伦贝尔小东河现代设施农业示范园区建设，新站村湖羊养殖、灯塔村肉牛养殖等项目完工，朝阳岗村冷库项目、红升村中草药项目已经落地开始建设，大旗村食用菌种植项目正在谋划中。

6月29日，成吉思汗镇举办“奋斗百年路 启航新征程”庆祝中国共产党成立100周年文艺会演

【社会保障】 2021年，成吉思汗镇城乡居民养老保险缴费1.48万人，乡村公益性岗位197个。城乡居民医疗保险参保34259人，缴费金额1031.77万元。建档立卡贫困户、边缘户、监测户实现应保尽保。保障困难弱势群体，农村最低生活保障对象3485人，农村特困供养在享人员239人，发放低保资金1170万元、特困资金176万元。重度残疾人护理补贴在享人员为459人，发放资金53万元；困难残疾人生活补贴1083人，发放生活补贴资金125万元。做好不动产登记确权发证，按照服务好、审核好、效率高的工作原则，审核上报400宗地，发证256本。加快推进农民宅基地审批工作，完成外业审核行政村10个，1034户。

【城镇建设】 2021年，成吉思汗镇对镇区206盏路灯进行全面维护检修。重建益民社区厕所1座、维修三道街垃圾池1处、新挖渗水井1口；建立闪蒸矿化处理站1座。加强镇区管理力度，规划流动商贩集中经营市场，设置摊位60余个，解决流动商贩乱序问题，确保镇容整洁、道路畅通；推进改厕，对2019至2020年度832户农村户厕进行验收4轮次，紧盯问题进行整改，抽调专人成立改厕办，做到定人、定点、定责抓整改，存在的问题均整改完毕。

【人居环境整治】 2021年，成吉思汗镇开展村容村貌提升行动，配合爱卫办结合春季爱国卫生运动，在鼠疫防控工作中向各村发放鼠药120件。为使镇区环境卫生更加整洁，7月更换保洁公司，镇区环境卫生得到了质的提升。督促各村抓好环境卫生整治，开展清四乱工作，清理垃圾492处、804.2吨。

【疫情防控】 2021年，成吉思汗镇抓好重点人群管控，利用网格化管理，严格落实好“五包一”管控。有序推进疫苗接种，第一针完成22896人，第二针完成22776人。坚持对重点场所及行业管控，不定期组织市场监督、综合执法等部门对商超、药店、饭店、旅店、学校、敬老院等人员密集场所进行检查。各单位都严格执行进入人员测温、戴口罩、查验双码，严格落实24小时值班、值宿制度。

【乡村振兴】 2021年，成吉思汗镇建档立卡贫困户2831户7699人，全部脱贫，10个贫困村全部出列，贫困发生率降至0。聚焦问题整改，对照3次整改反馈意见，逐条对照、认真查摆、深入分析，共认领9个方面23个具体问题，研究制定23个具体措施。均整改完毕，达到销号标准。聚焦“两不愁三保障”，巩固提升产业发展和基础设施建设。累计到位衔接资金1305万元，其中产业发展3个项目600万元，基础设施建设项目8个705万元；确定危房改造对象32户。迎接自治区审计检查、自治区绩效考核、呼伦贝尔市脱贫攻坚与乡村振兴有效衔接督导调研等，1名干部被评为自治区级脱贫攻坚先进个人。

【污染防治】 2021年，成吉思汗镇持续开展禁止野外焚烧秸秆工作，实现打捆打包离田15万亩、翻压还田8000亩、粉碎覆盖还田5000亩、堆腐还田2万亩、基料栽培食用菌420亩，杜绝焚烧秸秆污染，实现资源再利用。持续做好绿化工作，完成义务植树5.5万株。严格落实河长制，镇村两级河长共巡河1278次。

（翁新阳）

中和镇

【概况】 中和镇位于扎兰屯市区37公里，东与成吉思汗镇相连，南与黑龙江省龙江县接壤，东北与成吉思汗镇毗邻，西与蘑菇气镇、萨马街鄂温克民族乡相连。镇区地势平坦，交通便利，省际大通道和集阿高速公路贯穿全境，是扎兰屯市西南大镇，呼伦贝尔市级文明村镇。中和镇行政区域面积1050.91平方公里（其中耕地面积46.85

中和镇架子山杜鹃坡全景

万亩，林地面积81.9万亩，草场面积19.83万亩，城镇建设用地面积3.79万亩，水域及水利设施面积2.98万亩，园地面积0.17万亩）。中和镇辖行政村20个、社区3个。户籍人口4.5万人，常住人口2.57万人，其中城镇人口2658人，涉农涉牧人口4.2万人，由汉族、蒙古族、满族、回族、达斡尔族、鄂温克族等11个民族构成，其中汉族人口38312人，少数民族6818人。

2021年，中和镇农村地区生产总值8.6亿元，年均增长4%；农村居民人均可支配收入21760元，年均增长8%。

【乡村振兴】 2021年，中和镇召开巩固拓展脱贫攻坚成果同乡村振兴有效衔接工作会议，明确各牵头部门、各村两委目标责任。坚持和完善驻村帮扶工作机制，组织各村学习《中华人民共和国乡村振兴促进法》。制定落实《中和镇防致贫返贫监测和帮扶机制实施方案》，明确监测主体和监测机制，于5月完成入户排查工作。强化预警监测，精准确定防返贫重点人员，分类施策，纳入突发严重困难户4户9人，多举措帮扶，力争消除风险隐患点。

【生态保护】 2021年，中和镇加强水域岸线及采砂管理，查处非法采砂2起，整改恢复砂场3次，清理河道垃圾5900立方米。落实造林任务，完成义务植树6万株，重点区域绿化100亩，防护林103亩。打击毁林毁草开荒行为，开展森林督查点整改工作，整改完成25个图斑，2个问题图斑移交森林公安局。排查破坏草原林地违规违法行为专项整治工作案件及图斑信访件52个，整改完成50个图斑和案件，2个信访件已移交自然资源局和森林公安。

10月9日，中和镇红星村社会化服务农机专业合作社大型农机设备田地作业

【产业发展】 2021年，中和镇申请批复新建村和幸福村冷库建设项目及水甸沟村养殖场项目，计划投入资金900万元，项目正在招投标前期准备中。结合各村实际，规划产业发展、污水处理等，完成19个行政村规划编制工作。编制完成架子山景区规划和项目可研报告。

【基础设施建设】 2021年，中和镇申报道路硬化、河道护堤和涵桥等13个项目，完成招标5个，另外8个项目在挂标公告中。建设完成新建村六、七组道路，架子山村立交桥至11组道路，幸福村道路及排水沟等基础设施建设项目。红星村、福泉村闪蒸矿化垃圾处理厂建设完成，已陆续投入使用。福泉村污水处理厂二期项目前期准备工作稳步推进中。

【人居环境整治】 2021年，

中和镇发挥三级网格化管理优势，实行镇村组层层包片入户管理，动员村居民签订“门前五包”协议，自觉打扫、监督、管理自家房前屋后卫生。聘请扎兰屯市佳业保洁公司对镇区进行一体化环卫服务。开展集中清洁行动，收集农药瓶128536个。建设完成畜禽粪污资源化利用项目4个。组织各村对已完成厕所改造户进行全面摸底返修，合计整改39户，其中地上部分9户、地下部分30户。

【社会保障】 2021年，中和镇城乡医疗保险参保人数34979人(不含建档立卡贫困户及五保户)，城乡居民养老保险参保人数25985人，到龄领取人数8955人。强化妇幼健康计生服务和优生优育指导，独生子女、“两项补贴”落实，全年共奖励扶助342人，奖励扶助资金32.8万元，国家特别扶助(独生子女死亡户)资金6.04万元，各类奖励扶助资金发放率为100%。完成第七次人口普查工作，以“八有八化”为载体，统计基层基础工作取得显著成效，成为全市率先被自治区通报表扬的“八有八化”建设示范乡镇。发放平价保障煤2000吨。

【安全生产】 2021年，中和镇落实安全生产责任制，加强应急物资的储备及管理，对机械设备定期进行检查维修，常态化安全生产检查活动35次，检查单位256家，责令整改安全隐患89条，有效消除各类安全生产领域易出现的隐患问题，全年无重大安全事故发生。鼠疫防控、食品药品安全工作有效落实。严格落实防火、防汛、防灾应急管理工作，加强值班值守和预警预报，加强物资储备和抢险队伍的建设和演练，确保及时有效处置突发情况。

【社会治理】 2021年，中和镇落实信访工作“一岗双责”、开展领导包案、定期接访，全年无越级信访事件发生。受理网络信访案件17件，信访大厅信访案件转办单2件，均已办结。督促全镇网格员发挥“调解员”职责，发现苗头，及时化解。为全体网格员分别购置电话卡1张，免费提供1年的流量费用，方便日常业务上的沟通交流。探索数字化治理新路径，以数字化撬动镇域治理现代化，在全市率先建设“数字乡镇”。

【疫情防控】 2021年，中和镇做好常态化疫情防控，落实外防输入、内防反弹措施，形成有效的疫情防控格局。推进疫苗接种工作，开展12周岁以上人员的摸底、宣传动员、组织协调及信息登记等工作，落实科级领导包片责任制，主动入居入户动员。接种新冠疫苗19954剂次，“敲门行动”地毯式清查登记核酸检测底数21589人。

（秦 越）

中和镇村路

大河湾镇

【概况】 大河湾镇位于内蒙古扎兰屯市的东南端，背依扎兰屯市区，面向黑龙江省的甘南县，被称为扎兰屯市的“东南大门”。距离扎兰屯市区37公里，辖行政村14个、居委会2个，辖村面积581.1平方公里，有耕地面积44.9万亩，人口3.7万人。镇区经济以农牧业为主，主要农产品是玉米、大豆、杂粮等。

2021年，大河湾镇地区生产总值预计可达8.2亿元；农村牧区居民人均可支配收入预计达19624元。

【基础设施建设】 2021年，大河湾镇协调市水利局与市卫健委疾控中心对全镇14个行政村1个社区及镇区水源地进行水样提取并做水质检测，对水质检测不达标的点安装水处理设备。协调市水利局安全饮水办为镇、村居民自来水管道老化问题进行维修改造。编制完成《农村饮水安全工程供水安全运行应急预案》。持续完善家畜设施建设，总投资327.7万元建设前进村硬化路、沙里沟村三组、四组硬化路、尖山子村硬化路、火车头村硬化路4个小型基础设施项目，目前正在走招标手续。完成硬化道路3.7公里。

9月8日，大河湾镇暖泉村食用菌种植基地

【乡村振兴】 2021年，大河湾镇按照《大河湾镇实现巩固拓展脱贫攻坚成果同乡村振兴有效衔接实施方案》要求有序开展各项工作，累计召开8次工作部署会议，开展业务培训会议3次。制定《大河湾镇健全防止返贫动态监测和帮扶机制工作方案》和工作领导小组，完善组织机构，明确工作职责。开展防致贫返贫监测和帮扶全面摸底排查，2721户摸底排查对象中均未有符合脱贫监测户识别标准和边缘户识别标准的人员。本年度投资787.7万元实施项目5个，其中产业项目1个，基础设施项目4个，经过行业部门论证及上级批准完成项目入库和资金申请工作。2021年度有效滚动实施资金295.7万元，产生资产收益可有效巩固脱贫攻坚成果。

【农牧业】 2021年，大河湾镇完成玉米种植37.23万亩、大豆种植7.46万亩、水稻种植1340亩；其他杂粮种植1万亩。实现农业保险投保面积40.41万亩，同比增长3.15万亩，其中玉米投保面积36.33万亩，大豆投保面积3.95万亩。推进黑土地保护有机肥积造及使用项目，实施1800亩集中连片黑土地保护性耕作，安装仪器130台，完成作业面积12.67万亩。畜牧业产业加快发展，推进重大动物防疫工作，非洲猪瘟防控得力，无疑似病例发生。完成全镇牛7813头、羊14.23万只、猪1.8万口、禽17.32万羽免疫疫苗注射。发展壮大村集体经济，有2个村集体经济收入超过30万元，4个村集体经济收入超过20万元，5个村集体经济收入超过10万元。前进村肉牛养殖场建设项目计划申请中央及自治区项目资金460万元，项目建成后，可实现年出栏肉牛150头，预计年经济收益达36.8万元。保障暖泉村、明星村、红光村和东升村现代化肉牛繁育基地4个村集体产业项目投产运营，投入使用后将实现年资金效益80余万元。加大清洁能源利用，推进扎兰屯市大河湾镇99兆瓦风力清洁供暖项目，完成投资5000万元。

【美丽乡村】 2021年，大河湾镇将人居环境整治工作纳入村、社区责任考核范围，作为村居干部政绩考核的重要内容。招聘公益岗保洁员500名，在全镇形成常态化保洁机制。加大对人居环境配套设施投入力度，向上争取垃圾箱2380个，发放1888个。为暖泉村配备垃圾吸污车1台，为暖泉村、前进村、东升村各配备垃圾转运车1台。累计投入人力500人次，清理生活垃圾260吨，清理粪污农业废弃物600吨。做好农村牧区厕所改造，全年改造厕所418座。持续完善大河湾镇、村绿化美化亮化工作，谋划建设蒙古屯至白家窝卜绿化带5000米，沙里沟村、明星村、前进村、金星村、大河湾村、红光村、东升村7个村提名为乡村绿化美化实施村。加强大河湾镇区道路亮化，完成一、二道街安装路灯100个。严格落实河长巡河制度，截至年末，镇、村两级河长巡河400余人次。针对河长巡河时发现的问题，按照方案要求在全镇范围内开展河道整治专项行动，确保河道整治取得实效。

【民生工程】 2021年，大河湾镇累计发放农村低保金862人36.63万元，城镇低保金13人9.09万元。发放各类社会救助工作金额218.39万元，其中临时救助金12.6万元，五保供养费用83.89万元，高龄补贴59.21万元，残疾人生活困难救助金28.56万元，重度残疾人护理补贴31.98万元，“三无”人员供养费用2.15万元。全年，新增特困人员6人，分散供养5人，办理入院人员1人，对特殊困难群体实行分类施保、应保尽保，建立特殊困难群体关爱帮扶长效机制。建档立卡贫困家庭学生享受“雨露计划”政策27名，补助金额为8.1万元；建档立卡贫困家庭学生352名，享受“一杯奶”政策的建档立卡贫困户家庭学生幼儿园阶段20名、小学阶段117名、初中阶段56名、高中阶段50名，补助学生243名，共补助金额12.15万元。新参加城乡居民养老保险343人，参加医疗保险累计2.4971万人，缴费金额766.153万元。实现

6月30日，大河湾镇“庆百年 颂党恩”群众文艺会演

劳动力转移就业2809人，其中转移6个月以上的有632人。建档立卡贫困劳动力2633人就业512人，2121人在家务农，均实现稳定收入。

【平安乡镇】 2021年，大河湾镇推行联防联治工作机制，成立联防联治队伍，实现200余人对61个自然屯进行全覆盖的联防联治，构建“网中有格，格中有人，人人各司其职”的精细化联防联治工作责任体系。加大打击违法犯罪工作力度，本年度刑事发案同比下降43.2%，治安案件同比下降15.7%。开展信访矛盾排查，优化调整信访工作领导小组，推进领导接访日制度，发挥信访联席会议制度作用，对信访重点人员逐一落实包保责任人。开展安全生产大检查，落实镇党政班子成员安全生产责任制，贯彻宣传落实新《中华人民共和国安全生产法》，开展常态化安全生产联合大检查10余次。汛期镇、村两级对辖区内险工险段进行拉网式安全隐患排查50余次，排查出4处安全隐患已全部进行修缮加固。常态化做好疫情防控工作，结合全国和周边地区疫情防控形势和上级指挥部的统一要求，及时向辖区内的各村、居和单位传达相关信息。在与黑龙江毗邻的5个村均设立防疫卡站，安排防控人员值班和防疫卡站的设置，加大对返乡人员的管控力度和政策宣传。推动疫苗注射，完成全镇16个村居12100人接种，实现已注射疫苗人口占应接种人口的90%。

（刘弘颖）

哈多河镇

【概况】 哈多河镇位于扎兰屯市西南130公里处，东与洼堤乡接壤，南与扎赉特旗金边壕为界，西与浩饶山镇相连，北与柴河镇毗邻。行政区域面积564平方公里，其中耕地面积17.3万亩，林地面积53.72万亩，草场面积3448亩，城镇建设用地面积2627亩，河流湖泊面积9415亩，其他面积12.03万亩。哈多河镇辖行政村6个，即哈多河村、罕达罕村、边北村、大阳坡村、泥沙河村、合兴村，社区1个，即幸福社区。常住人口12419人，其中城镇人口4201人，涉农涉牧人口8218人，由朝鲜族、蒙古族、满族、汉族等8个民族构成，其中汉族人口10198人，少数民族2221人。

2021年，哈多河镇农村居民人均可支配收入20383元，城镇居民人均可支配收入31448元，地区生产总值增长稳定在3.5%左右，城乡居民人均可支配收入增长3.2%，农村常住居民人均可支配收入增长在3.8%左右。

【农牧业】 2021年，哈多河镇种植玉米16.91万亩、种植大豆1.79万亩，完成轮作项

7月14日，哈多河镇边北村特色种植旱改水稻示范田

目0.64万亩,每亩150元,补助96.66万元。2020—2021年安装远程智能化监测设备65套,通过核查确认后全镇落实玉米秸秆全量覆盖3.83万亩,落实杂粮秸秆0.65万亩;落实黑土地保护利用项目0.42万亩,其中玉米秸秆粉碎翻压还田技术0.18万亩,有机肥积造及使用0.24万亩。农户散养和规模养殖牲畜累计20.85万头(口),牲畜口蹄疫全年免疫20.85万头(口),防疫率100%。抓住基础母牛补贴的契机,对外牧的牛羊从通辽、伊通、景星和石头城子引进西门塔尔种公牛30头,进行本交改良肉牛1642头、另在大阳坡和合兴村2个肉牛改良点人工授精冷配改良西门塔尔肉牛420头。新建肉羊人工授精点1处,扩大做好杜伯和萨福克人工改良,改良基础母羊700只,其中小尾寒羊480只。接新生羔羊820只,提高肉牛和肉羊的质量。

【村居换届选举】 2021年,哈多河镇通过“两推一选”,完成村居“两委”换届,书记、主任“一肩挑”达到100%,“两委”成员形成梯次配备,年龄结构、学历素质全面优化。培养招录“一村一名大学生”,完善软弱涣散党组织整顿常态化机制,巩固和加强党支部在村居民自治中的核心领导地位。

【乡村振兴】 2021年,哈多河镇投入扶贫项目资金2009万元,资产收益221.2万元,实现减贫818户2279人,4个贫困村全部出列,贫困发生率降至零。投入资金354.4万元,实施“菜单式”产业扶贫项目,覆盖贫困户817户。落实产业扶贫、教育扶贫、健康扶贫、社会保障兜底政策,全面完成“清零达标”,各级问题整改全部按期保质完成,脱贫攻坚取得决定性胜利。

【人居环境】 2021年,哈多河镇落实“三区三线”管控要求,把保护森林和草原作为硬任务,打击毁林毁草行为,统筹山水林田草系统治理,打赢蓝天、碧水、净土保卫战。全镇以公益岗为依托,共计雇佣贫困户担任保洁员67人,确保全镇各村各组实行卫生网格化管理,环境卫生管护无死角、全覆盖,改善村屯环境卫生,增加有劳动能力的贫困户收入,实现“双赢”。常态化落实河湖长制,建立巡河记录和河道问题整改台账,开展针对河道岸线生活垃圾、建筑垃圾等专项清“四乱”活动。在雨季前对全镇主要河流集中进行清理,清理各类垃圾60余立方米,疏通排水沟1200余米,保障各条主河道排洪畅通。完成村屯重点区域村屯绿化300亩,义务植树300亩。对2002年退耕还林和2003年退耕还林地块进行验收,对2014年、2015年防护林进行验收,完成资金兑现。专项整治林地案件12件,草原案件2件,草原图斑4个,审计署草原图斑6个,在规定的

7月20日,哈多河镇苗圃庭院基地

时间内完成核查任务，全部完成整改。落实护林防火责任制，优化快速扑火队伍，组建镇村两级快速扑火队120人，配备消防车1辆，完善森林火灾报告制度和火灾扑救预案，全年没有发生野外火情。

【民生保障】 2021年，哈多河镇新增低保40户41人，其中贫困户4户5人。发放农村低保金306.1万元，城镇低保金14.88万元，其中残疾人发放低保补助32.55万元；60岁以上农村籍退伍老兵、其他优扶支出7.56万元。完成玉米、大豆种植生产者补贴18.7万亩，补贴金额2734.38万元。农业保险17.89万亩，缴纳保费85万元。城乡居民养老保险费征缴2773人，医疗保险收缴10220人。严格按照《扎兰屯市防致贫返贫监测和帮扶全面摸底排查工作方案》文件精神，对全镇982户贫困户进行入户走访，核算收入，其中常住贫困户692户，脱贫不稳定户8户，边缘易致贫户8户，四类人群274户，覆盖率100%，做到村不漏户、户不漏人。经核算收入，全镇所有居民收入均高于国家标准，无致贫返贫风险。组织镇包村工作组、村两委对全镇厕所改造513户开展排查2次，排查出问题厕所20户。

【疫情防控】 2021年，哈多河镇坚持群策群力、群防群控。与班子成员“挂帅”，分工包抓，将疫情防控责任精准到岗、落实到人。从强化组织领导、深入细致摸排、严格网格化防控管理、加强舆论引导、落实物资保障、严肃工作纪律等方面持续发力，落实“五包一”工作机制，完成接种新冠疫苗13402剂次，“敲门行动”地毯式清查登记核酸检测底数8035人。

（姜春雨）

蘑菇气镇

【概况】 蘑菇气镇位于扎兰屯市区西南75公里处，东与黑龙江省龙江县相连，南与兴安盟扎赉特旗接壤，西与洼堤乡为邻，北与萨马街鄂温克民族乡、中和镇毗邻，地处蒙黑、呼兴交界，界域点多、线长、面广，镇区地势平坦，交通便捷，111国道、集阿高速公路、蘑柴公路、碾蘑公路、关浩公路在境内交会贯通，是呼伦贝尔市的南大门，是扎兰屯市西南片区重要的交通枢纽和商贸物流集散地。蘑菇气镇行政区域面积704平方公里，其中耕地面积39.04万亩，林地面积55万亩，草场面积6.2万亩，森林覆盖率39.66%，草原综合覆盖度80%，城镇建设用地面积3.87万亩。蘑菇气镇辖行政村19个、社区3个，居民小组16个、村民小组167个、自然屯158个，常住人口29256人，其中城镇人口6039人，涉农涉牧人口

蘑菇气镇全貌

23217人;由汉族、蒙古族、满族、朝鲜族、回族等9个民族构成,其中汉族人口20572人,少数民族8684人。

2021年,蘑菇气镇地区生产总值增长2.4%;城乡居民人均可支配收入增长稳定在4%以上,农村常住居民人均可支配收入增长4%左右;社会消费品零售总额增长7%左右。农村居民人均可支配收入21187元,城镇居民人均可支配收入37864元,全镇居民人均可支配收入28798元。

【经济发展】 2021年,蘑菇气镇地区生产总值增长2.4%,居民人均可支配收入增长4%以上;培育"禽、米、菌、药、畜、游"六大主导产业,建立绿色稻米生产基地,与兴安盟袁隆平院士工作站科研合作项目达成合作。引进呼伦贝尔伟垚农牧业科技发展有限公司,种植万寿菊5000亩。建立优质牛羊生产基地,秸秆综合利用企业13家,培育农业产业化示范联合体11个,成立股份经济合作社19个。

【农业】 2021年,蘑菇气镇总播面积39.04万亩,种植玉米32万亩、大豆3万亩、水稻种植2.5万亩、中草药及其他经济作物种植1.5万亩,全镇粮食总产1.48亿千克。免耕播种项目面积1.6万亩,补贴101万元,杂粮全量覆盖合格面积700亩,补贴2.4万元。粮改饲项目顺利实施。

【畜牧业】 2021年,蘑菇气镇牲畜年度存栏19.74万头(只),免疫密度100%。新建兴隆沟村无害化处理点1处,忠海蛋鸡养殖场存栏8.5万羽,日产蛋量4.5吨,万晟牧业牲畜交易市场日交易量200~300头(只)。

【水利水保】 2021年,蘑菇气镇落实河湖长制,全年7名镇级河长巡河94次,18名村级河长巡河746次,加强水域岸线保护工作,开展针对河道岸线生活垃圾、建筑垃圾等专项清理活动,全年清理河道周边垃圾大规模行动3次,出动车辆87台次,出动人员68人。全镇建立安全饮水工程(自来水)22处,在宫家街村建成污水处理厂1座。

【林草保护】 2021年,蘑菇气镇落实和执行保护发展森林资源目标责任制,启动林长制,设立镇级林长7人,村级林长19人,选聘生态护林员76人。开展破坏草原林地违规违法行为专项整治行动,39个林地案件,27个草原疑似图斑,审计署下发疑似图斑12个均整改到位。全镇林地保有量3.6万公顷,森林保有量2.79万公顷,森林蓄积量55.46万立方米,森林覆盖率39.66%,义务植树6万株,通过自治区对2020年重点区域绿化和义务植树核查,无森林草原火灾发生。

蘑菇气镇万寿菊基地

【乡村振兴】 2021年，蘑菇气镇实施炕沿山村、兴隆沟村等4个行政村入户路改造12公里、宫家街村等3个行政村边沟建设3公里。贫困学生享受雨露计划补助53人，补助金额7.95万元。新增扶贫小额贷款及商业贷款569户。在凤凰窝村、三合村、宫家街村、蘑菇气村建设垃圾处理站4处，安装闪蒸矿化设备7座。在蘑菇气村、野马河村进行污水处理试点建设。投资703万元建成炕沿山村肉牛养殖基地、先锋村肉牛产业基地、杨树沟村中草药产业基地，投资1705万元建设爱国村仓储冷链物流设施项目、爱国设施农业改造提升项目、兴隆沟村蛋鸡养殖场、湾龙沟村食用菌栽培项目、东明村农机专业服务项目、中宁村农机专业服务项目、宫家街村蛋鸡养殖场，投资300万元建设甜玉米加工及仓储冷链物流仓储设施项目。在爱国、凤凰窝等村建立冷库储藏保鲜项目。

【农村经济】 2021年，蘑菇气镇完成农村土地确权登记颁证工作，颁发土地经营权证书7922份，东风村代表扎兰屯市通过自治区验收，东风村、东明村、野马河村、爱国村、南平村通过自治区产权制度改革验收。全镇19个行政村化债务总额20%以上。申报社会化服务土地托管市级示范社3家，发展市级2021年中央支持合作社4家。

【民生保障】 2021年，蘑菇气镇城乡居民养老保险、医疗保险实现应保尽保，累计发放各类扶助、救助、优抚资金9000余万元；新增低保76人，72户，在享农村低保1732人，1537户，城市低保104人，92户。推进村级公益性设施共享共管，公开设立公益性岗位194个，组建共享共管“理事会”57个。完成590户农村户厕问题整改。解决历史遗留不动产权问题267个，分批次办理1132户农村房屋不动产权证，危房改造14户。

【安全生产】 2021年，蘑菇气镇组织开展安全大检查12次，检查377家。4所学校开展安全生产防震演练、校车安全演练、防溺水演练等活动。设立专职消防队队员4人，有消防车辆4辆，村级兼职消防人员各15人。检查营业场所35家次，发现火灾隐患3处，督促整改火灾隐患3处。完成全国第一次自然灾害风险普查系统录入工作，团结社区、先锋村、凤凰窝村通过自然灾害信息数据抽查验收。全年无安全生产事故发生。

【疫情防控】 2021年，蘑菇气镇严格排查中高风险地区抵返人员，严格落实新冠肺炎疫情管控措施，加强蒙黑边境卡站封堵巡查，设置“红色代办”“邻里守望”“义务值守”“健康关爱”4类志愿服务岗位，开展入户摸底排查、卫生消杀、环境整治、卡点监测、居民引导、心理疏导、居家隔离服务等工作。完成新冠肺炎疫苗接种第一针剂22194剂次、第二针剂19494剂次、第三针剂396剂次。

（张万军）

萨马街鄂温克民族乡

【概况】 萨马街鄂温克民族乡距离扎兰屯市区90公里，东连中和镇，南与蘑菇气镇为邻，西与洼堤乡接壤，北与柴河镇和南木鄂伦春民族乡毗邻。全乡总辖面积2596平方公里，其中有林地面积

272.55万亩，草场面积108万亩，耕地面积25万亩。萨马街鄂温克民族乡辖行政村6个，即团结村、猎民村、红炮台新村、哈拉口子村、护林村、马龙沟村，村民小组38个，市属国有林场2个，即伊其罕、根多河，个体农场14个。全乡总人口8183人，其中鄂温克族406人，少数民族总人口2712人。

2021年，萨马街鄂温克民族乡地区生产总值完成3.1亿元，同比增长4.7%；城乡人均可支配收入完成20580元，同比增长9.1%。

【农牧业】 2021年，萨马街鄂温克民族乡粮食总产量完成0.989亿千克，同比增长0.4%；落实种植面积22.15万亩，完成免耕播种面积11.4万亩，轮作项目1.9万亩，产业调整见成效，粮经饲比例达到5∶4.5∶0.5。开展农业科技培训4次，引导农民通过采用新品种应用新技术提高粮食单产成效明显。加大新型经营主体培育力度，猎民村民族手工艺品合作社、玉山中草药专业合作社、万家香黑猪养殖专业合作社、玉秋农产品收购合作社等新型经营主体形成规模，逐步显现成效，科技特派员、产业指导员、致富带头人发挥作用明显。牲畜存栏量20.5万只，总量保持稳定。申报中央财政扶持家庭农牧场发展项目4个，生猪（牛羊）调出大县项目1个，畜禽粪污资源化利用整县推进项目8个。发展圈舍养殖，实施庭院经济整屯推进项目，抓好非洲猪瘟、禽流感等重大动物疫病防治。

【乡村振兴】 2021年，萨马街鄂温克民族乡做好巩固脱贫成果同乡村振兴有效衔接工作。理顺工作机制，全面摸底排查，对标对表健全防返贫机制，落实各项帮扶政策，持续巩固提升“两不愁三保障”。

申请实施2021年各级财政衔接推进乡村振兴补助资金项目16个，上级批复实施项目4个，涉及各级财政衔接推进乡村振兴补助资金295万元。申报2022年各级财政衔接推进乡村振兴补助资金项目24个纳入项目库，涉及资金2585万元。

【人居环境整治】 2021年，萨马街鄂温克民族乡推进垃圾无害化处理与资源化利用，2座闪蒸矿化垃圾处站投入使用，生活污水处理厂建设项目列入国土空间规划并将建设意向上报市环保局备案。垃圾清运车3台、吸污车1台、垃圾清运铲车3台投入使用，组织乡级大规模义务垃圾清理卫生整治活动2次，动用大型机械269车次，人工1848人次，清理垃圾340余吨。各村聘用脱贫户保洁员16人，累计投放垃圾箱1817个。

7月28日，萨马街鄂温克民族乡组织干部、群众无偿献血

【社会事业】 2021年，萨马街鄂温克民族乡稳妥做好社会救助体系建设。落实农村低保、特困供养人员的救助政策，实行低保人群动态管理，做到应保尽保。新评定低保25人，清退低保24人。医疗保险参保完成率96%。排查死亡人口超期享受养老保险待遇追缴完成率100%。加强乡村教师队伍建设，强化科学化管理。2021年中考录取创新高，其中海拉尔第二中学录取2人，牙克石林业第一中学录取5人，扎兰屯市第一中学录取25人，重点高中录取率45%，完成教育质量年目标。成立推广普及国家通用语言文字和推行使用国家统编教材专项工作领导小组，强化工作措施，保证统编教材教学工作顺利进行。

【疫情防控】 2021年，萨马街鄂温克民族乡加大疫情防控宣传、人员排查、人员管控工作力度，织密织牢疫情防控网。累计开展全面摸排5次，实施管控措施152人，取得“零输入”“零感染”成果。全乡接种新冠疫苗1针剂5044人，2针剂5103人，接种率达到95%以上，有效建立免疫屏障。

（董铁民）

南木鄂伦春民族乡

【概况】 南木鄂伦春民族乡位于扎兰屯西北部，四面环山，雅鲁河绕乡而过，山清水秀，景色宜人。地理坐标为北纬47°48′，东经121°26′。东与卧牛河镇相连，南与萨马街乡接壤，西与绰尔河林业局施业区为邻，北与牙克石巴林镇毗邻。距扎兰屯市42公里。南木是自治区唯一的以鄂伦春族为主体的少数民族乡，也是全国范围内鄂伦春民族响应党的政策下山定居最早的地区。辖区面积2160平方公里，其中耕地面积15万亩，林地面积256万亩，草场面积38.9万亩。全乡共下辖8个行政村和2个社区，常住人口14602人，其中农业人口7341人；由鄂伦春族、鄂温克族、达斡尔族、蒙古族、汉族等11个民族构成，其中少数民族2034人，鄂伦春族人口97人。南木林业局及所属5个林场、扎兰屯市林业局济沁河林场、卧牛河马场二连在辖区内驻在。

2021年，农村居民人均可支配收入18720元，城镇居民人均可支配收入19800元，地区生产总值增长稳定

南木鄂伦春民族乡全貌

在3.2%左右，城乡居民人均可支配收入增长3.1%，农村常住居民人均可支配收入增长在3.5%左右。

【农牧业】2021年，南木鄂伦春民族乡农牧业生产形势稳定发展，玉米、大豆两大主粮作物的播种面积保持在10万亩左右，年度牲畜存栏稳定在5.5万头(只)左右。投入资金150万元少数民族发展资金支持成群鹿业发展特色养殖业，全乡鹿饲养规模突破200头；鹅产业快速发展，年孵化大鹅规模达100万羽；野猪存栏达1200余头；总投资167万元、建筑规模2240平方米的猎民村集体规模养殖场交付使用。发展林下山产品为主体的采摘业，黑木耳菌类，白芍、赤芍等中草药种植面积逐年增加。设施农业建设方面实现破题，引进车厘子、大棚蔬菜种植，庭院经济起步发展。龙翔科技、禹兴肉鸽、远大蜂业、丰源月饼、卧鑫鹅业等一批绿色食品加工企业入驻南木鄂伦春民族乡，并取得良好的经济效益。协调推进呼伦贝尔天边牧业运动马产业发展，农牧业与旅游产业融合提升局面初步形成。

【生态文明建设】2021年，南木鄂伦春民族乡完成退耕还林清查3016.2亩，完成退耕还林任务3500亩，义务植树造林9万株，森林草原资源得到有效管护，生态环境质量得到大幅度提升。推进河长制，完成河湖“四乱”专项整治，河道环境持续改善。加大土地巡查和矿产资源监察工作力度，开展乱占耕地建房摸排，排查完成下发疑似图斑49宗。严厉惩治打击毁林开荒、乱砍滥伐等系列破坏森林草原资源违法犯罪行为，对16处涉嫌违法开垦草原的问题及违法开垦草原人员及时立案调查。

【乡村振兴】2021年，南木鄂伦春民族乡投资4800万元，完成街巷硬化、村级活动场所建设、群众文化广场建设等各类基础设施项目，疏浚排洪渠3.66公里，种植景观树木4820株。投资3608万元，完成南木全长3933米中央路道路改扩建工程。投资170万元建设垃圾转运间13间，完成户厕改造199户，采购分类垃圾桶2466个，压缩式垃圾清运车6台。全面开展“三清一改”，完善村规民约，以“户收集、村转运、乡处理”模式为核心的农村生活垃圾治理体系初步建立。建立环境卫生长效保洁机制，与保洁公司签订服务合同，开启政府购买服务新模式。大兴村首创水冲式厕所，“一户一泵一罐一池”的建设模式在呼伦贝尔市全面推广。

【民生保障】2021年，南木鄂伦春民族乡鄂伦春中心校综合楼等一批基础设施建成并全部投入使用，乡卫生院新建工程开工建设。累计发放五保、低保、医疗救助等各项补贴4089.04万元，城乡新增就业1038人，农牧民转移就业2246人，累计开展农村劳动力技能培训35期。投资3188万元、建筑面积10570平方米的水木春城和投资1900万元、建筑面积5933平方米的杜鹃家园房地产开发项目如期竣工。

【深化改革】2021年，南木鄂伦春民族乡“互联网+政务服务”系统上线运行，便民服务大厅提档升级，87项行政权务事项承接到位。完成乡机构改革和综合行政执法改革，完成农村清产核资、土地确权登记颁证和农村集体经济组织成员资格认定。

（张晶石）

洼堤乡

【概况】 洼堤乡地处扎兰屯市南部110公里处，东、东北与中和、蘑菇气镇毗邻，南与兴安盟扎赉特旗的新林镇交界，北、西北同哈多河、柴河2镇相连，北与萨马街鄂温克民族乡接壤，行政区域面积738平方公里。辖行政村5个、村民小组36个，总面积738平方公里，有耕地18.9万亩，牲畜存栏量8.8万头只，总人口9501人，居住着汉族、蒙古族、满族、达斡尔族、鄂伦春族、锡伯族等7个民族，是岭东地区唯一的蒙古族民族聚集乡，蒙元文化源远流长，“蒙医特色小镇”“内蒙古射箭传统项目学校”成为地区发展的“金字招牌”。洼堤乡水源充沛，土壤肥沃，是苇莲河、喇嘛河、野马河三条河流的源头，全乡产业基础比较坚实，主要以农业为主，坚持走农牧结合发展路子。

2021年，洼堤乡农村居民人均可支配收入21905元，地区生产总值增长稳定在3.2%左右，农村常住居民人均可支配收入增长在3.6%左右。

【农牧业】 2021年，洼堤乡玉米种植面积稳定在11.8万亩，占耕地面积的62.4%，大豆种植面积6.9万亩，占耕地面积的36.5%，青贮、杂粮等农作物种植面积不断增加，粮食总产达5.69万吨。坚持质量兴农和效益强农并重，发展绿色农业，完成色吉拉呼村2.29万亩高标准基本农田建设，推广打造万寿菊和大球盖菇种植基地，发展壮大农业特色产业。农牧业机械化高效发展，综合机械化水平达到85%。推进秸秆综合利用项目，实现秸秆碎混还田1.03万亩、打包打捆4.5万亩、翻压还田0.2万亩，农作物秸秆综合利用率达到70%。畜牧业发展态势迅猛，牧业年度牲畜存栏达8.8万头(只)，家禽年存栏2.2万只以上，累计培育规模养殖户45户，成立各类农民专业合作社52个，首家科技特派员服务站落户洼堤乡。

【项目建设】 2021年，洼堤乡坚持以产业兴旺为依托，以补齐基础设施建设为重点，打造“一乡一业”“一村

洼堤乡全貌

8月6日，洼堤乡食用菌种植基地工人加工黄花蘑

一品”。推进2.7万亩总投资4431万元的高标准农田建设项目，争取项目14个总投资1513万元，连续2年实施项目30余个，总投资1.2亿元，道路交通、桥涵沟渠等基础设施得到完善，蒙古马、梅花鹿、生态果园等特色种养基地建设水平得以提升，发展冷链物流和农机服务等产业，推进脱贫攻坚与乡村振兴有效衔接。统筹整合政策、项目、资金、人才等资源，引导扶贫产业等各类项目向村级集体经济发展适度倾斜，创新“扶贫项目+集体土地流转”模式，鼓励引导各村做好经营性收入，全乡村集体经济收入118万元。

【生态建设】 2021年，洼堤乡开展打击毁林毁草专项行动，结合巩固脱贫攻坚成果同乡村振兴有效衔接的工作要求，聘用生态护林员30名。通过落实“四级网格化”防灭火责任制、加大防火宣传检查力度、定期养护调修防火专用设备工作，全年无重大火灾发生。持续开展人居环境综合整治和危房改造工作，推进厕所革命，改厕户达洼堤乡总户数的30%，申请上报厕所改造294户，农村环境、农民生产生活条件发生巨大变化。组织干部群众共同参与环境卫生整治6次，累计出动车辆50余台次，清理垃圾1.5万立方米，人居环境得到改善。

7月10日，洼堤乡民族学校举行校园文化艺术节

【社会事业】 2021年，洼堤乡坚持以人民为中心的发展思想，全力保障和改善民生，做细养老保险和医疗保险工作，城乡居民合作医疗保险基本实现应保尽保，最低生活保障、医疗保险、养老保险等保障水平大幅提高。民族学校硬件设施、办学条件全面提升，义务教育实现均衡发展，开展义务教育“双减”工作。蒙医产业品牌效应有所显现，注重加强蒙医人才培养和引进，有效解决蒙医人才短缺的问题，卫生院综合楼项目正在积极申报当中。筑牢筑紧疫情防控安全网，保障辖区人民群众生命安全。开展“敲门行动”，累计完成新冠肺炎疫苗接种第一、二、三针剂10719人次。

（赵双杰）

达斡尔民族乡

8月5日，达斡尔民族乡忠奇农民种植专业合作社社员在大豆地验苗

【概况】 达斡尔民族乡位于市区东21公里处，东和阿荣旗毗邻，西和卧牛河镇接壤，南同大河湾镇为邻，南北狭长成芭蕉叶状。行政区域面积417平方公里，辖行政村7个，村民小组53个，自然屯44个。耕地面积18.6万亩，草地面积2.8万亩，森林面积31.9万亩。全乡户籍人口4984户，11151人，是一个以达斡尔族为主体的少数民族乡镇。

2021年，达斡尔民族乡地区生产总值完成4.17亿元，增长3%；农民人均可支配收入达到2.21万元，增长5%。

【乡村振兴】 2021年，达斡尔民族乡建立贫困人口动态监测机制，巩固拓展脱贫攻坚成果同乡村振兴有效衔接，实施满都村大豆油厂等3个扶贫产业项目和白音村河道治理等5个基础设施项目，持续改善生产生活条件。发挥村级合作社和市场主体作用，提升村集体经济收益，各村集体经济收入增幅均达10%以上。完成农村户厕问题整改，通过自治区验收。发挥满都村全国文明村示范带动效应，落实环境卫生长效机制，新建垃圾转运站5座，购置垃圾清运设备10台，实施农村生活垃圾分类处理，农村生活垃圾得到有效治理。鼓励各类人才投身乡村建设，吸引优秀人才返乡创业，强化乡村新时代文明实践所(站)建设，结合党史学习教育开展“我帮你”志愿服务活动，树立乡村文明新风貌。

【农牧业】 2021年，达斡尔民族乡围绕“四个园区”推进现代农牧业进程。粮食播种面积保持在20万亩以上，建设高标准农田5000亩，粮食总产量达0.93亿千克。扶持达斡尔民族乡众赢畜牧养殖农牧业合作社、达斡尔民族乡牛壮养殖合作社、扎兰

达斡尔民族乡全貌

屯市成华牧业有限公司等养殖龙头企业，发展白音村乡野黑猪养殖，加快实施中心村肉羊养殖场项目，牲畜存栏保持在28万头（只、羽）以上，规模化养殖规模达到2万头（只、羽）。加快发展特色产业，巴图村保鲜冷藏库投入使用，金针菇、蔬菜大棚等项目有序推进；支持扎兰屯市满都拉农产品开发有限责任公司、满都红果蔬种植合作社等企业发展，杂粮水稻深加工生产线、太空果蔬种植、盛达黑木耳栽培等运行效益良好，农产品“三品一标”认证总数达到18个。

【项目建设】 2021年，达斡尔民族乡实施重点项目18个，总投资1675万元。争取资金683.2万元，实施壮大村集体经济和基础设施项目11个，持续推动“放管服”改革，建立完善村级服务事项清单和流程，规范乡村党群服务中心运行，优化审批服务流程。发展“直播电商”等电商新模式，推动农畜产品出村进城。完成土地确权登记工作，规范农村土地流转；协调涉农金融机构扩大贷款业务，解决农民发展资金瓶颈问题。完成呼伦贝尔市级科技计划项目4个，农业先进技术适用达到7万亩以上，设立农机科技示范基地1个，引领示范户30户。

【美丽乡村建设】 2021年，达斡尔民族乡完成造林绿化1044亩，打击毁林毁草违法行为，强化秸秆禁烧、农业面源监管等污染防治措施，巩固提升河长制工作成果，美丽乡村建设成效显著。推进畜禽粪污资源化利用、秸秆回收利用等项目，促进绿色循环发展。开展节能宣传教育活动4次，常态化抓好党政机关、商铺及各类公共机构用能管控，提高全社会节能降耗意识，完成年度节能降耗指标任务。

【疫情防控】 2021年，达斡尔民族乡织密织牢疫情防控网，严把“域外输入”“冷链输入”“人物同防”三个关口，创建乡、村、组、户扁平化管理体系，发挥网格员作用，对辖区情况逐户排查，责任到人，分工到户，动态管理，确保情况清底数明。在全市率先完成全员核酸检测实战演练，新冠疫苗接种率达96%以上；加强宣传引导，推进“加强针”和3~11周岁儿童疫苗接种，实现常态化疫情防控和经济社会发展统筹推进。

【社会民生】 2021年，达斡尔民族乡开展农民劳动技能培训5次，支持高校毕业生、农民工、退役军人等群体返乡创业，新增就业108人次，农村劳动力转移就业871人次。完成第七次全国人口普查，推进基本养老保险、医疗保险全民参保，落实好各类救助救灾政策，全年发放养老、低保、特困、残疾人等保

6月22日，达斡尔民族乡巴图村赤芍种植基地

障救助资金500余万元。完成3700平方米廉政文化广场改造升级。落实安全生产“一岗双责”，强化应急物资储备、值班值守和应急演练，未发生安全生产事故和食药安全问题，平稳度过了防火、防汛期。有效化解信访矛盾纠纷10件，未发生群体访等恶性信访事件。打击各类违法犯罪行为，治安、刑事类案件持续减少，刑事案件破案率达100%，无命案发生。完成扫黑除恶三年专项斗争，实现扫黑除恶工作常态化。“七五”普法工作全面完成，满都村被评为自治区级民主法治示范村。

（凯　楠）

高台子街道办事处

【概况】 高台子街道办事处（以下简称高台子办）是以农村农业建设发展为主、兼顾城市社区建设发展类型的涉农街道，辖区与岭东工业园区规划区交会叠加，集阿高速、省道302线穿境而过，有呼伦贝尔东北阜丰生物科技有限公司、同德木业有限责任公司等生产加工企业20余家，蒙东牲畜交易市场等大规模养殖企业、合作社40余家，特色种植和设施农业类业态丰富，滨洲铁路高台子货运火车站、成吉思汗机场位于辖区，交通优势、资源优势突出。下辖城郊村4个、居委会2个，总人口2.44万人，其中城市人口0.7万人，农村人口1.74万人，耕地6.4万亩。2021年，公共财政预算收入1104.12万元。

【民生保障】 2021年，高台子办有农村低保1064户、1369人，新增农村低保6人；城镇低保202户、256人，新增城镇低保5人；拨付临时救助款7.15万元，救助27人，办事处审批临时救助款6.36万元，救助83人；农村特困60人，城镇特困人员7人，特困人员护理补助6人；孤儿4人；针对80周岁以上高龄人员207人，每年发放高龄津贴1200元。对辖区内4户百岁老人家庭进行走访慰问并累计发放慰问金2000元；困难残疾人补助347人，重度残疾人补助178人；纳入低收入群体3户6人，有残疾人637人，其中重度残疾人（一级、二级）178人，完成自治区首例残疾人两项补贴资格认定“跨省通办”业务；针对行动不便的企业退休人员开展入户认证、上门服务6人；对2名肢体重度残疾人各发放轮椅一辆，举办残疾人农村实用技能培训班，培训残疾学员40名；迎接呼伦贝尔市统计督查2次，完成农牧业、企业名录统计录入等工作任务，入选自治区级统计示范点创建工作推荐名单。

【计生人口】 2021年，高台

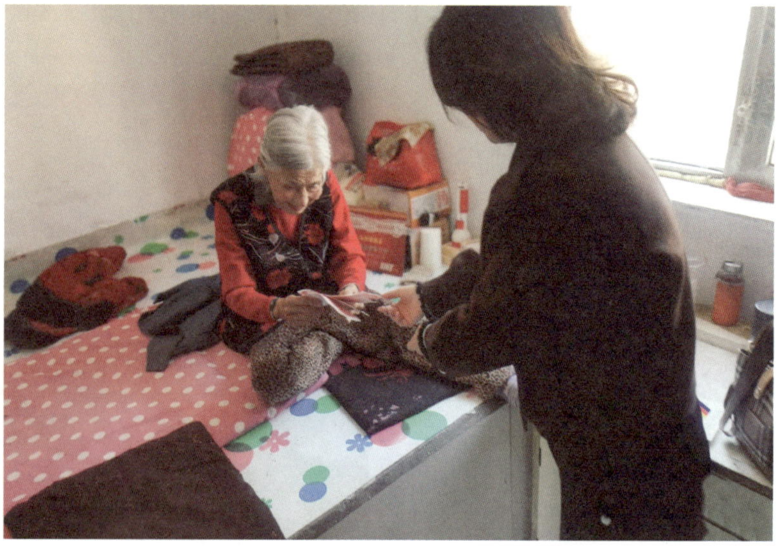

1月3日，高台子街道办事处慰问辖区高龄老人

子办现居住总人口14357人，新出生30人，网上再生育审批1例；审核确认2021年国家奖扶66人、呼伦贝尔市扩大奖扶17人、特扶16人11户、独生子女伤残死亡一次性补助1人，晚婚晚育提前奖扶2人；养老保险死亡追缴回1.26万元，退回银行1.15万元；办理新参保61人，待遇审核131人，死亡注销82人；续保收费780人，45.53万元。

【街道建设】 2021年，高台子办开展第三十三个爱国卫生月活动，制定爱国卫生活动月实施方案，发动干部群众600余人次，出动铲车、钩机、农用车等12辆，清理农村社区生产生活垃圾300余吨，进村入户开展人居环境宣传教育4667人次，发放倡议书8700余份；农村房屋安全隐患排查2858户，其中存在安全隐患55户，配合第三方鉴定机构鉴定，新增农村D级风险房屋5户；入户督促危房改造，完成危房改造1户，拒绝改造4户，搬出危房由村里进行安置；联合市自然资源局规划办入户核查危房4户；开展C类危房修缮入户核查2户；进行农村牧区户厕摸排整改3次，整改旱厕无照明10户；解决邻里纠纷4起；办理不动产登记确认书转移过户手续，受理30份，办结并发放确认书30份；配合村级换届选举；沟通上级部门开展农村建房审批工作。

【执法工作】 2021年，高台子办受理涉法各类案件21件(次)，其中拆除私搭乱建8处，联合整治乱占耕地建房2处、大棚房“回头看”5处；对发现的问题立行立改，定期巡查监管。配合上级部门治理河道护坡3处，整顿畜禽养殖造成环境污染1件，调解土地纠纷3件，处理非法开垦土地1件、在此基础上，结合安全生产大检查工作，配合街道部门着力抓好安全生产工作；联合对校园周边开展检查5次，对人员密集场所检查3次；全年羊免疫20714只、牛免疫3446头、猪免疫11018口、禽免疫157944羽、犬免疫3466条、免疫密度达100%。做好非洲猪瘟防控宣传排查工作，做到日排查，天天报，向养猪户发放宣传单，签订承诺书，未发现不明原因死亡。

【平安建设】 2021年，高台子办召开校园周边安全会议2次，开展校园周边安全检查13次，防范打击非法金融宣传6次；对重点行业、重点企业对危险化学品、涉氨企业、人员密集场所等进行安全生产检查24次，累计组织检查48次，整改问题63项，开展应急演练5次；夏季联合学校开展防溺水系列宣传活动，全面排查野外游泳点、落实防控责任人，制作条幅、宣传展板30余份；在街道、村居建立灾情联络员队伍5人，确保实时排查隐患、推动整改，第一时间研判上报各类灾情信息。秋冬季防火印发宣传单9000余份；开展禁烧秸秆、综合利用宣传5次，引导群众利用秸秆发展养殖、制作食用菌袋、加工饲料，综合利用率96%；开展用电线路安全、密闭空间作业安全排查与宣传4批次；汛期前清理排洪沟5000多米，治理险段5处，清理土方5万多立方米，开展防火防汛应急演练4次，年内无重大安全事故发生。优化法治宣传教育，悬挂“送法进村屯”横幅、标语70多条；落实一村(社区)一法律顾问制度，开展《中华人民共和国民法典》培训讲座和法律知识测试，举办人民调解员培训班；召开扫黑除恶工作推进会、“六清”行动专题会议5次。

【政务服务】 2021年，高台子办围绕“12345”便民热线，完成政务服务知识库维护录入20件，办理诉求总数已达28件，办理量28件，好评率100%，平均办理时长14天18小时31分，及时响应量26件，解决率100%，响应率100%。为持续深化“放管服”改革优化营商环境，认领行政给付事项4项，公共服务事项4项，村居各认领，村（社区）级事项20项。

【乡村振兴】 2021年，高台子办累计开办产业发展、就业、电商等培训班4次；承接阜丰等企业的社会服务职能，拓宽进厂务工渠道，辖区村居民进厂务工530余人；打造五一村肉牛养殖园区，带动周边村民入企务工120余人，其中贫困户30余人次，人均年收入4万余元，带动该村肉牛养殖120余户，肉牛年存栏4000头左右，年纯收入1000余万元；发展鲜光村朝鲜族民俗旅游，三圣寺、金刚寺宗教特色游，大棚果蔬采摘亲子旅游。建成肉羊改良点1个，畜禽无害化处理点1个，环保防渗漏储粪棚8个，引进有机肥生产企业1家，辐射带动近郊村大白菜、五一村露地蔬菜种植规模增长至2300亩，建设形成规模养殖、粪肥制造、循环利用、种养互补的标准化畜牧养殖示范区，推动辖区农牧业绿色发展、循环发展、高质量发展。每个供水点每周巡查1次，化验水样13个，在近郊村一组改建集中供水点3处；街道河长每月巡河1次，村级河长巡河144次。汛期前修订完善防汛抗旱预案，清理整治排洪沟5条3000米．其中高台子村2条近郊村1条，糖厂居1条，五一村1条。春秋两次“清四乱”3处，高台子村1处，五一村1处，鲜光村1处。申请中组部资金，实施叉车托板加工厂项目1个，资金到位，组件完成，正在组织招投标手续；谋划高台子村道路硬化2个，划拨资金至账户，作出修建设计，完成招投标1个，年后气候条件允许可开工建设；近郊村冷藏车间项目1个，资金划拨至账户，基本设计正在推进当中。线上开展各类农业技术培训，开展次线上培训4场，培训300余人次；培训50人次。成立产业指导员队伍，各村第一书记为产业指导员。

【疫情防控】 2021年，高台子办居住总人数12236，适合接种且11岁以上人员11312人，11岁以上接种10837人。对重点人群实施“五包一”管控，累计实施集中隔离、居家隔离697人。开展核查清底2轮，确准参检人口13949人，组织核酸检测演练3次。投入资金4.5万元，购置防护服、隔离桩等物资，设置全员核酸检测采样点5个，做到科学精准、常规常态防控。

（王那日格勒）

河西街道办事处

【概况】 河西街道办事处（以下简称河西办）位于扎兰屯市区西部，东与(雅鲁河)相连，西与成吉思汗镇务大哈气社区为临，南至兴安桥，北至红光风景区，交通发达，辖区内由3座跨河大桥与市区相连，其中2011年9月开工的布特哈大桥为钢筋混凝土自锚式悬索桥，是呼伦贝尔市境内第一座悬索桥。行政总区域面积67.5平方公里，总人口22132人。辖居委会3个，即振兴居、南市居、新城居，行政村1个，即回民村。2021年，公共财政拨款预算收入581.40万元。

【乡村振兴】 2021年，河西

办通过壮大产业、储备人才等措施，推进回民村乡村振兴工作。通过扩建基础设施、提高肉牛养殖数量等措施，提升集体经济带动效应，增加村民经济收入；继续培树张大妈黑木耳种植专业合作社典型，实现“互联网＋特色种植”和“支部＋合作社＋农户”双模式同步推进；引导回民村进一步优化产业结构、培育特色产业，扩大杂粮、设施蔬菜种植面积，全年供应全市蔬菜1000吨；继续与扎兰屯职业学院、农研所等科研院所开展技能培训活动，邀请种养殖专家对农户进行技能培训，举办种养殖技术培训班5期，参训280余人次；开展设施农业备案，备案农业设施项目15个，促进农业发展和农民创收渠道。

【人居环境治理】 2021年，河西办开展人居环境整治，针对回民村岭北四队田边空地垃圾成片堆放的环境卫生问题，出动勾机2台、铲车2台，清运车辆30余辆、约1200余立方米。推进“河长制”专项治理行动，累计出动机械42台班次，河道清淤14余处，清运沟渠淤泥、碎石、杂草以及垃圾850余立方米；雇佣保洁员7名，设置巡河员12名，开展巡河120余次，辖区内河道环境得到明显改善。推进水患治理，根据河西街道辖区内蓝林食品厂前街路排水环境问题，因地制宜修缮渗水井1处。协助居民小区安装充电桩，在尚品雅鲁、碧水家园、秀水华庭等小区，投入公用智能充电桩30个。协助成立业主委员会，辖区内有7个小区成立业主委员会，小区居民自主决策、自主选举、自我管理、自我服务能力进一步提高。

【民生保障】 2021年，河西办累计发放低保金357.6万元，残疾人2项补贴28.6万元，临时救助0.25万元，长寿补贴金15.6万元，优抚抚恤补助13.96万元。完成企业退休人员生存认证1139人，对行动不便的退休人员16人完成入户认证。城乡居民养老保险缴费510人，共计16.65万元。农牧区劳动力转移就业人数429人，受理“4050”培训13人，组织就业困难人员20人参加就业局举办的国企招聘会。

【维护社会稳定】 2021年，河西办组织职能部门开展联合执法检查行动21次，出动检查人员132人次，重点对建筑施工、人口密集场所、学校幼儿园等重点行业领域进行检查，涉及单位236家，发现隐患178起，当场整改157起，发放限期整改通知书21份，消除安全隐患，确保社会大局稳定。落实维护社会稳定的领导责任制，建立矛盾纠纷多元化解机制，组织网格员定期对辖区隐患进行排查梳理。街道与各村居签订

1月30日，河西街道办事处联合市文联、市书法家协会开展“迎新送福写春联 文化润疆暖人心”活动

防汛抗旱、森林防火工作目标责任书，层层分解落实责任到点到人，确保地有人守、林有人看、患有人堵、火有人灭、责有人担。

【重点项目推进】 2021年，河西办配合振兴路、居然之家、映山红生态公园和“绿水青山就是金山银山”宣传等全市重点项目。推进征地拆迁。组织市自然资源局、交通局、回民村等相关单位召开会议，成立由河西街道牵头的土地征收现场指挥部，组建入户工作组3个，利用1周时间对39户征地户进行摸底调查，建立工作台账。通过召开群众代表、党员、小组长会议，发放宣传单，入户走访等措施，宣传征地意义和相关政策法规，争取群众的理解和支持。发挥老村干部、老党员、示范户的带动作用，打开征地工作突破口，有序推进征地工作，12户签订征地补偿协议。

【疫情防控】 2021年，河西街道办事处采用立体式宣传方式，宣传疫情防控知识和有关要求，凝聚联防联控、群防群治的强大合力；制定防控方案和应急预案，出台“七个一律”措施，对全街道实施严控；在重点路段的重要交叉路口建立4个疫情防控卡点，实行“铁桶式”管理；对外来人员进行“拉网式”“地毯式”排查，分类建立台账，对所有重点人员落实“一对一”全面管控；开展适宜接种人群信息摸底工作，18周岁以上接种人数15039人，接种率达到93.68%；修订完善街道工作方案和村居子方案，根据小区地域分布、人员密集程度、公共区域设置等实际情况，科学布设采样点，组织开展核酸检测应急演练2次，确保新冠肺炎疫情传染源及早发现、及早控制、有效处置。

（张　媛）

兴华街道办事处

【概况】 兴华街道办事处（以下简称兴华办）辖区位于扎兰屯市区东北，南与正阳办事处相连，西与河西办事处为邻，东与达斡尔乡毗邻，北与卧牛河镇接壤。下辖青松、迎春、绿林、秀水、铁路5个社区居委会，辖区面积40平方公里，总户数10213户，总人口23281人。所辖小区51个、楼宇180栋，生产经营单位和个体工商户563家。2021年，公共财政收支预算564.15万元。

【党群服务中心】 2021年，兴华办社区党群服务中心精简程序、压缩时限，为居民群众提供服务31项，服务3905人次，组织群众文化活动30余次。开展政务服务精细化梳理，政务公开渠道全面，功能完善，法定主动信息全面规范公开，推广“蒙速办 帮您办”，开通“12345”政务便民热线，接收各类工单23个，完成23个，实现完成率100%，群众满意率100%。开展帮办代办服务，就近设立“话费、水电费便民服务代办点”，将便民服务流程进行公开，帮助群众知晓办事流程，解决居民就近办难题，把服务群众做到实处，实现“一窗受理、一网通办、一门办理，最多跑一次”。迎接各级参观10余次，代表扎兰屯市委、呼伦贝尔市委迎接上级检查3次。

【网格化治理】 2021年，兴华办调整优化网格设置，整合党建、综治、计生等各类网格，把党的建设、意识形态、综合治理、应急管理、民族宗教、社会保障等工作融入“一张网”，实现“多网合一”“一网多能”，217名网格员做实网格化，促进治理精细化，推动社区网格化治理落地生根。街道把支部建在小区和网格里，把党小组建在楼栋中，把党员设岗定责，选优配强党支部书记或党小组组长，建强专兼职网格员队伍，通过绿林社区“逢四说事”、秀水社区“蓝色说事驿站”、青松社区“社情民意瞭望角”等，随时随地了解群众需求和困难。开展街道社区融合党建，召开党建联席会29场，在职党员到社区报到497名，解决群众“操心事、烦心事、揪心事”44件。

【党史学习教育】 2021年，兴华办召开党工委理论学习中心组党史学习教育专题研讨8次，开展“党课开讲啦——北疆党课进行时”活动，党员领导干部、党员专家学者、优秀共产党员、优秀党校教师和老党员讲党课77次，覆盖1860人次。开展理论测试7次，举办读书班15期、夜校62期，参观乌兰夫纪念馆23次，重温入党誓词党员424名，过“政治生日”党员539名。探索搭建“固定课堂”“指尖课堂”“板凳课堂”“红色课堂”“实践课堂”5个课堂，党史知识学习68期，参与党员人数1000余人次。党员领导干部带头认领10个“四项清单”，为居民办理新建避雨凉亭、安装太阳能路灯、铺垫巷路和解决石油站家属楼取暖问题等实事141件，开展“我帮你”志愿活动112次。

【综治维稳】 2021年，兴华办加强对辖区重点信访群体、重点人员的排查，坚持重点信访人员“五包一”工作机制，对一般信访人开展每两天排查，进行“一对一”的包保和动态了解，每个信访案件实行一案一策、分类化解，采取疏解情绪、教育引导、领导陪访等方法，使案件得以化解，平稳可控。健全综合应急救援机制，深化“平安兴华”建设，推进辖区政法队伍教育整顿。街道以铁路护路联防“大排查、大调解、大整治”为抓手，加强涉路矛盾纠纷排查化解，整治铁路沿线突出问题，开展护路联防宣传教育活动，铁路护路日常巡查和安全隐患排查12次，对方家沟1处存在隐患的沙堆进行清理，消除沿线治安隐患，确保辖区铁路沿线治安稳定和铁路运输安全畅通。

【安全生产】 2021年，兴华办推进风险分级管控和隐患排查治理双重预防机制建设，组织开展安全生产应急演练7次，安全隐患排查12次，对辖区内40家重点企业单位和人员密集场所进行4次安全生产联合检查，对辖区学校附近的27家“小餐桌”托管机构，定期走访、检查。抓细抓实开展食品药品、安全生产、道路交通、消防等领域的安全生产隐患大排查大

6月22日，兴华街道组织“记录岁月变迁 见证光辉历程 展示美好生活”建党百年图片展

整治和辖区高危行业领域安全问题大起底、隐患大整治集中行动。防火期间，在各进山的主要路口安排人员防火值班，开展防火宣传5次，值班18班次，防止因上坟扫墓引发火灾，安排每日防火值班及巡查。街道成为全市安全生产先进单位，多次代表扎兰屯迎接呼伦贝尔、自治区督查考核。

【疫情防控】 2021年，兴华办压紧压实防控责任，严格落实“五包一”责任，先后召开疫情防控专题会、调度会、推进会和紧急会52次，科学统筹部署疫情防控各项工作。发挥37个网格中217名网格员的力量，对中风险地区返乡来扎兰屯市人员进行深入、全面、系统、快速地排查，做到了底数清、情况明。建立1个隔离宾馆临时党支部，成立党员突击队和尖刀班，党员设岗定责、承诺践诺，构建起联防联控、群防群控的严密防线。在全市率先开展核酸演练工作，对青松社区的明月花园小区17和18号楼的201名居民现场完成核酸咽拭子采样工作，为3周岁以下和瘫痪卧床等18名居民上门采样。开展“敲门行动”和核酸检测人员排查、疫苗接种工作。

【社会民生】 2021年，兴华办组织摸索救助救济、残疾人帮扶、低保申请等经验办法，现有低保643户，846人，发放低保资金627.483万元；新增低保17户，19人，停发低保56户，90人，临时救助62户，发放资金3.665万元；为52名特困人员发放补助57.595万元，实现了辖区居民“应保尽保、应救济尽救济”，全覆盖无疑议，成为全市工作试点单位。落实残疾人两项补贴，重度残疾237人，其中一级残疾52人，二级残疾185人；困难残疾275人，其中一级残疾26人，二级残疾80人，三级残疾97人，四级残疾72人。全年发放困难补助资金32.4万元，重度补助资金2.8万元。

【城建卫生】 2021年，兴华办抓好爱国卫生活动，举办健康知识讲座30次，开展全方位、大面积以灭鼠为重点的除“四害”活动，发放鼠药68箱、蟑螂药35箱，发放灭蚊蝇、灭跳蚤药物6箱。组织动员辖区小区业主、物业公司、社区干部、党员、共驻共建单位等开展环境卫生集中整治会战5次，参加劳动500余人次，悬挂宣传条幅100余条，发放倡议书5000余份，出动车辆43辆，拆除违建15处，卫生死角100余处，清运垃圾286立方米。探索实施“红色物业”，在业委会设立党组织，向物业服务公司派驻党建指导员，组织美域蓝湾小区业主、业主委员会和物业公司，先后召开恳谈会、协调会和对接会，解决物业服务不规范问题，初步扭转辖区内小区失管、弃管难题。明月花园小区被打造成全市物业规范化管理试点小区，全市26个小区前来参观学习。街道党政班子成员、联合执法部门、业委会和物业公司，对辖区明月花园小区内私搭乱建、私建菜园、飞线充电等现象进行集中治理，清理乱堆乱放26处，摆放分类垃圾桶50个，拆除违章建筑和简易房12处，栽种沙果树、樟子松、榆叶梅和鲜花万余棵(株)，为推进自治区文明城创建添彩助力。

（唐　军）

铁东街道办事处

【概况】 铁东街道办事处(以下简称铁东办)东与阿荣旗音河达斡尔鄂温克民族乡相连,西与正阳街道办事处为临,南与向阳街道办事处接壤,北与兴华街道办事处毗邻。辖区滨洲铁路、阿扎铁路、111省路连接线贯穿其中,交通便利。行政区域面积45.2平方公里,总人口7175人。其中耕地面积1.88万亩,林地面积0.67万亩。铁东街道有社区居委会2个,即天拜山社区、五里社区;行政村1个,即铁东村。2021年,公共财政预算收入510.82万元。

【信访工作】 2021年,铁东办突出做好重大节日及会议期间信访等各项工作,确保社会形势稳定。加大矛盾排查工作力度。把"摸排隐患,化解纠纷"作为信访工作的重点来抓,做到早发现、早介入、早处理,结合建党100周年开展全面系统的信访隐患大排查,对发现的隐患落实调处责任,形成调处合力,推动问题有效解决;落实稳控包保责任,形成村(社区)、派出所和街道领导干部三方稳控责任,逐级逐层压实责任。接待群众来访31次,成功化解各类矛盾纠纷29件。综合采取化解和稳控等措施,确保信访形势稳定。

【乡村振兴】 2021年,铁东办铁东村建档立卡脱贫户141户339人,因死亡、婚嫁等原因自然减少7人。巩固脱贫成果和防返贫监测动态管理排查,"两不愁 三保障"均达到标准,收入均达到6000元以上,无新识别防返贫致贫监测户。结合"两不愁 三保障"政策,落实学生"一杯奶"补助19人,雨露计划补助4人,补助教育临时救助2人,补贴资金2.55万元,确保无因家庭贫困辍学现象发生。突出抓好就业扶贫,2021年脱贫户省内务工81人,外地跨省务工人员24人,享受跨省务工交通补贴300元/人,共7200元。开展农业科技培训班2期,参与培训40人次。加强村基础设施建设,2021年度自治区财政衔接推动乡村振兴补助资金26.4万元,用于铁东街道铁东村大圆井至泥石流源头道路硬化项目,呼伦贝尔市财政衔接推进乡村振兴补助资金178.66万元,用于铁东街道铁东村新发组截洪沟项目。

【经济发展】 2021年,铁东办组织开展职业技能培训2期。拓宽就地、就近就业渠道,启动以村集体名义成立的劳务服务公司,吸纳11户脱贫户就业,每户年增收3600元;依托老依有机蔬菜种植、瑞祥和等种养殖合作社,形成以专业合作社+贫困户模式,带动低收入人员20余人在合作社务工,人均增收2000余元。

【重点项目】 2021年,铁东办通过"四议两公开"程序实施通过4个项目(其中包括"一事一议"项目1个),完成并验收项目1个,即铁东办事处铁东村新发过水路面钢架桥,准备实施项目3个,即铁东办事处铁东村大圆井泥石流源头水泥路硬化项目、铁东办事处铁东村新发组截洪沟项目及"一事一议"铁东办事处铁东村排洪沟治理项目。

【基础设施建设】 2021年,铁东办通过"问计于民、问需于民、问政于民"活动,收集有关环境卫生整治、新发排洪治理、农业技术培训、钢铁大街无减速限速标志、新发排洪沟南北无便民桥出行难等村情民意5条，解决5条，环境卫生由铁东村劳务服务公司定期开展清理清运；完成新发排洪沟衬砌工程1200延长米；为钢铁大街安装4条减速带和4处限速提示牌；新建新发便民铁桥1座。为确保农民秋天秋收行路安全，组织施工队修复铁东辖区山路20余公里。

【疫情防控】 2021年，铁东办成立铁东街道新型冠状病毒感染肺炎防控指挥部及专班，累计接收、核实、推送信息5000余条，报送管控人员数据700余人，建立管控人员台账；疫苗接种工作持续推进，累计完成两针剂次疫苗接种5745人，接种率86.49%；制定铁东街道全员核酸检测工作预案、设置全员核酸检测采样点3个，在新建党群服务中心采样点进行全员核酸检测演练1次，通过开展“敲门行动”核实辖区常住人口数，做到底数清、情况明。

【安全生产】 2021年，铁东办组织召开各项专题会议及培训，培训1550人次。利用村村通广播播放安全常识。散发安全生产月活动宣传资料1780份。消防应急演练2次。悬挂安全生产条幅12条，张贴海报12张，观看安全警示教育片4次。联合消防部门开展消防安全执法检查，重点对人员密集场所、威利斯球馆、学校、加油站、液化气站、鞭炮仓库、大企业、小餐桌、“九小场所”等进行排查45次，督查检查出安全隐患19项，均完成整改。开展道路安全隐患排查8次，发现安全隐患6处并及时处置解决，即新发小桥危险已建新桥、垃圾场路过水路面水上涨过高，及时疏通；111线新发大街三峰超市门前路面坑洼不平，协调处理；钢铁大街天鼎商店门前路面下沉出现坑洼，修复；天拜山社区北沟山上出现泉眼水流到巷道上结冰，及时疏通；411铁路道口至新发大街经水泥场门前东上坡没有路灯，及时安装；新发大街多年泥泞难走，及时协调硬化。开展九小行业安全隐患排查101家次，查出安全隐患5项，均完成整改。

【街道建设】 2021年，铁东办按照城乡规划审批建房，宣传落实危房改造项目。开工建设新发排洪沟工程1200延长米，9月竣工。协调市交通局硬化水泥厂门前道路300米。在普速铁路沿线安全隐患治理中抓好落实，清理普速铁路沿线漂浮物2000米，消除安全隐患。开展新发街、东郊胡同、大园井胡同、货场胡同乱堆乱放占用公共区域专项整治行动，清除乱堆乱放8处，改变辖区“脏、乱、差”局面。

【环境卫生治理】 2021年，铁东办开展环境卫生治理攻坚月、提升月活动，有效利用活动月之机，在环境卫生集中治理攻坚行动中发放倡议书1200份，悬挂条幅10条，以网格为单位开展卫生整治8次，重点清理街道、胡同两侧乱堆垃圾5处，畜牧养殖户乱排污水1处。发动群众志愿者200余人次，出动铲车50台次、垃圾运输车5辆，清除垃圾1000余吨，拆除占道障碍物12处，捡拾道路两侧白色垃圾2000米，动用车辆10台次清理500延长米边沟干渠垃圾200余吨。新发排洪沟治理工程竣工，将有效提高辖区环境卫生水平。抓好宣传工作，利用条幅、标语、宣传单、大喇叭、群众微信群等多种形式，不间断地向群众进行宣传和动员。包片领导和包村、社区干部不定期驻村、社区督导自清进度，每周汇报自清户数、垃圾处理量等工作进展情况，对发现的问题下发整改通知书，督促整改到位。明确“门前三包”环境卫生要求、保洁员保洁标准、环境卫生公益岗工作标准和村、社区干部环境卫生整治职责，用制度来保证环境整治的成果。开展卫生检查巡查8次，采取日常巡查与突击行动相结合，主动检查与受理投诉相结合的方式，有效净化辖区环境。

【防火防汛】 2021年，铁东办实行网格化管理制度，重点地块落实到人，责任到人。利用条幅、宣传单、广播、微信平台等多种宣传方式进行宣传。成立防火组织，制定防灭火预案，成立应急队伍25人，执行24小时值班值宿制度，做到宣传到位，责任明确。开展秸秆禁烧工作，做好秸秆禁烧清理工作宣传教育。成立防汛领导小组，制定预案，成立应急队伍，安排防汛宣传员和防汛巡逻员对易形成山洪和地质灾害区域进行巡查，及时发现隐患，排除危险。组织村、居开展防汛知识进校园、进企业、进农户等宣传活动。汛期前做好准备工作，提前清理大圆井和新发排洪沟隐患1500延长米，安全度过汛期。

【民生保障】 2021年，铁东办落实城市低保563户709人，累计发放资金498.96万元。农村低保600户720人，累计发放资金299.79万元。特困64人，累计发放资金57.69万元。长寿补贴228人，累计发放资金27.36万元。残疾人2项补贴548人，累计发放资金66.1万元。孤儿2人，累计发放资金3.18万元。军人抚恤金16人，累计发放资金31.72万元。临时救助131人次，累计发放资金12.8万元，“博爱一日捐”1.48万元，退役军人总登记223人。严格低保审批手续，新增低保55人，实现应保尽保。加大就业宣传力度，入户宣传就业信息，每天发布招聘信息，每月按时上报农牧区劳动力转移就业基本情况调查表；新认定“4050”123人，其中一补44人；二补49人；三补38人。办理企业退休人员生存认证923人，针对行动不便企业退休人员入户认证45人；城乡居民养老保险死亡追缴13人，追回1.5万元，全部退回银行；特殊群体政府代缴核定606人，办理新参保59人，待遇审核78人，死亡注销35人；续保收费576人。城乡居民医疗保险服务，医保续保工在铁东办事处平台中心登记收费6673人（不包括手机缴费）。发动广大村居民下载注册“蒙速办”App，铁东街道5866人当中完成注册2976人，注册率50.73%。接收“12345”便民服务平台工单14件，均按时限完成，无逾期和不良反应。

（周英男）

向阳街道办事处

【概况】 向阳街道办事处（以下简称向阳办）东与铁东街道办事处相连，西与河西街道办事处、成吉思汗镇为邻，南与高台子街道办事处接壤，北与繁荣街道办事处毗邻。辖区滨洲铁路、302省路连接线贯穿其中，交通便利。行政区域面积19.1平方公里，总人口19098人。其中耕地面积1.37万亩，林地面积0.27万亩。向阳街道有社区居委会4个，即东方红社区、金星社区、纸浆社区、星光社区；行政村1个，即向阳村。2021年，公共财政预算收入520.28万元。

【乡村振兴】 2021年，向阳街道办事处按照“产业兴旺、生态宜居、乡风文明、治理有效、生活富裕”的要求，聚焦产业振兴，加快补齐短板，巩固脱贫攻坚成果同乡村振兴有效衔接，推动乡村振兴战略迈出坚实步伐。坚持把乡村振兴作为中心工作，明确工作职责，制定工作方案，多次召开街道党工委会议、专题会议、理论学习中心组学习会等会议，传达上级实施乡村振兴战略工作部署要求，针对向阳街道属城乡接合部实际情况，制定《向阳街道乡村振兴战略工作实施方案》，推动工作有序实施。在种植业方面，种植粮食10834亩，沙果树栽植600亩，露地蔬菜种植1000亩，鼓励村民发展设施农业，经营温室、大棚农户105户，发展大棚161个，温室109个，鼓励村民发展黑木耳、蘑菇等特色产业。在养殖业方面，发展肉牛、肉羊、生猪养殖，年出栏肉牛1000头以上、肉羊1000余只、生猪800余口。发展特种养殖，年出售貂1000余只，有种貂300余只，鹌鹑1000余只。培育新型农牧业发展经营主体，发展成立生猪养殖、手工编织、蔬菜种植、花卉苗木养殖4家专业合作社。不断壮大村集体经济，集体经济达20万元。

【一居一品】 2021年，向阳街道办事处以社区建设、社区管理为重点，推进“一居一品”创建工作。纸浆社区依托全市首家“12349”一体化服务平台，拓展为老服务新途径，金星社区依托全市首家“向阳义工和志愿者协会”，注重志愿服务特色化人性化，开展“学雷锋树新风、环境整治在行动”“倡导文明祭祀、创建生态扎兰”等各类志愿服务活动90余次；星光社区以“互联网+”为抓手，举办迎新春“猜灯谜”阅读表演，“传承红色基因、争做时代新人”主题教育启动仪式等大型活动。“智慧图书室”打造文化服务新模式，接待读者2600余人次，借阅图书2500余册；东方红社区打造“工会品牌”，形成集政策宣传、岗位提供于一体的工作机制，为用工单位和求职者搭建一个便民利民惠民的服务平台。

【安全生产】 2021年，向阳街道办事处制定《向阳街道安全生产百日攻坚行动实施方案》，明确责任领导、时限要求、工作重点。完善各项工作制度、预案，与各社区、村，各企事业单位签订消防安全责任状；维护微型消防站9处，成立义务消防安全巡查救援队5支，加强日常消防巡查；建立分类整理安全生产台账，对辖区内重点生产经营单位进行全面检查；为居民新建渗水井9眼，清掏渗水井109眼。

【民生保障】 2021年，向阳街道办事处在享城市低保862户，1096人，新增35人；在享农村低保400户524人，新增33人；城市特困分散供养人员28人，停发1人；在享农村特困分散供养人员11人；“临时救助”18户次，救助资金2.45万元；享受80周岁以上长寿补贴475人，主动联系老年人办理补贴58人；享受重度残疾人护理补贴323人；享受困难残疾人生活补贴501人。对退休人员的相关信息进行微机数字化管理，及时准确掌握辖区内退休人员的生存状况，登记的退休人员平台认证1130人。辖区常住居民集体工、“五七工”、个体灵活就业等险种养老保险基本覆盖。辖区城镇居民医疗保险参保12301人，职业技能培训50人，办理困难人员认定301人。

（文　明）

繁荣街道办事处

【概况】 繁荣街道办事处(以下简称繁荣办)位于扎兰屯市布特哈路3号,辖区总面积2.48平方公里,有居民10680户,26411人。辖社区4个,即胜利社区、新风社区、光明社区、小溪社区,其中胜利社区面积0.73平方公里,居民2649户,6738人;新风社区面积0.38平方公里,居民2856户,7110人;光明社区面积0.65平方公里,居民3561户,8688人;小溪社区面积0.72平方公里,居民1614户,3875人。2021年,公共财政预算收入471.39万元。

【民生事业】 2021年,繁荣办推进城市居民最低生活保障工作。通过认真核算、入户走访核实、召开评议会,确定新增低保家庭,按时足额发放低保救助资金。做好临时救助、大病救助、帮扶慰问等工作。全年临时救助人员19人,发放金额5万元;审批小额临时救助13人,发放金额8700元;享受“三无”供养人员40人,享受护理补贴人员18人;享受高龄补贴人员500人;城乡居民养老保险,新增低保享受人119人;新认定就业困难人员125人;企业职工生存认证2700多人,入户7家,对37名行动不便的老人进行上门认证;为409人发放独生子女父母奖励经费50034元,1人发放农村牧区奖励扶助经费960元,74人发放计划生育家庭特别奖励扶助补助,511980元,29人发放独生子女伤残补助707435.4元,11人发放独生子女伤残一次性补助958137元。配合市就业局组织参加大型招聘会1次,设立专门就业服务窗口。为5名符合接续条件的退役军人递交社保接续申请材料,为9名退役军人协调安置公益岗位,为27名光荣在党50年的老党员发放纪念章。

【社会治理】 2021年,繁荣办召开推进疫苗接种专题会议10次。加强汛期巡查,街道河长每月巡河1次,社区河长每月巡河4次,及时清除隐患,确保河道安全,组织清理建筑垃圾10余处,租赁装载车、挖掘机清运建筑垃圾30余车。组织开展河道卫生整治活动15次,设置河道警示牌30个。全年投入防汛资金13.26万元。建立安全生产责任制,多次召开专题工作会议,举办消防安全讲座,组织防汛和消防演习活动。开展检查68次,发现并整改隐患10处。坚持抓早、抓小、抓苗头,及时处置社会不稳定因素,排查各类纠纷,做好来访人员接待,来访群众案件调查处理,对信访重点人落实包保责任制,街道、社区、派出所3家联动,做好稳控工作。

【街道建设】 2021年,繁荣

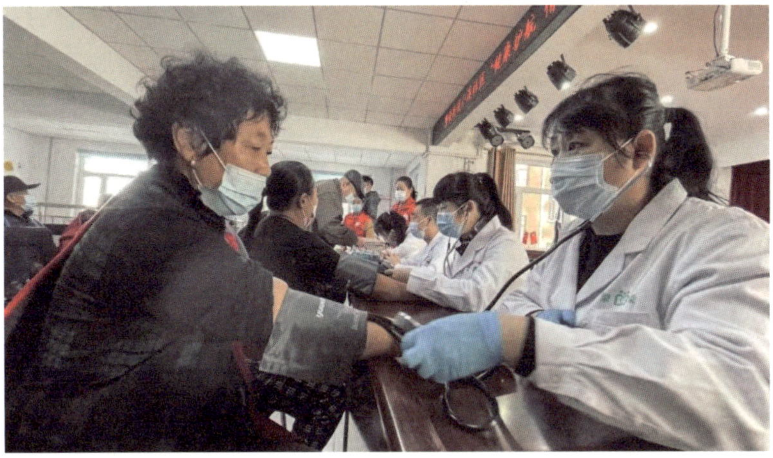

10月12日,繁荣社区卫生服务中心开展“关爱老人 情暖重阳”义诊活动

办推进不动产证办理，协调不动产办理200余户，完成客运1号楼、向阳1号楼、丝绸厂家属楼、烟草三号楼等老旧小区改造收费工作。完成8个老旧小区改造入户征求意见及动员工作。制作、张贴宣传图版100余幅，完成小区内乱停乱放、飞线充电150处，清理“僵尸车”16辆，整治巷道6条，清除垃圾15车。推进能耗双控工作，制作宣传图片、便利贴等1500余份，完成辖区企事业单位宣传全覆盖，组建宣传队4支，出动宣传车2台，提升市民能耗双控意识。

（于　平、罗国梁）

正阳街道办事处

【概况】 正阳街道办事处(以下简称正阳办)位于扎兰屯市中心地带，东以滨洲铁路为界与铁东办为邻，南以向阳街为界与繁荣办接壤，西以雅鲁河为界与河西办隔河相望，北以雅鲁街为界与兴华办相连，是扎兰屯市商贸、金融、医疗中心，辖区总面积2.5平方公里，7条主要街道构成纵横交织的交通网络。辖区总人口29580人。辖社区4个，即红旗社区、沿河社区、永安社区、民乐社区，辖区内党政机关及企事业单位30余家，生产经营单位2900余家(包括个体工商户)，学校2所，二级甲等医院1家，金融机构4家。2021年，公共财政预算收入487.35万元。

【为群众办实事活动】 2021年，正阳办开展“我为群众办实事”活动。街道党员领导干部认领“四项清单”（蒙速办、网办、一次办、帮您办）13个，先后解决清华园小区卫生整治、胜利小区安装路灯、疏通南邮政住宅楼消防通道等群众反映强烈的烦心事、揪心事。关注老年人和贫困儿童、留守儿童群体，协调辖区医院免费上门为养老机构177名老年人义诊；联系10余家企事业单位为辖区44名贫困儿童、留守儿童义务捐赠资金、文体用品、生活物品、人身保险折合人民币4万余元。街道党政负责人在冬季开展“入百户、问冷暖”行动，协调供热企业解决居民取暖问题。

【疫情防控】 2021年，正阳办常态化开展疫情防控，筑牢疫情防控“防火墙”。落实防控机制，推行包片领导+包居干部+社区干部+网格员的“4+X”工作机制，不定期召开疫情防控工作调度会，严格执行“每日报新增”制度，实现防控责任到社区、到小区、到户到人。严密排查外来人口，兜清人员底数，完善信息登记台账。普及防治知识，及时向辖区居民推送市防指公告，传播《正阳街道小区防控“24不”》顺口溜，制作宣传条幅120条，发放宣传单3000余份，制作疫情防控漫画，宣传《中华人民共和国传染病防治法》，实现防控宣传辖区全覆盖。完善预案强化突发疫情应对演练，提高实战经验。

【民生保障】 2021年，正阳办推进不动产登记，组织地勘利居、柴林家园、雅鲁帝景、民乐二期等10个小区居民完善税费手续，理顺办证流程，完成不动产转移登记1471户。推进老旧小区改造，上报21个小区、26栋楼、1088户。对辖区内小区实施绿化综合治理，铲除私人小菜园；安装小区路灯和重点部位垃圾箱，组织人力物力彻底整治人居环境。开展“博爱送万家”活动，落实“光明行”“小海豚计划”等公益项目，为困难群众、患病群体解决实际问题。公正开展民政工作，按照《扎兰屯市城乡低保对象重新认定工作实施方案》，规范街道办事处低保申请受理审核程序，严格进行审核，街道办事处100%入户，召开低保民主评议会议，坚持民主评议制度、自然消减制度和公示制度，做到应保尽保，应退进退。申报临时救助38户。在享长寿金老人656人，发放资金77.39万元。实有特困人员46名，其中护理补贴27人，发放资金74万元；及时兑现退役士兵生活补助和义务兵优待金，发放资金93.48万元，发放军人光荣之家牌1300户。推进社会保障，全年为44名残疾人办理发放残疾证；重度残疾人无障碍改造项目136人，改造完安装净水机20台；为2019年和2020年认定的肢体残疾30人发放燃油补贴；按时完成全国残疾人基本服务状况和需求信息数据动态更新，普查持证残疾人900人，做好残疾人医保交纳工作。

【社会治理】 2021年，正阳办加强和创新社会治理，抓好安全生产、信访等工作，推进基层治理体系和治理能力现代化。完善党群服务中心功能，搭建“情暖十大行动”载体，打造“10分钟城市社区党群服务圈”，推行以“马上办、网上办、就近办、一次办”标准的“一站式”服务，纳入服务大厅办理事项7大类30项，入驻率100%。坚持以需求为导向，为党员群众定制免费、全天候的服务项目，提供观影讲座、党群议事、居家养老、体育健身、少儿托管等特色化服务项目。持续深化社区党建网格化治理，划分社区网格48个，配备专兼职网格员144名，统筹网格内党的建设、社会保障、综合治理、应急管理、社会救助等工作，实现“多网合一”。全年累计实施清理小区垃圾、维修弃管住宅、修复破损路面、铺设取暖管道等“为民办实事”224件。

【安全生产】 2021年，正阳办组织召开安全生产工作会议12次，告诫约谈经营业主2家；推行分片包干和挂点督导巡查制度，排查人员密集场所、高层建筑、娱乐场所、粉尘涉爆企业等场所162家，发现问题37处，整改隐患34处，整改率91.8%；利用“防灾减灾日”“安全生产月”持续强化宣传，保持严管态势，悬挂横幅100余条，发放手册2000余份。

（唐德功）

10月13日，正阳街道举行“我为群众办实事”暨“情暖困境儿童爱心助梦飞翔”捐赠仪式

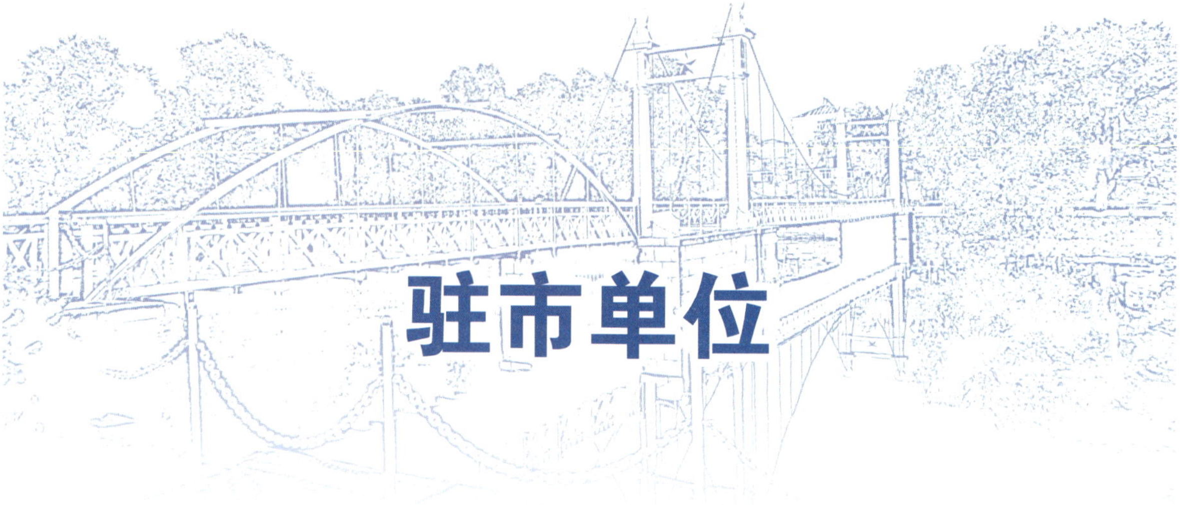

驻市单位

呼伦贝尔农垦绰尔河农牧场有限公司

【概况】 2021年，呼伦贝尔农垦绰尔河农牧场有限公司总资产11993万元，负债4429万元，所有者权益7564万元，资产负债率37%。按生产实现制，营业总收入4822万元，营业总成本3325万元，其他收益2348万元，营业外收支净额70万元，生产实现制经营利润3746万元，生产实现制净利润1869万元，职均收入10.52万元，经济社会发展内生动力强劲，继续保持稳定、健康、可持续的良好发展态势。

【农业】 2021年，呼伦贝尔农垦绰尔河农牧场有限公司投入资金229.4万元购入各类农机具17台件，因地制宜采取各项科技措施，提高标准化作业水平。播种面积8.66万亩，其中大豆3.27万亩、小麦4.14万亩、玉米0.67万亩、油菜0.2万亩、南瓜0.13万亩、其他0.25万亩；实现粮油总产1521.7万千克，其中大豆493.1万千克、小麦543.25万千克、油菜15.5万千克、谢花面147.25万千克、玉米320.8万千克；总收入4822万元，实现利润1869万元。通过发布拍卖信息，3万亩小麦秸秆以每亩12.5元价格拍卖成功，为公司增加效益37.5万元。

呼伦贝尔农垦绰尔河农牧场有限公司第五连队大豆地

【畜牧业】 2021年，呼伦贝尔农垦绰尔河农牧场有限公司选树肉牛、肉羊养殖示范户各4户，为162户养殖户协调解决放牧场地问题。继续引进打捆机对作物秸秆进行打捆，保护生态环境的同时解决养殖户饲草问题，降低职工群众养殖成本，转型升级取得成效。年内，肉类总产量215吨，实现畜牧业总产值1270万元。牲畜存栏10569头(匹、只)，其中肉牛5699头、肉羊3615只、马350匹、猪510口、禽类395羽。

【旅游业】 2021年，呼伦贝尔农垦绰尔河农牧场有限公司域内有宾馆、山庄、客栈、旅店12家，从业人员38人，床位217张，接待游客4000余人次，实现营收43.5万元；完成公司旅游业的整体规划编制工作；按照集团公司相关部门要求，申报绰尔河休闲农牧场建设项目招商工作。

【项目建设】 2021年，呼伦贝尔农垦绰尔河农牧场有限公司完成“十四五”水利规划工作、8个泵站的取水许可审批工作、2022年7个项目的储备申报工作及2个基本建设实施项目(其中2021年申报并实施的项目1个，上年结转项目1个)。

（董元权）

呼伦贝尔农垦扎兰屯农牧场有限公司

【概况】 2021年，呼伦贝尔农垦扎兰屯农牧场有限公司坚持“生态优先，绿色发展”理念，以强农提效、兴牧增收、多元发展，推动公司经济高质量发展目标，以建设现代农业和设施农业为主线，调整种植结构，优化种植品种，打造绿色水稻基地、中草药特色种植和设施农业生态采摘与旅游业相结合，推动企业农、牧、商、旅等产业融合发展，促进公司经济改革发展和社会和谐进步，加快兴垦富民、职工增收致富的步伐，打造美丽富饶、和谐、安宁的新时代、新垦区。2021年，公司总户数2425户5191人，在册原农场职工1230人，在职员工86人，职工人均收入8.7万元，人均收入2.6万元。

【农业】 2021年，呼伦贝尔农垦扎兰屯农牧场有限公司完成播种面积11.72万亩，其中玉米面积5.87万亩，大豆面积5.41万亩，水稻面积0.36万亩，其他0.08万亩，实现粮豆总产34561吨。在调整种植结构上进行新的尝试，采取招行引资对外发包的方式在一队试种中草药620亩，采取直播方式种植白鲜皮410亩，苍术210亩。对园区实施分包管理，提高员工的生产积极性，园区多渠道开展市场宣传和销售工作，采取采摘和超市、集市销售的方式开拓市场。种植的品种主要有草莓、大樱桃、西红柿、冰葡萄等，加强生产环节管理，严把产品质量关，产品质量得到消费者的好评，

9月25日，呼伦贝尔农垦扎兰屯农牧场有限公司农业人员进行水稻测产

“五一”期间单日客流量达300人左右。探索引进新品种，与中科院合作进行冰葡萄种植试验，由中科院提供种苗和技术，在暖棚种植3棚，品种为北红和北玫，采取招商引资形式对外发包种植5棚羊肚菌。

【畜牧业】 2021年，呼伦贝尔农垦扎兰屯农牧场有限公司牲畜存栏15705头(匹、只)，免疫率100%，畜产品产量500吨。鼓励职工舍饲半舍饲养殖牛，因队制宜，引导职工发展生猪、大鹅、小笨鸡等畜禽养殖，提供技术和服务安全保障。

【项目建设】 2021年，呼伦贝尔农垦扎兰屯农牧场有限公司完成2019年批复的财政扶贫资金农田基础设施建设项目质量回访和工程复验工作。入春到秋收前累计挖排水沟13610米，购置安装涵洞47根，筑挡水坝4110米，疏通河道和排水沟道5463米，铺砌石方512立方米，铺设铅丝笼550平方米，垫砂石路5196米，清理水稻池淤泥23300余立方米，整修水毁拦河坝18延长米、渠道109米，渠道清淤4038米等，累计投入资金69.5万元，保证农业生产和秋收工作的正常进行。备八队修路砂石料5000立方米，投入资金16万元。更换机耕队简易库彩钢瓦320平方米。投入资金17万元，完成高标准农田建设项目尾欠的土地平整工程1795亩。维修改造一、二、三、六、八连队办公室，投入资金36.8万元，办公环境进一步改善，基层阵地建设明显加强。根据国家“十四五”欠发达地区接续扶持总体部署，上报“十三五”扶贫工作总结和“十四五”减贫工作方案，国家农垦局明确扎兰屯农牧场有限公司为“十四五”时期接续扶持的欠发达农牧场，接续享受国家财政扶持政策。与北京大地风景旅游设计有限公司完成“十四五”旅游规划设计勘察、调研、设计等前期工作。

3月20日，市民在呼伦贝尔农垦扎兰屯农牧场有限公司采摘园采摘草莓

【社会事业】 2021年，呼伦贝尔农垦扎兰屯农牧场有限公司有低保85户，109人，发放保障金额76万元；发放80周岁高龄津贴175人23万元，为4户原农场职工申请临时救助金1.4万元；上报残疾人两项补贴58人，每人每月100元。通过市红十字会“光明行”活动治愈3名眼疾患者。为困难大病儿童建档立卡，帮助精神病患者寻求解决办法，减少家庭负担。树立精准帮扶及致富典型29户，致富项目28个，带动380名职工群众致富，引导80名职工在设施农业园区和四队水稻种植管理区务工增收，每人每年增加收入近万元。

（郭文举）

呼伦贝尔农垦大河湾农牧场有限公司

【概况】 呼伦贝尔农垦大河湾农牧场有限公司距扎兰屯市东南23公里，地处森林草原过渡地带，属丘陵漫岗，土质瘠薄，年均降水量为360～420毫米，有效积温2350～2400℃。东、西、北分别与大河湾镇、成吉思汗牤牛沟、达斡尔民族乡3个乡镇毗邻，东北与阿荣旗三道沟镇相连，南与黑龙江省绿色林场、甘南县中兴乡以金界壕为界，场境跨越扎兰屯、阿荣旗两旗市。土地插花，与周边乡镇村民或近邻或混聚居。公司占地总面积132.34平方公里，现有耕地16.2万亩，全场所辖连队8个，总人口3843人，总户数1349户。

2021年，经营利润指标1200万元，实际完成2972万元，完成指标的248%；职均收入指标10.84万元，实际完成13.9万元，完成指标的128%。

【农业】 2021年，呼伦贝尔农垦大河湾农牧场有限公司种植面积16.1万亩，其中统一种植面积5.9万亩。种植结构调整为：增大豆、稳玉米、扩大中草药和水稻种植、发展青贮种植，实现种植格局多元化。大豆引进推广高油高蛋白品种“蒙豆1137”，玉米引进抗旱抗倒伏品种“绥玉24”，生育期115天，全部采用大垄高台垄上双行种植，玉米展示田种植11个品种，生育期在115～120天之间，大豆主栽品种3个：黑河43，生育期105天；蒙豆13，生育期114天；蒙豆1137，生育期118天。在种植模式上采用大垄高台垄上三行种植，单行米间播量20株、三行60株，亩播量3.6万株，公顷保苗48万株。根据不同作物合理施肥，减磷增氮、钾肥加施有机肥。在农业生产过程中，根据实际情况，尽量减少不必要的作业环节和层次，提高机械化程度，进行农机具革新改造，减少人员投入量，降低人工成本。在生产运输环节，提前做好防范预案及车辆检查，及时堵塞漏洞，避免跑冒滴漏现象发生。连续几年实施的“米豆轮作、免耕播种和秸秆全量还田”等技术措施，每亩减少化肥投入使用量2.5千克，减少化肥投入170吨，节约成本380万元。

【畜牧业】 2021年，呼伦贝尔农垦大河湾农牧场有限公司牛存栏2320头，其中奶牛596头、肉牛1724头，羊存栏5960只，猪存栏4020口，蛋鸡7200羽；牛奶总产1100吨，肉类总产1160吨。及时进行动物疾病免疫、消毒及春防秋防工作，免疫率达到100%。

10月25日，呼伦贝尔农垦大河湾农牧场有限公司机械收储大豆

【科技创新】 2021年，呼伦贝尔农垦大河湾农牧场有限公司推进绿色农牧业发展理念，选用最优质高产品种，实行测土配方施肥，降低农药、化肥的使用量，每亩降低化肥投放2.5千克，农药除草剂每亩减少0.01千克。推广青贮种植，重点发展绿色“全营养体”饲草产业，探索种养一体化的生态循环农业模式。在“藏粮于地”方面，实施推广“米豆轮作”高产栽培技术，实行“秸秆全量还田”。在“藏粮于技”方面，全面推广绿色植保、精量播种、精准用药、精准施肥、保护性耕作等先进技术。科学避灾、航化促早熟，达到抗低温、保粮丰收的效果。投入1305万元，购进约翰迪尔s760联合收割机1台，青贮收获机科罗尼BIGX780 1台，约翰迪尔8r-3004大马力拖拉机2台，与其配套的马特马克气吸免耕播种机2台。通过技术革新，自主研发改装加肥机8台、折叠镇压器1台、九米重耙2台、深松起垄机2台。

【农机服务】 2021年，呼伦贝尔农垦大河湾农牧场有限公司开展农机社会化服务，为职工及周边乡镇开展代耕，逐步进行土地托管，种子、化肥、农药等生产资料由公司统一招标采购，降低生产成本，选用优良品种，利用先进技术和装备，提供专业化农机服务，社会化服务有利于实现规模化经营、实现更高经济效益，农机服务中心提供整地、播种、灭草、收获等全环节作业服务，满足职工从事农业生产和发展二产、三产或打工两不误的现实需求，有利于引领职工增收致富。逐步扩大农业社会化服务覆盖面，全年代耕作业面积7525.4亩。

呼伦贝尔农垦大河湾农牧场有限公司秋收高粱

【信息建设】 2021年，中科院团队针对大河湾土地及气候特点，采取“大数据精准决策＋无人农机智能执行＋保护性耕作”核心模式，将公司16万亩土地作为农业现代化示范区进行重点构建。通过实地调研，探明所有水蚀沟的分布，明确风蚀、水蚀产生的根本原因，制定3种恢复侵蚀区域的模式并有效推进。利用多源卫星遥感、无人机以及传感器等数据，采集100多个采样点对大河湾示范区土壤侵蚀状况等情况进行调研。通过各个连队派出的信息员进行连队地块责任到人，进行种植地块信息实时上报。对现有农机装备进行智能化、网联化改造，已完成40余台传统农机的改造。

【安全生产】 2021年，呼伦贝尔农垦大河湾农牧场有限公司安全生产档案合格率达98%以上，设立安全员15人，召开安全生产会议10次，开展安全生产大检查16次，整改和清理有关安全隐患15处。组织安全生产事故应急演练2次。全年无安全事故，无火灾发生。

【基建项目】 2021年，呼伦贝尔农垦大河湾农牧场有限公司重点项目6个。

办公用房维修项目 维修一队烘干塔办公室300平方米，为中科院专家解决后勤保障问题，完工，完成投资43万元。

办公楼附属配套设施建设项目 铺设办公楼门前石材地面3400平方米，完工，完成投资57万元。

办公楼附属大门和门卫房建设项目 建设办公楼大门和幕墙，购置电动伸缩门，完工，完成投资34.5万元。

水毁项目修复建设项目 修复原第十管理区水毁工程、挡土墙等，完工，完成投资22万元。

2021年农业信息中心建设项目 建设农业信息楼2667平方米，项目于2021年9月11日开工，于2021年10月29日完成主体封顶，工程进度完成45%，完成投资680万元。

2021年提前下达中央财政专项扶贫资金建设项目 建设钢结构库房3600平方米，水泥晒场6893平方米，维修附属设施用房600平方米，新建锅炉房、消防水池276.92平方米。项目总投资921.75万元，其中中央财政专项扶贫资金888万元，企业配套资金33.75万元。

【民生事业】 2021年，呼伦贝尔农垦大河湾农牧场有限公司元旦、春节慰问困难户165户，发放慰问金7.5万元。全年申请大病救助有4人，发放救助金12000元。开展金秋助学活动，发放救助金4000元。举办培训班4次，培训员工605人次。

（李 鑫）

扎兰屯职业学院

【概况】 扎兰屯职业学院位于扎兰屯市秀水路林中巷4号，占地面积31.6公顷。2021年，高职录取1757人，中职录取475人。在校学生6396人，其中高职4085人，中职2311人。2021届高职毕业生930人，就业802人，就业率86.24%。在编教师439人。

【教育教学】 2021年，扎兰屯职业学院根据学院发展和地方经济社会建设需要调整专业设置，落实专业建设和课程建设实施方案，推进有效课堂建设；加大课程建设力度，进行合格课程、优质课程、精品课程、精品在线开放课程的层级推进建设，打造“金课”，淘汰“水课”；科学制订有针对性的扩招专业人才培养方案，确保人才培养质量；加强对中青年教师的培训培养，通过“请进来、走出去”等形式加强对教师专业

扎兰屯职业学院

能力与综合素质的培养，提升教师的整体水平，提高教师教学水平和教学能力；严格规范实验实训教学环节，强化教学安全意识；加强师德师风建设，提高思政课程和课程思政的吸引力和有效性，牢固树立阵地意识，强化课堂教育引导作用，把思想政治工作贯穿于教育教学和人才培养全过程。

【科研及科研成果转化】 2021年，扎兰屯职业学院3项自治区级科研课题和3项自治区“十三五”规划教育科学研究课题获得立项。教职工发表论文57篇，主参编教材、著作17部。13名专业技术人员参加科技特派员和“三区”工作，举办培训班10余期，培训农牧民和专业技术人员1000余人次，每人下乡入村超过30天。各系部与企业开展合作，为企业提供项目新思路、项目申报指导和生产技术指导。

【创新创业】 2021年，扎兰屯职业学院举办学院第四届“互联网+”大学生创新创业大赛，推荐37个作品参加第十二届“挑战杯”全区大学生课外学术科技作品大赛中，获得特等奖1个、一等奖2个、二等奖5个、三等奖12个，学院荣获“优秀组织奖”。

【学生管理】 2021年，扎兰屯职业学院将庆祝建党100周年作为贯穿宣传思想文化工作主线，在全院团员学生当中开展庆祝中国共产党诞辰100周年主题教育实践活动，通过学习、研讨、培训、演讲、知识竞赛以及第六届校园文化艺术节、红歌合唱比赛等形式开展系列深入有效、形式多样、内涵丰富的思想文化活动，铸牢学生“四个意识”，强化“四个自信”。构建校本化辅导员培训体系，助力提质大学生思想政治教育工作水平，建立健全辅导员职业发展渠道，大力推动辅导员队伍建设又好又快发展。做好心理健康中心建设，组织开展心理健康教育周、心理健康活动月等大型心理健康教育活动，以文明宿舍和学习型宿舍为建设重点，多措并举，抓好内务卫生工作和安全教育，加强培训宿舍管理人员培训，提升他们思想水平和工作能力，营造良好宿舍育人环境。

【成人继续教育和技能培训】 2021年，扎兰屯职业学院入选“全国乡村振兴人才培养优质校”“扎兰屯职业学院乡村振兴学院”获批挂牌。开展乡镇、企业、合作社及农牧民技术指导，培训农牧民1044人。全年面向幼儿骨干教师、基层农技人员、农牧民致富带头人、京蒙扶贫协作项目等不同群体开展技能培训，举办培训班11期，培训3046人次。

【对外合作交流】 2021年，扎兰屯职业学院与呼伦贝尔岭南4旗市及额尔古纳市建立校地战略合作，就人才培养培训、校地合作办学、科技服务支撑、学生就业等达成框架协议。8个专业系部在64个企业建成校外实训基地，通过校企合作交流，激发职业教育活力。

【后勤管理服务】 2021年，扎兰屯职业学院围绕保障教学、服务师生，加强后勤服务管理，聚焦食品安全管理开展“明厨亮灶”工程，推行“阳光采购”政策，保障食堂供餐稳定。深化“节约型”校园建设，做好保障性维修改造及安全隐患排查整改工作，提升资金使用效益。将疫情防控工作作为重大政治任务，及时修订完善应急预案，落实落细防控措施。严格校园管控，强化人员管理，认真执行校园封闭管理、错峰开学返校放假离校、错峰就餐、重点场所消毒通风等制度，做到人、物、环境同防。全院师生疫苗接种率达92%，做到“应接尽接”。组织全体师生、后勤服务人员进行了多轮核酸检测筛查，重点人群每周进行检测1次，累计检测1.1万余人次。

（王　冰）

呼伦贝尔市传染病医院

【概况】 呼伦贝尔市传染病医院（呼伦贝尔市第二人民医院）为呼伦贝尔市直属级正处级单位，是呼伦贝尔市唯一一所三级甲等传染病专科医院。医院拥有美国GE1.5T核磁共振、GE64排CT、驰影A30移动核磁诊疗车、3D腹腔镜、KLS能量平台、EMS超声气压弹道碎石清石系统、日本东芝彩色多普勒超声诊断仪、美国巴德安珂乳房活检与旋切系统、德国莱凯尿动力分析仪、日本奥林巴斯H290肠镜、贝克曼AU5800全自动生化分析仪、日机装及费森尤斯血液透析机等先进的医疗设备百余台。2021年，拥有开放床位595张，年门诊总量13.1万人次，出院人数1.25万人次，手术5100余例次。

【质量安全管理】 2021年，呼伦贝尔市传染病医院修订《呼伦贝尔市第二人民医院规章制度与流程》，收录医院工作制度485项，其中新增145项，修订69项，废止6项。修订《医院岗位职责汇编》，收录人员岗位职责378项，新增16项，修订34项，废止12项，规范医院管理和运行秩序，提高医院管理科学化、制度化、规范化水平。开展依法执业自查，规范依法执业行为，提升全院医务人员法律法规意识。加强临床用药指导，增强临床干预力度。严格麻精药品管理，做到日清月结，确保使用得安全合理。坚持逐月对医疗、护理、院感、药学、终末病历质量等内容进行质控，规范诊疗行为，不断提升医疗安全和服务质量。

【内部运行改革】 2021年，呼伦贝尔市传染病医院完成三级公立医院绩效考核数据上报工作，加强三级公立医院绩效考核结果的运用，统计分析各指标增减情况，明确任务分工，不断优化医疗质量与服务指标；制定《岗位设置实施方案》《竞聘上岗实施方案》，完善岗位考核评价体系，加强聘期考核和考核结果运用；启动医院“十四五”发展规划编制，完善绩效分配方案；开展13个专业114个病种的临床路径

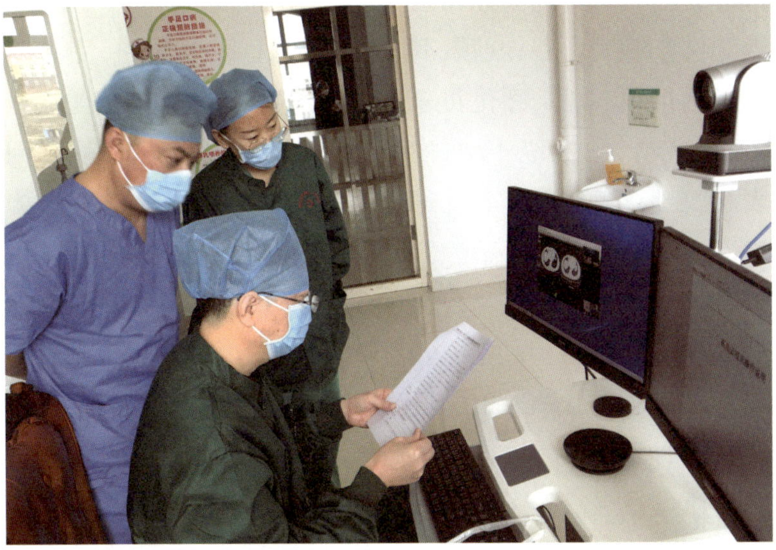

12月10日，呼伦贝尔市传染病医院支援满洲里医护人员在抗疫一线研讨病情

和单病种管理工作，规范检查和治疗行为，实现患者明白就医，控制医疗费用。

【人才队伍建设】 2021年，呼伦贝尔市传染病医院建立《医院领导班子联系服务高层次人才制度》。由院领导通过召开座谈会、走访慰问等方式，倾听科室主任、学术带头人、研究生学历等人员的意见和建议，充分发挥专高层次人才作用，增强医院对人才的吸引力、凝聚力。深化三基训练，组织开展医疗文书书写规范及处方书写规范的培训并定期抽查；每月进行护理工作制度、“三基”理论、专科护理理论、护理技术操作培训和应急预案演练，并开展相应测试；完善个性化人才培养体系建设，通过自治区和呼伦贝尔市级继续医学教育项目59项，其中自治区级30项，呼伦贝尔市级28项，国家级1项；发表论文125篇，院内审批通过新技术、新项目4项。新增各类学术任职。新增各类学术组成员7人。开展胸痛、卒中中心建设，PCCM建设调研，加强学科建设，推动医院高质量发展。内一科杜斌《呼伦贝尔市结核性脑膜炎流行病学研究》课题获自治区卫生健康科技计划项目A类立项。

【优化服务体系】 2021年，呼伦贝尔市传染病医院着眼群众医疗服务需求，启用远程医疗信息系统，推广线上挂号预约，建立开展线上医疗服务；对口支援成吉思汗镇中心卫生院等11家基层卫生院和社区卫生服务中心，方便群众就医；增强信息透明度，建立公开平台10处，公开收费项目、诊疗科目、专家信息、就诊流程等事项，制作相应标识，粘贴在醒目位置，方便患者就医；修订《投诉接待处理办法》，建立投诉接待处理“十应当”机制；取消就诊患者慢性病挂号费、免去血液透析患者核酸检测费用；提供双语核酸检测报告，方便患者出入境核验；推广线上挂号预约，完善院内无障碍通道；改进食堂服务，解决患者及职工就餐问题。组织职工健康体检，为职工健康护航；结合新时代文明实践活动开展“健康地摊”志愿服务，走进广场、街道社区进行健康宣教，向公众普及结核病、各类慢性病防治知识，倡导健康文明的行为习惯，发放各类宣传资料3000余份；在市第一中学、扎兰屯职业学院校园开展健康讲座，增强师生预防保健意识；利用《中华人民共和国职业病防治法》宣传周组织职业病宣教系列活动；邀请临床专家进行健康科普讲座等，发布10期，形成良好的社会舆论效应。

【行政管理】 2021年，呼伦贝尔市传染病医院（呼伦贝尔市第二人民医院）协调推进传染病住院大楼建设进度，内部装饰装修完毕；院内建成第二个核酸采样点，满足群众核酸检测需求；优化急诊、发热门诊、核酸采样点等重点部门布局，使得重点部门工作流程更加符合相关求，降低医院感染风险。启用职工食堂，提供良好的就餐服务和就餐环境。部署落实“医院经济管理年”和“政府采购三年专项治理工作”活动，规范医院经济管理和采购工作，建立内控组织，完善内控制度8项，规范采购流程。做好科学预算，严控预算外支出。鼓励各临床科室充分利用自己科室的特色和优势，开展新技术、新项目，通过内蒙古自治区政府采购招标购入全自动尿液尿沉渣分析仪、3D高清腹腔镜系统等设备101台。推进信息化建设，引进杏林院感监测系统，建设医护技电子签名系统、手术麻醉系统，完成国家级电子病历四级复审，推进医院信息“互通互联、精准决策”。开展药品集中带量采购，坚持需求导向，质量优先，保障药品质量和供应，进行药品议价12轮，对244种药品进行了议价，降低群众购药费用负担。深化医保支付改革，推进DIP支付方式。召开DIP支付方式改革推进会、上报相关数据、调试接口、组织人员培训，全面做好改革准备，不断对提升公共卫生服务水平、规范诊疗秩序。严格学习贯彻落实《医疗机构医疗保障定点管理暂行办法》，做到专业治疗、合理检查、规范用药，以人民健康为中心，加强医保精细化管理。

【疫情防控】 2021年，呼伦贝尔市传染病医院（呼伦贝尔市第二人民医院）多次召开疫情防控推进会，成立新冠肺炎疫情医疗救治工作专班，下设综合协调组、医疗救治组、院感防控组、后勤保障组、督导检查组等专项工作组，各司其职、分工明确、责任到人。依据上级最新要求，及时更新院医院疫情防控制度12项，完善疫情防控相关预案、流程和措施。开展疫情防控及院感知识培训30余次、全院应急演练5次、各科室应急演练21次。在自治区的专家指导帮助下，成功救治确诊病例2例。11月，医院派出16名护理人员到满洲里支援，历时28天，采集样本64121人次，其中混采38636人次，单采16129人次，双采246人次，入户单采9008人次，入户混采102人次。12月，再次派出16名核酸采样人员前往海拉尔区支援核酸采集，历时21天完成环境采样1331份，核酸标本采集20354人份，环境消杀278次，物资发放186次，隔离人员、工作人员健康监测38046人次。此外，由270余名医护人员组成67支核酸采样应急队伍，确保发生紧急情况时，能快速、高效、有序地做好核酸检测应急工作；派出疫苗接种保障后勤医生549人次，护士1051人次在扎兰屯市内多个新冠疫苗接种点，做好新冠疫苗接种医疗保障工作。

（毕　然）

组织机构及负责人名录

（2021年1月1日—2021年12月31日）

一、中国共产党扎兰屯市委员会

书　记　焦刚伟（7月免）
　　　　岳国栋（7月任）
副书记　岳国栋（7月免）
　　　　王　波（8月任）
　　　　宝乐日（蒙古族，8月免）
　　　　张卫军（8月任）
常　委　焦刚伟（8月免）
　　　　岳国栋（7月任）
　　　　王　波
　　　　宝乐日（蒙古族，9月免）
　　　　姜绪年（6月免）
　　　　马庆巨（2月免）
　　　　于　萍（女，2月免）
　　　　白铁柱（蒙古族，6月免）
　　　　姜　湖
　　　　刘红芝（女）
　　　　吴忧东
　　　　张卫军（9月任）
　　　　杨积春（6月任）
　　　　刘国华（6月任）
　　　　闫志刚（蒙古族，6月任）
　　　　李东方（6月任）
　　　　姜君勇（8月任）
办公室主任
　　　　吴忧东（8月免）
　　　　姜君勇（8月任）

中共扎兰屯市纪律检查委员会、监察委员会

书　记（主任）
　　刘红芝（女，3月任）
副书记（副主任）
　　孙宇昆（鄂温克族）
　　尹贻斌（6月任副书记、7月任副主任）
纪委常委　冯立伟
　　　　　孙大东（8月任）
　　　　　崔国栋（8月任）
　　　　　陈慧敏（女，8月任）
　　　　　崔延久（8月免）
　　　　　李永国（8月免）
监委委员　孙大东
　　　　　崔国栋
　　　　　李永国
　　　　　孙彤玉（女，12月任）
　　　　　崔延久（12月免）
办公室主任　李永国
组织部（纪检监察干部监督室）部长（主任）　李　军（女）
宣传部部长
　　江　洪（女，蒙古族）
党风政风监督室主任
　　孙大东（10月免）
信访室主任　刘景华（女）
案件监督管理室（中共扎兰屯市委员会反腐败协调小组办公室）主任
　　陈慧敏（女）
第一纪检监察室主任
　　赵云龙
第二纪检监察室主任
　　王　浩（9月任）

第三纪检监察室主任
孙彤玉（女）
第四纪检监察室主任
崔国栋（10月免）
王元昊（12月任）
第五纪检监察室主任
孙　璐（女，满族）
第六纪检监察室主任
王福军
第七纪检监察室主任
周　岩（女，蒙古族）
审理室主任
宫慧丽（女，达斡尔族，6月任）

市纪委派驻纪检监察组

驻市委办公室
组　长　李　伟
驻市人大常委会机关
组　长　牛文学（达斡尔族，10月免）
王效平（10月任）
驻市政府办公室
组　长　于　颖（女，蒙古族）
驻市政协机关
组　长　王效平（10月免）
李彩霞（女，10月任）
驻市委组织部
组　长　姜　婷（女，12月免）
蔡　成（蒙古族，12月任）
驻市委宣传部
组　长　王　超（女，达斡尔族）
驻市委政法委
组　长　宋厚刚
驻市农牧和科技局
组　长　乌　恩（蒙古族）
驻市民政局
组　长　张　健
驻市林业和草原局
组　长　李彩霞（女，10月免）
池　任（蒙古族，10月任）
驻市教育局
组　长　邢学锋
驻市卫生健康委员会
组　长　于　密（12月免）
姜婷婷（女，12月任）
驻市住房和城乡建设局
组　长　赵　华（女）
驻市财政局
组　长　李　静（女，蒙古族）
驻市交通局
组　长　林　丽（女，12月免）
于　密（12月任）

市委工作机构

市委办公室

主　任　吴忱东（9月免）
姜君勇（9月任）
副主任　张　翔（蒙古族，4月任）
姜维忠
刘　婷（女，满族）
刘国柱

市委组织部

部　长
白铁柱（蒙古族，6月免）
闫志刚（蒙古族，6月任）
副部长　马凤宝
尹晓辉（女，3月免）
王乃梁（9月免）
夏桂琴（女）
宋玉玉（女，3月任）
吴金锁（9月任）
刘轶群（女，12月任）
市直机关工委
书　记
白铁柱（蒙古族，6月免）
闫志刚（蒙古族，6月任）
市委老干部局
局　长
白铁柱（蒙古族，6月免）
闫志刚（蒙古族，6月任）
市非公有制经济组织和社会组织工作委
书　记　夏桂琴（女）
市公务员局
局　长
白铁柱（蒙古族，6月免）
闫志刚（蒙古族，6月任）
市党员教育与人才中心
主　任　闫　雪（女，3月任）
市老年大学（市老干部活动中心、市关心下一代事业发展中心）
校长（主任）　孙大伟（9月任）

市委宣传部

部　长　于　萍（女，2月免）
刘国华（6月任）
副部长　刘　雷（11月免）
佟海峰（蒙古族）
曹　辉
张洪洋（11月任）

网络安全应急指挥中心
主　任　刘　晶（女）
新时代文明实践服务中心
主　任　汪永刚

市委统一战线工作部
部　长　姜绪年（6月免）
　　　　李东方（6月任）
副部长　刘长庚
　　　　何彦明（鄂温克族）
　　　　孟昭源

市委政法委员会
书　记　宝乐日（9月免）
　　　　张卫军（9月任）
副书记　房仁国
　　　　刘殿杰
　　　　王　宇

市委政研室
主　任　尹富华（9月任）
副主任　崔丽媛（女）
　　　　珊　颖（女，蒙古族，10月任）

市委机构编制委员会办公室（扎兰屯市事业单位登记管理局）
主　任　高文彬（蒙古族）
副主任　宋振宇
　　　　周　莹（女）
市事业单位登记服务中心
主　任　张永莉（女）

市委巡察工作领导小组办公室
主　任　周宝贵
副主任　王　晶（女，满族）
　　　　邱　昱（女）
市委巡察一组
组　长　张晓娟（女）
副组长　韩志丽（女，鄂温克）
市委巡察二组
组　长　李晓琪（女）
副组长　王清鹏

市委保密机要局
局　长　孔凡军
副局长　王国林

市委直属事业单位

市委党校
校　长
　　白铁柱（蒙古族，6月免）
　　闫志刚（蒙古族，6月任）
副校长　朱　英（常务）
　　　　刘忠星
　　　　宋柏玲（女）

扎兰屯市融媒体中心
主　任　杜　强（女）
副主任　王伟红（女）
　　　　郭　珩（女）
　　　　姜富彬
　　　　于海波

扎兰屯市档案史志馆
馆　长　丁玉静（女，10月任）
副馆长　张海燕（女，鄂温克族）

二、扎兰屯市人大常委会

主　任　李淑艳（女）
　　　　孙修非（7月任）
副主任　李　娟（女，不驻会）
　　　　仲　立
　　　　张传福
　　　　魏洪春
市人大常委会办公室
主　任　王继国（4月免）
　　　　王　砺（4月任）
市人大常委会财经工作委员会
主　任　高广臣（9月免）
　　　　杨洪元（9月任）
副主任　刘惠杰（4月任）
市人大常委会教科文卫工作委员会
主　任　张文靖
副主任　朱　启（9月任）
市人大常委会法制工作委员会
主　任　王艳敏（2月免）
　　　　王继国（4月任）
市人大常委会农业工作委员会
主　任　王瑞华
市人大常委会民族宗教工作委员会
主　任　李宝林（9月免）
　　　　刘子彬（9月任）
市人大常委会选举任免联络工作委员会
主　任　李春会（10月免）
　　　　马晨光（10月任）
副主任　张　鹏（9月任）

三、扎兰屯市人民政府

市　长　岳国栋（8月免）
　　　　王　波（8月任）
副市长　吴忱东（9月任）
　　　　张卫军（9月免）
　　　　王玉章（7月免）
　　　　孙修非（7月免）
　　　　杜明燕（女，鄂温克族，7月免）
　　　　玉　岩（蒙古族，9月免，挂职）
　　　　杨积春（8月任）
　　　　李岩岭（8月任）
　　　　卢亚光（8月任）
　　　　孟　刚（8月任）
　　　　鲁　垚（女，蒙古族，8月任）
　　　　徐　坤（满族，8月接受纪委监委调查）

市政府工作部门

扎兰屯市人民政府办公室

主　任　任玺庆
副主任　陈　山
　　　　尹富华（9月免）
　　　　董俊庆（9月免）
　　　　武洪望
　　　　李　伟（9月任）
　　　　李林潮（9月任）
　　　　刘兴旺（9月任）

扎兰屯市发展和改革委员会

主　任　曲作文
副主任　李　伟（9月免）
　　　　马晨光（女，10月免）
　　　　张　民（9月免）
　　　　万爱玲（女，9月任）

扎兰屯市教育局

局　长　张涌生
副局长　李冰瑶（女，蒙古族）
　　　　于艳红（女，蒙古族）
　　　　赵　丹（满族）
市教育事业发展中心
主　任　刘英华
副主任　明　哲
副主任　肖　坤（女，4月任）
　　　　肖　冰（女，10月任）
市职业高中
校　长　王海涛
副校长　王丽艳（女）
　　　　王铁成（11月免）
　　　　谢提友
　　　　葛延旭（11月任）
市第一中学
校　长　关成玉（满族）
副校长　吴　涛（女）
　　　　王　瑞（女，9月免）
　　　　葛新华
　　　　赵　亮
市第二中学
校　长　杨金柱
副校长　李　海
　　　　徐学波（女）
　　　　赵士杰
市第三中学
校　长　张丽萍（女）
市第四中学
校　长　乔立长
市第五中学
校　长　李　刚
市第六中学
校　长　杜运奇
市民族中学
校　长　王晓红（女）

扎兰屯市工业和信息化局

局　长　冯建勋（满族，9月免）
　　　　李　伟（9月任）
副局长　蒋树伟
　　　　单丙哲

扎兰屯市民族事务委员会

主　任　关成国（满族，9月免）
副主任　郑淑兰（女）
　　　　丁　旭（满族）

扎兰屯市公安局

局　长　王玉章（6月免）
　　　　李岩岭（6月提名，7月任）
副局长　王胜春（4月任）
　　　　刘城悦（满族，2月免）
　　　　许国令（满族，4月免）
　　　　刘　帅
　　　　刘凤杰（蒙古族）
　　　　刘国忠
　　　　郭晓东（满族）
　　　　麻志鹏（12月任）

扎兰屯市民政局

局　长　韩　霖（女）

副局长　刘惠杰（3月免）
　　　　王洪波（蒙古族，4月任）
　　　　朱　启（10月免）
　　　　赵　越（11月任）
市社会福利中心
主　任　王力新（4月任）

扎兰屯市司法局
局　长　邵永鹏
副局长　王　冰（女）
　　　　李林潮（蒙古族，9月免）
　　　　刘春娟（女,11月任）
市公证处
主　任　裴建军

扎兰屯市财政局（国有资产监督管理委员会）
局　长　张传福（4月免）
　　　　王柏奎（4月任）
副局长　金丽军（女）
　　　　杨洪元（9月免）
　　　　张凤娟（女）
　　　　路明辉
市国有资产监督管理委员会
主　任　张传福（4月免）
　　　　王柏奎（4月任）

扎兰屯市人力资源和社会保障局
局　长　陈志林（蒙古族，3月任）
副局长　都业隆（9月任）
　　　　戴泽涛
　　　　许　松（蒙古族）
市社会保险事业服务中心
主　任　张宏岩
市就业服务中心
主　任　李淑娟（女）
市人社综合行政执法大队
主　任　宋文刚

扎兰屯市自然资源局
书　记　王德才（12月免）
　　　　朱瑞军（12月任）
局　长　王佳桂（4月免）
　　　　朱瑞军（12月任）
副局长　王　琨
　　　　宫凤达
　　　　王瑞祥
　　　　包　赜（蒙古族）
市自然资源保护和发展中心
主　任　沈　鹏
市不动产调查登记中心
主　任　邓德尧

扎兰屯市住房和城乡建设局（人民防空办公室）
局　长　张卫军（9月免）
副局长　张成波
　　　　曹德泉（9月任）
　　　　单海冰（11月任）
市环境卫生管理处
主　任　陈　鑫（4月任）
市政管理处
主　任　孙大力（4月免）
　　　　宋艳杰（4月任）

扎兰屯市城市基础设施投资开发有限责任公司
董事长　温福田
副经理　张　旭
　　　　冉春辉（挂职）

扎兰屯市交通运输局
局　长　佟荣伟（蒙古族）
副局长　李　伟（9月免）
　　　　王维学（9月任）
　　　　袁凯明（9月任）

扎兰屯市水利局
党组书记　局　长　刘仁德
党组成员　副局长　郑龙学
　　　　　　　　　邹殿春
党组成员　张廷军
市水利工程建设运行中心
主　任　王树国（党组成员）

扎兰屯市农牧和科技局
党组书记　梁　旭（8月任）
　　　　　王　砺（3月免）
局　　长　梁　旭（10月任）
　　　　　王宪忠（3月免）
副 局 长　陈希国
　　　　　徐　凯
　　　　　王继刚
　　　　　李振华（6月免）
党组书记　马纯朴
市农牧业技术推广中心
主　任　王成志
市农村经营服务中心
主　任　李瑞生（11月任）

市农牧业综合行政执法大队
队　长　袁玉峰
市绿色产业发展中心
主　任　张金锁（蒙古族）
市动物疫病预防控制中心
主　任　张荣贵
市科技事业发展中心
主　任　刘勇鑫（主持工作）

扎兰屯市文体旅游广电（文物）局

局　长　钱海军
副局长　连永平
　　　　王明志
　　　　张　淇（女,蒙古族,11月任）
市文化馆
馆　长　李　静（女）
市文化市场综合行政执法局
局　长　张媛奕（女）
市乌兰牧骑
团　长　郝明飞
市业余体校
校　长　王艳玲（女）

扎兰屯市卫生健康委员会

主　任　刘国华（9月免）
　　　　王　舰（9月任）
副主任　都业隆（9月免）
　　　　马晨阳（女，9月任）
　　　　孙立国（女,达斡尔族）
　　　　崔志辉
市人民医院
书　记　付　野
院　长　褚志宝（副书记）
副院长　郑向文
　　　　杨成艳（女）
　　　　高玉林（满族）
　　　　薛大鹏（蒙古族）
市中蒙医院
书　记　刘　洋
院　长　刘士勇
副院长　姜　波
　　　　朱明龙
　　　　谢宝禄
　　　　翟永生
工会主席
　　孙爱春（女，达斡尔族）
市疾病预防控制中心
主　任　贾长亮（蒙古族，4月任）
副主任　马海旭（4月任）
　　　　李英杰（女,4月任）
市卫生健康综合行政执法大队
队　长　王晓荣
市繁荣社区卫生服务中心
主　任　杨　娟（女）

扎兰屯市退役军人事务局

局　长　盖向东
副局长　栓　柱
　　　　刘　刚

扎兰屯市应急管理局

局　长　李希春
副局长　敖卫理（达斡尔族）
　　　　徐福奎
　　　　李　峰（1月任）
市应急管理综合行政执法大队
队　长　李志刚

扎兰屯市审计局

局　长　李洪常
副局长　陈　辉
　　　　张　民（男,9月任）

扎兰屯市市场监督管理局

党组书记　王　舰（9月免）
局　长　房　平（女,9月任）
副局长　孙胜军（8月离世）
　　　　左立友
　　　　刘艳春（女）
　　　　姜昕妍（女）

扎兰屯市统计局

局　长　李德明
副局长　郭　颖（女，7月免）
　　　　杨　絮（女）
市统计中心
主　任　郝　旭（4月任）

扎兰屯市气象局

局　长　张　昉
副局长　金　淼（满族）
　　　　雍末华（女）

扎兰屯市林业和草原局

党组书记、局　长
　　关成国（满族，9月任）
副局长　李志勇（鄂伦春族）
　　　　张　兵（满族）
党组成员　王照斌
市林业草原事业发展中心
主　任　张　奇

扎兰屯市乡村振兴局

局　长　李海龙

副局长　王兰仲

　　　　齐　颖（女）

　　　　唐乃红（女,11月任）

扎兰屯市医疗保障局

书　记　石才伟（9月免）

　　　　秦英慧（9任）

局　长　石才伟（10月免）

　　　　秦英慧（10任）

副局长　罗江川

　　　　马晨阳（10月免）

　　　　吴焕文（11月任）

市医疗保险服务中心

主　任　韩翠玲（女,蒙古族,4月任）

扎兰屯市信访局

局　长　张鸿雷（1月免）

　　　　王世峰（1月任）

副局长　李克峰

　　　　刘子彬（11月免）

　　　　何　琦（11月任）

扎兰屯市政务服务局

局　长　魏洪春（4月免）

　　　　尹晓辉（女,4月任）

副局长　曹丽莉（女）

　　　　吕仲勋（满族）

市公共资源交易中心

主　任　陈　飞

扎兰屯市机关事务服务中心

主　任　祁国君

副主任　宁晓光

　　　　杨晓宇

扎兰屯市供销合作联合社

主　任　梁　旭（8月免）

　　　　李　剑（9月任）

副主任　李志超

　　　　仇景卓（女）

扎兰屯市综合执法局

局　长　王艳艳（女）

副局长　邹志欣

　　　　邱大勇

　　　　姜雨杭

呼伦贝尔岭东农畜林产品开发区管委会

书　记　徐　宁（蒙古族）

主　任　宋　辉（满族）

副主任　梁长锁

办公室主任

　　张绍峰（蒙古族,6月任）

财政与经济发展科副科长

　　王胜瑞

国土与建设科副科长

　　邵咏冰

公共事业综合保障中心

　　张斌斌（蒙古族,7月任）

扎兰屯风景名胜区管理局

局　长　杨积春（满族,3月任,8月免）

副局长　王福庆（3月任）

　　　　李寒颖（女,3月任）

资源管理科科长

　　　　于　博（女,10月任）

办公室副主任

　　　　王志军（3月免）

景区管理科副科长

　　　　冯世海（3月免）

　　　　殷常青（3月免）

旅游管理科副科长

　　　　卢秉欣（3月免）

宣传营销科副科长

　　　　李　超（3月免）

规划项目科副科长

　　　　陈江辉（3月免）

扎兰屯风景名胜区综合执法局

局　长　孙大力（4月任）

副局长　孟建华

　　　　李冰星（女）

呼伦贝尔市住房公积金中心扎兰屯市业务部

主　任　乔春莲（女）

副主任　白淑梅（女，满族）

扎兰屯市民航事业发展中心

主　任　李　伟（9月免）

副主任　周　烨（女,蒙古族）

扎兰屯市发展研究中心

主　任　杨丹丹（女,4月任）

副主任　陈江辉（11月任）

　　　　李宏伟（12月任）

扎兰屯市电子商务发展中心

主　任　王　瑞（女，9月任）
副主任　孟宪涌（女，4月任）
　　　　纪百成（11月任）

四、中国人民政治协商会议扎兰屯市委员会

主　席　肖明华（3月免）
　　　　于　萍（女，3月任）
副主席　包　颖（女，蒙古族）
　　　　刘士勇（满族）
　　　　刘恩成
　　　　申迎春（女）
秘书长　王书江
市政协文史委
主　任　李　佳（1月任）
市政协民宗委
主　任　白全宝（蒙古族）
市政协联络委
主　任　辛财强（12月任）
市政协提案委
主　任　张桂杰（女）
市政协经科委
主　任　焦　健

五、群众团体

扎兰屯市总工会

主　席　李　娟（女）
副主席　霍灿柱（3月任）
　　　　苏金奎
　　　　王巨业（达斡尔族）

共产主义青年团扎兰屯市委员会

书　记　崔丽红（女）
副书记　张修治
　　　　平　帅（回族）

扎兰屯市妇女联合会

主　席　曲安红（女）
副主席　张志文（女）

扎兰屯市科学技术协会

主　席　辛财强
副主席　王　鑫（女）

扎兰屯市工商业联合会

主　席　李　静（女）
副主席　霍灿柱（3月任）

扎兰屯市文学艺术界联合会

主　席　姜　辉
副主席　程源富

扎兰屯市残疾人联合会

理事长　徐国华（女）
副理事长　张　敏（女）

扎兰屯市红十字会

会　长　杜明燕（女，鄂温克族）
副会长　刘艳伟（女，常务）
　　　　刘　晨（10月任）
专职副监事长　王景成

六、法院、检察院

扎兰屯市人民法院

院　长　于洪波（12月免）
　　　　高福良（12月任）
副院长　郑　权（5月任）
　　　　姜振顺
　　　　张志勇（5月免）
审判委员会委员　张奎臣
　　　　武长河
综合审判庭庭长
　　　　叶晓刚（11月任）
政治部主任
　　　　闫景宇（11月任）

扎兰屯市人民检察院

检察长　李保华
副检察长　沈丽敏（女，蒙古族）
　　　　赵大鸣
政治部主任
　　　　陈宝新
第二检察部主任
　　　　陈丽梅（女）
后勤服务中心主任
　　　　张伟旗

七、镇、乡、街道办事处

浩饶山镇

书　记　王维学（4月免）
　　　　金浩强（4月任）
副书记、政法委员　解政付
副书记、镇　长
　　　　王国臣（4月免）
　　　　郭　威（4月任）

副镇长 何 薇（女，鄂温克族）
杨虎锋
西腾飞（4月任）
乌兰若琳（女，达斡尔族，10月任）
人大主席 谢宝金
伊广彬（4月免）
组织委员 王德伦（满族）
纪检书记 孔维维（女，4月任）
宣传委员 郭建文（4月免）
王 昕（4月任）
武装部部长 宋立元
党群服务中心副主任
何 琪

柴河镇

书 记 杨积春（满族）
镇 长 袁吉庆
副镇长 杨 坤（鄂伦春族）
姜达志
曹艳云（女）
吴德格吉乐胡（蒙古族）
人大主席 刘连忠
副书记 刘奉廷
武装部部长 石传家
宣传委员 张东东
组织委员 程依炜（女）
纪委书记 徐洪波

卧牛河镇

书 记 李春萍（女，达斡尔族，7月免）
镇 长 孙盛传（4月免）
李振华（4月提名）
人大主席 王润玲（4月免）
宋文浩（女，蒙古族，4月提名）
副镇长 武 强
王焕仁
李 琳（女，达斡尔族，10月任提名）
赵锦涛（4月提名）
赵天奇（挂职，4月任）
副书记
宋文浩（女，蒙古族，4月免）
李振华（4月任）
唐军功（蒙古族，4月任）
纪委书记
张晓智（女）
武装部部长
彭向春（蒙古族，4月任）
宣传委员
彭向春（蒙古族，4月免）
邵 玉（女，朝鲜族，4月任）
组织委员
赵 静（女，4月任）

成吉思汗镇

书 记 于智横（7月免）
镇 长 李 强
人大主席 李 鑫（蒙古族）
副书记 接 鹏
副镇长 迟 明（4月免）
褚永秋（女）
王新宇（蒙古族，4月任）
杨国友（蒙古族）
段岩峰（10月任）
肖雨竹（4月挂职）
纪检书记 武建平
组织委员
王新宇（蒙古族，4月免）
唐 琪（女，达斡尔族，4月任）
宣传委员 张景印
武装部部长 李玉宝（满族）
党群服务中心
副主任 段岩峰（10月免）
李 宏（10月任）
综合行政执法局
局 长 辛芃伯（满族）
综合保障和技术推广中心
主 任 曲永波

中和镇

书 记 姜君勇
副书记
封 鑫（4月辞去公职）
马宝峰（满族，4月免）
杜兵莉（女，4月任）
张连青（4月任）
镇 长
封 鑫（4月辞去公职）
杜兵莉（女，4月提名）
副镇长
迟晓明
刘 洋（女，4月免）
李 维（4月提名）
杨英铭（4月提名）
张佳慧（女，10月提名）
人大主席
刘 永
马宝峰（满族，4月提名）
纪委书记 张连青（4月任）
何 楠（4月任）

组织委员　周姗姗（女）
武装部部长　郑军明
宣传委员　聂　贵
　　刘　洋（女,4月任）

大河湾镇

书　　记　刘洪彬
副书记　张立国
　　陈良田
镇　　长　张立国
副镇长　于铭扬
　　张景瑞
　　王建辉
　　刘　畅（女,蒙古族）
人大主席　周建军
纪委书记　杨　波（达斡尔族）
组织委员　张晓庆（女）
武装部部长　刘元利
宣传委员　王晓丹（女）

哈多河镇

书　　记　韩志立
副书记　赵　越（达斡尔族）
　　于贵勇（蒙古族）
镇　　长　赵　越
副镇长　张海超
　　周　忠
　　韩　镇（蒙古族）
　　张新颖（女）
人大主席　白彦军
纪检书记　房殿军（蒙古族）
组织委员　戴萌萌（女）
宣传委员　刘瑛莹（女）
武装部部长　塔米拉（鄂温克族）

蘑菇气镇

书　　记　孙盛传（4月任）
副书记　厚福明（满族,10月免）
　　李永强（10月任）
　　陈岚斌
镇　　长　厚福明（满族,10月免）
　　李永强（10月任）
副镇长　康　强（达斡尔族,10月免）
　　赵亚军
　　刘奉廷（4月免）
　　马　财（4月任）
　　李春雨（女,10月任）
　　刘　涛（10月任）
纪检书记　包殿明（蒙古族）
人大主席　邓新生
组织委员　马　财（4月免）
　　邓　靓（女,4月任）
宣传委员　张　健（女,4月免）
　　赵利英（女,4月任）
武装部部长　康少全（4月免）
　　王海龙（4月任）

达斡尔民族乡

书　　记　王乃梁
乡　　长　敖锦生（达斡尔族）
人大主席　尹茂海
副书记　敖锦生（达斡尔族）
　　凯　楠（蒙古族）
副乡长　张永泉
　　杨　捷
　　王彦鑫（蒙古族）
　　李　冰（女）
武装部部长
　　祁雪松（蒙古族）

纪检书记　张天龙（满族）
乡党委组织委员
　　施　璐（女）
乡党委宣传委员
　　包丽娜（女,满族）

萨马街鄂温克民族乡

书　　记　周　勇
副书记　卜伟东（鄂温克族）
　　董铁民
纪委书记　王丽丽（女,满族）
组织委员　常　健（蒙古族）
宣传委员　席薇娜（女,蒙古族）
武装部部长　李　飞
乡　　长　卜伟东（鄂温克族）
副乡长　李文宝（蒙古族）
　　蔡江林（满族）
　　闫鲁朋
　　翟贵韬
人大主席　李　剑（9月免）
　　董铁民（9月任）

南木鄂伦春民族乡

书　记　刘晓伟
副书记　白晓勇（鄂伦春族）
　　刘贵宝
乡　长　白晓勇
副乡长　朱桂锫（蒙古族）
　　曹　露（女）
　　李　健（4月提名）
　　杜　威（女,达斡尔族,4月提名）
　　哈斯木仁（蒙古族,4月挂职）
人大主席　康　伟（达斡尔族）

组织委员　迟丽丽（女,蒙古族）
纪检书记　白桂华（女,蒙古族,4月任）
宣传委员　贾雪薇（女,4月任）
武装部部长
李占华（满族, 6月任）
党群服务中心
副主任　周景鹏
综合行政执法局
局　长　赵　涛
综合保障和技术推广中心
主　任　杨国辉

洼堤乡

书　记　夏连昱
副书记　敖日格乐（蒙古族）
唐军功（蒙古族, 4月免）
程可心（满族, 4月任）
乡　长　敖日格乐（蒙古族）
副乡长　王　铁（4月免）
王　成
曹　爽（4月任）
刘　鹏（4月任）
宋　洋（10月任）
人大主席　谢宝金（4月免）
王　铁（4月任）
纪委书记　张玉君（4月免）
吴美丽（女,4月任）
组织委员　赵　越（达斡尔族,4月免）
于　溪（女,4月任）
武装部部长
程可心（满族, 4月免）
孟庆山（4月任）
宣传委员　胡　靖（女,蒙古族）

高台子街道办事处

书　记　冯旭娟（女）
副书记　王俊杰
刘淑敏（女）
主　任　王俊杰
副主任　李成龙
纪检书记　单亦君

河西街道办事处

书　记　孙德伟（蒙古族,4月任）
副书记　吴文军（满族,4月任）
康　健（女）
主　任　吴文军（满族,4月任）
副主任　闫培华（武装部部长）
纪工委书记　张　洋（女）
党群服务中心
副主任　陈海燕（女,蒙古族）
街道综合行政执法局
局　长　王永权

兴华街道办事处

书　记　朱瑞军
副书记　梁　晶（女）
主　任　姜人和
副主任　解恒起
纪工委书记　姜　波
党群服务中心
副主任　乔加奇（蒙古族）

铁东街道办事处

书　记　战彦军
副书记　李绍军
主　任　李绍军

人大工委主任
刘　雷（11月任）
副书记　李彦辉
纪工委书记　孙丽娜（女）

向阳街道办事处

书　记　董俊庆（9月任）
主　任　姜日杰（9月任）
副书记　姜日杰（女, 9月任）
李　昕
副主任　霍晓峰
人大工委主任
董俊庆（9月任）
纪工委书记　金立华（9月任）
武装部部长　霍晓峰

繁荣街道办事处

书　记　张志明（4月免）
李　明（蒙古族,4月任）
副书记　郭翔宇
主　任　于光生（6月任）
副主任　滕艳飞（女）
人大工委主任
王大刚（3月任）
纪工委书记　王显刚
党群服务中心
副主任　吕东旭

正阳街道办事处

书　记　边喜臣（满族）
主　任　李春会（11月任）
副书记　刘凤宏

纪工委书记　牛文学（9月任）
武装部部长　王振宇
纪工委委员
　　　　鄂　楠（达斡尔族）
党群服务中心
副主任　石烁玮（女,达斡尔族）

八、企　业

国网扎兰屯市供电公司
总 经 理　于开文
副总经理　付国生（6月任）
　　　　刘　辉
　　　　辛财友
　　　　李　磊
工会主席　张悉正（10月任）

扎兰屯热电厂
厂　　长　郭　鹏（4月免）
　　　　田晓龙（4月任）
副 厂 长　刘永森（7月任）
　　　　邵　新（7月免）
　　　　温光辉（7月任）
　　　　赵力德
纪委书记　温光辉（7月免）
　　　　于　澍（7月任）

扎兰屯市新城集中供热有限责任公司
董事长　牛金才
副经理　史焕臣
　　　　臧志越
　　　　吕玉博
监事会主席　周洪林

呼伦贝尔东北阜丰生物科技有限公司
总 经 理　赵兰坤
副总经理　王　峰
　　　　孙钦波

内蒙古大兴安岭浆纸有限责任公司
书　　记　韩印芳
副 书 记　郝成春
总 经 理　韩印芳
副总经理　缪迎春
　　　　田长青
　　　　张志刚
　　　　宋旭峰
副总经济师　刘志斌
副总会计师　乔　德
纪委书记　任峰锐

呼伦贝尔松鹿制药有限公司
总 经 理　马玉珠
副总经理　王延辉
　　　　孙继春
　　　　关献民
　　　　田　杰

九、专业系统及金融

齐齐哈尔车务段扎兰屯站
站　　长　王怀宇
副 站 长　张成江
　　　　云大勇
副 书 记　孙隆华
工会主席　高东升

扎兰屯市邮政分公司
总经理　周春涛

扎兰屯市烟草专卖局（卷烟营销部）
局　长　王永旭
副局长　杜佰军
副经理　赵晓宁

内蒙古呼伦贝尔市盐业有限公司扎兰屯市配送中心
经　理　张红玉

内蒙古广播电视网络集团有限公司扎兰屯分公司
经　理　赵维海

扎兰屯市移动通讯分公司
总 经 理　王庆良
副总经理　康兴北
　　　　张凤伟（女,5月任）

中国联通扎兰屯市分公司
总 经 理　王　颖（女）
副总经理　高顺峰
　　　　于　翔

中国电信扎兰屯市分公司
经　　理　王亚亮

中国人民银行扎兰屯市支行
行　　长　陈　健
副 行 长　李希宏
　　　　彭秀丽（女）
纪检组组长　宋淑云（女）

中国建设银行扎兰屯支行

行　长　张剑锋
副行长　祝天成

中国工商银行股份有限公司扎兰屯支行

行　长　杨晓亮（女）
副行长　冯照宇（10月免）
　　　　于　飞
　　　　韩　阳（女）

中国农业银行股份有限公司扎兰屯市支行

行　长　宁健军
副行长　高鹏鸣
　　　　周　玄（女）
　　　　王桂芬（女）

中国农业发展银行扎兰屯市支行

行　长　褚　东（蒙古族）
副行长　张　宁
　　　　金叶鹏

中国邮政储蓄银行股份有限公司扎兰屯市支行

行　长　陈　鹏（7月免）
副行长　苗春雨（7月任）
　　　　李圣勖

扎兰屯蒙银村镇银行股份有限公司

董事长　李歌声
行　长　田春发
副行长　郑印杰
　　　　李　欣
　　　　王　健

扎兰屯市农村信用合作联社

理事长　王　森（1月任）
主　任　贾　磊（俄罗斯族）
监事长　王　颖（女）
副主任　李晓君
　　　　李景峰
　　　　李国林
　　　　吕厚强

中国人寿保险股份有限公司扎兰屯市支公司

经　理　郑鸣智（4月免）
　　　　孙　健（4月任）
副经理　王怀鹏

中国人民财产保险股份有限公司扎兰屯支公司

经　理　王　刚
副经理　高庆国
副经理　于　朋

十、直属单位

呼伦贝尔市生态环境局扎兰屯市分局

局　长　王　运
副局长　尉铁柱
生态环境监测中心
站　长　李　焱（女）
生态环境综合行政执法大队
队　长　于绍辉

国家税务总局扎兰屯市税务局

局　长　王占友（1月免）
　　　　许昂德（1月任，11月免）
副局长　李瑞东（女，蒙古族）
　　　　高　山
　　　　陈宝江（满族）
　　　　刘秀梅（女）
　　　　庞宪勇
纪检组组长
　　　　李登科（1月任）

国家统计局扎兰屯调查队

队　长　栗升琳
副队长　王　刚
纪检员　赵宏鸽（女）

扎兰屯职业学院

书　　记　铁　岭（鄂温克族）
副 书 记　于风雨
　　　　　任林宏
院　　长　于风雨
副 院 长　白宝刚
　　　　　陈培强
纪委书记　唐荣伟（满族）
组织（统战）部部长
　　　　　金培南

呼伦贝尔农垦绰尔河农牧场有限公司

书　　记　冯德生（11月免）
　　　　　宋延臣（12月任）
副 书 记　张其文
董 事 长　冯德生（11月免）
　　　　　宋延臣（12月任）
总 经 理　张其文

副总经理　何建疆（11月免）
　　　　　张增友
纪委书记　曾昌华（11月免）
　　　　　张英杰（12月任）
工会主席　曾昌华（11月免）
　　　　　李光明（11月任）

呼伦贝尔农垦扎兰屯农牧场有限公司

书　记、董事长
　　　栾永刚（7月免）
　　　武奎斌（10月任）
副书记、总经理　胡秀君
副总经理　刘广勇（11月免）
　　　　　包小明（6月免）
　　　　　冯　鹏（11月任）
纪委书记　包清玉（11月免）
　　　　　董旭光（11月任）
　　　　　董海峰（11月任）

呼伦贝尔农垦大河湾农牧场有限公司

董 事 长　张宝君
总 经 理　庄树生
副总经理　刘大鹏
纪委书记　王竟华
工会主席　刘继文

呼伦贝尔市传染病医院（呼伦贝尔市第二人民医院）

院　长　于长国（8月免）
　　　　额尔敦宝力格（蒙古族，2月任，8月免）
书　记　张颖哲（女，8月任）
副院长　焦连丽（女，7月免）
　　　　巩晓东（蒙古族，8月免）
　　　　张松旺（8月任）
　　　　齐　伟（蒙古族，8月任）

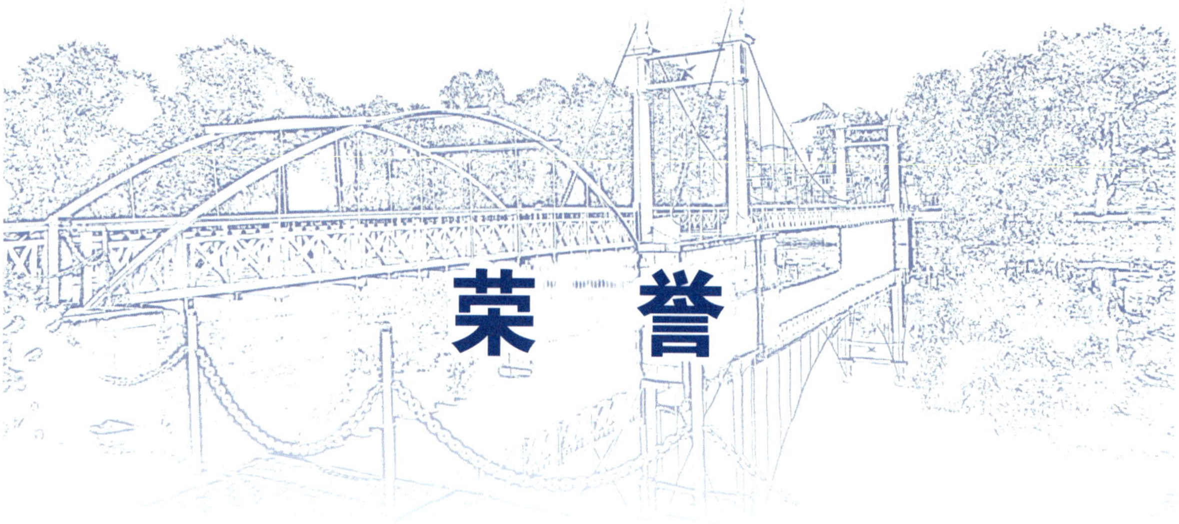

荣 誉

先进集体

2021 年国家部门、单位授予的先进集体荣誉一览表

表10

单位名称	授予部门	授予荣誉
中共扎兰屯市委员会 扎兰屯市人民政府	中国科协办公厅	科普日优秀活动
扎兰屯市乡村振兴局	中共中央、国务院	脱贫攻坚先进集体
扎兰屯市档案史志馆	中国地方志指导小组中国地方志学会	《扎兰屯年鉴（2020）》获得第八届全国地方志优秀成果（年鉴类）县级综合年鉴一等奖
扎兰屯市水利局	中华人民共和国水利部	全面推行河长制湖长制工作先进集体
国家税务总局扎兰屯市税务局	中央宣传部 司法部 全国普法办	普法工作先进单位
扎兰屯市人民检察院	中华人民共和国最高人民检察院	首届全国未成年人检察微电影微视频微动漫评选展播活动提名奖
扎兰屯市司法局繁荣司法所	中华人民共和国司法部	模范司法所
扎兰屯市司法局	中华全国人民调解员协会	组织宣传人民调解工作先进集体
扎兰屯市工商业联合会	中华全国工商业联合会	“五好”县级工商联
扎兰屯市市场监督管理局	国家市场监督管理总局	“小个专”党建工作表现突出集体

续表 10

单位名称	授予部门	授予荣誉
扎兰屯热电厂	中国华能集团有限公司	基层优秀党组织
扎兰屯市妇幼保健计划生育服务中心保健部	中华全国妇女联合会	巾帼文明岗
扎兰屯市卫生健康综合行政执法大队	国家卫生健康委监督局	卫生健康行政执法优秀典型案例
扎兰屯市文化市场综合行政执法局	中华人民共和国文化和旅游部	文化市场综合执法重大案件及办案单位
扎兰屯市文化体育旅游广电局	体育总局办公厅	2017—2020 年度全国群众体育先进单位
呼伦贝尔东北阜丰生物科技有限公司	中国红十字会	红十字奉献奖章
扎兰屯市兴华办事处青松社区	中国红十字会	红十字模范单位

2021 年自治区及部门、单位授予的先进集体荣誉一览表

表11

单位名称	授予部门	授予荣誉
扎兰屯市税务局蘑菇气镇税务分局	国家税务总局内蒙古自治区税务局	税务系统先进基层党组织
扎兰屯市人民检察院	内蒙古自治区人民检察院	检察融媒体建设运营视频类优秀原创作品奖
扎兰屯市人民检察院	内蒙古自治区人民检察院	第二届全区检察机关案件管理业务竞赛活动“全区案件管理业务能手”
扎兰屯市人民检察院	内蒙古自治区人民检察院	“法治进校园”全区巡讲活动表现突出集体
扎兰屯市司法局	内蒙古自治区司法厅	司法行政系统集体二等功
扎兰屯市司法局	内蒙古自治区司法厅	宪法宣传周答题活动优秀组织单位
扎兰屯市工商业联合会	自治区工商联	“五好”县级工商联
扎兰屯市中和镇	内蒙古自治区统计局	统计基层基础建设“八有八化”规范化苏木乡镇
扎兰屯市人民医院	勃林格殷格翰投资有限公司	“决胜 60 分”最具潜质奖
扎兰屯市人民医院感染管理科	内蒙古自治区院感质控中心	医院感染监测数据上报先进单位

续表 11

单位名称	授予部门	授予荣誉
扎兰屯市中蒙医院	内蒙古自治区院感质控中心	医院感染监测数据上报先进单位
扎兰屯市乌兰牧骑	内蒙古自治区党委宣传部	先进基层文艺院团
扎兰屯市住房和城乡建设局	中共内蒙古自治区委员会内蒙古自治区人民政府	脱贫攻坚先进集体
扎兰屯市科学技术协会	内蒙古自治区科学技术协会	优秀组织单位
扎兰屯市红十字会	内蒙古自治区红十字会	志愿服务和青少年社会实践项目大赛第六名
扎兰屯市红十字会	内蒙古自治区红十字会	第四届红十字应急救护大赛优秀奖
蘑菇气镇税务党支部	中共内蒙古自治区税务局委员会	先进基层党组织
中国邮政集团有限公司内蒙古自治区扎兰屯市分公司	中共中国邮政集团有限公司内蒙古自治区分公司党组	先进基层党组织

先进个人

2021 年国家部门、单位授予的先进个人荣誉称号一览表

表12

姓　名	所在单位	授予部门	荣誉称号
沈玉峰	扎兰屯市公安局	公安部	公安机关扫黑除恶专项斗争通报表扬
尚明杰	扎兰屯市公安局	公安部	个人三等功
曹伟东	扎兰屯市公安局	公安部监所管理局	公安监管部门抗击新冠肺炎疫情成绩突出辅警
李岩岭	扎兰屯市公安局	公安部五局	关于对创建全国示范刑事科学技术室的县区公安局局长和技术室主任予以表扬的通报通报表扬
李方英	扎兰屯市公安局	公安部五局	关于对创建全国示范刑事科学技术室的县区公安局局长和技术室主任予以表扬的通报通报表扬
王桂玲	扎兰屯市绿色产业发展中心	中国绿色食品发展中心	优秀绿色食品监管员
吕利征	呼伦贝尔市传染病医院	国家知识产权局	实用新型专利：胸科术后引流防扭转装置
姜江龙	呼伦贝尔市传染病医院	国家知识产权局	实用新型专利：胸科术后引流防扭转装置

续表 12

姓　名	所在单位	授予部门	荣誉称号
王玉莲	呼伦贝尔市传染病医院	国家知识产权局	实用新型专利：胸科术后引流防扭转装置
刘仁德	扎兰屯市水利局	中华人民共和国水利部	农村饮水安全脱贫攻坚先进个人
甘士君	扎兰屯市文化市场综合行政执法局	中华人民共和国文化和旅游部	全国文化市场综合执法重大案件及办案个人
田续亮	扎兰屯市文化市场综合行政执法局	中华人民共和国文化和旅游部	全国文化市场综合执法重大案件及办案个人
董天培	呼伦贝尔市扎兰屯市中蒙医院	中国红十字总会	全国红十字志愿服务先进典型

2021 年自治区及部门、单位授予的先进个人荣誉称号一览表

表13

姓　名	所在单位	授予部门	荣誉称号
闫景宇	扎兰屯法院	中共内蒙古自治区委员会、内蒙古自治区人民政府	脱贫攻坚先进个人
唐志坚	扎兰屯法院成吉思汗法庭庭长	内蒙古自治区高级人民法院	法院办案标兵
富　豪	扎兰屯市人民法院高台子人民法庭庭长	内蒙古自治区高级人民法院	“五个一百”优秀庭审
张　通	扎兰屯市司法局	内蒙古自治区司法厅	“维护和谐稳定 喜庆建党百年”矛盾纠纷排查化解专项行动表现突出个人
候红军	绰尔河农牧场有限公司	内蒙古自治区委员会	优秀共产党员
王　犇	扎兰屯市公安局	内蒙古自治区公安厅	个人三等功
李淑芳	扎兰屯市公安局	内蒙古自治区公安厅	个人嘉奖（事业）
程　锐	扎兰屯市公安局	内蒙古自治区公安厅	刑事科学技术骨干
赵　蒙	扎兰屯市公安局	内蒙古自治区公安厅	优秀共产党员
陈洪武	扎兰屯市公安局	内蒙古自治区公安厅	个人三等功
付殿义	扎兰屯市公安局	内蒙古自治区公安厅	“网络宣传老公安好党员”优秀个人
都业新	扎兰屯市公安局	内蒙古自治区公安厅	扫黑除恶专项斗争个人二等功

续表 13

姓　名	所在单位	授予部门	荣誉称号
曾　皓	扎兰屯市公安局	内蒙古自治区公安厅	扫黑除恶专项斗争个人三等功
李　伟	扎兰屯市公安局	内蒙古自治区公安厅	扫黑除恶专项斗争个人三等功
王元昊	扎兰屯市公安局	内蒙古自治区公安厅	扫黑除恶专项斗争个人三等功
胡　南	扎兰屯市公安局	内蒙古自治区公安厅	扫黑除恶专项斗争个人三等功
郝　锐	扎兰屯市公安局	内蒙古自治区公安厅	扫黑除恶专项斗争个人嘉奖
王临光	扎兰屯市公安局	内蒙古自治区公安厅	扫黑除恶专项斗争个人嘉奖
冯立军	扎兰屯市公安局	内蒙古自治区政法队伍教育整顿领导小组办公室	政法系统先进个人
刘英夫	扎兰屯市公安局	内蒙古自治区公安厅	个人二等功
王　欢	扎兰屯市人民检察院	内蒙古自治区检察院	优秀办案检察官
杜运芹	扎兰屯市绿色产业发展中心	内蒙古自治区农畜产品质量安全中心	农畜产品质量安全系统先进个人
陈　刚	扎兰屯市动物疫病预防控制中心	内蒙古自治区人力资源和社会保障厅	职业技能大赛第一名
刘　柳	呼伦贝尔市传染病医院	内蒙古自治区卫生健康委	百佳优秀护士
李润范	呼伦贝尔市传染病医院	内蒙古自治区医院协会	第二届最美护士长
曲　娜	呼伦贝尔市传染病医院	内蒙古自治区卫生健康委员会	第三届内蒙古卫生健康行业志愿者优秀个人
谷　宇	呼伦贝尔市传染病医院	内蒙古自治区卫生健康委员会	优秀住院医师
平　帅	扎兰屯市第二中学	共青团内蒙古自治区委员会	优秀共青团干部
李良海	国家税务总局扎兰屯市税务局	国家税务总局内蒙古自治区税务局	税务系统业务大比武专业骨干（业务标兵）
李良海	国家税务总局扎兰屯市税务局	国家税务总局内蒙古自治区税务局	税务系统业务大比武岗位能手
许雅慧	国家税务总局扎兰屯市税务局第二税务分局	国家税务总局内蒙古自治区税务局	税务系统业务大比武岗位能手
胡阶莉	国家税务总局扎兰屯市税务局第一税务分局	国家税务总局内蒙古自治区税务局	税务系统业务大比武岗位能手
陈艳娟	国家税务总局扎兰屯市税务局第二税务分局	国家税务总局内蒙古自治区税务局	税务系统业务大比武岗位能手
张晓妍	国家税务总局扎兰屯市税务局	国家税务总局内蒙古自治区税务局	税务系统业务大比武岗位能手

续表 13

姓　名	所在单位	授予部门	荣誉称号
栗秀山	国家税务总局扎兰屯市税务局	国家税务总局内蒙古自治区税务局	税务系统业务大比武岗位能手
张晓霞	国家税务总局扎兰屯市税务局	国家税务总局内蒙古自治区税务局	税务系统业务大比武岗位能手
杨晓亮	扎兰屯工商银行	内蒙古分行	优秀党员
刘英丽	兴华街道青松社区	中共内蒙古自治区委员会	优秀党务工作者
刘静文	扎兰屯市人民医院	内蒙古自治区人民医院感染控制科 内蒙古预防医学会感染控制专业委员会	内蒙古第四届草原感控高峰论坛暨医院感染培训会议二等奖
岂秀芬	扎兰屯市人民医院	内蒙古自治区人民医院感染控制科 内蒙古预防医学会感染控制专业委员会	内蒙古第四届草原感控高峰论坛暨医院感染培训会议医院感染防控青年演讲比赛三等奖
边丽媛	扎兰屯市人民医院	内蒙古医院协会	群众身边最美护士、护士长
王艳玲	扎兰屯市妇幼保健卫生计划服务中心	内蒙古自治区卫生健康委员会	妇幼健康服务先进个人
王艳玲	扎兰屯市妇幼保健卫生计划服务中心	内蒙古自治区卫生健康委员会	第二届全区卫生健康行业“优秀志愿者”
王艳玲	扎兰屯市妇幼保健卫生计划服务中心	中共内蒙古自治区委员会、内蒙古自治区人民政府	全区抗击新冠肺炎疫情先进个人
王艳玲	扎兰屯市妇幼保健卫生计划服务中心	内蒙古云曙碧公益事业基金会 内蒙古自治区卫生健康委员会	新时代最可爱的人
杨　娟	扎兰屯市繁荣社区服务中心	内蒙古自治区卫生健康委员会	抗击新冠肺炎疫情先进个人
贾长亮	扎兰屯市疾病预防控制中心	内蒙古自治区卫生健康委员会	地方病防治三年攻坚总结表彰的先进个人
贾长亮	扎兰屯市疾病预防控制中心	内蒙古自治区综合疾病预防控制中心	农村环境卫生检测项目十年工作先进个人
庄鸿爽	扎兰屯市疾病预防控制中心	内蒙古自治区综合疾病预防控制中心	艾滋病性病防治工作先进个人
孙　磊	扎兰屯市中蒙医院	内蒙古自治区护理学会	杰出护理工作者
苑　婷	扎兰屯市中蒙医院	内蒙古自治区卫生健康委员会	优秀护士
张媛奕	扎兰屯市文化市场综合行政执法局	内蒙古自治区“扫黄打非”工作领导小组办公室	“扫黄打非”先进个人
罗兰英	蘑菇气镇宫家街村	中共内蒙古自治区委员会、内蒙古自治区人民政府	脱贫攻坚先进个人

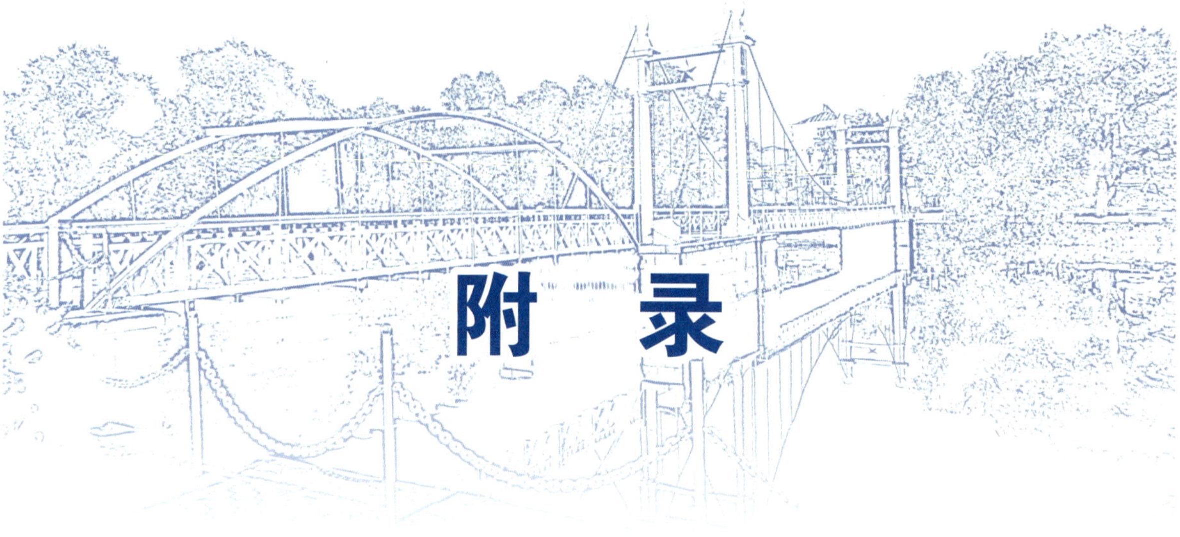

人大工作报告

——在第九届人民代表大会第五次会议第二次全体会议上

（2021年3月24日）

一、2020 年主要工作

2020 年是全市上下勠力同心、并肩战疫，勇毅笃行、奋进发展的一年。一年来，市人大常委会坚持以习近平新时代中国特色社会主义思想为指导，在市委的坚强领导下，紧紧围绕全市疫情防控和经济社会发展大局，同心同向共抗疫情，聚力聚智共促发展，在特殊考验中砥砺前行，在服务大局中尽责担当，为谱写扎兰屯绿色崛起新篇章贡献了人大力量。

——2020 年，我们助力谱写绿色崛起新篇章，着力强化政治引领，牢牢把握正确的前进方向。常委会始终坚持以党的领导为核心，自觉在市委领导下履职尽责，切实把党的领导贯穿于人大履职全过程。一是把坚持党的领导贯穿到政治建设。认真学习贯彻习近平新时代中国特色社会主义思想，自觉将习近平法治思想、习近平总书记关于坚持和完善人民代表大会制度的重要思想，与习近平总书记对内蒙古重要讲话重要指示批示精神结合起来，一体学习领会、整体贯彻落实，以理论清醒保持政治坚定，以思想自觉引领行动自觉，切实增强“四个意识”、坚定“四个自信”、做到“两个维护”。二是把坚持党的领导贯穿到主责主业。围绕市委决策部署，对疫情防控、“三大攻坚战”“六大体系”建设等重点工作开展视察、调研、执法检查 21 项，听取和审议“一府一委两院”专项工作报告 14 项，依法作出决议决定和审议意见 10 项，任免本级国家机关工作人员 35 人次。严格落实请示报告制度，重大问题、重要事项、重点工作及时向市委请示报告，确保市委决策部署和工作要求在人大得到有效落实。三是把坚持党的领导贯穿到服务大局。积极参与和助力脱贫攻坚、疫情防控、推行使用国家统编教材等工作落实，特别是面对突如其来的新冠肺炎疫情，常委会班子带头深入基层、深入一线参与指导疫情排查、防控宣传、复工复产等工作，组织人大代表和人大干部积极投身疫情防控第一线，为基层捐赠防疫物资和生活物品，帮助解决居民小区值守取暖难、围封设施少等实际困难，为打赢疫情防控阻击战作出了人大贡献。

——2020年，我们助力谱写绿色崛起新篇章，着力强化监督实效，全力助推市委决策部署落地见效。常委会始终坚持以有效监督为导向，紧扣市委决策部署开展监督工作，助力推动全市经济社会高质量发展。一是聚焦高质量发展强化监督。围绕推动产业转型升级和发展动能转换，对我市民航事业和临空产业发展情况进行视察，提出加强内部管控、降低运营成本、优化产业布局等意见建议，助推临空产业发展迈出新步伐；对电子商务发展情况开展跟踪调研，提出不断提升公共服务水平、大力发展电商物流配套产业，推动电子商务与我市优势产业有机结合等意见建议，助推互联网与实体经济融合发展；对我市生态旅游度假区和金龙山景区建设情况开展调研，提出完善旅游度假区功能、延伸旅游产业链条、打造特色旅游度假村等意见建议，助推文化、体育、旅游融合发展；对全市民族乡经济社会发展情况开展专题调研，围绕美丽乡村建设、民族乡特色产业发展、民族文化村落保护等方面提出意见建议，助推民族地区高质量发展。二是聚焦预决算审查强化监督。围绕做好“六稳”工作、落实“六保”任务，加强对计划执行和财政预决算的审查监督，听取和审议市政府关于2020年上半年计划执行和预算执行情况的报告，审查批准2019年财政决算及2020年两次财政预算调整方案，听取市政府关于债务管理情况的报告，提出进一步加强财政预决算和收支管理、防范化解债务风险、加大跟踪审计力度等建议，促进经济持续健康发展；积极推进预算联网监督工作，完成与市财政国库集中支付系统直联，实现预决算数据查询和预算执行情况实时监督，发挥对财政资金运行的“在线”监督作用；支持审计部门依法履行审计监督职责，听取和审议审计工作报告及审计查出问题整改情况专项报告，对重点部门预算执行情况进行审查，推动问题整改，促进财务规范运行。三是聚焦国有资产管理强化监督。围绕落实中央关于加强人大国有资产监督职能的重要决策部署，起草制定了《市政府向市人大常委会报告国有资产管理情况的制度》，并提请市委全面深化改革委员会审议通过；组织开展全市重点国有资产管理情况专题调研，首次听取和审议市政府关于行政事业性国有资产管理情况的专项报告，提出要全面摸清国有资产家底、提升国有资产管理效能、促进国有资产保值增值等意见建议，推动国有资产管理与监督制度化、规范化。四是聚焦宪法法律实施强化监督。围绕“深入学习宣传习近平法治思想、大力弘扬宪法精神”主题，认真开展“12·4”国家宪法日活动，坚持宪法宣誓制度，不断强化宪法意识、增强法律观念；针对疫情防控和群众关注的热点问题加大执法检查力度，对《中华人民共和国民法典传染病防治法》《中华人民共和国民法典野生动物保护法》《中华人民共和国民法典突发事件应对法》《中华人民共和国民法典道路交通安全法》等法律实施情况开展执法检查，为统筹推进疫情防控和经济社会发展营造良好法治环境；听取市政府关于“七五”普法规划实施情况的报告，强调要注重总结经验、巩固成果，结合实际编制“八五”普法规划，努力开创我市普法依法治理工作新局面。

——2020年，我们助力谱写绿色崛起新篇章，着力强化为民宗旨，持续推动民生福祉改善。常委会始终坚持以为民履职为根本，聚焦涉及群众切身利益的问题强化监督，更好满足人民对美好生活新期待。一是围绕决胜脱贫攻坚开展监督。对精准扶贫工作开展跟踪视察，对农村集体经济发展情况进行调研，提出要拓宽村集体经济发展渠道、因地制宜发展优势产业和特色产业、进一步巩固拓展脱贫攻坚成果等意见建议，推动脱贫攻坚与乡村振兴战略有效衔接。二是围绕生态环境保护开展监督。首次听取和审议全市环境状况和环境保护目标完成情况的报告，提出严守环境保护红线、提高污染防治水平、完善长效管理机制等意见建议，助推我市生态环境质量持续向好；对我市贯彻落实《土壤污染防治法》情况开展执法检查，提出加大工业企业污染和农业面源污染防治力度、提高全民土壤污染防治意识、抓好反馈问题整改等意见建议，不断巩固提升净土保卫战成果；对农村人居环境整治工作情况进行跟踪调研，助推农村垃圾治理、污水处理、“厕所革命”等工作有效落实。三是围绕民生事业开展监督。高度关注“一老一小”问题，对我市医养结合工作进行专题调研，强调既要把养老问题当作事业来办，也要当作产业来抓，努力把“夕阳事业”办成“朝阳产业”，不断满足多样化、多层次的养老服务需求；对我市职业教育发展情况进行专题调研，提出要加大扶持力度、加强专业人才培养与引进、建设现代职业教育体系等意见建议，为我市经济社会发展提供人才支撑。结合疫情防控，对全市基层卫生服务能力和疾控预防体系建设情况进行调研，对市妇幼保健院综合楼、中蒙医院新区病房楼项目建设情况进行视察，提出加大卫生服务投入力度、提升防疫应急处置能力、切实保障人民群众生命安全等意见建议，推动我市公共卫生应急体系不断完善。四是围绕社会治理开展监督。对基层社会治理工作进行专题调研，提出积极探索社会治理有效举措、完善组织体系、加强制度建设等意见建议，为提升全市治理能力和治理水平建言献策；对城市基础设施建设情况进行调研，就城市道路、老城区改造、主要街路亮化等方面提出意见建议，推动人居环境不断改善；对全市危险化学品领域安全生产工作进行专题调研，提出切实增强责任意识、强化安全隐患排查、杜绝安全生产事故等意见建议，更好保障人民生命财产安全。围绕办好民生实事，稳步推进中和镇、达斡尔民族乡、南木鄂伦春民族乡民生实事项目人大代表票决制试点工作，进一步总结经验、完善机制，为县乡两级全面推行奠定基础。稳妥做好群众涉法涉诉信访工作，全年共依法受理控告申诉案件106件。

——2020年，我们助力谱写绿色崛起新篇章，着力强化服务保障，充分发挥人大代表主体作用。常委会始终坚持以代表工作为重心，强化履职引领、优化服务保障，着力促进代表作用发挥。一是代表履职活力持续提升。加大代表培训力度，围绕习近平总书记系列重要讲话精神、党的十九届三中、四中全会精神、《中华人民共和国民法典》及代表履职等方面开展专题讲座，举办市乡两级人大代表履职能力提升培训班2期，各级代表的责任意识和履职能力不断提升。闭会期间，各级代表依托各自行业和岗位优势，积极参与“人大代表助力精准扶贫”“回选区见选民”“选民接待日”等活动，主动在疫情防控、推广使用国家统编教材等工作中发挥积极作用，为推动全市经济健康发展、维护民族团结与社会和谐稳定作出了应有贡献。二是代表履职渠道持续拓展。坚持邀请代表列席常委会会议，组织代表参加常委会视察调研和执法检查等活动，注重听取采纳代表提出的意见建议，代表履职更加聚焦中心、富有成效。持续加强基层代表活动阵地建设，改造升级部分乡镇街道“人大代表之家”，不断完善代表之家功能，为代表高质量履职创造条件，全年共开展活动460余次，参与代表3600余人次。积极推动代表网络履职平台建设，探索代表履职线上线下有机融合，促进代表履职服务智能化。三是代表建议办理力度持续加强。坚持把代表建议办理作为实现好、维护好、发展好广大人民群众根本利益的重要渠道和有效形式，进一步完善集中交办、领办督办、满意度测评等制度机制，首次将代表建议办理情况纳入全市各单位年度绩效考核指标体系，市九届人大四次会议及闭会期间收到的80件代表建议全部在规定期限内办理完毕并答复代表，办理质量持续提升，办理满意率逐年提高。

——2020年，我们助力谱写绿色崛起新篇章，着力强化自身建设，与时俱进提升履职能力水平。常委会始终坚持以自身建设为基础，主动适应时代要求，扎实推进“两个机关”建设，不断夯实依法履职基础。一是强化党的建设。深入贯彻新时代党的建设总要求，充分发挥党组领导核心作用，严格落实意识形态工作责任制，带头严肃党内政治生活，认真抓好“三会一课”、主题党日、组织生活会等党建工作制度落实，深入推进“最强党支部”建设，巩固深化“不忘初心、牢记使命”主题教育成果，切实把党的建设融入人大工作全过程。二是深化作风建设。坚持把纪律和规矩挺在前面，切实履行全面从严治党主体责任，带头贯彻落实中央八项规定及实施细则，不断规范视察调研、执法检查、办文办会等工作，切实改进机关纪律作风。持续深化“双联”工作机制，班子成员带头深入基层一线，倾听群众呼声，回应人民关切，把人民群众关心关注的难点焦点问题反映上来，努力推动解决，切实保障人民的知情权、表达权和监督权。三是加强规范化建设。认真落实《市人大常委会组成人员履职管理办法》，修订《市人大常委会讨论决定重大事项的规定》，人大组织制度、工作机制和议事规则进一步规范和完善。组织人大干部参加全国人大3期网络培训，深化对人民代表大会制度的认识和把握，不断提升依法履职能力。进一步加强对乡镇（街道）人大的联系指导，健全市乡两级人大联动工作机制，切实推动基层人大工作规范化、制度化。

各位代表，过去一年，市人大常委会坚持在继承中发展、在发展中提升，各项工作都取得了新进展新成效。成绩的取得，离不开市委的坚强领导，离不开全体人大代表和人大工作者的辛勤付出，离不开“一府一委两院”的积极配合，更离不开全市人民和社会各界的信任支持。在此，我谨代表市人大常委会向大家表示崇高敬意和衷心感谢！

在前行的路上，我们也清醒地认识到，常委会的工作与宪法法律的要求、与人民群众的期盼还有差距，比如，监督的深度和广度还需进一步拓展、联系服务代表和群众还需进一步加强、依法履职的能力和水平还需进一步提升等。这些问题我们高度重视，在今后工作中认真改进和解决。

二、2021年工作安排

各位代表，2021年是中国共产党成立100周年，也是实施“十四五”规划、开启全面建设社会主义现代化国家新征程的第一年，做好今年的工作意义重大、影响深远。市人大常委会将坚持以习近平新时代中国特色社会主义思想为指导，全面贯彻党的十九大和十九届二中、三中、四中、五中全会精神，深入贯彻习近平法治思想、习近平总书记关于坚持和完善人民代表大会制度的重要思想，坚持党的领导、人民当家作主、依法治国有机统一，坚决落实市委八届十一次全会暨全市经济工作会议决策部署，紧紧围绕高质量发展主题，准确把握新发展阶段、新发展理念、新发展格局的实践要求，聚焦市委重点推进的大事要事，聚焦经济社会发展的短板弱项，聚焦人民群众关心的热点难点，切实履行法定职责，充分发挥职能作用，为助推“十四五”实现良好开局、奋力开拓扎兰屯绿色崛起新境界贡献人大力量，以优异成绩庆祝建党100周年。

——立足新起点、奋进新征程，我们将始终坚持党的领导，在政治站位上彰显新境界。始终把坚持党的领导作为做好人大工作的根本保证，坚决贯彻落实市委决策部署，切实做到党有所指、我有所向。一是全面提高政治能力。始终把党的政治建设作为首要任务，认真开展党史学习教育，自觉提高政治判断力、政治领悟力、政治执行力，不断增强“四个意识”、坚定“四个自信”、做到“两个维护”。严格执行重大事项请示报告制度，坚决把市委决策部署贯彻到人大工作全过程、落实到人大工作各方面。二是忠诚履行法定职责。坚持在市委的领导下忠诚履行宪法法律赋予人大及其常委会的神圣职责，围绕市委决策部署和全市工作大局依法行使决定权、任免权和监督权，充分发挥人民代表大会制度优势，保证市委的重大决策部署通过法定程序转化为全市人民的共同意志和自觉行动。三是依法抓好换届工作。坚持党对换届选举工作的全面领导，认真贯彻落实市委统一部署，严格按照宪法、选举法、地方组织法等法律要求，健全工作机制，精心组织实施。加强对乡镇人大换届工作的指导，严把代表“入口关”、换届“程序关”、选举“纪律关”，确保圆满完成换届选举任务。

——立足新起点、奋进新征程，我们将始终坚持有效监督，在服务大局上彰显新作为。准确全面贯彻新发展理念，围绕事关改革发展全局的大事要事开展有效监督，切实做到大局所在、履职所向。一是推动经济发展更有质量。围绕高质量发展和现代化建设要求，适时对

“十四五”规划实施情况开展视察调研，助推“十四五”良好开局。持续关注我市重点项目、重点工程建设情况，适时组织代表开展集中视察，助推项目实施。对我市优化营商环境情况开展专题调研，听取专项工作报告；对政务服务工作情况进行视察，助推“放管服”改革不断深化，增强高质量发展的活力与动力。二是推动财政运行更加稳健。依法听取和审议2021年上半年计划和预算执行情况报告，审查2020年财政决算，听取和审议审计工作报告及审计查出问题整改情况等专项报告，促进财政经济稳健运行。积极推进人大预算联网监督工作制度化，努力完成市本级软件开发并上线运行，不断提高预算审查监督的针对性和实效性。认真落实《全国人大常委会关于加强国有资产管理情况监督的决定》，听取和审议市政府国有资产管理情况综合报告，依法履行人大国有资产监管职能。定期听取政府债务管理情况的报告，促进依法依规防范化解债务风险。三是推动法治建设更加深入。听取和审议法治政府建设情况的报告，审查“八五”普法规划并依法作出决议，推动全市法治宣传教育不断深入。对《国家通用语言文字法》《呼伦贝尔市城市养犬管理条例》等法律法规实施情况开展执法检查，推动法律法规有效实施。加强司法监督，完善法官检察官履职评议工作机制，拓展评议方式，增强评议实效，促进司法人员严格执法、公正司法。持续推进规范性文件备案审查，加大主动审查力度，切实增强备案审查实效。

——立足新起点、奋进新征程，我们将始终坚持人民至上，在民生改善上彰显新担当。始终坚持以人民为中心的发展思想，围绕解决好群众“急难愁盼”问题强化监督，切实做到民有所呼、我有所应。一是推动民生改善更有温度。围绕全面推进乡村振兴战略，对我市乡村产业发展情况进行专项视察，持续对农村人居环境整治工作进行跟踪监督，促进农业高质高效、乡村宜居宜业、农民富裕富足。结合疫情防控，对我市疾病预防控制和传染病救治体系建设情况进行跟踪调研，推动疫情防控和救治保障能力不断提升。对我市中小学教师队伍建设情况进行调研，优化教育资源配置，助推教育质量提升。二是推动生态环境更加优化。围绕实现污染防治阶段性目标，听取和审议2020年环境状况和环境保护目标完成情况的报告，对《固体废物污染环境防治法》实施情况开展执法检查，助推我市区域生态环境不断优化。围绕生态系统保护，对雅鲁河流域环境保护情况进行视察，对秀水湿地景区建设与保护情况开展调研，助推我市水域和湿地生态系统环境质量持续改善。三是推动社会治理更加完善。围绕推进治理体系和治理能力现代化，对城乡社区治理和服务体系建设情况进行专题调研，对城市居民小区物业管理工作进行视察调研，助推基层治理和服务管理水平不断提升。对我市民族团结进步教育工作进行专题调研，全面贯彻落实党的民族政策，强化中华民族共同体意识教育，不断巩固和发展民族团结稳定大局。依法做好控告申诉工作，维护人民群众合法权益。

——立足新起点、奋进新征程，我们将始终坚持突出主体，在代表履职上彰显新成效。始终坚持代表主体地位，积极搭建履职平台，不断夯实基础保障，激励代表更好履职尽责、担当作为。一是深入拓展代表履职渠道。深入落实“双联”工作制度，持续强化常委会组成人员同代表、代表同人民群众的双向联系。坚持邀请基层代表列席常委会会议，参加集中视察、执法检查和专题调研等活动，继续开展政情通报活动，注重听取采纳代表的意见建议，不断激发代表履职的积极性。按照上级要求稳步推进民生实事项目人大代表票决制工作，规范程序、健全机制，推动票决制工作常态化规范化制度化。二是建强用好代表履职平台。抓好人大代表活动阵地建设，推动人大代表“家、室”提档升级。充分发挥代表之家作用，“零距离”联系服务选民，使之成为代表学习交流之家、联系群众之家、汇集民意之家。持续推进智慧人大代表履职平台建设，发挥好互联网作用，打造线上“人大代表之家”，实现代表在线学习、网上履职及建议办理，提高代表工作信息化水平。三是持续提升建议办理质量。按照“内容高质量、办理高质量”的原则，进一步加强代表履职培训，引导代表紧扣市委中心工作和群众所需所盼提出高质量的议案建议。完善代表建议重点督办和跟踪督办制度，采取代表视察、听取报告、满意度测评等多种方式，加大代表建议办理力度，确保代表提出的意见建议件件有回音、事事有着落。

——立足新起点、奋进新征程，我们将始终坚持与时俱进，在自身建设上彰显新风貌。主动适应新发展阶段的新要求，不断激发工作凝聚力和创造力，确保人大工作紧跟时代步伐、富有时代特色。一是着力强化理论武装。始终把学习贯彻习近平总书记关于坚持和完善人民代表大会制度的重要思想作为人大工作主线，切实在学懂弄通做实上下功夫，不断提高运用党的创新理论指导实践、破解难题、推动工作的能力。继续做好常委会组成人员履职培训，不断提升把握大局、反映民意、依法履职的本领和水平，努力创造为民履职新业绩。二是着力完善工作机制。健全完善常委会制度体系和运行机制，充分发挥人大专门委员会和常委会各工作委员会的职能作用，探索新办法，展现新作为，不断增强人大工作的活力和影响力。切实加强对乡镇(街道)人大工作的联系和指导，持续推进乡镇(街道)人大规范化建设，努力实现全市人大工作整体推进、同步发展。三是着力强化作风建设。认真履行全面从严治党主体责任，严格落实中央八项规定及实施细则，完善纪律作风建设长效机制，持之以恒，常抓不懈，努力打造一支讲规矩、守纪律、有担当、善作为的人大干部队伍，为做好新时代人大工作奠定坚实基础。

各位代表，立足新起点，奋进新征程，我们重任在肩、使命光荣。让我们以习近平新时代中国特色社会主义思想为引领，在市委的坚强领导下，坚定信心、团结奋进，忠诚履职、尽责担当，为助推“十四五”实现良好开局、开拓扎兰屯绿色崛起新境界作出新的更大贡献，以优异成绩向建党100周年献礼！

政协工作报告

——在政协扎兰屯市第九届委员会第五次会议上

（2021年3月22日）

一、2020年工作回顾

2020年，是全面建成小康社会和“十三五”规划的收官之年，也是扎兰屯市政协事业继往开来、奋发有为的重要一年。一年来，市政协常委会在中共扎兰屯市委的坚强领导下，坚持以习近平新时代中国特色社会主义思想为指导，全面贯彻中共十九大和十九届二中、三中、四中、五中全会精神，牢牢把握团结和民主两大主题，紧紧围绕全市工作大局，紧紧依靠全体政协委员，发挥专门协商机构作用，扎实履行政治协商、民主监督、参政议政职能，在建言资政和凝聚共识上双向发力，展现了新时代人民政协事业发展的新气象，为全市夺取疫情防控和经济社会发展双胜利、奋力谱写新时代绿色崛起新篇章作出了积极贡献。

（一）坚持党的领导，切实把牢正确政治方向。我们坚持党建引领，毫不动摇地坚持中国共产党的全面领导，始终沿着新时代正确的政治方向坚定前行。

始终不渝坚持市委全面领导。市政协自觉在市委领导下主动负责、协调一致开展工作，切实做到党政中心工作推进到哪里、政协履职就紧跟到哪里、政协作用就发挥到哪里。严守政治纪律和政治规矩，重大事项、重点工作及时向市委请示报告，年度要点和协商计划及时报市委审定，重要协商成果及时送市委决策参考，重大会议活动邀请市党政领导参加指导。

坚定不移加强党的建设。市政协党组严格落实主体责任，定期召开党组会议，专题研究党风廉政建设、意识形态等工作。严肃党内政治生活，严格执行重大事项请示报告制度。探索政协系统党的组织建设，在各界别活动组中分别成立功能型党支部，以新载体加强组织管理，实现了政协党的组织对中共党员委员、政协党的工作对全体政协委员的“两个全覆盖”。

坚持不懈强化思想理论武装。通过政协党组理论学习中心组学习、常委会专题学习、界别组学习、委员培训班等形式，深入学习贯彻习近平新时代中国特色社会主义思想和中共十九大和十九届五中全会精神。引导全体委员深化对新时代人民政协新方位、新任务、新要求的把握，打牢团结奋斗的共同思想政治基础。

（二）强化使命担当，着力服务全市发展大局。市政协常委会紧紧围绕市委市政府中心工作和全市经济发展中面临的新问题、新挑战，努力发挥专门协商机构作用，广泛开展多层次协商，以高质量建言助推扎兰屯市高质量发展。

专题议政精准到位。积极助力优化营商环境，组成了以主席班子成员牵头、部分委员参与的三个调研组，分别深入到政府相关职能部门、12家生产企业、金融企业等单位开展专题调研，通过“问卷调查”“单位测评”“座谈交流”等形式，着重围绕企业关心、群众关注的营商环境问题开展专题调研，形成了《关于优化营商环境的调研报告》，提出7方面的意见建议，得到了市委市政府的充分肯定。同时，召开专题协商座谈会，通过政企面对面沟通、多部门联动，助推了蒙东肉牛养殖等企业融资难、交通运输难等多个问题的有效解决。

界别协商全面务实。深入践行以人民为中心的发展思想，紧扣“打好三大攻坚战”“夺取疫情防控和经济社会发展双胜利”“全面建成小康社会”等重要工作，组织各界别活动组聚焦“企业复工复产”“新冠疫情防控”“水资源保护与开发利用”“奶业企业助推乡村振兴”“创新乡村治理体系”等议题开展协商议政，积极建言资政。倾听民生，反映民意，开展了“全市校园周边交通安全环境”“女职工权益保护”等专项视察，紧扣民生实事献计出力。

民主监督扎实有效。为全面提高提案办理质量，及时召开提案交办会，明确办理责任。确定10件提案作为重点，紧盯不放，及时跟进督办，推进一些热点、难点问题得到有效解决。在市委重视下，首次将各部门对委员提案办理情况纳入到领导班子工作的年度实绩考核体系中，为政协委员通过提案督办履行民主监督职能创造了有利条件，激发了委员撰写提案的积极性。

（三）注重凝心聚力，形成团结民主浓厚氛围。 把凝聚共识融入政协履职各方面和全过程，在建言成果、思想收获上一体设计、一体落实，引导委员积极主动联系服务界别群众，利用自身专业知识和影响力主动发声，协助市委、市政府做好宣传政策、协调关系、理顺情绪、化解矛盾的工作。

强化履职成效宣传。将市政协常委会的工作情况和部分政协委员的履职事迹通过“履职通”网络平台适时发布，同时，分期编辑成《政协委员履职动态》，宣传政协履职成果，反映委员履职动态，为各界了解政协提供平台，充分展示了政协风采。

完善文史工作功能。高质量完成《扎兰屯文史资料》专辑第十一辑编撰工作。在市委、市政府的大力支持下，政协文史馆建设顺利开展，相关文物、展品的征集工作有序展开，实现以史明志、教育后人的目的，积极为扎兰屯市文化传承贡献政协力量。

发挥界别活动优势。积极搭建平台、创新形式、丰富内容，为民主党派、工商联、无党派人士表达意见创造机会、发挥作用创造条件，鼓励引导各界别委员在“十四五”规划编制、疫情防控等经济发展和社会治理方面发挥独特作用。加强与民族宗教界委员的联系合作，注重发挥民族界别委员在贯彻落实党的民族政策、推广普及国家通用语言文字、铸牢中华民族共同体意识等工作上的重要作用。组织宗教界委员深入浩饶山镇捐款3万元，为助力脱贫攻坚贡献力量。

深化对外交流交往。代表呼伦贝尔市参加自治区政协经验交流会，在呼伦贝尔市委政协工作会议上作典型发言，进一步宣传展示了扎兰屯市政协工作成果。认真做好自治区政协、呼伦贝尔市政协领导来扎调研视察的协调服务工作，成功承办了呼伦贝尔市政协系统第四届职工乒乓球赛，充分发挥了多层交流、增进了解的平台作用，达到了宣传扎兰屯、推介扎兰屯的目的。

（四）持续固本强基，不断完善政协自身建设。习近平总书记强调，要重点解决市县政协基础工作薄弱、人员力量薄弱的问题。我们以加强政协委员和机关干部“两支队伍”建设为抓手，着力破解“两个薄弱”。

抓好委员队伍建设。注重发挥常委带头作用，制定出台了《政协扎兰屯市委员会常务委员提交年度履职报告工作办法（试行）》，督促引领其写好“委员作业”。主席会议定期听取委员履职情况汇报，年末对各界别活动组和委员开展履职成效考核，依规劝退3名委员。加大政协委员的学习培训力度，举办了政协委员“民法典”专题培训班，有效帮助委员提升履职能力。

抓好机关能力建设。以党的政治建设为统领，严格落实全面从严治党要求，推进支部建设标准化规范化，抓好“学习型、服务型、创新型”政协机关建设。严格落实中央八项规定精神，支持派驻纪检监察组工作，持之以恒推进党风廉政建设。全力配合好市委巡察政协机关有关工作，针对巡察反馈的问题，立行立改，建章立制，长期坚持。

各位委员，同志们，过去一年市政协工作取得的成绩，离不开市委的坚强领导，离不开市人大、市政府和社会各界的大力支持，更离不开全体政协委员的团结奋斗。特别是中共扎兰屯市委对政协工作全方位的重视和强有力的支持，在机构设置、人员编制、选配干部、活动经费等多个方面提供了坚实保障，为政协创新开展工作创造了条件、注入了动力，极大提振了干事创业的信心。在此，我代表市政协常委会，向关心、支持和参与政协工作的各位领导、各位委员和各界朋友，表示衷心的感谢并致以崇高的敬意！

2020年，市政协履职尽责，锐意进取，各项工作取得了新成效新业绩，但对照新时代人民政协的新任务新要求、人民群众的新关切新期待，工作中还存在一些差距和不足，如高质量建言资政的渠道有待拓展、协商民主的机制有待完善、提案建言和反映社情民意信息的能力有待提高等等。对此，我们将在今后的工作中高度重视，认真研究，切实解决，不断推进新时代人民政协事业新发展。

二、2021年工作安排

2021年，是中国共产党建党100周年，是“十四五”规划开局之年，也是全面建设社会主义现代化国家新征程开启之年，做好政协的各项工作意义重大。市政协今年工作的总体要求是：坚持以习近平新时代中国特色社会主义思想为指导，深入贯彻落实党的十九大和十九届二中、三中、四中、五中全会精神，深入贯彻习近平总书记关于加强和改进人民政协工作的重要思想，全面落实中央、自治区党委、呼伦贝尔市委召开的政协工作会议精神，紧紧围绕扎兰屯市委八届十一次全会暨全市经济工作会议的各项安排部署，坚持发扬民主和增进团结相互贯通、建言资政和凝聚共识双向发力，认真履行政治协商、民主监督、参政议政职能，为实现“十四五”良好开局、全面建设社会主义现代化新征程做出积极贡献。

（一）提高政治站位，推进党建工作再上新台阶。始终坚持党对政协工作的全面领导，充分发挥市政协党组把方向、管大局、保落实的作用，推动政协各项工作始终沿着正确方向前进。

一要强化思想武装。把学习贯彻党的十九届五中全会精神、中央经济工作会议精神、全国政协十三届四次会议精神和习近平总书记关于内蒙古工作的重要讲话重要指示批示精神结合起来，努力增强政协学深悟透、融会贯通的理论自觉和踏石留印、抓铁有痕的行动自觉，自觉服从服务于基本实现社会主义现代化远景目标和“十四五”时期经济社会发展主要目标，巩固团结奋斗的共同思想政治基础。

二要强化党建引领。进一步完善界别活动组功能型党支部工作制度，组织和引导党员委员自觉接受市政协党组织教育管理，主动参加市政协党组织活动，组织开展好各界别组党的组织生活，充分发挥党员委员在政治引领、发扬民主、合作共事、廉洁奉公等方面的模范作用，推动“两个全覆盖”落实见效。

三要强化意识形态。结合开展庆祝中国共产党成立100周年活动，引导委员深入学习中共党史、新中国史、改革开放史和社会主义发展史，深刻认识中国共产党成立百年来走过的光辉历程和取得的伟大成就，引导委员深刻体会中国共产党领导和中国特色社会主义制度的显著优势，坚定不移听党话、跟党走，增强“四个意识”、坚定“四个自信”、做到“两个维护”，凝聚勇于攻坚克难的意志和力量。

（二）聚焦主责主业，提升协商实效展现新作为。坚决贯彻市委八届十一次全会暨全市经济工作会议做出的决策部署，始终坚持与市委的决策部署同频同进，找准服务中心大局和发挥自身优势的结合点，精心组织协商议政活动，进一步提高建言资政的前瞻性、精准性和实效性。

一要精选协商议题。聚焦“十四五”规划确定的发展目标，组织引导全体政协委员积极投身经济建设和社会事业发展主战场，协助市委、市政府巩固拓展疫情防控和经济社会发展成果、做好“六稳”工作、落实“六保”任务，助力“十四五”开好局、起好步。聚焦推进“六大体系”建设，紧盯临空产业、电商产业、全域旅游、循环工业等具有全局性、战略性、前瞻性的课题为方向，精准确定年度重点调研课题和协商计划，积极开展协商议政，为市委、市政府科学决策建言献策。

二要优化协商程序。充分发挥政协专门协商机构的作用，坚持把调研作为政协履职的“基本功”，不断丰富政协协商形式，既要坚持和完善好全体会议、常委会、专题协商会议等协商形式，又要经常开展对口协商、界别协商、提案办理协商，由主席和副主席领衔，各专委会牵头，各界别活动组具体承接，组织开展视察调研和座谈协商。注重协商成果转化，形成一批有力度、有分量、可预期、可操作的参政议政成果。同时，要坚持问题导向，聚焦优化营商环境、“放管服改革”、污染防治等社会高度关注的重点工作，统筹运用专题协商会议、提案、视察等形式，开展民主监督，助推市委、市政府安排部署全面贯彻落实。

（三）发扬团结民主，凝聚发展合力做出新贡献。贯彻落实全国政协《关于加强和促进人民政协凝聚共识工作的意见》，充分发挥联系各界、团结各方的独特优势，把团结民主两大主题贯穿于各项履职活动之中，推动形成从党内到党外、从常委到委员、从委员到界别群众的凝聚共识工作格局。

一要健全协商机制。加强同工商联、各团体、无党派人士等组织群体的联系，不断完善他们在政协履行职能的工作机制，主动邀请其参加政协会议、视察调研、民主评议，为其发挥更大作用搭建有效平台，创造有利条件。

二要加大宣传力度。认真做好文史资料征集、研究、编辑和出版工作，加快推进文史馆建设，持续提升文史资料“存史、资政、团结、育人”的重要作用。充分利用《委员关注》《政协委员履职动态》等形式，扎实开展履职宣传工作，传递政协声音。

三要发挥界别作用。发挥民族宗教界代表人士的积极作用，坚持铸牢中华民族共同体意识，加强“中华民族一家亲、同心共筑中国梦”宣讲教育，积极引导各族群众树牢“三个离不开”思想、增强“五个认同”意识，助推党中央民族政策的贯彻落实。

四要畅通沟通渠道。引导各界委员建言资政，有序表达意见诉求，积极反映社情民意。鼓励广大委员在扶危济困中献爱心，在岗位建功中显身手，在乡村振兴中建箴言，在推进扎兰屯市高质量发展中献智力、添动力、聚合力。

（四）坚持履职为民，助力民生改善取得新成效。聚焦人民对美好生活的向往，关注民生领域实际问题开展工作，协助市委、市政府增进人民福祉，切实做到人民政协为人民。

一要关注民生热点。把保障和改善民生作为履职的出发点和落脚点，着眼补齐民生社会事业短板，紧扣常态化疫情防控、各类教育均衡发展、教师队伍建设、创业就业、公共卫生应急体系、养老服务体系建设等工作，深入调研视察和协商议政，助推各类不平衡不充分发展问题的解决。

二要助力乡村振兴。进一步发挥政协“人才库”作用，广泛动员委员参与乡村振兴战略的实施，围绕守住脱贫攻坚成果、推动脱贫攻坚与乡村振兴有效衔接建言议政、献计出力。组织委员走进乡村，着力在培育乡村特色产业、发展乡村集体经济、推进农村人居环境整治等方面发现问题，厘清思路，提出对策。

三要强化提案办理。把政协提案作为体现为民情怀的重要举措，优先将群众关心的热点民生问题列为重点提案，以领衔督办和年末考核为引领，创新督办方式，加大办理力度，提升办理质量，促进民生问题得到有效解决。

（五）突出守正创新，提升自身建设迈出新步伐。深入贯彻落实中共中央《关于新时代加强和改进人民政协工作的意见》，坚持把探索创新作为政协事业发展的强大动力，不断适应新任务新要求，以改革创新精神持续推进履职能力建设。

一要提升工作水平。以健全工作制度为主攻方向，着眼更好落实党的领导、履行政协职能、规范协商活动、提升履职实效等方面建章立制。突出专委会的界别特色，积极打造专委会特色活动，进一步增强专委会工作的吸引力、影响力、感染力。进一步加强政协信息化建设，丰富“智慧政协”履职系统内容，提高信息化服务水平，拓展网上功能，使委员服务管理高效化。

二要加强委员管理。全面落实习近平总书记对政协委员提出的18字重要指示精神，引导和推动广大委员把事业放在心上、把责任扛在肩上，切实当好人民政协制度的参与者、实践者、推动者。按照“懂政协、会协商、善议政”和“守纪律、讲规矩、重品行”要求，着力增强政治把握、调查研究、联系群众、合作共事能力，不断提高政治判断力、政治领悟力、政治执行力，在服务大局中建功立业，在履职为民中彰显价值，努力争创新时代新的更大业绩。

各位委员，同志们，新征程任重道远，新时代大有可为。让我们更加紧密地团结在以习近平同志为核心的党中央周围，在中共扎兰屯市委的坚强领导下，不忘初心担使命、凝心聚力促发展，为在新征程上开拓绿色崛起新境界而努力奋斗，以优异成绩庆祝中国共产党成立100周年！

2021年扎兰屯市主要经济指标一览表

表14

指标名称	实际完成	增速（%）
地区生产总值	179.31亿元	4.8
第一产业增加值	59.97亿元	9.2
第二产业增加值	65.68亿元	–1.1
第三产业增加值	53.67亿元	6.1
社会消费品零售总额	28.35亿元	7.2
固定资产投资	18.89亿元	–41.3
一般公共预算收入	5.36亿元	10.9
一般公共预算支出	3.59亿元	–14.8
全体居民人均可支配收入	3.08万元	7.6
城镇常住居民人均可支配收入	4.00万元	6.4
农村牧区常住居民人均可支配收入	2.19万元	8.8
城镇居民人均消费性支出	2.42万元	–8.8
农村居民人均消费性支出	1.92万元	46.9

2021 年扎兰屯市政府重要文件目录一览表

表15

文件编号	文件标题
扎政字 [2021]9 号	关于聘任行政执法义务监督员的决定
扎政字 [2021]18 号	关于对《扎兰屯市古里金灌区、红光灌区、济沁河灌区及苇莲河灌区农业灌溉供水价格 实施方案》的批复
扎政字 [2021]19 号	关于调整优化火葬区和土葬改革区的批复
扎政字〔2021〕66 号	关于划定主要河道和湖泊管理范围的通告
扎政字〔2021〕82 号	关于集中整治违建墓地的通告
扎政字〔2021〕135 号	关于印发《扎兰屯市国民经济和社会发展第十四个五年规划和 2035 年远景目标纲要》的通知
扎政字〔2021〕153 号	关于公布《扎兰屯市市直部门与乡镇（街道）共同承担责任事项清单》的通知
扎政字〔2021〕157 号	关于公布市本级证明事项目录及推行告知 承诺制证明事项目录的通知

2021 年中央传统媒体报道扎兰屯市题录选编一览表

表16

序号	媒体名称	题　目	刊播时间	版面节目	字数时长	内容主题
1	人民日报海外版	享服务，消费增长的最大空间	1 月 5 日	11 版	40 字 1 图	“十四五”规划服务消费
2	人民日报海外版	花海美如画	4 月 26 日	02 版	90 字 1 图	生态文明
3	人民日报	活化历史建筑、建成 12 座博物馆，内蒙古扎兰屯市——小城故事多（会后探落实·提升公共文化服务）	3 月 16 日	13 版	2330 字 1 图	公共文化服务
4	人民日报	中国加入世贸组织——拥抱世界 造福世界（辉煌历程）	4 月 6 日	05 版	40 字 1 图	世界贸易
5	人民日报	图片报道	11 月 25 日	04 版	90 字 1 图	生态文明
6	人民日报	尽享冰雪运动乐趣（走向冬奥）	12 月 16 日	10 版	1 图	冰雪运动
7	光明日报	设施农业带动增收	2 月 9 日	10 版	100 字 1 图	设施农业
8	经济日报	平安喜乐过元宵	2 月 27 日	08 版	40 字 1 图	传统节日
9	经济日报	图片新闻	3 月 4 日	02 版	90 字 1 图	乡村振兴
10	经济日报	图片新闻	3 月 23 日	03 版	100 字 1 图	生态文明

续表 16

序号	媒体名称	题　目	刊播时间	版面节目	字数时长	内容主题
11	经济日报	生态优先 绿富同兴	5月10日	12版	2图	绿色发展
12	经济日报	现代农业气象新	6月13日	08版	60字1图	现代农业
13	经济日报	与新时代同行	6月14日	08版	30字1图	社会民生
14	经济日报	颂歌献给党 奋进新时代	7月2日	12版	1图	庆祝中国共产党成立100周年
15	经济日报	抢收秋粮	10月11日	01版	100字1图	现代农业
16	经济日报	最美是“丰”景	10月22日	09版	50字1图	现代农业
17	经济日报	图片新闻	11月17日	10版	90字1图	现代农业
18	农民日报	全国政协委员杜明燕：持续关注残疾人保障工作	3月9日	03版	460字	全国“两会”
19	农民日报	内蒙古扎兰屯科普知识伴我成长	8月18日	08版	110字1图	科普知识
20	农民日报	图片新闻	12月20日	08版	100字1图	我为群众办实事
21	中国组织人事报	大雪抢收 颗粒归仓	11月25日	03版	120字1图	志愿服务
22	中国组织人事报	党员帮忙 变废为宝	12月30日	03版	80字1图	我为群众办实事
23	中国税务报	图片新闻	1月11日	B3	70字1图	志愿服务、智慧生活
24	中国税务报	图片新闻	2月8日	B4版（1图）	1图	传统节日
25	中国税务报	图片新闻	7月30日	A2版	60字1图	品牌强局
26	中国税务报	图片新闻	11月12日	02版	60字1图	税收优惠政策宣传
27	人民公安报	抗疫一线 警旗飘扬	12月6日	04版	100字1图	疫情防控
28	人民公安报交通安全周刊	寒风中党旗高高飘扬 大雾里“路标”分外醒目	2月5日	04版	80字1图	党建
29	人民公安报交通安全周刊	清明祭先烈	4月2日	01版	90字1图	党史学习教育
30	人民公安报交通安全周刊	“童心向党 快乐成长”主题教育活动	6月29日	04版	90字1图	庆祝中国共产党成立100周年
31	中央电视台	聚焦两会 两会同期声 建言献策民族地区 助力实现“美丽中国”	3月8日	朝闻天下	57秒	全国“两会”
32	中央电视台	内蒙古 奋斗百年路 启航新征程·今日中国 呼伦贝尔扎兰屯：杜鹃花傲然绽放	5月16日	今日中国	31秒	生态文明
33	中央电视台	内蒙古 全力清雪 保障居民生产生活正常运行	11月10日	新闻直播间	2分20秒	社会民生

2021年扎兰屯市政府信息公开工作年度报告

根据《中华人民共和国政府信息公开条例》(国令第711号 以下简称《条例》)和国务院办公厅政府信息与0000政务公开办公室《关于印发中华人民共和国政府信息公开工作年度报告格式的通知》(国办公开函〔2021〕30)要求,编制本报告。报告中所列数据统计期限从2021年1月1日到12月31日止。

一、总体情况

2021年,扎兰屯市以习近平新时代中国特色社会主义思想为指导,坚持以人民为中心的发展思想,认真落实党中央、国务院、自治区、呼伦贝尔市党委政府关于深化政务公开的决策部署,准确执行《条例》,以公开促落实、促规范、促服务,为推进扎兰屯市治理体系和治理能力现代化建设发挥积极作用。

(一)拓宽渠道,扎实推进主动公开

全市各级行政机关严格按照"以公开为常态,不公开为例外,遵循公正、公平、合法、便民"的原则,本年度,扎兰屯市人民政府门户网站总提交信息18312条,总采用12523条;新闻类信息总提交3763条,总采用3414条;市直部门信息公开104条、乡镇街道信息公开1343条、政府公报公开文件33件、全年累计发放公报560册、微信公众号公开信息558余条、微博公开信息537余条。

(二)依法依规,进一步规范依申请公开

制发了《扎兰屯市依申请公开制度》,规范了依申请办理流程,调整完善了依申请公开办理答复格式文本,为规范各部门依申请办理工作,提升政府公信力打下坚实基础。本年度全市各级行政机关共收到政府信息公开申请6件,上年结转1件,零诉讼、零复议。申请内容主要涉及土地征收、社会救助、民生政策等方面的政府信息。各级行政机关在依申请公开提供政府信息时,未收取任何费用。

(三)多措并举,加强政府信息管理

组织全市各部门编制了政府信息公开指南,覆盖政府信息的分类、编排体系、获取方式,政府信息公开工作机构的名称、办公地址、办公时间、联系电话、电子邮箱、网址等内容。完善了全市46个部门的标准事项目录和26个重点领域标准事项目录。制定完善了本地区信息管理、信息发布、解读回应、依申请公开、公众参与、监督考核、社会公众代表列席市政府有关会议等方面的制度,为政务公开工作有序开展提供了制度保障。

(四)规范便民,优化平台建设

按照决策、执行、管理、服务、结果"五公开"要求,完成"政府信息公开平台"版块改版,进一步整合公开信息,规范和完善了公开版块的功能定位、栏目设置。在政府信息公开平台设置了政策文件库专栏,同时分设了规范性文件、市政府文件、政办文件、部门文件分栏,对现行有效的市政府规章和各部门的行政规范性文件集中管理,统一展示。为方便公

众查询获取政策文件提供了保障。

（五）夯实基础，强化监督保障

1. 开展培训学习情况。2021年，扎兰屯市召开政务公开专题会议1次，调度会议1次，举办各类政务公开业务培训会4次，深入学习贯彻《条例》及相关法律法规，对现阶段政务公开工作做了深刻的总结与定位，对公开工作中普遍存在问题进行了指导，并对下一步工作做出了具体安排部署。

2. 工作考核情况。按照政府绩效考核制定分值标准，对全市各单位开展半年督导检查1次，线上政务公开和政务新媒体指导98余次，针对部分部门存在的工作问题，下发工作提醒函49次，由分管副市长签发的工作任务派发单1件。拟定了全市市直部门、乡镇街道年度考核指标，并将政务公开考核工作纳入全市绩效考核体系，占比4%。

3. 社会评议情况。2021年，扎兰屯市在互动交专栏开设社会评议分栏，参评单位为政府序列科局、乡镇人民政府、街道办事处，设置非常满意等5个选项，供广大人民群众选择，积极主动听取社会公众的意见与建议。

4. 责任追究结果情况。2021年度，扎兰屯市未发生政府信息公开责任追究情况。

二、主动公开政府信息情况

表17

第二十条第（一）项			
信息内容	本年制发件数	本年废止件数	现行有效件数
规章	0	0	0
行政规范性文件	0	1	1
第二十条第（五）项			
信息内容	本年处理决定数量	—	—
行政许可	4899	—	—
第二十条第（六）项			
信息内容	本年处理决定数量	—	—
行政处罚	476	—	—
行政强制	10	—	—
第二十条第（八）项			
信息内容	本年收费金额（单位：万元）	—	—
行政事业性收费	4941	—	—

三、收到和处理政府信息公开申请情况

表18

（本列数据的勾稽关系为：第一项加第二项之和，等于第三项加第四项之和）			申请人情况						
			自然人	法人或其他组织					总计
				商业企业	科研机构	社会公益组织	法律服务机构	其他	
一、本年新收政府信息公开申请数量			7	0	0	0	0	0	7
二、上年结转政府信息公开申请数量			1	0	0	0	0	0	1
三、本年度办理结果	（一）予以公开		7	0	0	0	0	0	7
	（二）部分公开（区分处理的，只计这一情形，不计其他情形）		0	0	0	0	0	0	0
	（三）不予公开	1. 属于国家秘密	0	0	0	0	0	0	0
		2. 其他法律行政法规禁止公开	0	0	0	0	0	0	0
		3. 危及“三安全一稳定”	0	0	0	0	0	0	0
		4. 保护第三方合法权益	0	0	0	0	0	0	0
		5. 属于三类内部事务信息	0	0	0	0	0	0	0
		6. 属于四类过程性信息	0	0	0	0	0	0	0
		7. 属于行政执法案卷	0	0	0	0	0	0	0
		8. 属于行政查询事项	0	0	0	0	0	0	0
	（四）无法提供	1. 本机关不掌握相关政府信息	0	0	0	0	0	0	0
		2. 没有现成信息需要另行制作	0	0	0	0	0	0	0
		3. 补正后申请内容仍不明确	0	0	0	0	0	0	0
	（五）不予处理	1. 信访举报投诉类申请	0	0	0	0	0	0	0
		2. 重复申请	0	0	0	0	0	0	0
		3. 要求提供公开出版物	0	0	0	0	0	0	0
		4. 无正当理由大量反复申请	0	0	0	0	0	0	0
		5. 要求行政机关确认或重新出具已获取信息	0	0	0	0	0	0	0
	（六）其他处理	1. 申请人无正当理由逾期不补正、行政机关不再处理其政府信息公开申请	0	0	0	0	0	0	0
		2. 申请人逾期未按收费通知要求缴纳费用、行政机关不再处理其政府信息公开申请	0	0	0	0	0	0	0
		3. 其他	0	0	0	0	0	0	0
	（七）总计		7	0	0	0	0	0	7
四、结转下年度继续办理			1	0	0	0	0	0	1

四、政府信息公开行政复议、行政诉讼情况

表19

行政复议					行政诉讼									
结果维持	结果纠正	其他结果	尚未审结	总计	未经复议直接起诉					复议后起诉				
					结果维持	结果纠正	其他结果	尚未审结	总计	结果维持	结果纠正	其他结果	尚未审结	总计
0	0	0	0	0	0	0	0	0	0	0	0	0	0	0

五、存在的主要问题及改进情况

存在问题：一是涉及优化营商环境的政府信息公开与办事所需信息公开融合不够。二是政策文件库的政府信息公开分类指引需要进一步完善。三是公共企事业单位信息公开不够主动，不够全面。

改进情况：一是推进政府信息公开与优化营商环境等政务服务深度融合。以为企业群众“办好一件事”为标准，对便民服务信息加以集成、优化、简化，方便办事企业群众易读易懂易用，推进办事服务全过程告知，充分满足办事人个性化服务需求。进一步加大自治区一体化政务服务平台、“蒙速办”政务服务移动端的推广应用，激发便民利企新效能，使“信息多跑路、群众少跑腿”真正成为现实。二是推动创新开展政策信息精准化分众化推送工作。加强政府信息公开工作标准化和规范化深度管理，加大利企便民政策信息线上推送，优化充实政策文件库储备，以企业群众需求为导向，聚焦办事公开精准化，汇集利企便民相关政策信息，打造全面权威集成融合的政策文件库，为企业群众提供个性化、定制化、专属化政策查询服务。三是扩大企事业单位主动公开相关信息工作。认真贯彻落实《公共企事业单位信息公开规定制定办法》（国办发〔2021〕50号），进一步扩大公共企事业单位信息公开范围，指导、协调全市教育、卫生健康、供水、供电、供气、供热、环境保护、公共交通领域的公共企事业单位做好信息公开工作，加强公开过程中的调度、监管，确保与群众日常生产生活密切相关的办事服务信息等信息及时主动公开。

六、其他需要报告的事项

（一）2021年政务公开工作要点完成情况

1. 围绕助力市域治理现代化，推进政务公开

一是推进重要决策公开，打造阳光政府新形象。贯彻落实《重大行政决策程序暂行条例》和《内蒙古自治区重大行政决策程序规定》，建立健全扎兰屯市重大行政决策事项目录及公开发布机制，严格按照格式要求公开决策事项名称、决策草案（征求意见稿）、起草决策的依据和理由、公众反映意见建议方式、渠道、时间、收件地址（含邮箱、传真号）、收件人以及其他应公示的内容，同时设立了我要留言和征集意见分栏，确保群众反馈有地方，征集结果有公示。本年度通

过民意征集栏目发布重大决策预公开10件,无留言,无反馈意见。

二是抓好法定主动公开,推进法治政府建设。对政府门户网站政务公开板块全面升级改版,按照自治区及呼伦贝尔市标准设计,整合栏目设置,新建“五公开”“重大会议”“重大行政决策预公开”“重点领域信息公开”“重大民生信息”“建议提案办理”“行政事业性收费”“企事业单位信息公开”“行政许可”“行政处罚”“行政检查”“其他管理服务”等专题专栏26个,栏目更加集约清晰,信息检索功能更加优化,进一步提升了各类政府信息的规范度、准确度。

三是深化执法信息公开,提高监管执法规范性和透明度。完善执法栏目板块设置,增设事项和办理结果分栏,全力推进行政许可、行政处罚、行政强制、行政监督检查、其他管理服务和“双随机一公开”工作。本年度,公开行政许可事项194项、行政处罚事项4790项、行政强制事项182项、行政监督检查事项458项、其他管理服务事项790项,公开行政许可办理结果4899件、行政处罚办理结果476件、行政监督检查结果1868件、其他管理服务办理结果26655件、“双随机一公开”监督检查结果532件。积极推进“互联网+监管”,加强了重点监管领域数据汇集,形成及时认领监管事项,及时编制检查实施清单,及时录入日常检查行为,切实提高监管执法规范性和透明度。

2. 围绕优化营商环境和民生改善,深化重点领域信息公开

一是深入推进基层政务公开标准化规范化工作。落实《国务院办公厅关于全面推进基层政务公开标准化规范化工作的指导意见》和《内蒙古自治区政务公开领导小组关于印发全面推进基层政务公开标准化规范化工作实施意见的通知》要求,修改完善了全市46个部门的政务公开标准事项目录,按照名称、内容、主体、时限、渠道、依据、公开对象、公开方式进行了逐一明确。分类制定了全市重大建设项目领域、公共资源交易、安全生产、社会救助、环境保护、养老服务、食品药品监管、稳岗就业、义务教育、医疗卫生等重点领域公开事项标准目录26个,并在规定的栏目进行了集中公开。

二是加强重点领域信息公开,助力服务经济社会发展大局。按照26个重点领域政务公开标准目录,组织全市重点领域相关部门进行公开信息审查工作,重新调整了政府网站重点领域栏目设置,细化公开内容归类,建立了《扎兰屯市基层政务公开标准化规范化重点领域标准目录与实际公开情况台账》,全面掌握扎兰屯市重点领域公开落实情况,本年度公开政策文件476件、办事指南330个、措施及实施情况1826条,对未完成公开任务的单位定期督促,确保扎兰屯市重点领域信息公开到位。

三是围绕常态化疫情防控,深化政府信息公开。新冠肺炎疫情发生以来,扎兰屯市落实落细疫情防控各项工作,结合工作需要,坚持依法、及时、准确、公开、透明疫情信息发布工作。本年度公开疫情防控信息192条,公开突发公共事件应急预案15条,主动回应热点舆情51条,便于公众及时了解最新疫情动态和应对处置方法,不断提升公众的防治意识和应对能力。

3. 围绕发布、解读、回应

全链条公开，做好政民互动

一是扩大解读形式，提升回应效果。市政府及政府办公室发布文件27件，通过文字解读、图文解读、视频解读等方式解读发布了6条政策解读新闻，做到制定、解释双联动。全市各部门主要负责认真履行“第一解读人”职责，通过各种形式解读52条。本年度，扎兰屯市政策解读共计205条，其中文字解读69条、图文解读68条、音频解读48条、动漫解读9条、视频解读3条、场景解读1条、新闻发布会5期，联合融媒体中心录制了《惠民之声》政策访谈2期，邀请市人力资源和社会保障局、政务服务局，针对群众反映的热点、难点问题，对各自领域相关政策进行了解读，提高了人民群众获得感。

二是完善基层行政决策公众参与机制。制定《扎兰屯市公众参与制度》《扎兰屯市社会公众代表列席市政府有关会议制度》，明确公众参与决策的方式和次数，保障社会公众的知情权、参与权和监督权。本年度，市长信箱答复28件、部门信箱答复8件、政务微博答复37件、民意征集10件、问答知识库13条。通过公众参与，进一步提高了政务公开工作水平，推进了行政决策科学化、民主化、规范化。加大政府重大会议公开力度，本年度公开政府常务会议13次，全体会议5次，专题会议5次，常务会议视频解读13期、图文解读1期，及时准确公开会议决策事项，第一时间解读会议精神，释放权威政策信号。

三是加强与政务服务的融合发展。积极融入自治区一体化在线政务服务平台建设，公开政务服务事项5065项，不断完善“蒙速办”内蒙古政务服务网一体化平台建设，做好减环节、减时限、减流程，优化服务事项，推动更多政务服务事项网上办、掌上办、一次办，实现一网通查、一网通答、一网通办、一网通管。政务服务大厅（各分厅）全面落实一次性告知制度，制定了一次性告知清单822件。同时，在政务服务大厅、档案馆、图书馆、便民服务中心等场所设立标准化的政务公开专区22个，提供自治区、呼伦贝尔市及扎兰屯市政府公报、政府信息查询、办事咨询答复等服务，为办事群众提供优质的政务服务体验。

4. 提升数字化、集约化水平，加强平台建设

一是加强政府系统蒙古文政务网站群管理。规范完善蒙文网站管理制度，制定实施网站应急措施预案、错敏信息分析备案方案、网站运维人员权限登记表、网站舆情分析备案等工作管理制度。网站IPV6备案与改造工作现申请材料准备齐全，待汉文网站变更开办主体后及时到相关部门备案。本年度公开信息741条、点击量10935次、公开政府文件29条、政策解读40条、政府公报30条。扎兰屯市人民政府蒙古文发布公众号关注人数增长到110人，网站点击率为持续增长状态。

二是抓实管好新媒体工作。制定了《政务新媒体开办整合与变更关停制度》，针对重复建设、“娱乐化”和“空壳”等问题进行了有序清理整合，使政务新媒体环境得到了优化，意识形态得到了增强。全市政务新媒体账号经注销、整合后剩余32个，全部在“全国政务新媒体信息报送系统”中完成备案。制定了《政务新媒体平台运营管理制度》，采取“周监测”“月汇报”“不定期抽查”“季通报”等方式，规范政务新媒体的高效运行机

制。目前,政务新媒体账号全部提供了有效互动功能,使政务新媒体建设工作稳步提升。

三是依法做好政府信息依申请公开工作。按照自治区统一要求,扎兰屯市已将线上依申请公开接入自治区依申请公开系统,本年度依法受理政府信息公开申请6件,上年结转1件,及时与申请人、涉及部门单位和乡镇街道对接联系,依法依规做好受理登记、转交、回执、沟通、答复各个环节。对涉及邮寄方式的政府信息公开申请,会通过电话方式,反复核实,并做好电话记录,确保办理结果准确无误。及时指导帮助全市各部门单位依法受理和办理政府信息公开申请,规范做好答复建档工作。全市政府信息依申请公开工作保持零复议、零诉讼,无收取信息处理费情况。

5. 切实加强组织领导和监督保障

一是加强组织领导、认真履职尽责。认真履行扎兰屯市政务公开工作领导小组办公室工作职责,制定并印发了《扎兰屯市2021年政务公开工作要点》,召开政务公开业务培训会2次,重点领域部门培训会1次。按照政府绩效考核制定分值标准,对全市各单位开展政务公开半年督导检查1次,线上政务公开指导54次,针对部分部门存在的工作问题,下发工作提醒函49次,由分管副市长签发的工作任务派发单1件。拟定了全市市直部门、乡镇街道政务公开年度考核指标,并将政务公开考核工作纳入全市绩效考核体系,占比4%。

二是建立工作制度,细化工作流程。按照内蒙古自治区8项地方试用标准,结合扎兰屯市实际,制定了《扎兰屯市政府信息主动公开制度》《扎兰屯市政务公开标准目录动态管理制度》《扎兰屯市政府信息公开指南管理制度》《扎兰屯市政府信息公开专栏管理制度》《扎兰屯市政府信息依申请公开制度》《扎兰屯市政策解读制度》《扎兰屯市政务公开绩效考核制度》《扎兰屯市政府信息公开工作年度报告编制制度》8项制度及流程图,引导加强全市各部门政府信息公开制度建设,健全工作考核考评机制,以制度规范政务公开工作全过程。

三是强化主动公开,加强监督指导。为进一步加强和规范全市政务公开工作,市政务公开领导小组办公室建立长效监督机制,每月对政府网站政务公开各板块公开情况进行检查,对在政务公开相关工作中进展缓慢的,下发工作任务提醒函和派发单,限期整改。定期开展半年督查和年终考核,考评结果作为考核领导班子实绩的重要指标,在全市范围予以通报。督促各单位做到"应公开,尽公开",充分保障公民知情权。本年度社会评议情况良好,全市未发生责任追究情况。

(二)收取信息处理费情况

2021年度,扎兰屯市未产生信息处理费。

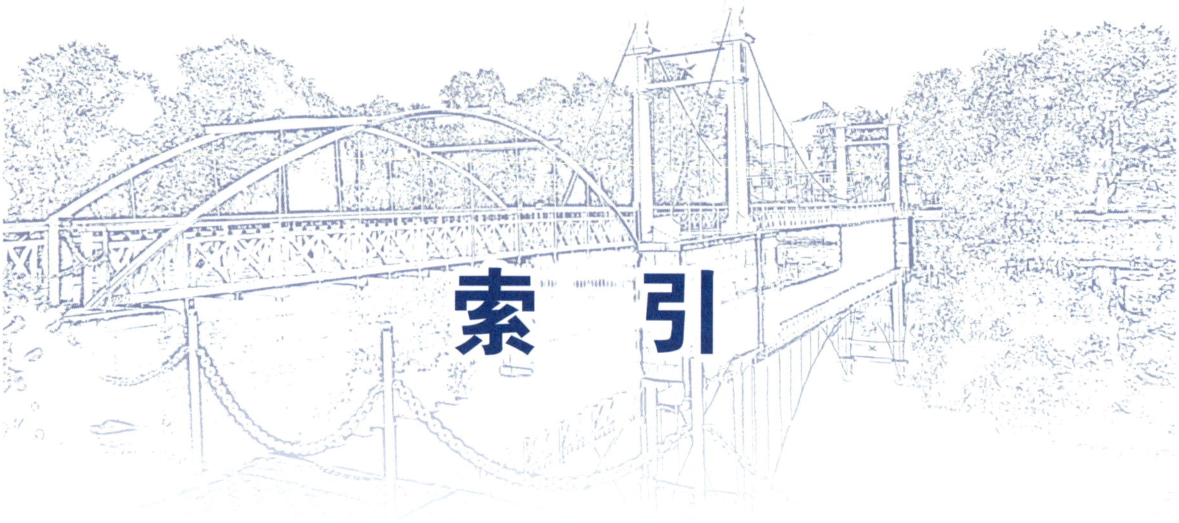

索引

本索引为综合性主题索引，包括正文部分各类目的内容。索引标目基本上按汉语拼音音序排列，标目后数字为页码，字母 a 为左栏、b 为中栏、c 为右栏。空两字起排的条目为上一主题的“附见”，同样按汉语拼音音序排列。同时编有表格索引、内页图片索引。

D

E

F

K

L

M

S

表格索引

内页图片索引

C

D

T

W

X

Y

Z